Aus den Filmen mit

Harry Potter™

Das magische Bastelbuch

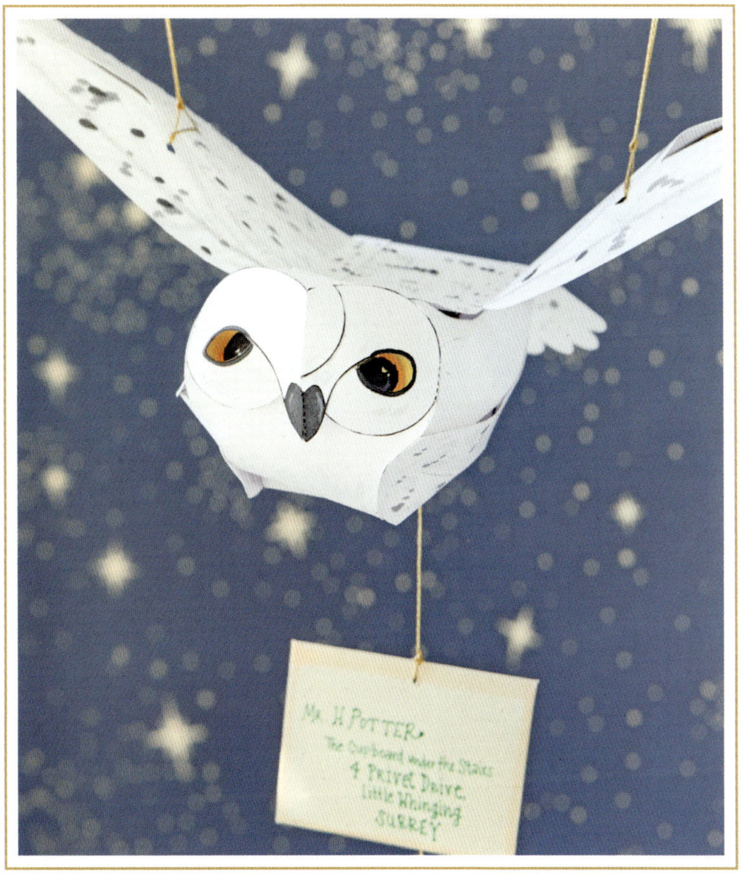

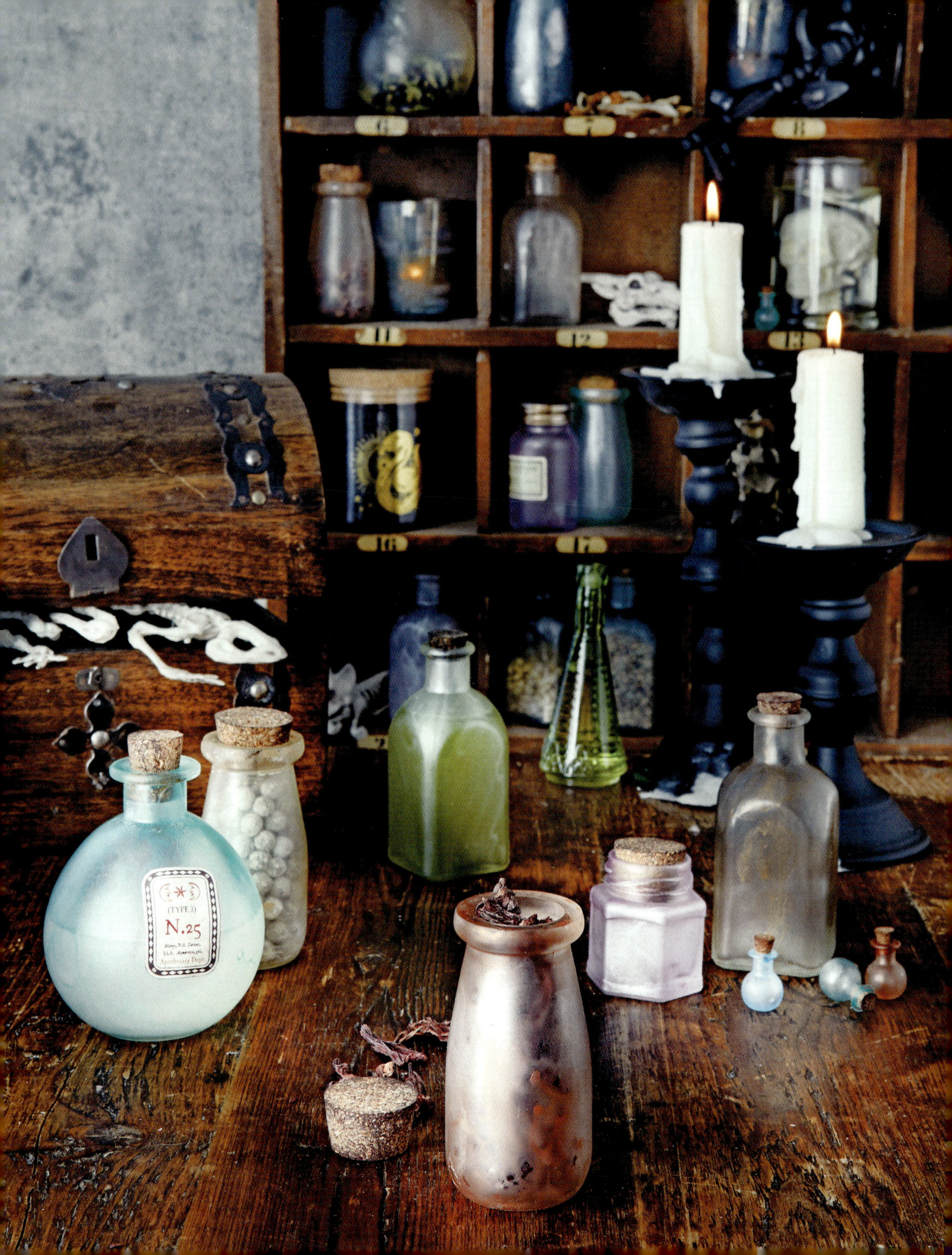
(TYPE 3)
N.25
Apothecary Dept

Aus den Filmen mit

Harry Potter™

Das magische Bastelbuch

Das offizielle Harry-Potter-Bastelbuch

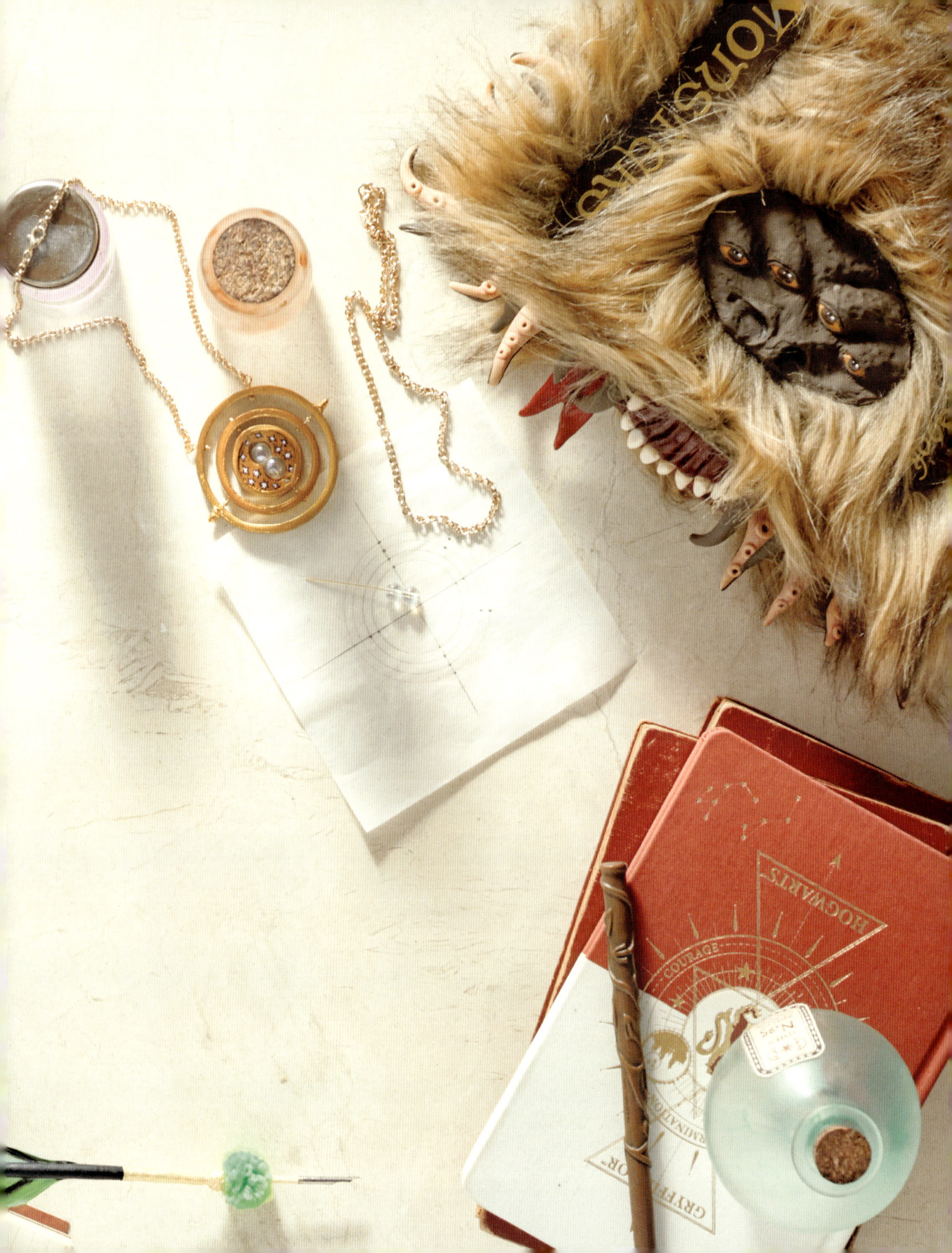
HOGWARTS
COURAGE

INHALT

Wichtig! Bei vielen Projekten in diesem Buch ist es sinnvoll, dass Erwachsene helfen oder die Arbeiten beaufsichtigen. Kinder sollten nur Werkzeuge benutzen, die ihrem Alter angemessen sind.

SCHWIERIGKEITSGRADE

- ϟ FÜR EINSTEIGER
- ϟϟ EINFACH
- ϟϟϟ MITTEL
- ϟϟϟϟ ANSPRUCHSVOLL
- ϟϟϟϟϟ FÜR KÖNNER

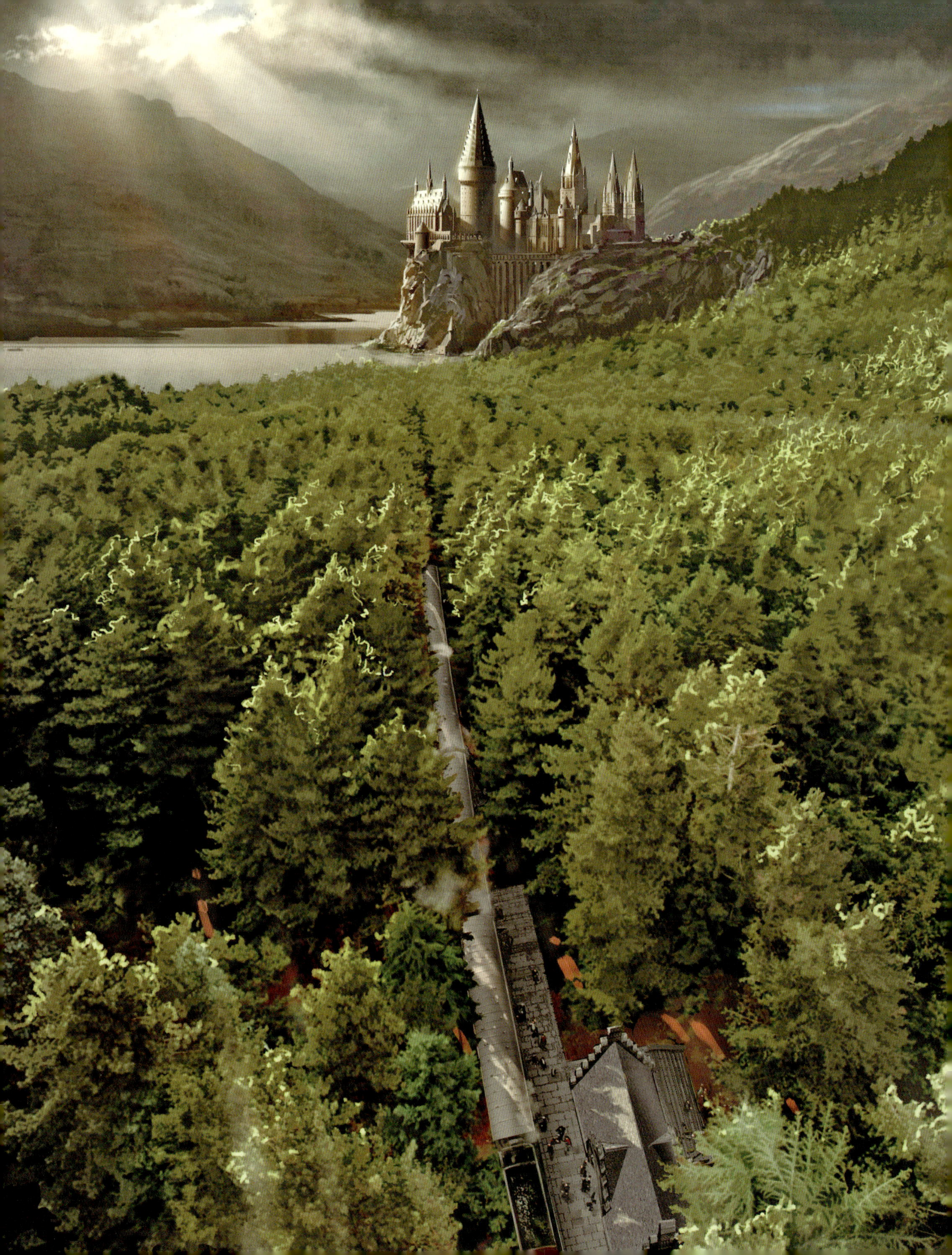

Kapitel 1:
Auf nach Hogwarts

„Sein Name ist vorgemerkt, schon seit seiner Geburt. Er geht bald auf die beste Schule für Hexerei und Zauberei auf der ganzen Welt. Und: Er wird den allerbesten Schulleiter bekommen, den Hogwarts je gesehen hat, Albus Dumbledore."

Rubeus Hagrid in *Harry Potter und der Stein der Weisen*

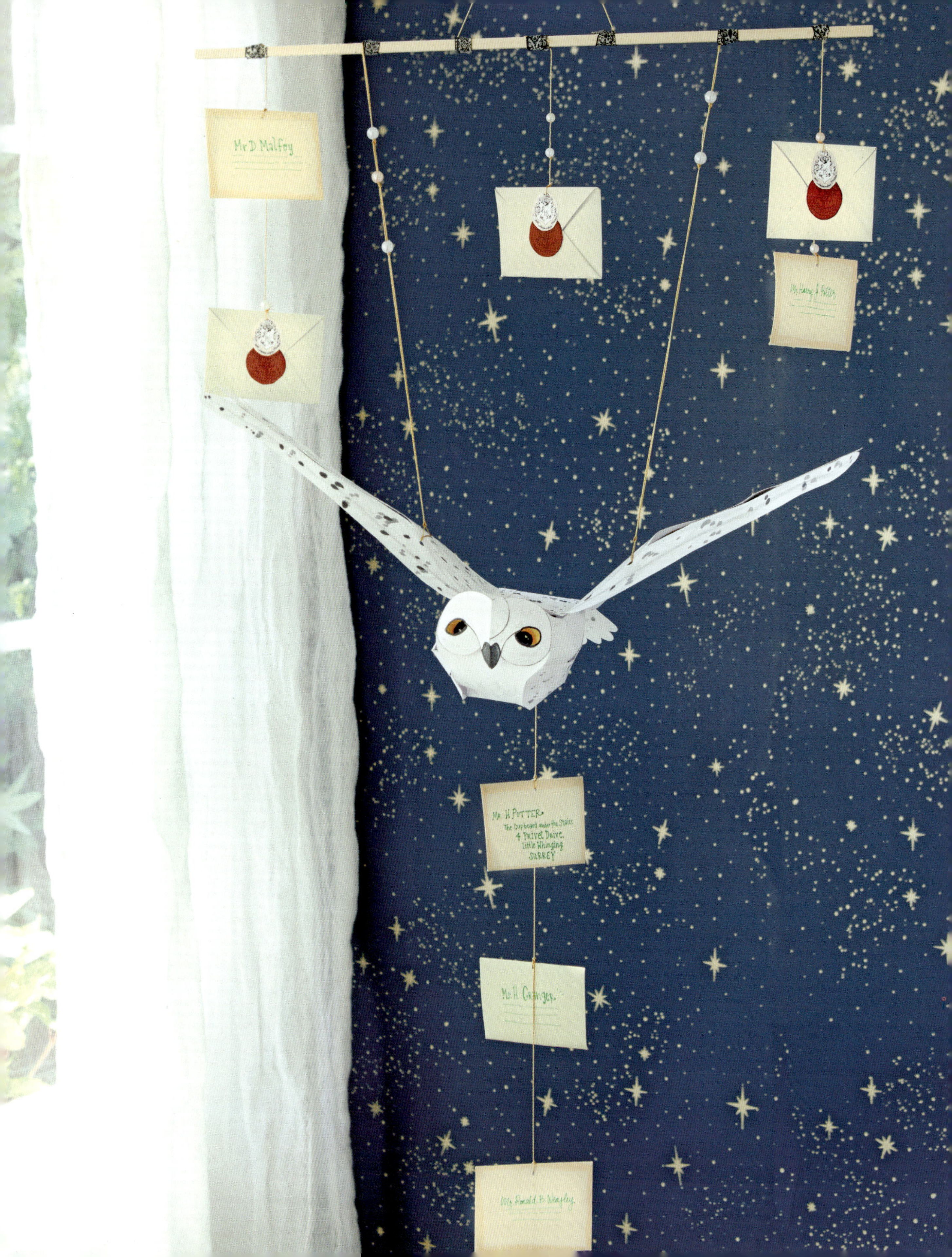
Mr D. Malfoy
Mr. H POTTER
The Cupboard under the Stairs
4 Privet Drive
Little Whinging
SURREY
Ms H. Granger

Mobile: Hedwig und die Aufnahmebriefe aus Hogwarts

Design: **MATTHEW REINHART**

SCHWIERIGKEITSGRAD ϟϟϟ

In der Welt der Zauberer werden Briefe, Päckchen und Zeitungen per Eulenpost zugestellt. Zu den vornehmsten Aufgaben der Eulen gehört es, angehenden Hexen und Zauberern ihren Aufnahmebrief für Hogwarts zu überbringen. Als Harry Potter an einem Sommertag die Post in Empfang nimmt, findet er einen an ihn adressierten Brief aus Hogwarts, den sein Onkel ihm allerdings nicht aushändigen will. Jeden Tag kommt darum neue, identische Post, bis schließlich eine wahre Lawine an Briefen über das Haus hereinbricht.

Für den Film wurden mehrere Eulen darauf trainiert, einen Briefumschlag zu tragen und auf Kommando fallen zu lassen. Die Briefe waren von Hand beschrieben und für Nahaufnahmen mit einem Wachssiegel versehen. Zehntausend Blatt leichtes Papier wurden mit dem Hogwartssiegel und Harrys Adresse bedruckt, um sie durch die Luft fliegen zu lassen. Special-Effects-Supervisor John Richardson und sein Team installierten im Schornstein und hinter dem Briefschlitz Vorrichtungen, mit denen die Papiere herauskatapultiert werden konnten. Mit Apparaturen im oberen Teil des Sets konnte ein wahres Schneegestöber aus Briefen produziert werden.

Hagrid begleitet Harry beim Einkauf von Schulsachen und kauft ihm zu seinem elften Geburtstag eine Schnee-Eule, die Harry Hedwig nennt. Sie erweist sich über Jahre als treue Begleiterin des jungen Zauberers. Diese Eule aus Papier kannst du in dein Zimmer hängen. Zieh an der Schnur, dann schlägt sie mit den Flügeln!

DU BRAUCHST

- Vorlagen für Hedwig (Seite 161–167)
- Werkzeug zum Falzen, z.B. Stricknadel oder Büroklammer
- Lineal
- Schere oder Cutter
- Pappe
- Klebstoff
- Schnur, Nähgarn, Angelsehne, Band o.Ä.
- Münzen zum Beschweren
- Bleistift
- Siegelaufkleber (siehe Stickerbogen)
- Rundholz, Zweig oder dünne Leiste zum Aufhängen des Mobiles

OPTIONAL

- Filzstifte oder Farbstifte
- Falzbein
- Washi Tape, Perlen

1. Die Vorlagen (Seite 161–167) ausstanzen.

2. Die Vorlagenteile entlang den vorgefalzten Linien scharf knicken.

3. Dieses Mobile benötigt etwas Gewicht für die Stabilität. Anhand der Vorlagen A, B und C aus Pappe zwei schmale Streifen und ein kleines Rechteck ausschneiden (um das Mobile auszubalancieren).

4. Die Teile D, E, F und G nach Belieben verzieren. Diese Teile zeigen Hedwigs Gefiederzeichnung. Hedwigs Augen auf die Teile H und I zeichnen (nicht direkt auf Teil D).

DIE FLÜGEL ZUSAMMENSETZEN

1. Die Flügellaschen von Teil E an die entsprechenden grauen Bereiche desselben Teils kleben. Einige Minuten trocknen lassen. Ein langes Stück Schnur zuschneiden; mindestens 60 cm, besser mehr. Der Überschuss kann später noch abgeschnitten werden. Von oben nach unten durch beide Flügellöcher fädeln.

2. Die Schnur durch das erste der beiden Löcher wieder nach oben führen. Beide Enden der Schnur sollten sich auf der *Oberseite* des Flügels befinden. Die Schnur nicht zu fest anziehen.

3. Eins der Beschwerungsstücke aus Pappe *unterhalb* der Schnurschlaufen auf die Unterseite des Flügels kleben. Darauf achten, dass kein Klebstoff an die Schnur gelangt. An den Schlaufen ziehen, bis sie flach auf der Pappe liegen.

4. Die Schnur auf der Oberseite des Flügels verknoten und die Enden für die spätere Montage lang hängen lassen. Schritt 1 bis 4 für den zweiten Flügel wiederholen (Teil F). Beiseitelegen.

DEN KÖRPER ZUSAMMENSETZEN

1

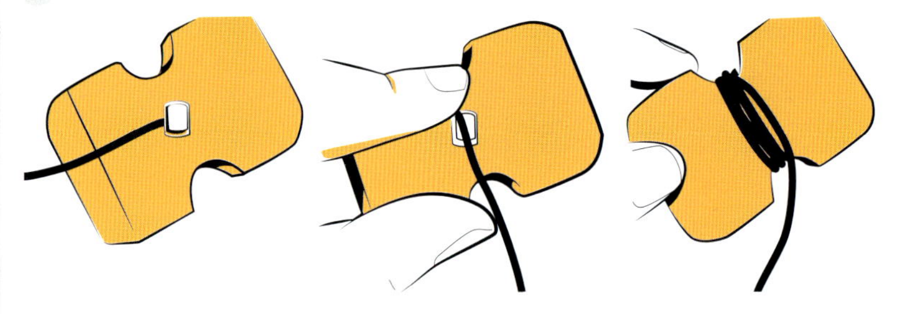

2

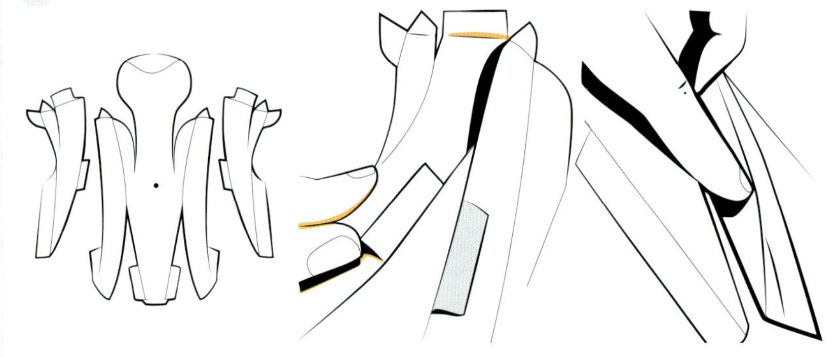

3

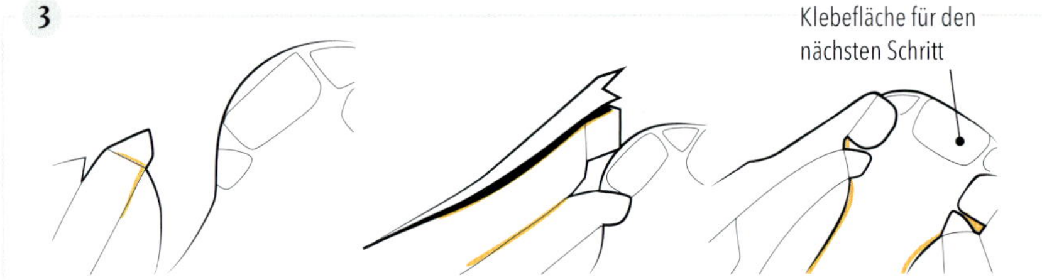

1. Ein Stück Schnur von mindestens 60 cm Länge zuschneiden. Klebstoff in die Mitte des Pappgewichts (geschnitten aus Teil C) tupfen und ein Ende der Schnur daran festkleben. Die Schnur um das Gewicht wickeln und vorerst beiseitelegen.

2. Alle grau schattierten Laschen der Teile J und K an die Seiten von Teil G (unterer Körper) festkleben. Teil K wird an die linke Seite von Teil G geklebt, Teil J an die rechte. Einige Minuten trocknen lassen.

3. Nun die Laschen, die die Körperseiten mit der Seite des Kopfes (Teil G) verbinden, aufkleben, dabei die schattierten Bereiche beachten. Die Laschen an den entsprechend nummerierten Klebestellen festkleben.

TIPP: Das Festkleben der Laschen an den Kopfseiten ist etwas knifflig. Greife vorsichtig nach innen und drücke die Laschen an, damit sie gut halten.

1

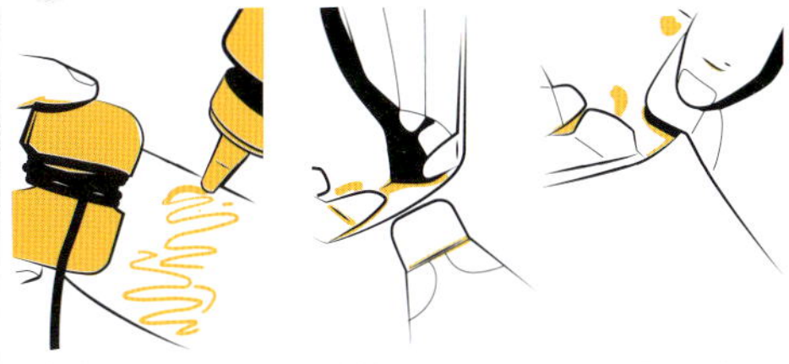

2

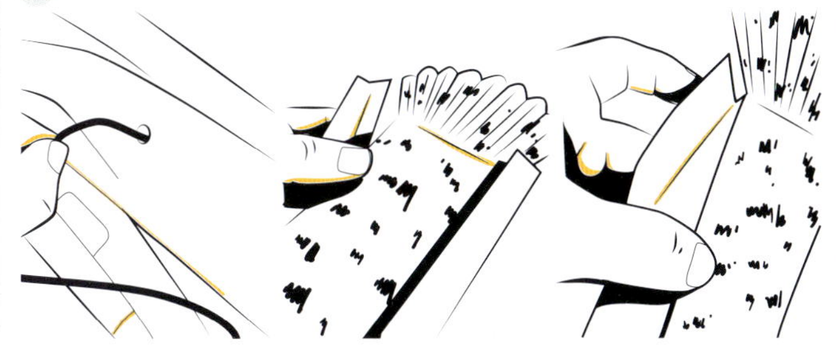

3

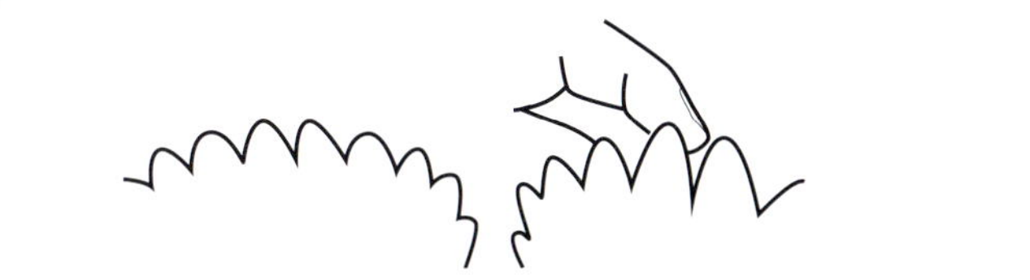

4

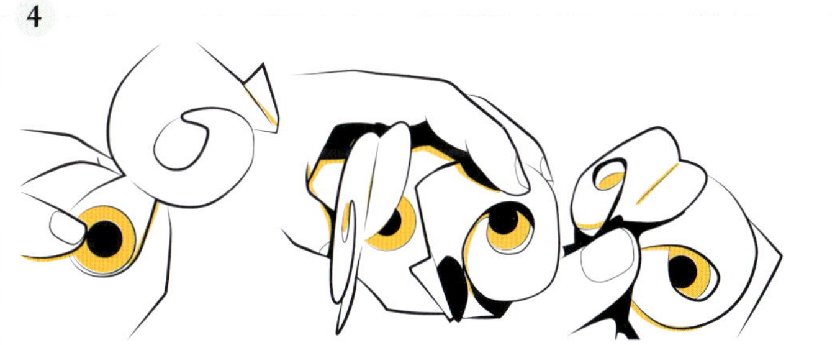

5

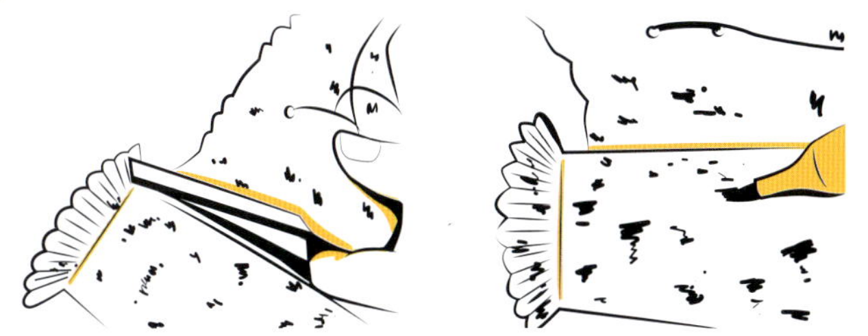

6

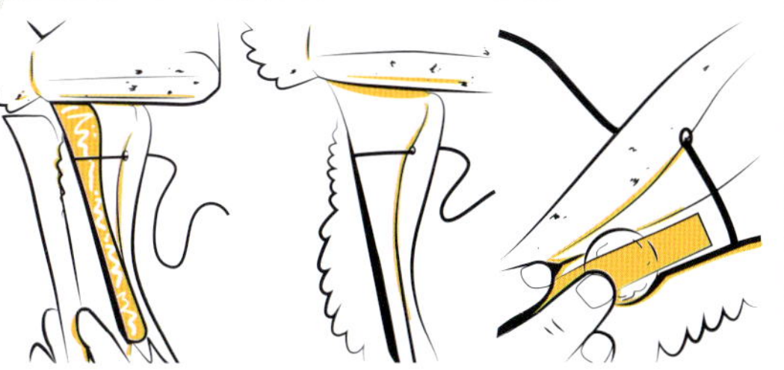

1. Die Schnur vom Gewicht (aus Teil C geschnitten) abwickeln und das Gewicht an den entsprechenden schattierten Bereich auf Teil D kleben. Dann den Kopf zukleben. Dafür die Oberkante von Teil D an den letzten schattierten Bereich im Inneren des Kopfes kleben.

2. Das Ende der Schnur auf dem Mittelgewicht durch das Loch in der Unterseite von Hedwig einführen, dann das gesamte Oberteil ankleben.

3. Zuletzt die oberen Körperteile (D) festkleben, dabei die schattierten Flächen beachten.

4. Die Augenlaschen der Teile H und I auf die Vorderseite des Kopfteils von Teil G kleben. Die Teile H und I so umklappen, dass sie sich in der Mitte treffen. Die jeweiligen Laschen (graue Markierungen) festkleben.

5. Die Flügel (E und F) oben auf den Rücken (D) kleben. Die eckigen Enden der Laschen mit der Basis des Schwanzes (D) verbinden. Nach Belieben das Gefieder mit Stiften weiter ausarbeiten.

6. Die Vorlagen für die Flügelgewichte (A und B) können jetzt über die Pappe geklebt werden, damit sie weniger ins Auge fallen. Zuletzt außerhalb der Schnur, zur Flügelspitze hin, die Münzen auf die Flügelgewichte kleben.

TIPP: Eine 20-Cent-Münze pro Flügel eignet sich gut, es können aber auch 2 oder 3 kleinere Münzen verwendet werden.

DIE UMSCHLÄGE FALTEN

1

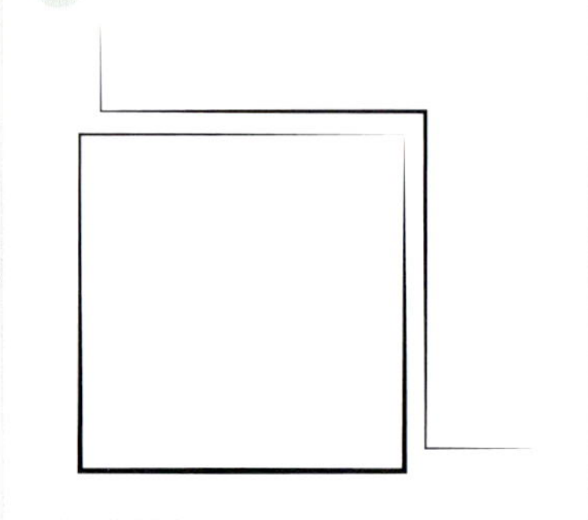

1. Für jeden Umschlag ein Papierquadrat mit 11,5 cm Kantenlänge zuschneiden. Die Quadrate mit einer Spitze nach unten auf eine Arbeitsfläche legen.

2–3

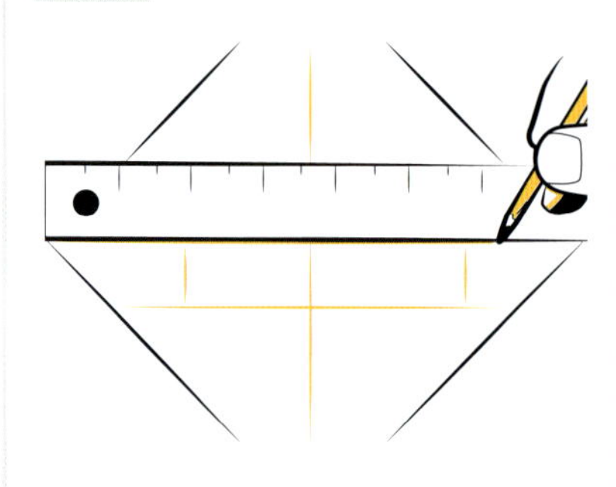

2. Mit dem Lineal eine Linie von der linken zur rechten Ecke ziehen. Die beiden anderen Ecken ebenso verbinden. Der Schnittpunkt in der Mitte dient der Orientierung.

3. 2 cm unter der waagerechten Mittellinie eine weitere Linie ziehen und das Papier entlang dieser Linie falzen. Die untere Ecke zu dieser Linie falten.

4

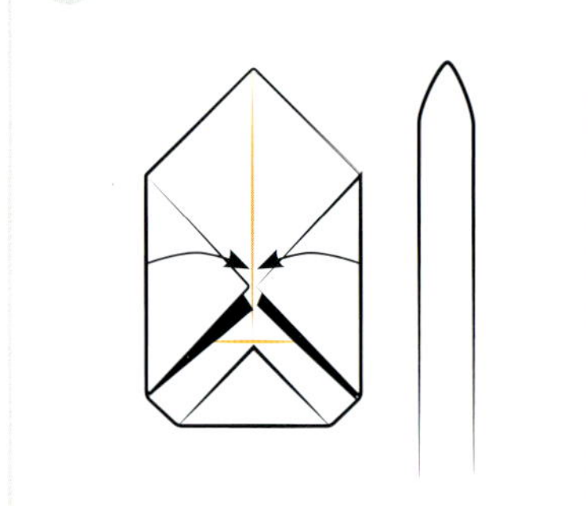

4. Die linke und rechte Ecke jeweils zum Mittelpunkt legen und falten.

TIPP: Mit einem Falzbein gelingen die Kniffe akkurat.

5

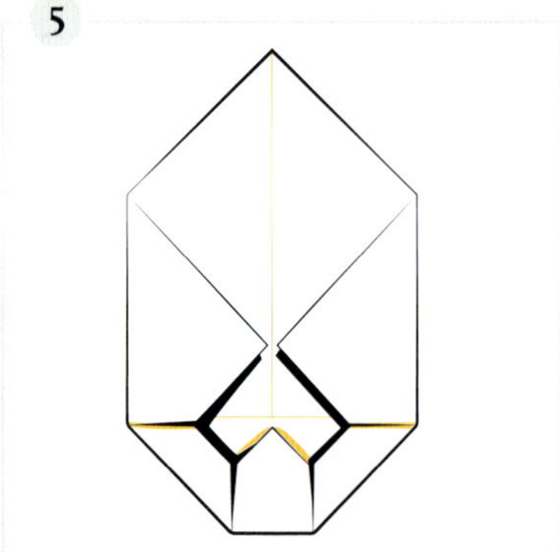

5. Von links unten und rechts unten Trapeze zur Mitte hin falten.

6

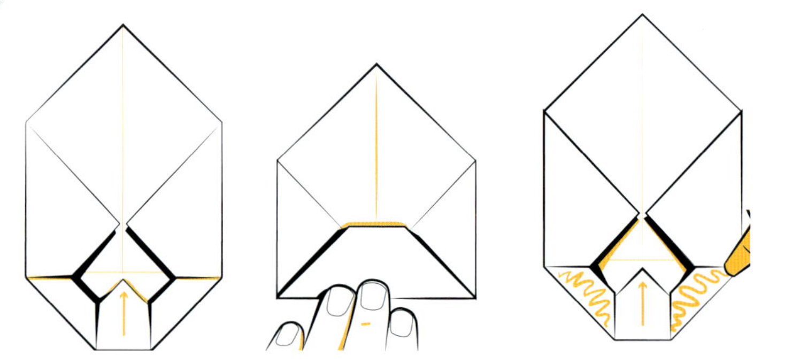

6. Den gesamten unteren Teil bis zur Mittellinie nach oben falten. Das Gebilde sieht jetzt schon wie ein Umschlag mit offener Klappe aus. Noch einmal auffalten und die beiden Trapeze mit Klebstoff bestreichen und fixieren.

7

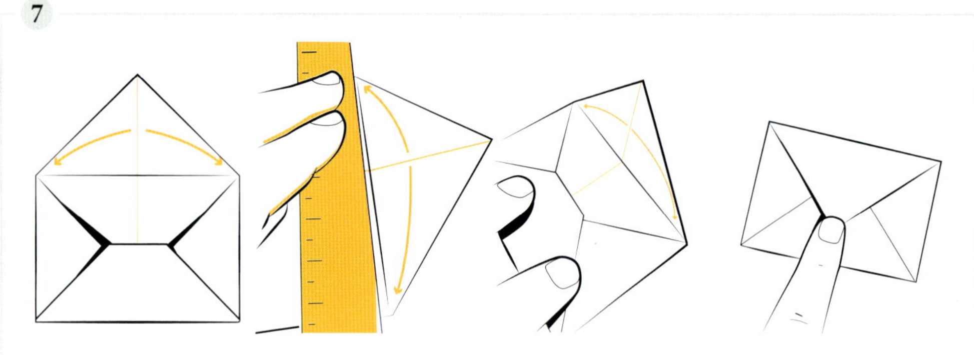

7. Mit Lineal und Bleistift zwischen den beiden gefalteten Ecken eine Linie ziehen. Das Papier entlang der Linie anritzen oder falzen, dann die Umschlagklappe nach unten falten.

DIE HOGWARTSBRIEFE VERZIEREN

1

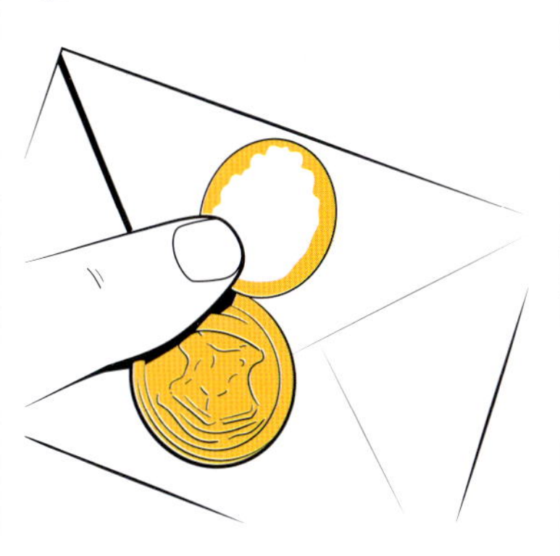

1. Die Siegelaufkleber mit dem Hogwartswappen auf die Umschläge kleben.

2

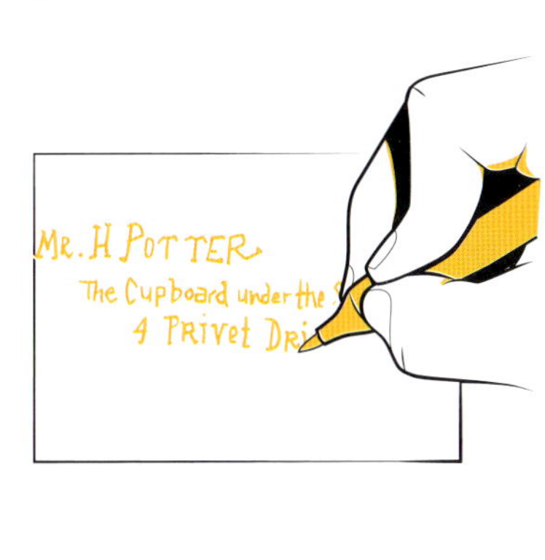

2. Auf die Vorderseite der Umschläge Harry Potters Anschrift schreiben:

Mr. H. Potter
Im Schrank unter der Treppe
Ligusterweg 4
Little Whinging
Surrey

3

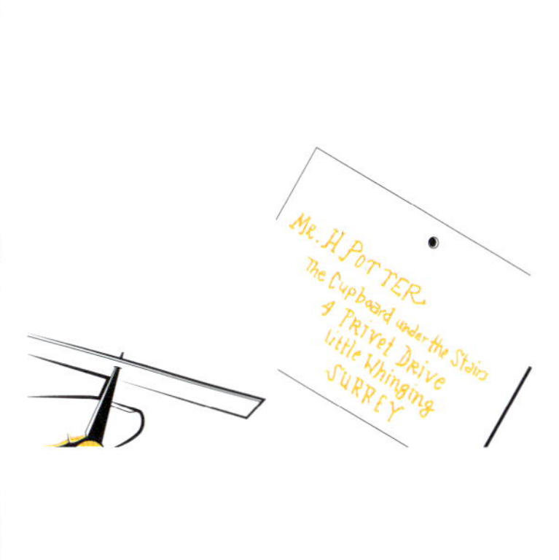

3. In die obere Mitte jedes Umschlags ein Loch zum Durchfädeln der Schnur stechen.

DAS MOBILE ZUSAMMENBAUEN

1

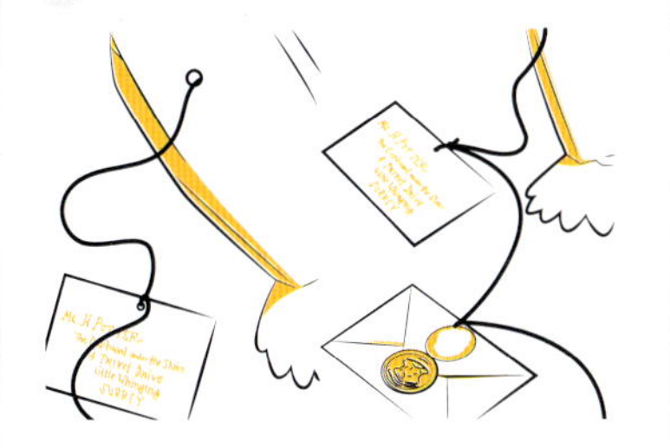

1. Zwei oder drei Briefe an die Schnur an Hedwigs Unterseite binden.

2

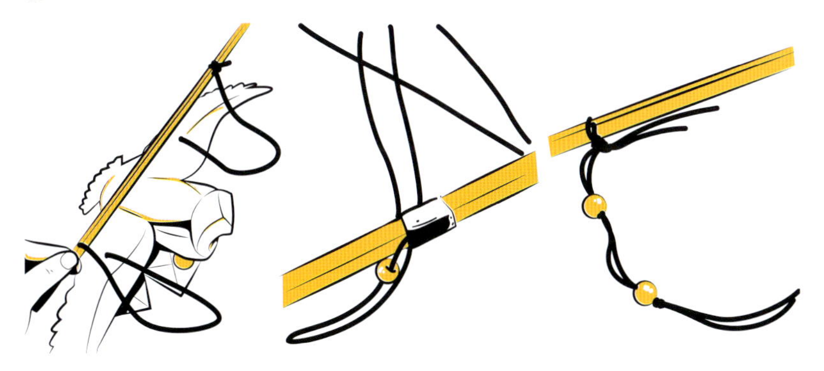

2. Die Schnüre der Flügel an der Querstange befestigen. Falls die Schnur rutschig ist (z.B. Angelsehne), kann sie mit einem Tropfen Klebstoff oder Washi Tape fixiert werden. Nach Belieben mit Perlen oder anderen Kleinigkeiten verzieren.

3

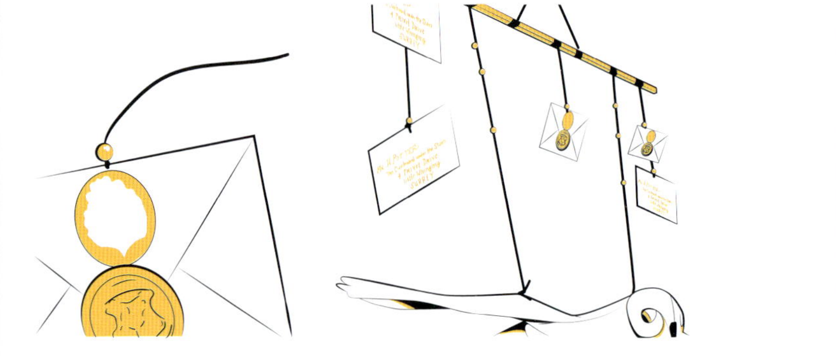

TIPP: Die Anzahl der Briefe ist beliebig, aber mindestens einer muss unter Hedwig hängen. An ihm wird gezogen, um die Flügel zu bewegen. Allzu viele Briefe machen das Mobile schwerer. Dann ist es wichtig, die Knoten sorgfältig zu binden und das Mobile sicher aufzuhängen.

3. Die Knoten auf den Briefen mit kleinen Klebstofftupfern sichern. So viele Briefe wie gewünscht an die Querstange hängen. In der Mitte der Stange eine Schlaufe festknoten, an der das Gesamtmobile aufgehängt wird.

4

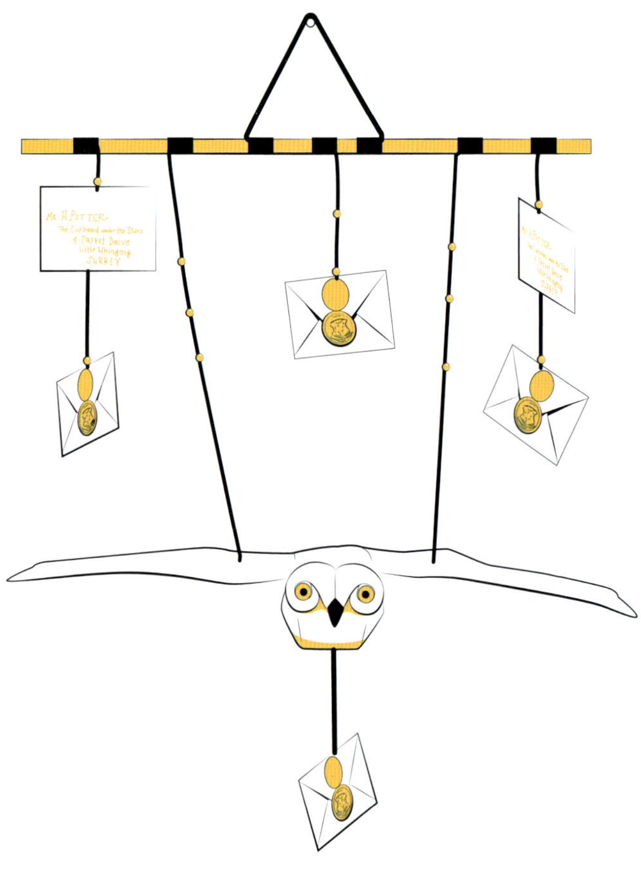

4. Hedwig muss mittig im Mobile hängen, und ihre Flügel müssen gleichmäßig befestigt werden, damit sie keine Schlagseite bekommt.

TIPP: Durch behutsames Ziehen an der unteren Schnur flattert Hedwig mit den Flügeln.

„DAD! HARRY HAT EINEN BRIEF GEKRIEGT!“

Dudley Dursley in *Harry Potter und der Stein der Weisen*

Hinter den Kulissen

Obwohl Hedwig in der Geschichte weiblich ist, wurde sie in den Filmen von mehreren männlichen Schnee-Eulen gespielt. Männchen haben weniger dunkle Abzeichen als Weibchen und sind kleiner, also für Daniel Radcliffe (Harry Potter) leichter zu tragen.

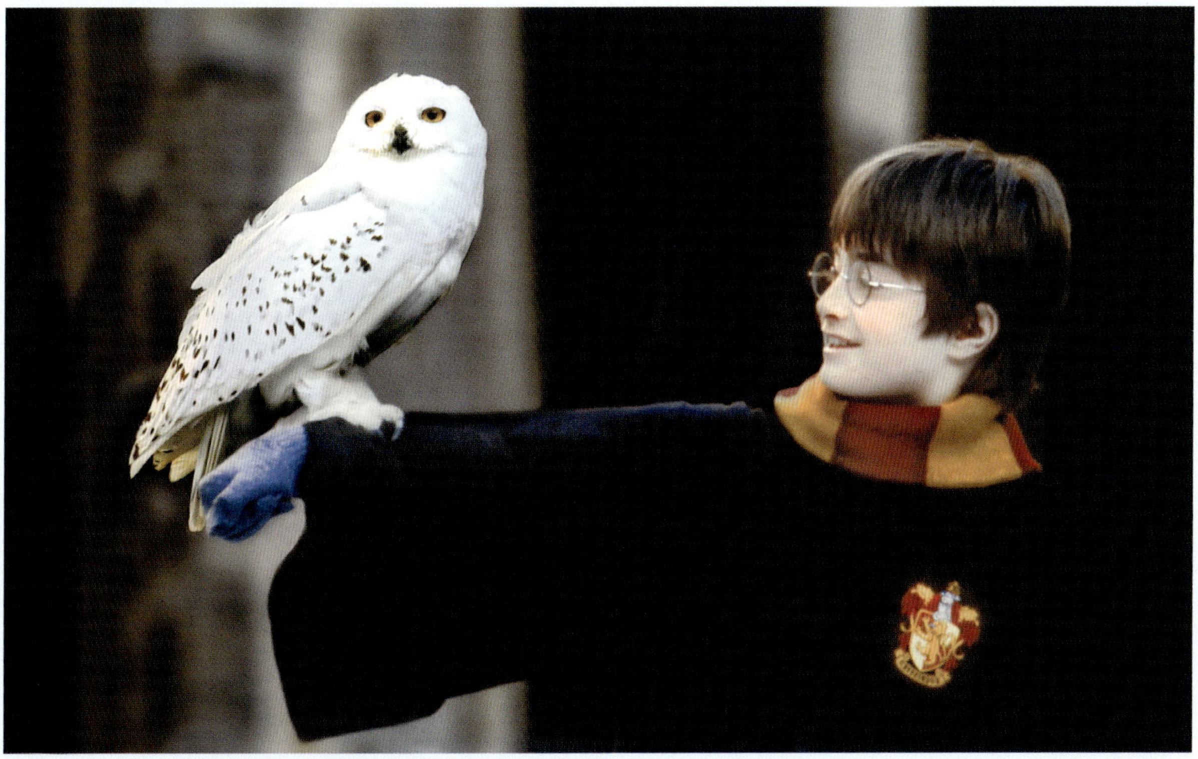

OBEN: Daniel Radcliffe (Harry Potter) trug für diese Szene in *Harry Potter und der Stein der Weisen*, in der Hedwig auf seinem Arm sitzt, eine Ledermanschette unter seiner Kleidung.

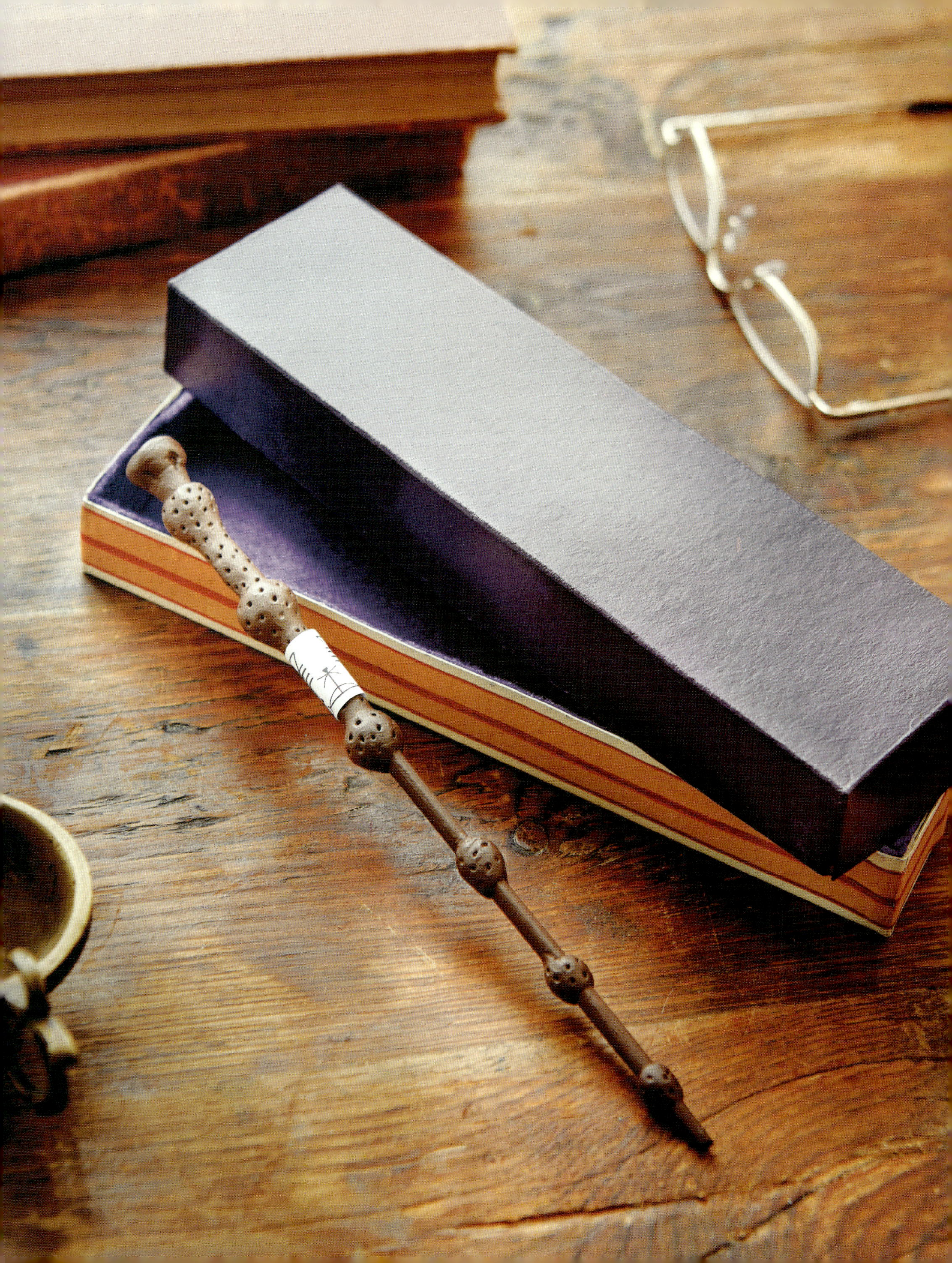

Elderstab mit Schachtel von Ollivanders

Design: **JILL TURNEY**

SCHWIERIGKEITSGRAD ⚡

Nachdem Harry Potter seinen Aufnahmebrief von Hogwarts erhalten hat, muss er sich einen Zauberstab besorgen. Im einschlägigen Fachgeschäft von Ollivanders in der Winkelgasse kann man schon seit 382 v.Chr. Zauberstäbe kaufen. Obwohl viele Zauberstäbe in den Filmen wie einfache Stecken aussehen, sind sie aus seltenen Hölzern in interessanten Formen gefertigt und teils mit Kristallen, Bändern oder alchemistischen Symbolen verziert oder gefüllt.

Bei Ollivanders gibt es Regale voller Schachteln mit Zauberstäben, die auf neue Besitzer warten. Tatsächlich wurden für *Harry Potter und der Stein der Weisen* 17 000 Schachteln hergestellt und mit individuellen, handgefertigten Etiketten bestückt. Beschriftet sind die Etiketten mit Zahlen, Runen und dem Material, aus dem der Kern des Zauberstabs besteht (Phönixfeder, Thestralschwanzhaar, Drachenherzfaser).

Dieses Bastelprojekt ist eine Hommage an den mächtigsten Zauberstab von allen: den Elderstab des Hogwartsschulleiters Albus Dumbledore. Interessanterweise hatten die Designer und Ausstatter am Filmset, als sie Dumbledores Zauberstab anfertigten, noch keine Ahnung, wie wichtig dieser für die weitere Geschichte sein würde!

ELDERSTAB

DU BRAUCHST

- 1 Essstäbchen (maximal 23 cm lang)
- Lufttrocknende Modelliermasse in Weiß
- Zahnstocher
- Acrylfarbe in Dunkelbraun
- Pinsel
- Etikett für Elderstab (siehe Sticker am Ende des Buchs)

TIPP: Wenn das Essstäbchen zu lang ist, kann es mit Schleifpapier oder einer robusten Nagelfeile auf die passende Länge für die Schachtel gekürzt werden.

OLLIVANDERS SCHACHTEL

DU BRAUCHST

- Leere Kosmetiktücherschachtel (23 × 9 × 12 cm)
- Lineal
- Bleistift
- Bastelkleber
- Schere
- Löffel
- Kreppband, 2 cm breit
- Acrylfarbe in Violett, Hellbraun und Cremeweiß
- Pinsel
- Stift oder Marker in Rot
- Bastelfilz in Violett, 23 × 30 cm
- Ollivanders-Logo-Sticker (am Ende des Buchs)

OPTIONAL

- Aktenklammern

ANLEITUNG FÜR DEN ZAUBERSTAB

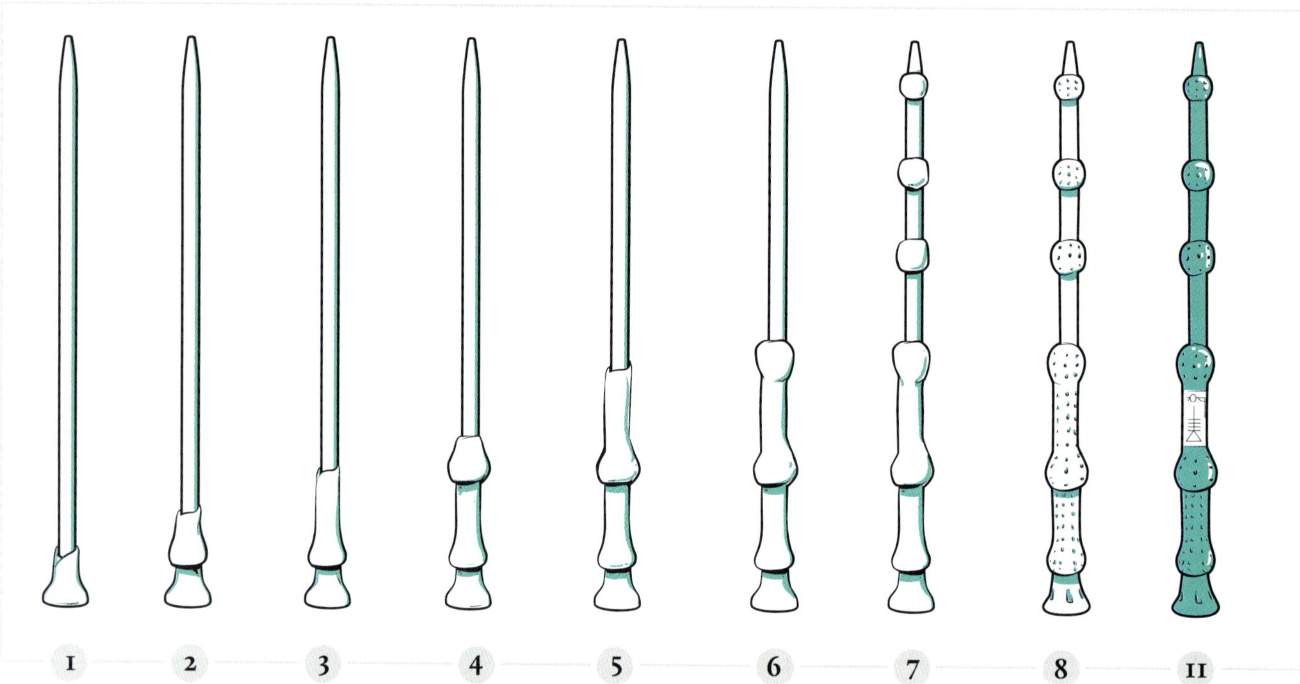

1. Etwas Modelliermasse um das breite Ende des Essstäbchens legen und glockenförmig modellieren.

2. Direkt darüber eine zweite Glockenform anbringen.

3. Die nächsten 2,5 cm des Essstäbchens mit einer dünnen Schicht Modelliermasse umhüllen. Die Übergänge glätten.

4. Eine dritte Glockenform über der dünnen Umhüllung aus Schritt 3 anbringen.

5. Die nächsten 2,5 cm mit einer dünnen Schicht Modelliermasse umhüllen.

6. Dann folgt eine Kugel aus Modelliermasse. Den Übergang zur dünnen Umhüllung glätten.

7. Drei weitere Kugeln in gleichmäßigen Abständen auf dem Essstäbchen anbringen.

8. Mit dem Zahnstocher Tropfenformen in die unterste Glockenform ritzen. In die übrigen Glockenformen, Umhüllungen und Kugeln aus Modelliermasse kleine Löcher stechen.

9. Reste der Modelliermasse in einem luftdichten Behälter aufbewahren. Den Zauberstab an einem geschützten Platz über Nacht trocknen lassen.

10. Wenn die Modelliermasse trocken ist, wird der Zauberstab mit dunkelbrauner Acrylfarbe bemalt. Trocknen lassen.

11. Das Elderstab-Etikett zwischen der dritten Glocke und der ersten Kugel anbringen.

TIPP: Damit die Löcher keinesfalls weiß bleiben, einen Zahnstocher in die Acrylfarbe tauchen und dann in die Löcher stechen.

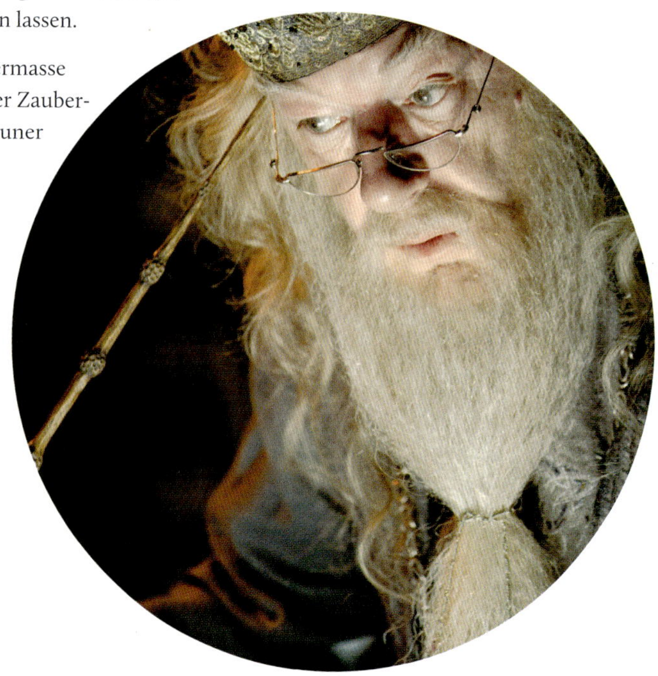

ANLEITUNG FÜR DIE SCHACHTEL / DAS UNTERTEIL

1–2

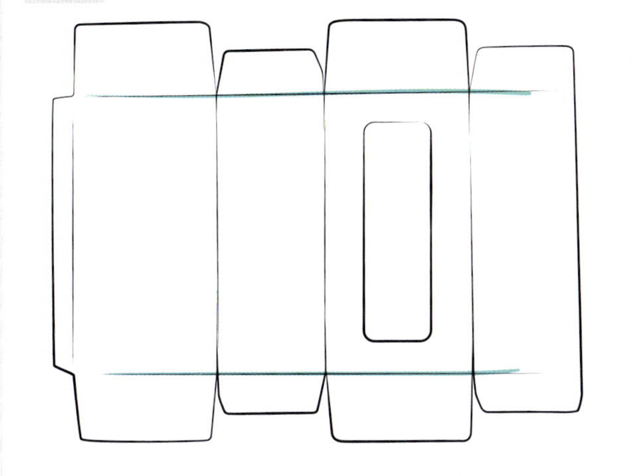

3

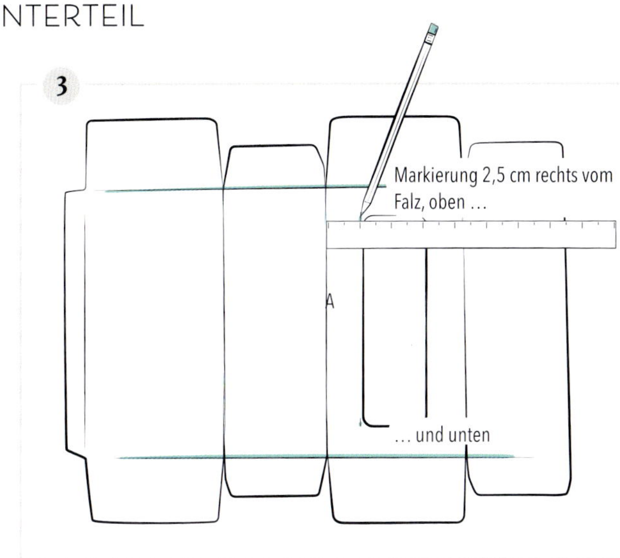

1. Die Verklebungen der Kosmetiktücherschachtel lösen und die Pappe flach ausbreiten. Die Plastikfolie entfernen.
2. Die Schachtel mit der bedruckten Seite nach unten legen.
3. 2,5 cm rechts vom Seitenfalz (A) oben und unten mit Bleistift eine Markierung anzeichnen.

4

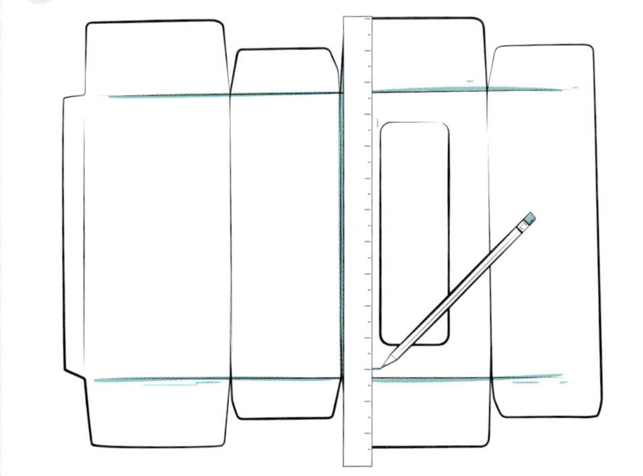

5

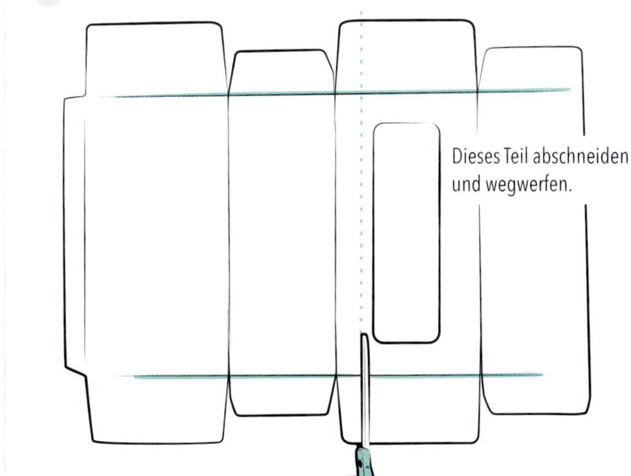

4. Ein Lineal an die Markierungen anlegen und eine senkrechte Linie über die ganze Länge der Pappe ziehen.
5. Die Pappe entlang der Markierung durchschneiden.

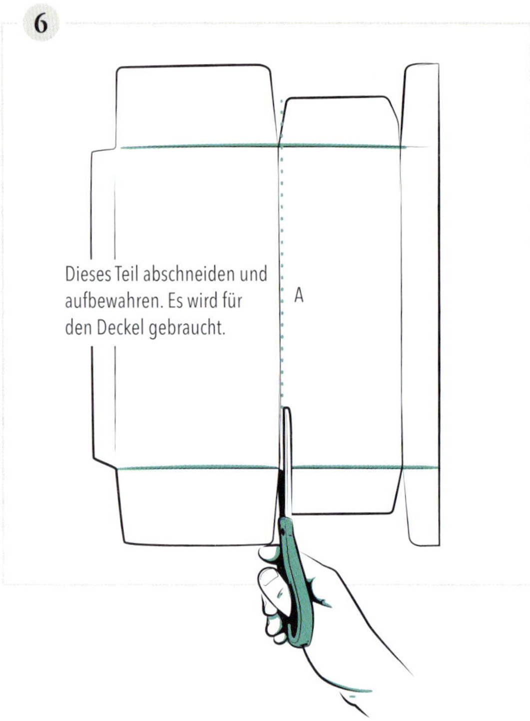

6. Die Pappe entlang der Faltlinie auf der anderen Seite (A) durchschneiden.

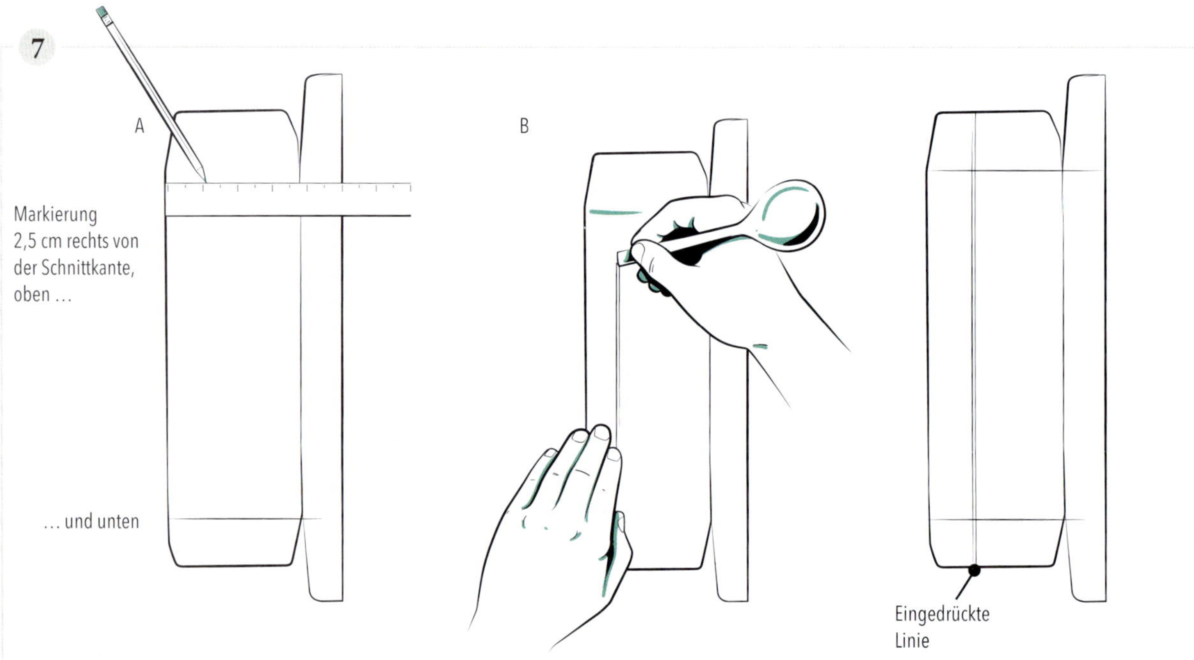

7. 2,5 cm rechts von der Schnittkante (A) oben und unten mit Bleistift Markierungen anzeichnen.

Das Lineal an die Markierungen legen.

Mit einem Löffelstiel am Lineal entlangfahren. Kräftig aufdrücken, um die Pappe einzudrücken (Linie B).

8

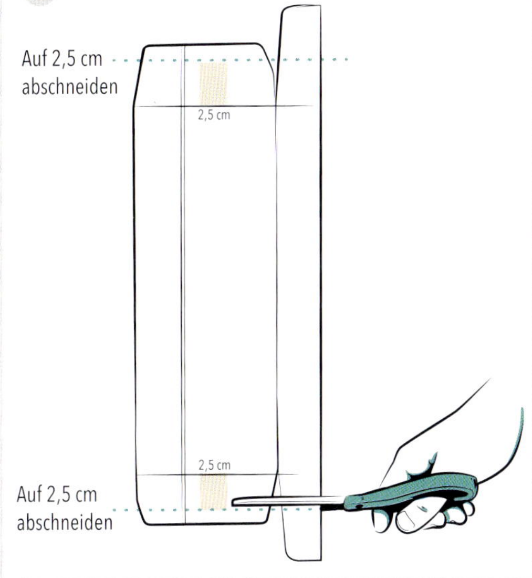

9

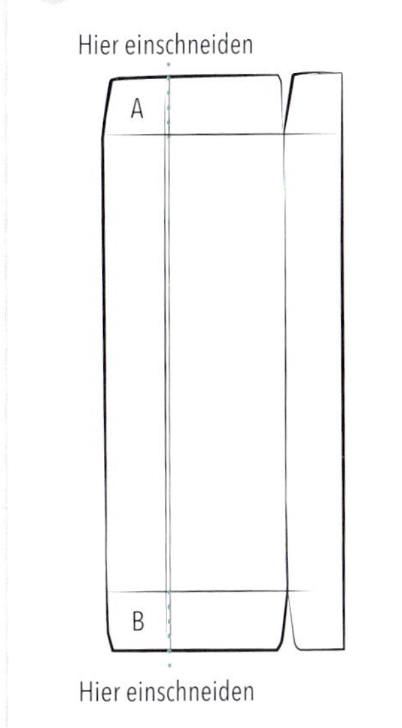

8. Die obere und untere Klappe auf 2,5 cm zurückschneiden.

9. Die eingedrückte Linie oben (A) und unten (B) innerhalb der Klappe einschneiden.

10. Die Schachtel falten: Die Pappe so drehen, dass die bedruckte Seite oben liegt (A). Die beiden Längsseiten nach oben knicken (B). Die kleinen Laschen nach innen falten (C). Klebstoff auf die Schmalseiten geben (D). Die Schmalseiten hochfalten und an den kleinen Laschen festkleben. Mit den Fingern oder mit Aktenklammern zusammenhalten, bis der Kleber trocken ist.

10

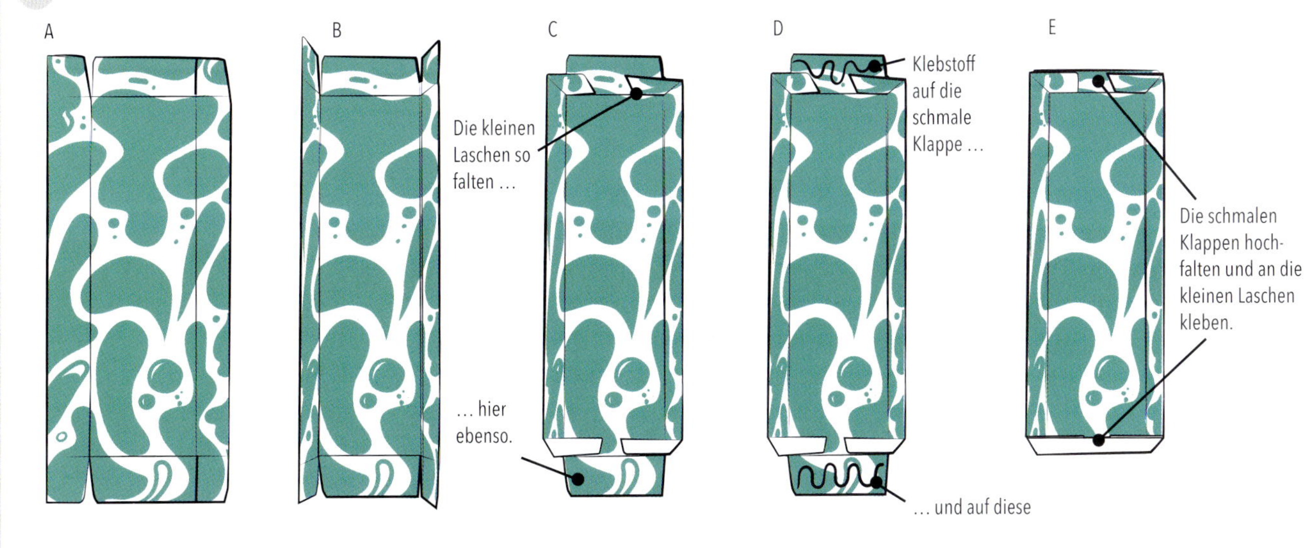

11

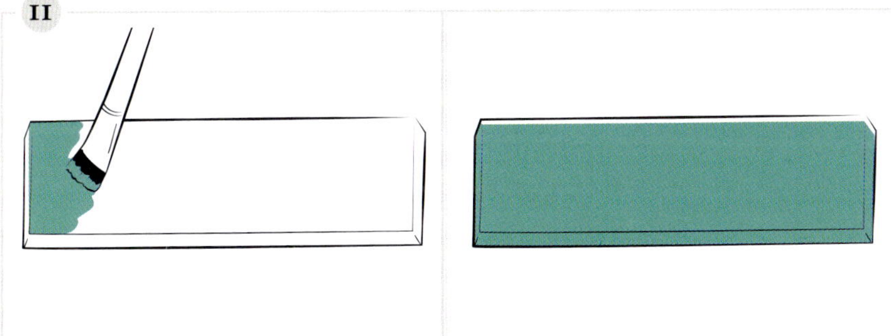

11. Die Schachtel umdrehen und außen mit Acrylfarbe in Cremeweiß bemalen. Trocknen lassen. Wenn die Farbe nicht überall gut deckt, eine zweite Schicht auftragen.

12

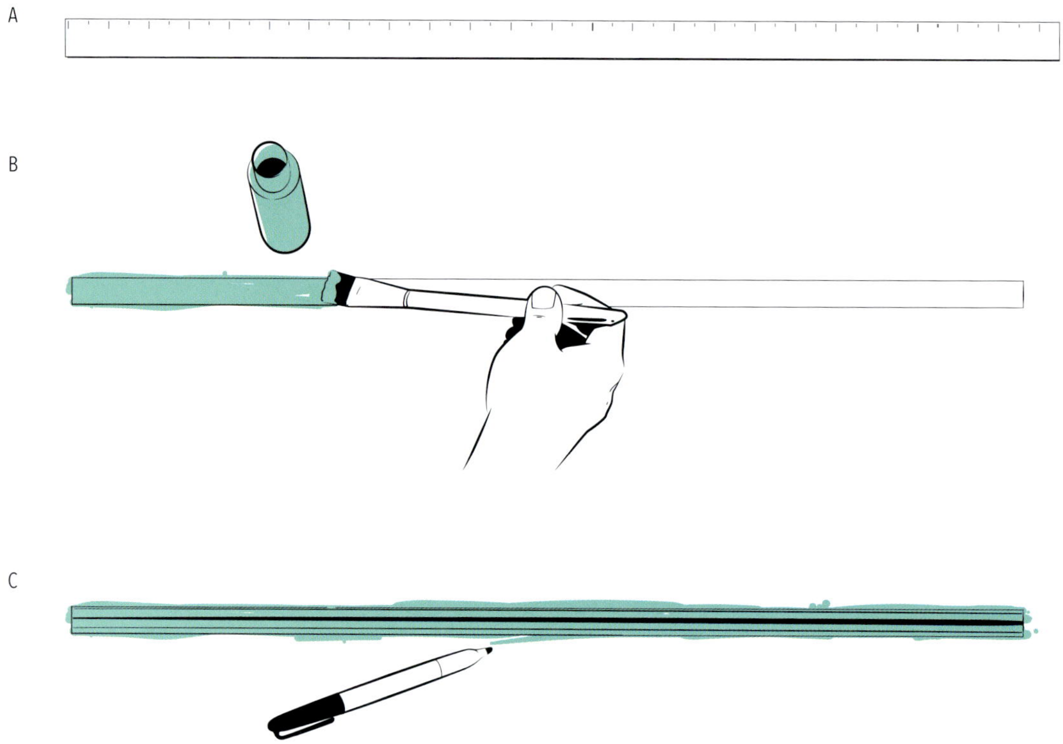

12. Der Streifen auf der Schachtel: Die Arbeitsfläche großzügig mit Folie abdecken. Einen 61 cm langen Streifen Kreppband ganz gerade (mit Lineal, A) auf die Folie kleben. Das Kreppband hellbraun anmalen (B). Trocknen lassen, dann mit einem roten Filzstift und dem Lineal dünne Striche entlang der Ober- und Unterkante und einen dickeren Strich in die Mitte zeichnen (C).

13

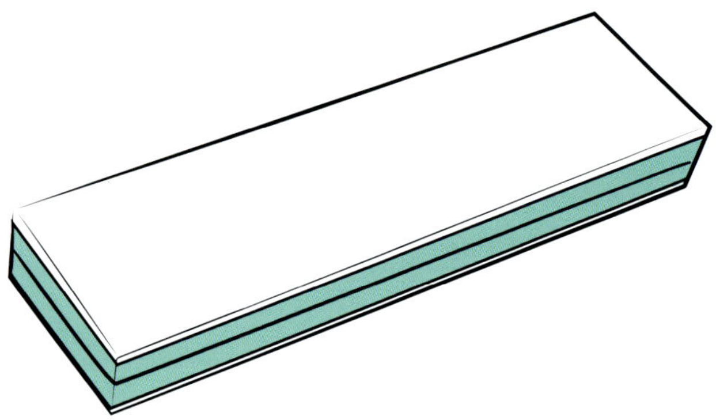

13. Das Kreppband vorsichtig von der Folie lösen und um die cremeweiße Schachtel kleben. Die Enden des Kreppbands minimal überlappen, überschüssiges Kreppband abschneiden.

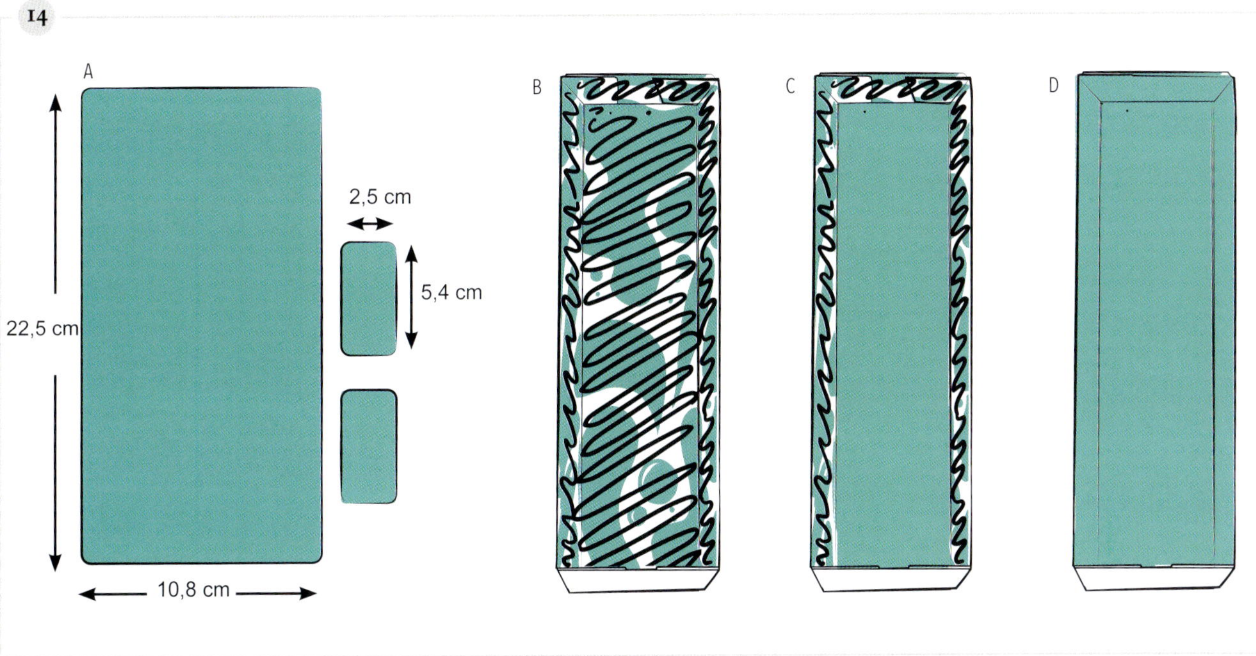

14. Das Unterteil mit Filz auskleiden: Aus violettem Filz ein Stück von 22,5 × 10,8 cm und zwei Stücke von 5,4 × 2,5 cm zuschneiden (A). Eventuell am Bauteil nachmessen, damit es genau passt. Boden und Innenseiten der Wände gleichmäßig mit Klebstoff bestreichen (B). Das große Stück Filz glatt auf den Boden und die langen Wände kleben (C), die kleinen Filzstücke auf die kurzen Wände kleben (D). Damit ist das Unterteil der Schachtel fertig.

DER DECKEL DER SCHACHTEL

1. Das in Schritt 6 (Seite 20) beiseitegelegte Kartonstück wieder zur Hand nehmen.

2. Mit der unbedruckten Seite nach oben auf die Arbeitsfläche legen. Die rechte Klappe gerade abschneiden.

3. In 2,8 cm Abstand zur rechten und linken Kante oben und unten Markierungen anzeichnen.

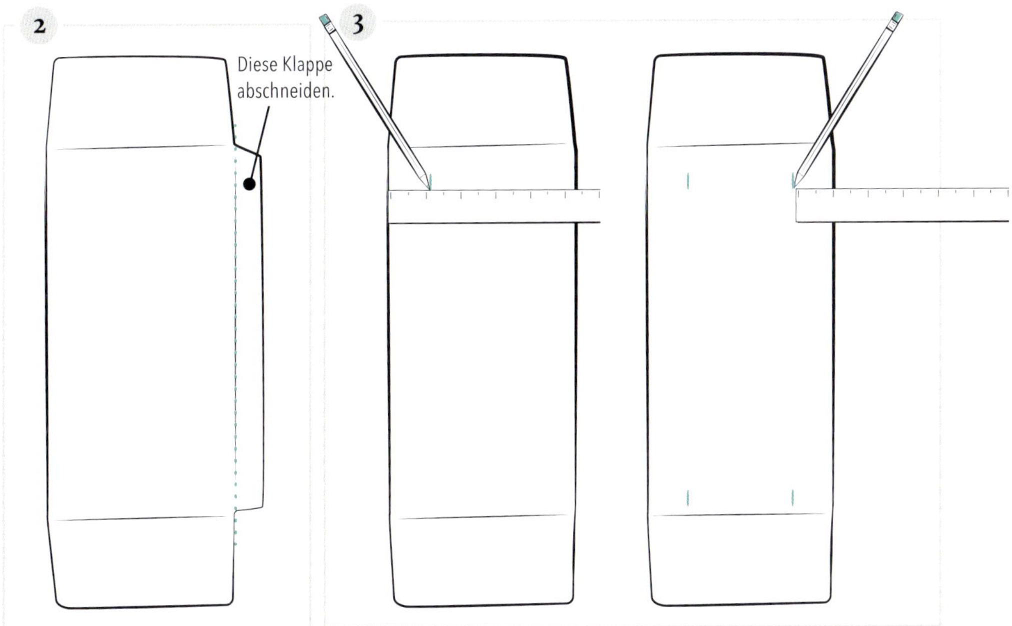

4. Das Lineal an den Markierungen auf der linken Seite anlegen und mit einem Löffelstiel am Lineal entlang eine Linie eindrücken. Kräftig aufdrücken. Auf der rechten Seite wiederholen.

5. Die oberen und unteren Klappen auf 2,8 cm zurückschneiden (genau so breit wie die langen seitlichen Klappen).

6. Die Schlitze wie auf der Abbildung einschneiden.

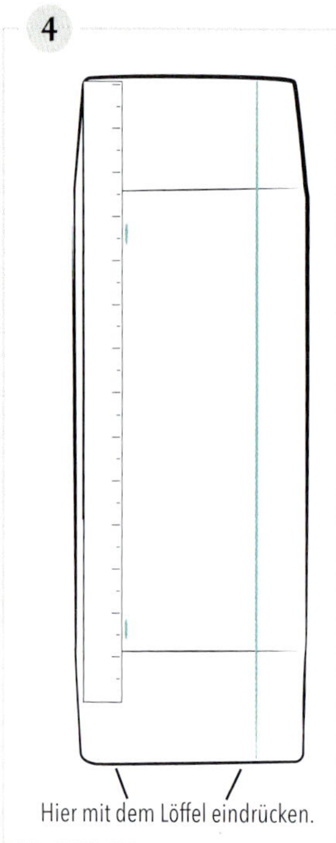

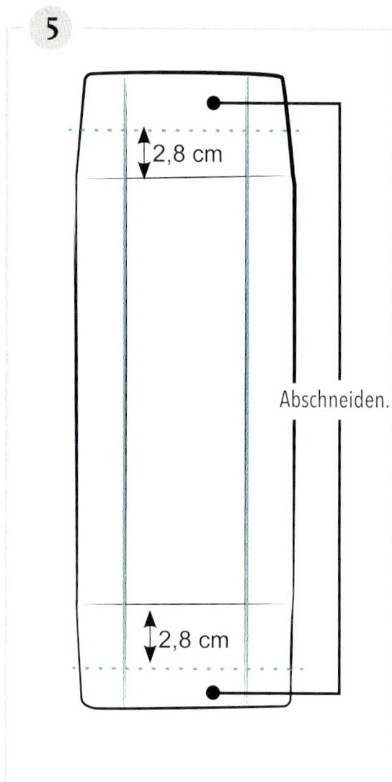

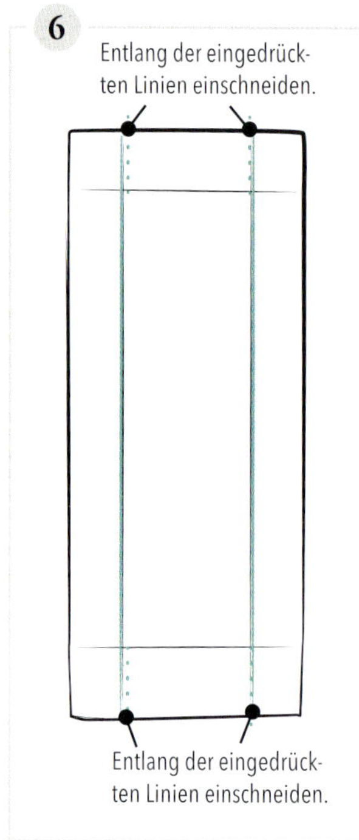

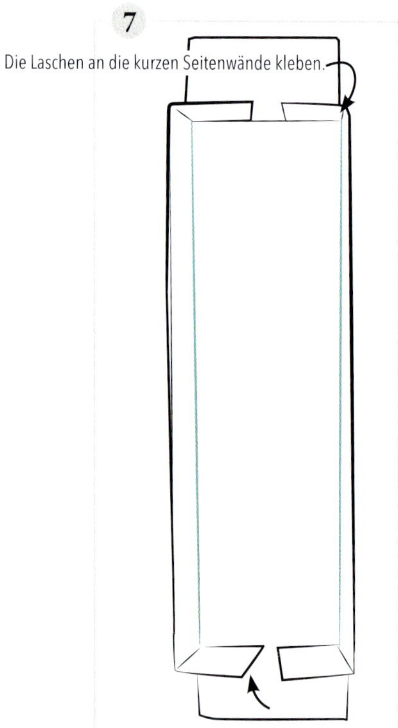

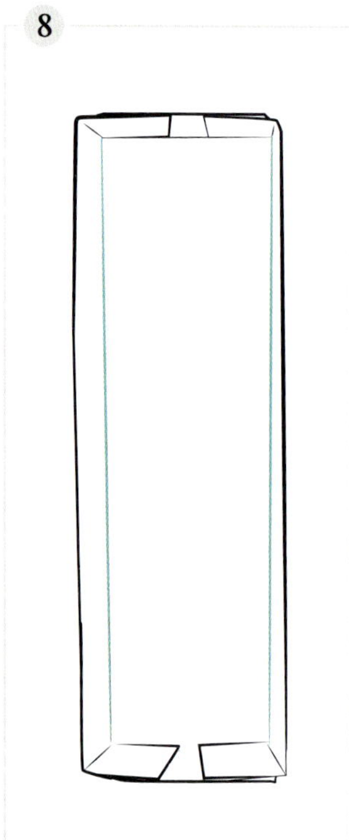

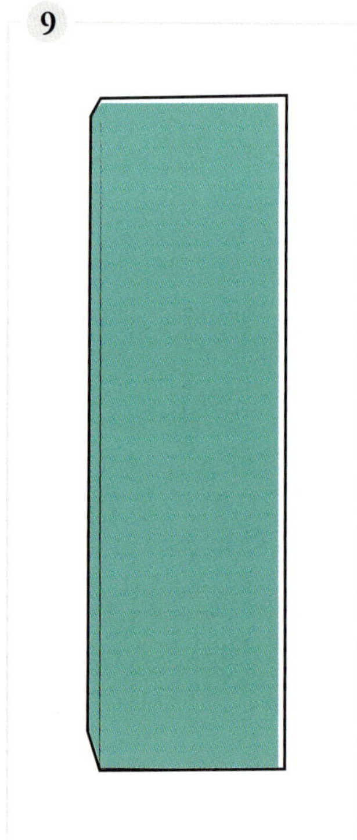

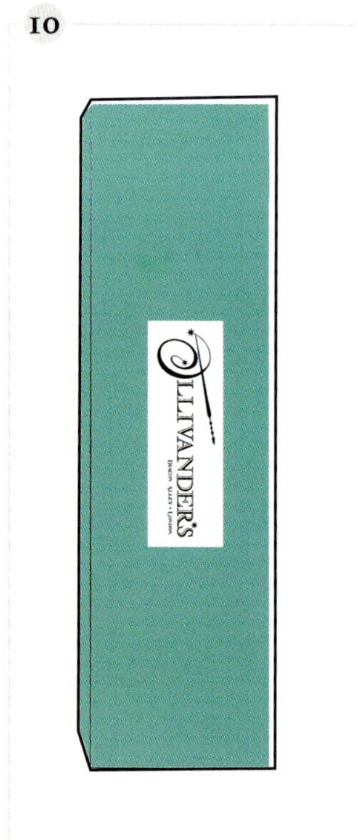

7. Den Karton umdrehen. Die langen Seitenwände hochfalten, die kleinen Laschen nach innen falten.

8. Die kurzen Seitenwände an die nach innen gefalteten Laschen kleben.

9. Den Deckel innen und außen mit violetter Acrylfarbe bemalen.

10. Zuletzt die Schachtel mit Ollivanders-Etiketten (hinten im Buch) bekleben.

„Ich mein ja nur, das ist der Elderstab. Der mächtigste Zauberstab der Welt. Mit dem wären wir unbesiegbar."

Ron Weasley in *Harry Potter und die Heiligtümer des Todes – Teil 2*

Hinter den Kulissen

Für die Filme wurde der Elderstab aus einem Stück englischer Eiche gefertigt. Die Knocheneinlage am Griff wurde mit Runen verziert.

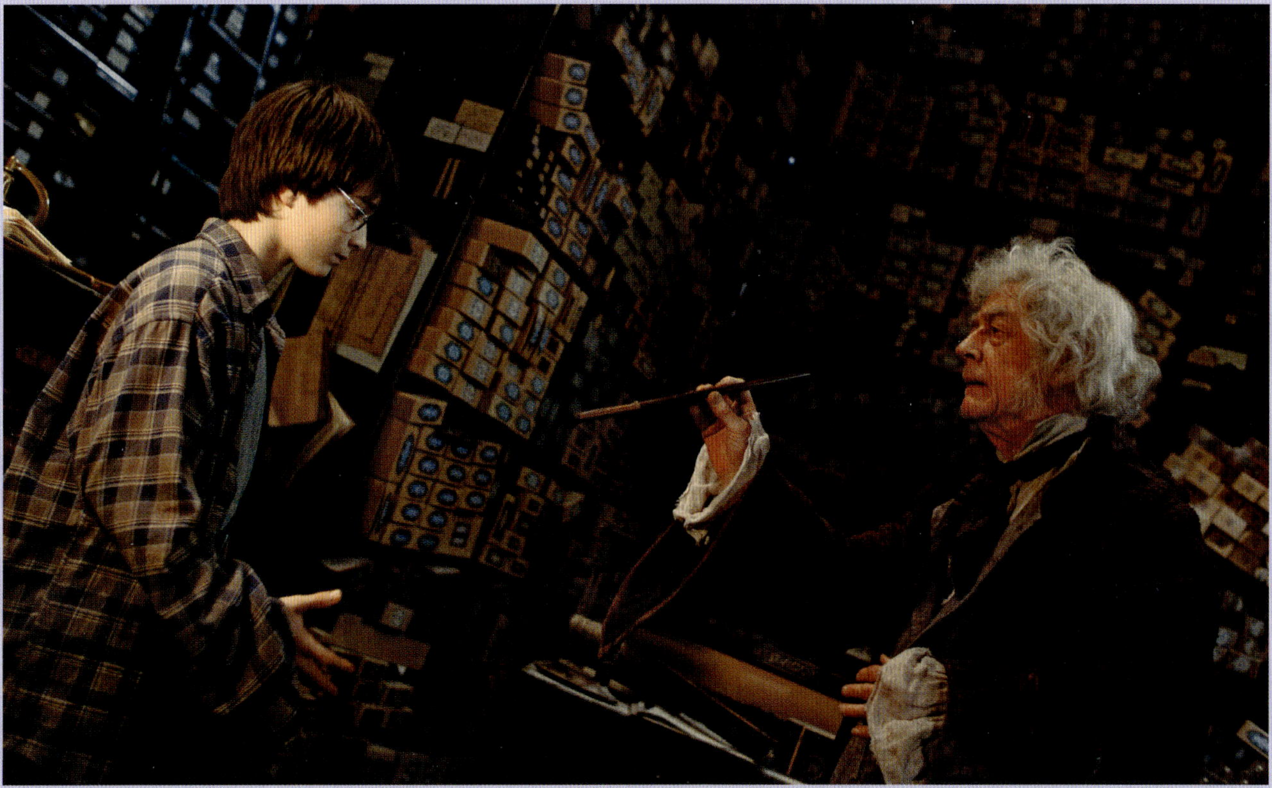

OBEN: Mister Ollivander (John Hurt) bietet Harry Potter (Daniel Radcliffe) einen Zauberstab zum Ausprobieren an. Erst im dritten Versuch entscheidet sich ein Zauberstab für Harry – denn es ist der Zauberstab, der den Zauberer auswählt, nicht umgekehrt.

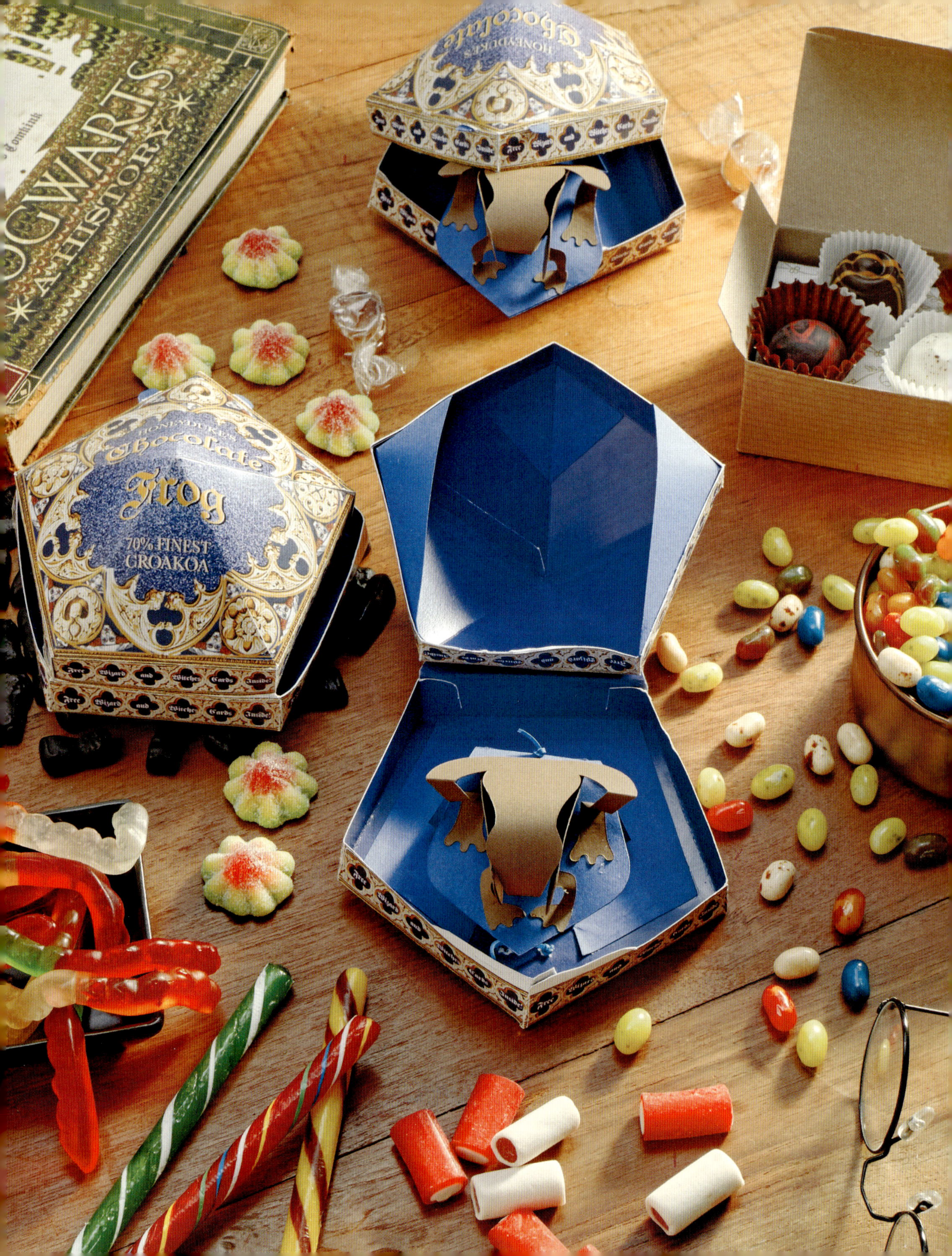
HOGWARTS
A HISTORY
HONEYDUKES
Chocolate
Frog
70% FINEST
CROAKOA
Free Wizard and Witches Cards Inside!

Springender Schokofrosch

Design: **MATTHEW REINHART**

SCHWIERIGKEITSGRAD ⚡

Harry Potter lernt Ron Weasley gleich im Hogwarts-Express kennen, dem Zug, der alle Erstklässler in *Harry Potter und der Stein der Weisen* nach Hogwarts bringt. Harry sitzt allein in seinem Abteil, als ein rothaariger Junge fragt, ob er sich zu ihm setzen kann – alle anderen Abteile seien voll. Harry hat überhaupt nichts dagegen! Nachdem sie sich einander vorgestellt haben und Ron einen Blick auf Harrys blitzförmige Narbe geworfen hat, kommt eine Hexe durch die Wagen, um Getränke und Süßigkeiten zu verkaufen, darunter Schokofrösche. Harry kennt die Süßigkeiten nicht und befürchtet, es könnten echte Frösche sein, aber Ron versichert ihm, dass es sich nur um einen Zauber handelt. Sobald Harry die Schachtel öffnet, springt der süße Frosch auf das halb geöffnete Fenster und wird vom Wind davongeweht.

Schokofrösche kann man in jedem Süßwarengeschäft der Zaubererwelt kaufen. Im Süßigkeitenladen von Hogsmeade, im Honigtopf, stapeln sich die Schachteln an einer ganzen Wand. Laut Etikett bestehen die Frösche aus 70 Prozent feinstem „Quakao" – ein Kunstwort aus quaken und Kakao. Die meisten Schokoladenfrösche können nur einmal springen. Dieses Exemplar aus Papier schafft viele Sprünge.

DU BRAUCHST

- Vorlagen für Schokofrosch (Seite 169–173)
- Werkzeug zum Schneiden, z. B. Cutter
- Werkzeug zum Falzen, z. B. Stricknadel oder Büroklammer
- Klebstoff
- Gummiband
- Lineal
- Schere

OPTIONAL

- Pinzette
- Filzstifte, Flitter, Washi Tape, Pailletten usw. (zum Verzieren)
- Tonpapier in Blau

ANLEITUNG

1. Die Vorlagen für den Schokofrosch von Seite 169–173 ausstanzen.

2. Alle Vorlagenteile scharf entlang der vorgefalzten Linien knicken.

DER DECKEL DER SCHACHTEL

1–2

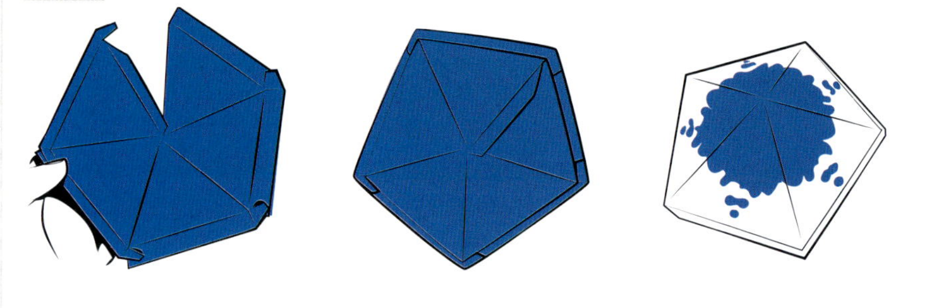

1. An Teil A die größte Lasche festkleben, sodass ein Deckel mit Spitze entsteht.

2. Alle kleinen Laschen festkleben, um die Seiten miteinander zu verbinden.

3

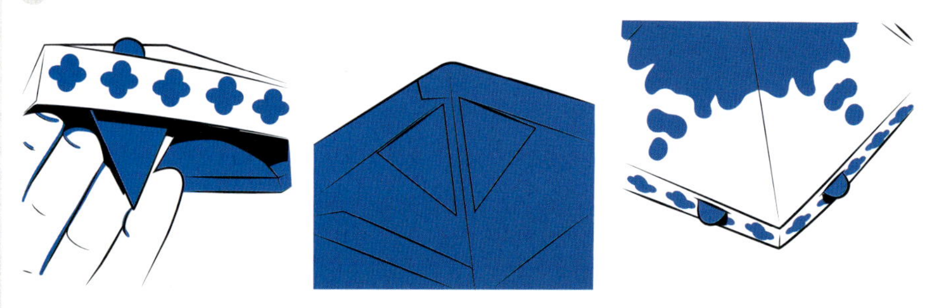

3. Teile I und J auf die Innenseite des Deckels kleben, dabei die runden Laschen durch Löcher des Deckels schieben. Dadurch bleibt die Schachtel später geschlossen.

4

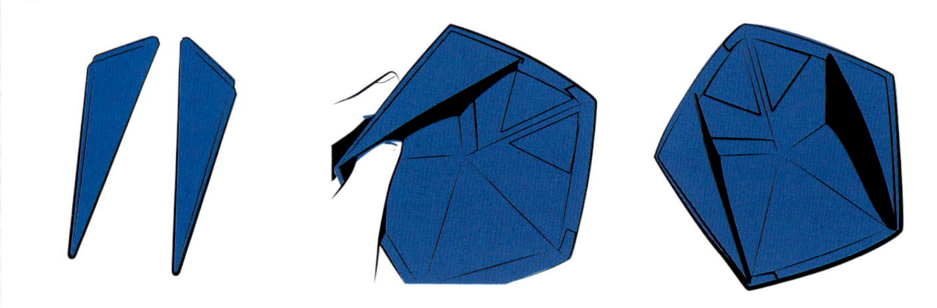

4. Die Stützen (Teile G und H) auf die Innenseite des Deckels unterhalb der Teile I und J kleben. Sie halten den Frosch in der geschlossenen Schachtel in Position und können auch eine Sammelkarte halten.

5. Alle kleinen Laschen an Teil K ankleben, um das Unterteil der Schachtel zusammenzufügen. Dabei die schattierten Bereiche beachten.

DER SPRUNGMECHANISMUS

1–2

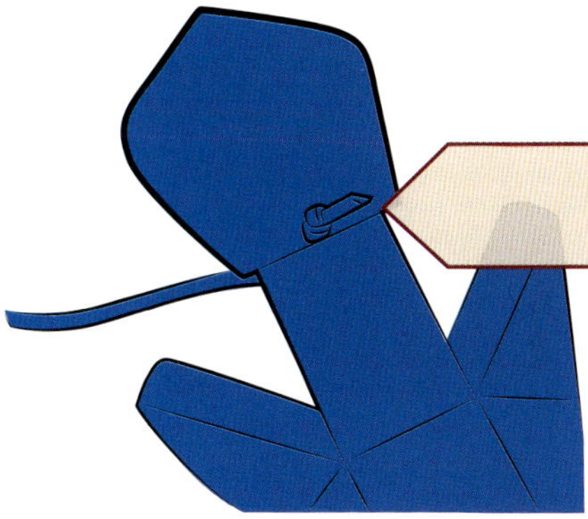

1. Ein Stück Gummiband abschneiden und durch das Loch auf der Rückseite der Froschbasis fädeln (C).

TIPP: Das Gummiband schräg abschneiden, dann lässt es sich leichter durchfädeln.

2. Einen Knoten binden (nicht zu stark ziehen, sonst kann das Gummi reißen) und eventuell mit einem Stück Klebeband an Ort und Stelle halten. Das andere Ende des Gummibands hängen lassen.

TIPP: Es ist wichtig, die Reihenfolge der Schritte genau einzuhalten. Hier muss das Gummiband vor dem Zusammensetzen des Frosches eingelegt werden, da dieser sonst im Weg wäre.

DER FROSCH

1. Das Unterteil des Froschs (Teil B) an die Basis (Teil C) kleben. Der Bauch zeigt nach oben. Die Füße noch nicht festkleben.
2. Den Kopf des Frosches nach vorne in Richtung der Füße ziehen und die vordere Lasche unter den Frosch kleben.
3. Die Froschfüße festkleben. Dabei dienen die Markierungen als Orientierung.

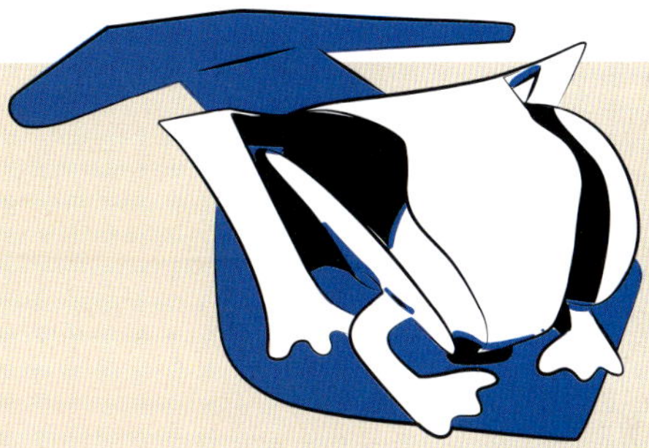

FORTSETZUNG: SPRUNGMECHANISMUS

1

2

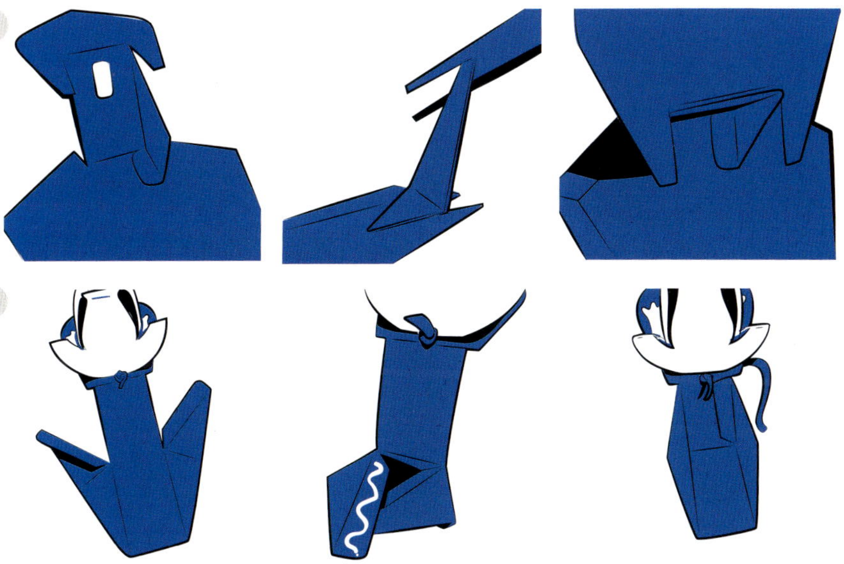

1. Das Stützteil (D) auf die Pop-up-Basis (F) kleben, dabei die Löcher ausrichten und die Markierungen beachten.
2. Die Stützlaschen auf die Froschbasis (C) kleben, dann das gesamte Stück auf den größeren Sockeleinsatz (F) kleben. Die Unterseite der Froschbasis auf die Oberseite des größeren Einsatzes kleben.

3

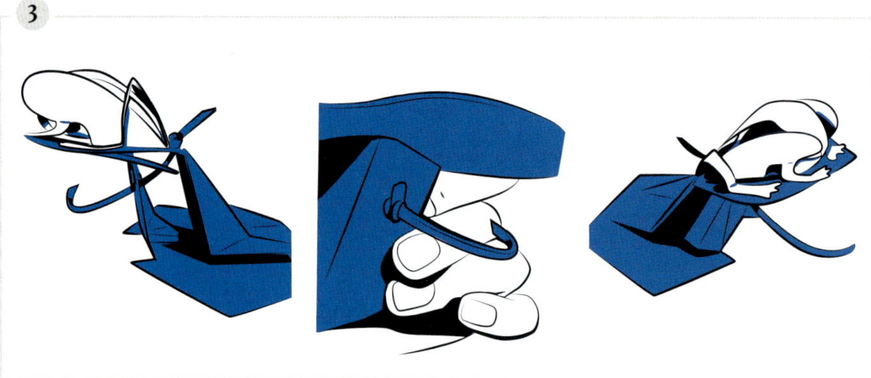

3. Stützteil (E) auf die Unterseite des Bodens (K) kleben. Das lose Ende des Gummibands nach unten und zurück durch die Löcher fädeln.

4

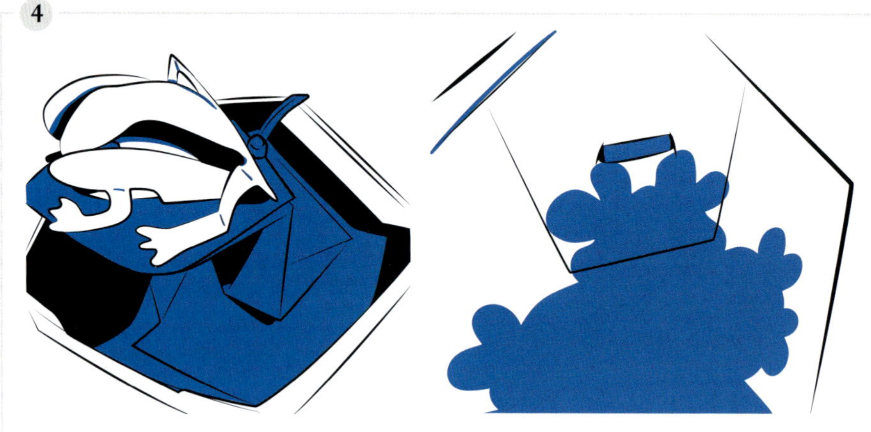

4. Das Ende des Gummibands an seinem Platz festbinden. Es muss auf Spannung stehen, damit der Frosch mit Schwung springen kann. Pass allerdings auf, dass das Gummiband nicht reißt!

TIPP: Wenn es zu eng erscheint, kann das Gummiband mithilfe einer Pinzette durch die Löcher gezogen werden.

5. Zuletzt den gesamten Mechanismus (F) auf den Boden (K) kleben.

FERTIGSTELLUNG

1. Den Deckel an der Markierung des Bodens festkleben.

2. Wenn du möchtest, kannst du eine Zauberkarte malen und in den Deckel der Schachtel einlegen. Dafür ein Fünfeck aus Zeichenkarton zuschneiden. Es muss groß genug sein, dass es nicht aus dem Deckel fällt, aber klein genug, dass es sich leicht einlegen und herausnehmen lässt. Auf das Fünfeck einen berühmten Zauberer eigener Wahl malen oder zeichnen.

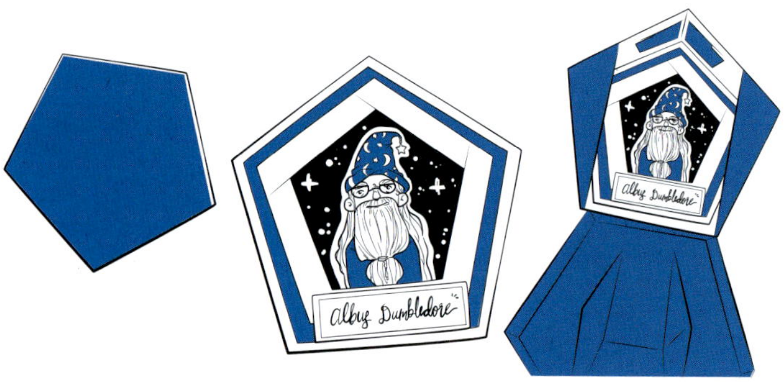

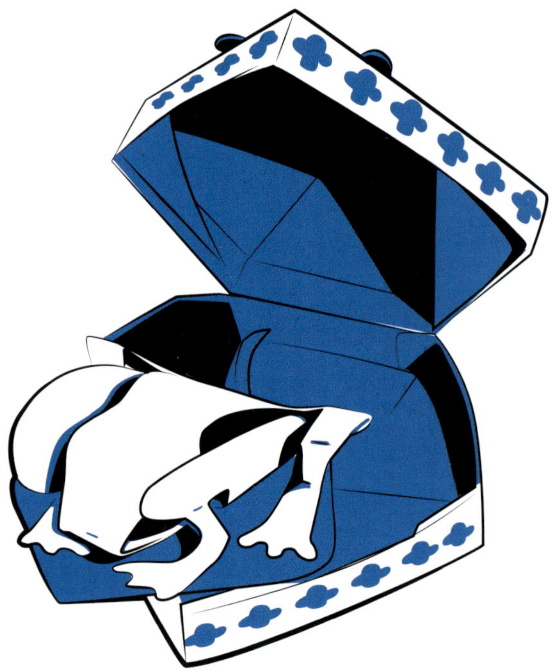

„IST JA ECHT BLÖD GELAUFEN. DIE SCHAFFEN NÄMLICH NUR EINEN EINZIGEN RICHTIGEN SPRUNG."

Ron Weasley in *Harry Potter und der Stein der Weisen*

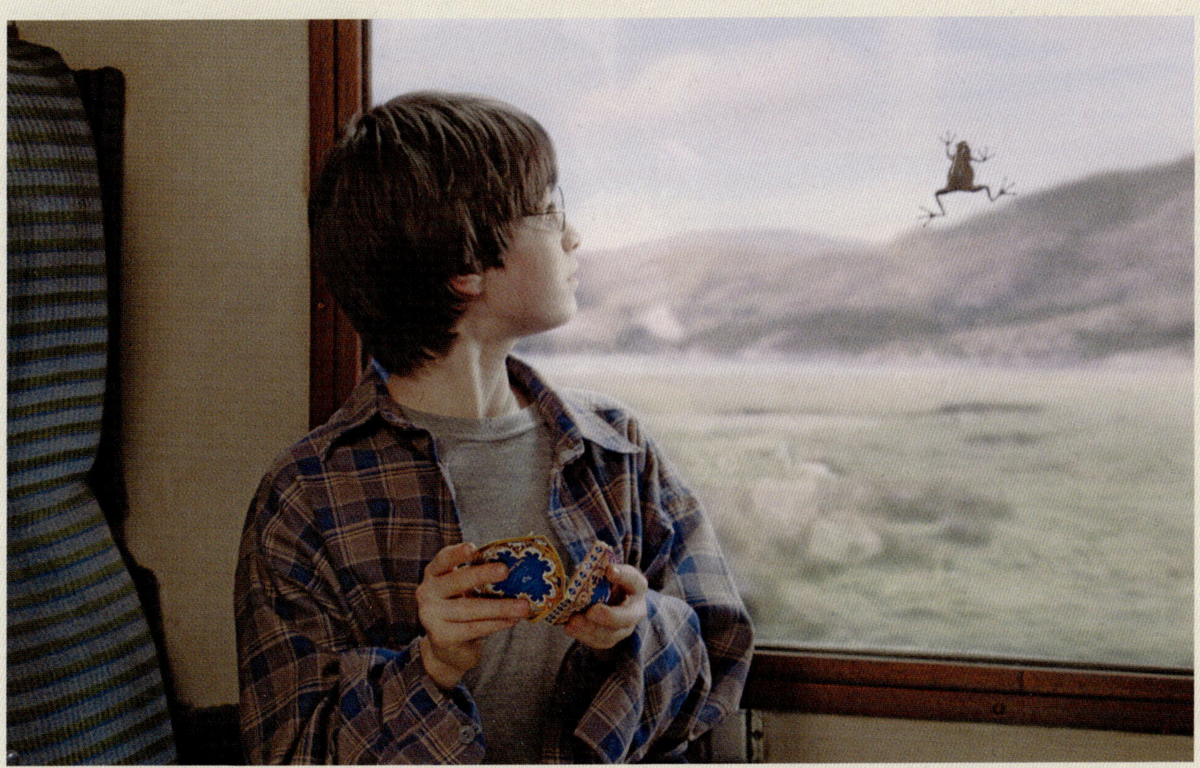

OBEN: Harry Potter (Daniel Radcliffe) schaut in *Harry Potter und der Stein der Weisen* dem flüchtenden Schokofrosch nach.

HINTER DEN KULISSEN

Chris Columbus, Regisseur von *Harry Potter und der Stein der Weisen*, erinnert sich an die Dreharbeiten für diese Szene im Zugabteil. Rupert Grint (Ron) „meinte, dies sei der großartigste Tag seiner Schauspielkarriere, weil wir ihn den ganzen Tag Schokolade und Süßigkeiten essen ließen".

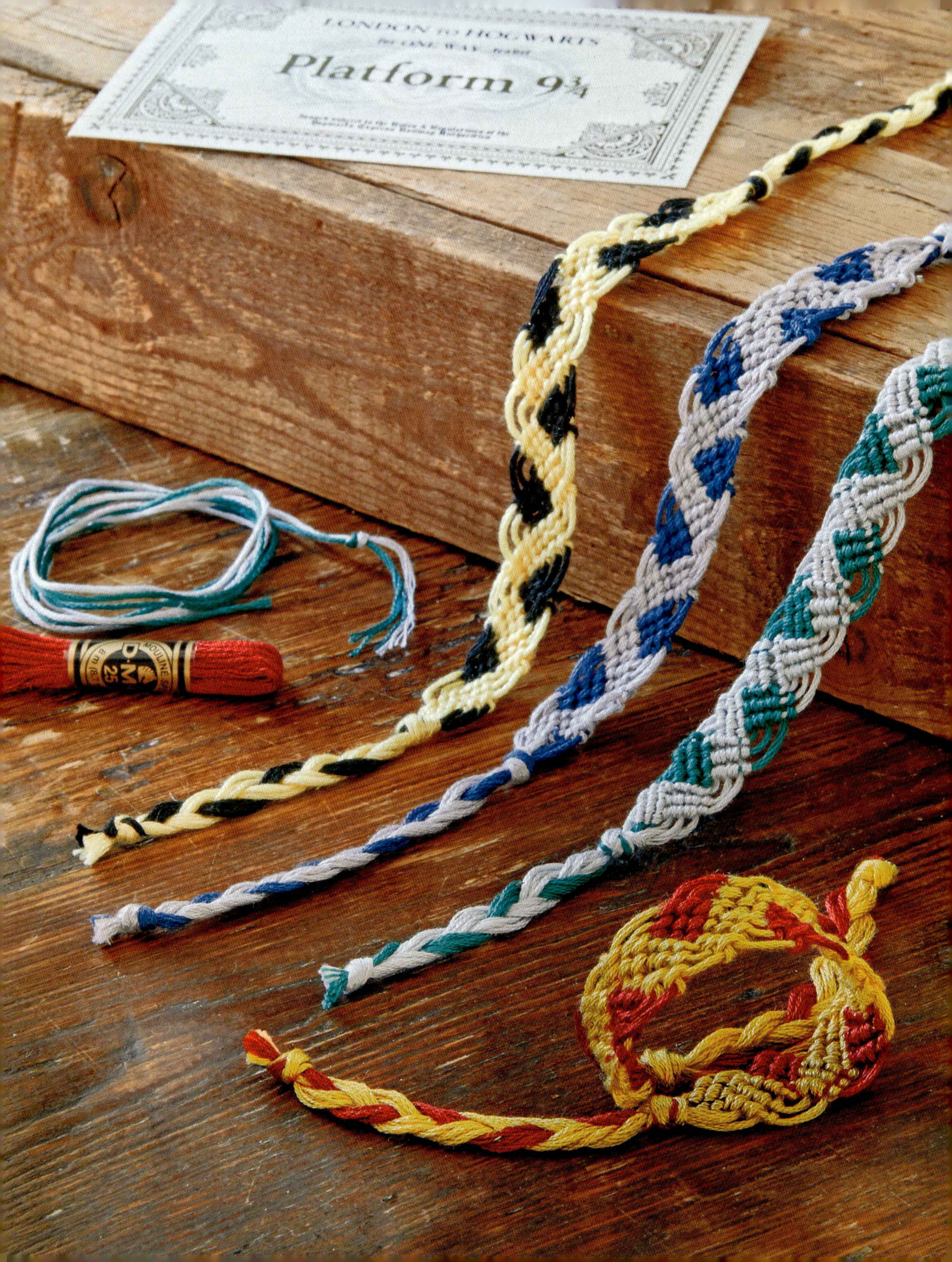
LONDON TO HOGWARTS
Platform 9¾

Armbänder in den Hausfarben

Design: **JILL TURNEY**

SCHWIERIGKEITSGRAD ϟϟ

Als Harry Potter und die anderen Erstklässler in *Harry Potter und der Stein der Weisen* in Hogwarts ankommen, werden sie von Professor Minerva McGonagall empfangen. Bevor sie in die Große Halle gehen dürfen, wird festgelegt, in welchem der vier Häuser sie wohnen werden: Hufflepuff, Ravenclaw, Gryffindor oder Slytherin. Jedes Haus hat seinen eigenen Schlafsaal, tritt mit einem eigenen Team zum jährlichen Kampf um den Quidditch-Pokal an und konkurriert um den Hauspokal. Für Letzteren gibt es Punkte für sportliche Erfolge und gute Leistungen im Unterricht sowie Minuspunkte für Regelverstöße, und am Ende eines Schuljahres wird der Pokal verliehen. Jedes Haus hat zur Erkennung seine eigenen Hausfarben: Die Farben von Gryffindor sind Scharlachrot und Gold, die von Slytherin Grün und Silber, die von Ravenclaw Blau und Silber und die von Hufflepuff Gelb und Schwarz. Sie tauchen auf den Umhängen, Strickjacken, Schals und Quidditch-Uniformen der Schüler auf.

Mit diesen bunten Makramee-Armbändern kannst du zeigen, welches Haus dein Favorit ist. Makramee ist eine Knüpftechnik, mit der sich dekorative Knotenmuster gestalten lassen. Die einzelnen Knoten sind kaum schwieriger zu binden als Schnürsenkel. Für dieses Projekt wird nicht viel Material benötigt, und das einzige Werkzeug sind die eigenen Hände.

DU BRAUCHST

- 2 Stränge Baumwollsticktwist (je einen in den Farben des gewünschten Hogwartshauses)
- Maßband oder Zollstock
- Schere
- Kreppband

OPTIONAL

- Zahnstocher

1. 6 Fäden Stickgarn à 80 cm in der dunkleren Farbe abschneiden.

2. 3 Fäden Stickgarn à 80 cm in der helleren Farbe abschneiden.

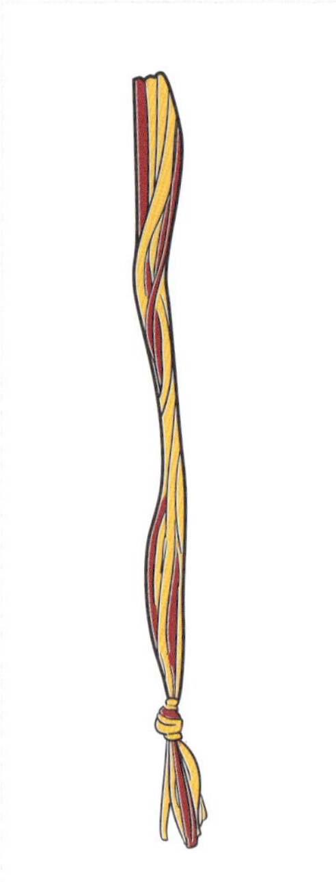

3

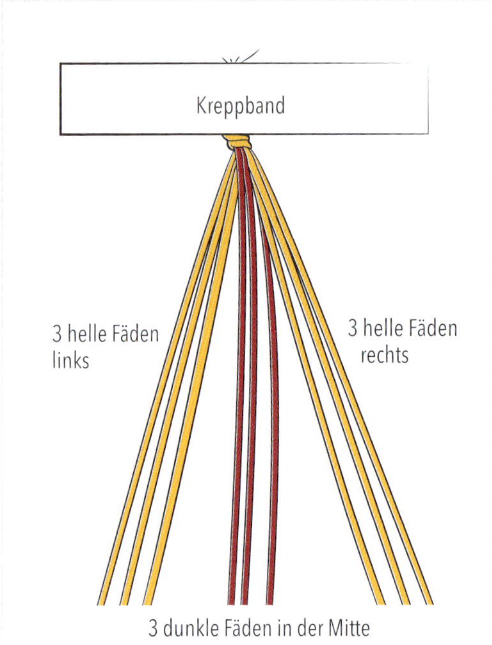

4–5

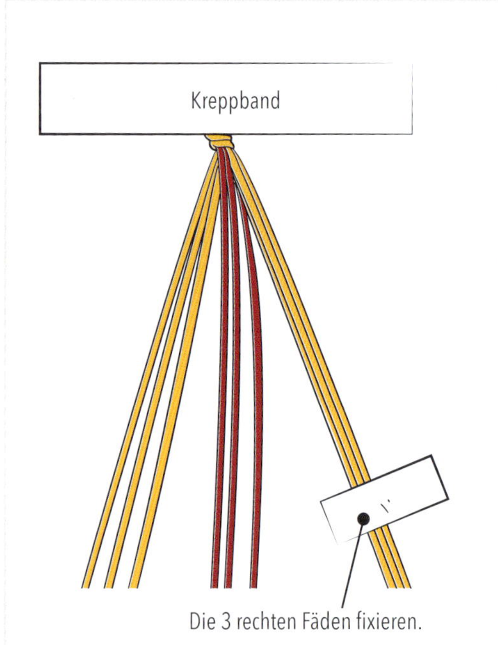

6

3. Alle Enden bündig zusammenfassen und ca. 12 cm unter dem Ende einen einfachen Überhandknoten binden.

4. Den Knoten auf der Arbeitsfläche festkleben.

5. Die Fäden aufteilen: 3 helle liegen links, 3 dunkle in der Mitte, 3 helle rechts.

6. Die 3 rechten Fäden seitlich festkleben, damit sie aus dem Weg sind. Sie werden vorerst nicht benötigt.

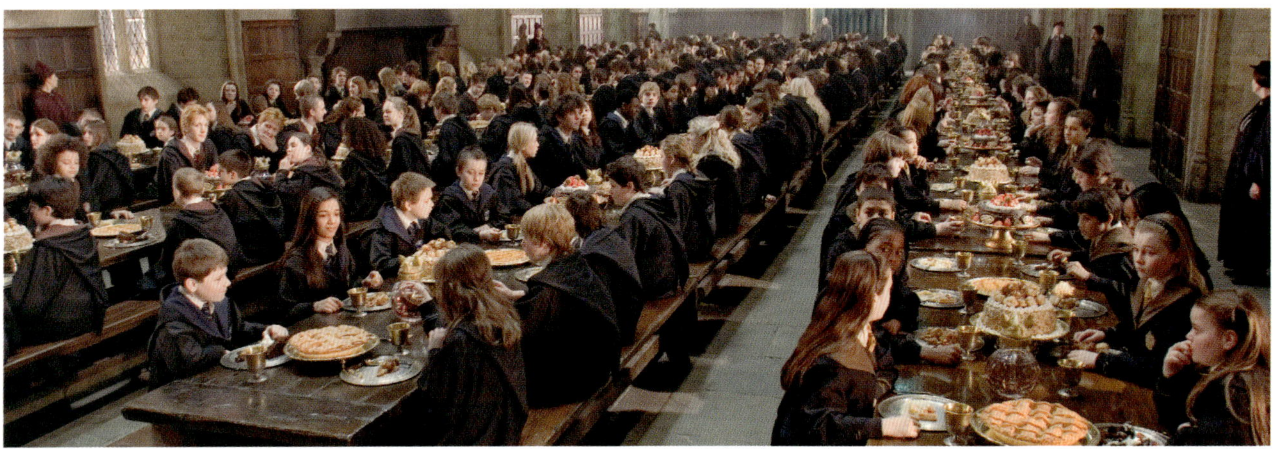

OBEN: Die vier Häuser beim Festessen zu Schuljahresbeginn in der Großen Halle in *Harry Potter und der Orden des Phönix*.

Für die Armbänder werden nur zwei Knoten verwendet: Vorwärtsknoten **(siehe Schritt 7)** und Rückwärtsknoten **(siehe Schritt 13).** Vorwärtsknoten kommen zum Einsatz, wenn von links zur Mitte hin gearbeitet wird. Rückwärtsknoten werden verwendet, wenn von rechts zur Mitte hin gearbeitet wird.

DOPPELTER VORWÄRTSKNOTEN

7. Mit dem dritten Faden von links beginnen. Das ist der Arbeitsfaden. Den Arbeitsfaden über den rechts danebenliegenden Faden legen (A). Das Ende des Arbeitsfadens unter diesen schieben und links davon nach oben kommen (B). Den rechten Faden straff halten und den Arbeitsfaden bis ganz nach oben schieben (C). Wiederholen, sodass ein doppelter Knoten entsteht (D).

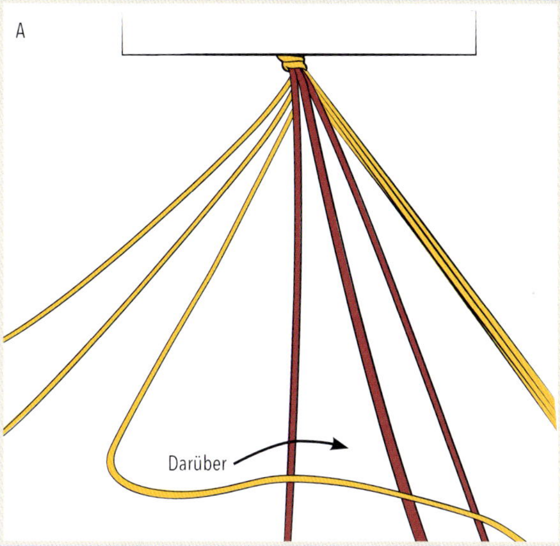

A. Den Arbeitsfaden über seinen rechten Nachbarn legen.

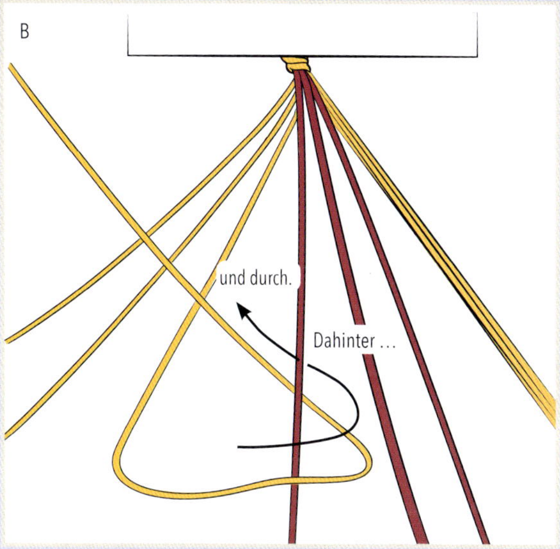

B. Den Arbeitsfaden unter seinen rechten Nachbarn und links daneben nach oben führen.

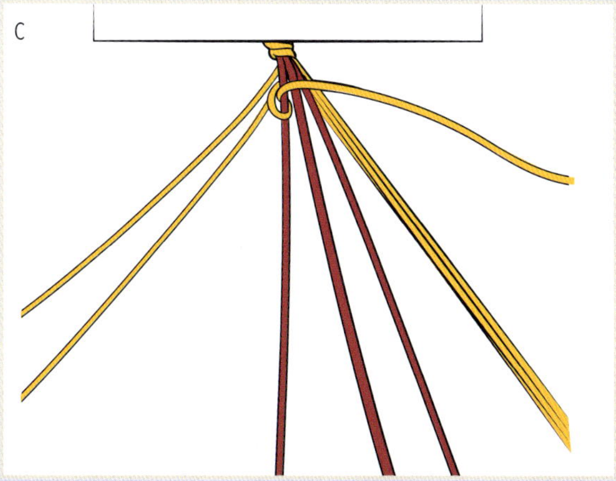

C. Den Knoten ganz nach oben ziehen.

D. Auf die gleiche Weise einen weiteren Knoten binden.

Der erste Knoten aus der Nähe:

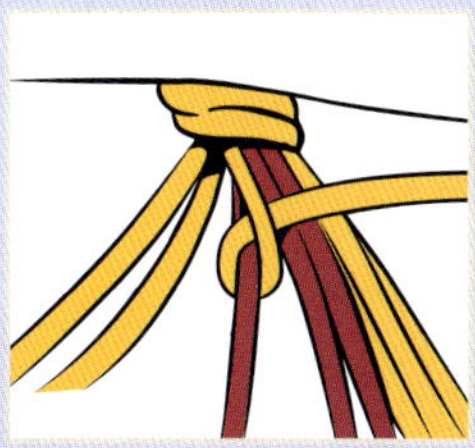

Der zweite Knoten aus der Nähe:

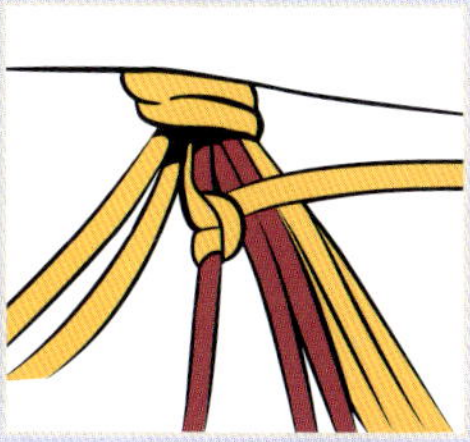

TIPP: Binde die Knoten recht locker. Das sieht schöner aus, und die Knoten lassen sich leichter lösen, falls einmal ein Fehler passiert. Zum Lösen mit einem Zahnstocher in die Mitte des Knotens stechen und den Faden lockern.

8

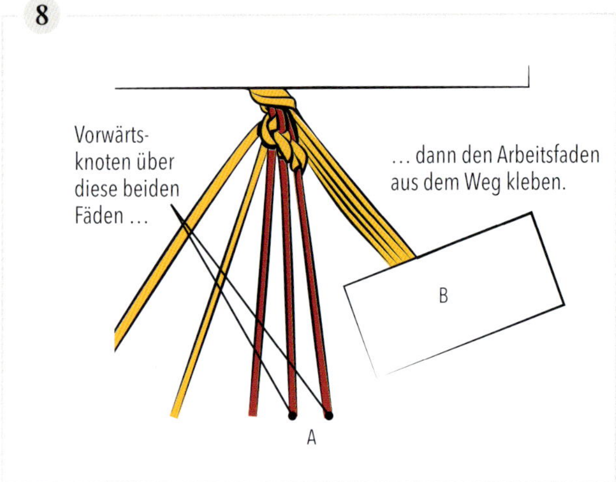

8. Mit demselben Arbeitsfaden wie in Schritt 7 Vorwärtsknoten um jeden der nächsten beiden Mittelfäden knüpfen (A). Danach den Arbeitsfaden nach rechts aus dem Weg legen und dort mit den anderen Fäden festkleben (B). Die erste Reihe ist fertig.

9

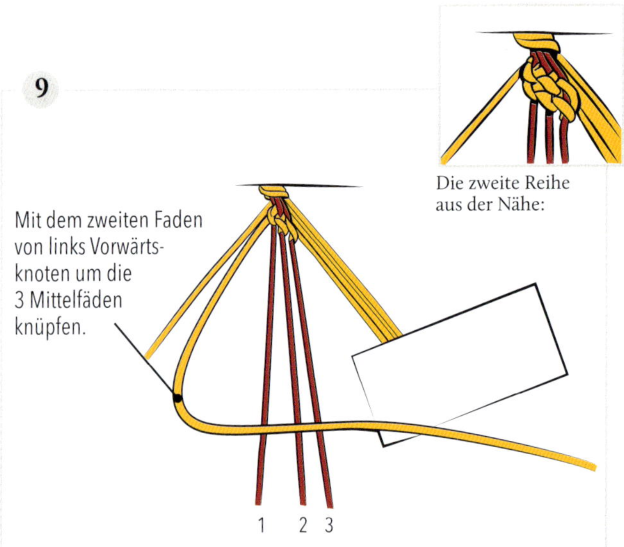

9. Für die zweite Reihe mit dem zweiten Faden von links Vorwärtsknoten um jeden der 3 mittleren Fäden knüpfen. Danach den Arbeitsfaden zu den anderen Fäden aus dem Weg legen und festkleben.

10

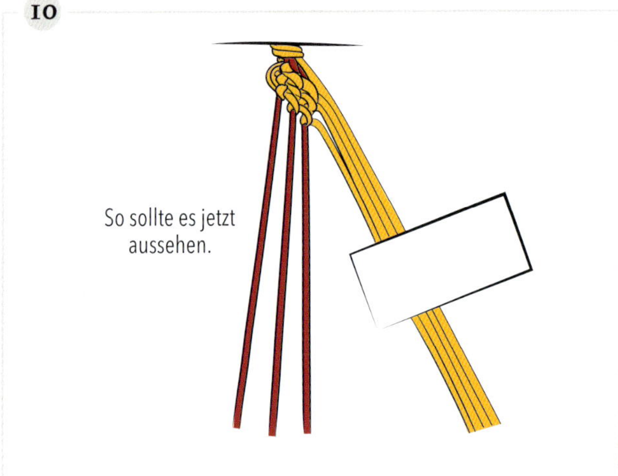

10. Für die dritte Reihe mit dem letzten Faden von links Vorwärtsknoten um die 3 mittleren Fäden knüpfen.

11–12

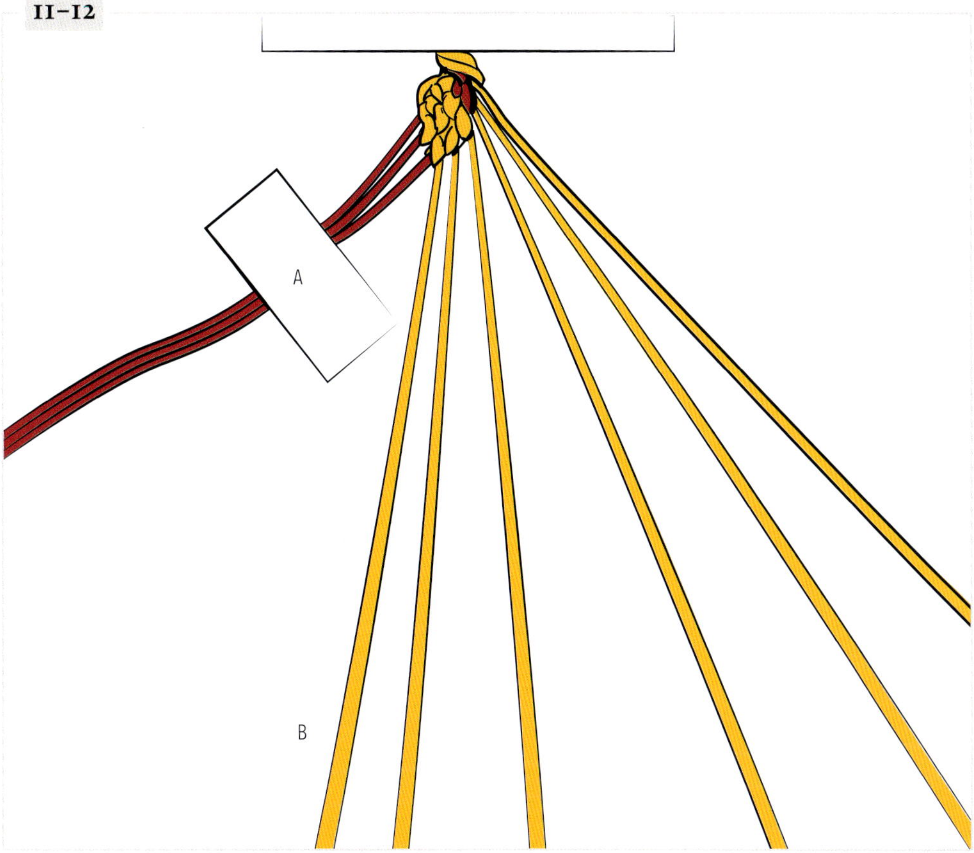

11. Die 3 linken Fäden zur Seite aus dem Weg legen und festkleben (A).

12. Das Klebeband von den rechten Fäden entfernen und die Fäden ausbreiten (B).

„SOLANGE IHR HIER SEID, IST EUER HAUS GLEICHSAM EURE FAMILIE."

Professor McGonagall in *Harry Potter und der Stein der Weisen*

HINTER DEN KULISSEN

Die Kostümbildnerin Jany Temime fütterte die Roben der Schüler in den Hausfarben. Ihr war wichtig, dass das Haus jederzeit gut zu erkennen war, auch in der Großen Halle.

DOPPELTER RÜCKWÄRTSKNOTEN

13. Mit dem dritten Faden von rechts (helle Farbe) beginnen. Nach links über seinen linken Nachbarn legen (A). Das Ende des Arbeitsfadens hinter diesen Nachbarfaden und nach rechts oben führen (B). Den Faden ganz nach oben ziehen (C). Wiederholen, sodass ein Doppelknoten entsteht (D).

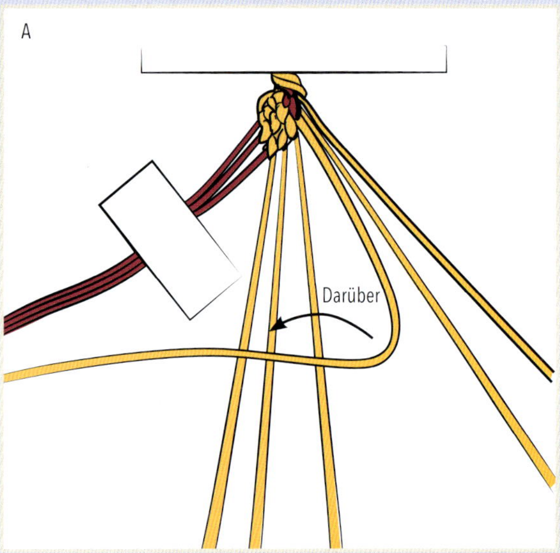

A. Den Arbeitsfaden über seinen linken Nachbarn legen.

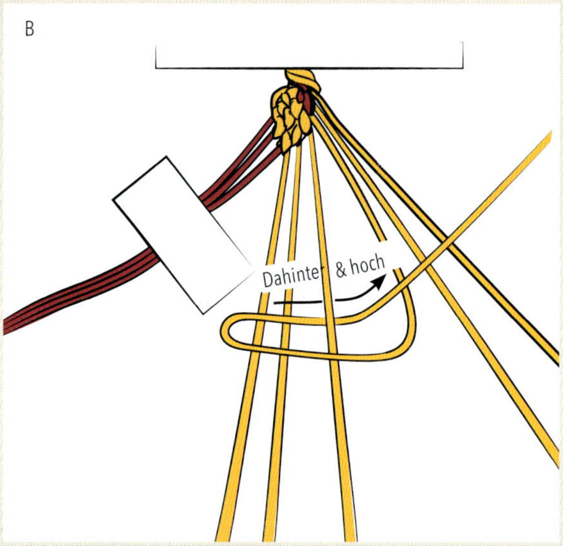

B. Das Ende unter den Nachbarn nach rechts führen, dann nach oben durchholen.

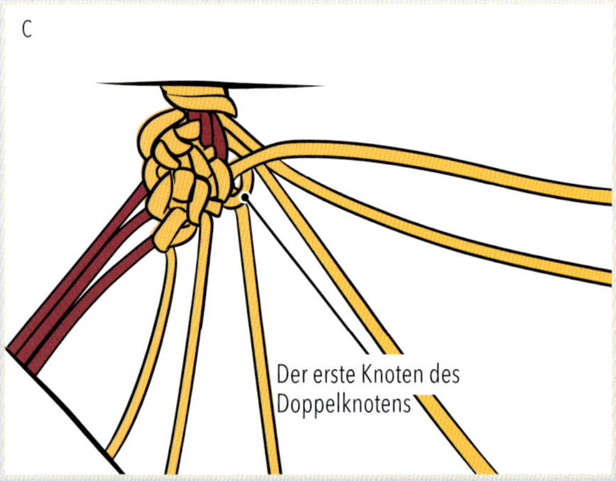

C. Den Knoten ganz nach oben schieben.

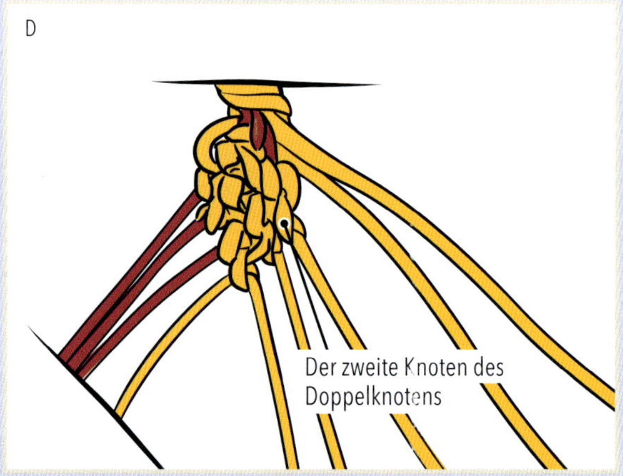

D. Noch einen Rückwärtsknoten um denselben Faden knüpfen.

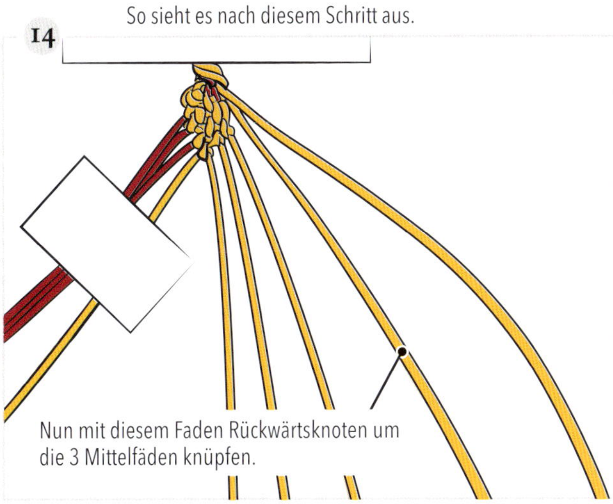

14. Mit demselben Arbeitsfaden wie in Schritt 13 nun **Rückwärtsknoten** um jeden der restlichen beiden Mittelfäden knüpfen. Danach den Arbeitsfaden aus dem Weg legen und mit den anderen Fäden festkleben.

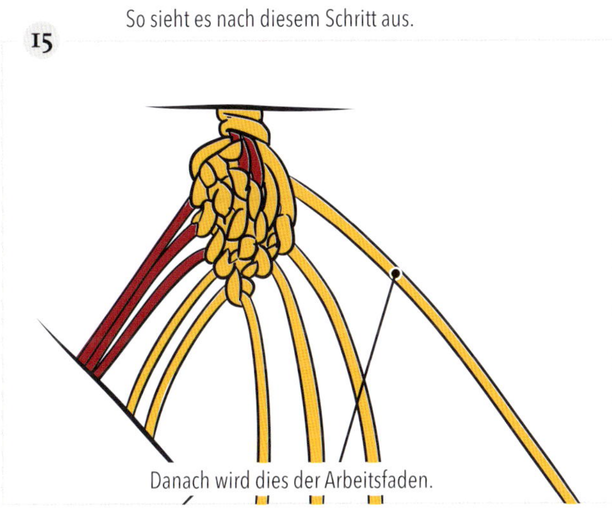

15. Jetzt mit dem zweiten Faden von rechts **Rückwärtsknoten** um die 3 mittleren Fäden knüpfen. Danach den Arbeitsfaden aus dem Weg legen und festkleben.

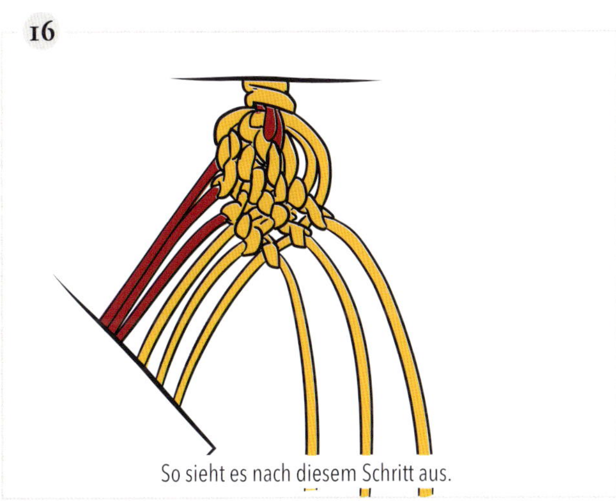

16. Auch mit dem letzten Faden auf der rechten Seite **Rückwärtsknoten** um die mittleren 3 Fäden knüpfen.

17. Das Klebeband von den Fäden auf der linken Seite entfernen und die Fäden ausbreiten (A).

Die 3 rechten Fäden aus dem Weg legen und festkleben (B).

18. Mit den 3 linken Fäden Vorwärtsknoten um die 3 mittleren Fäden knüpfen (A, B, C).

19. Mit den 3 rechten Fäden Rückwärtsknoten um die 3 mittleren Fäden knüpfen (A, B, C).

17

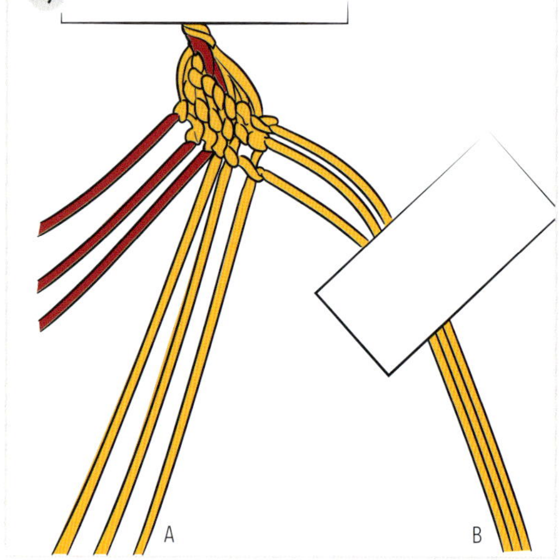

18

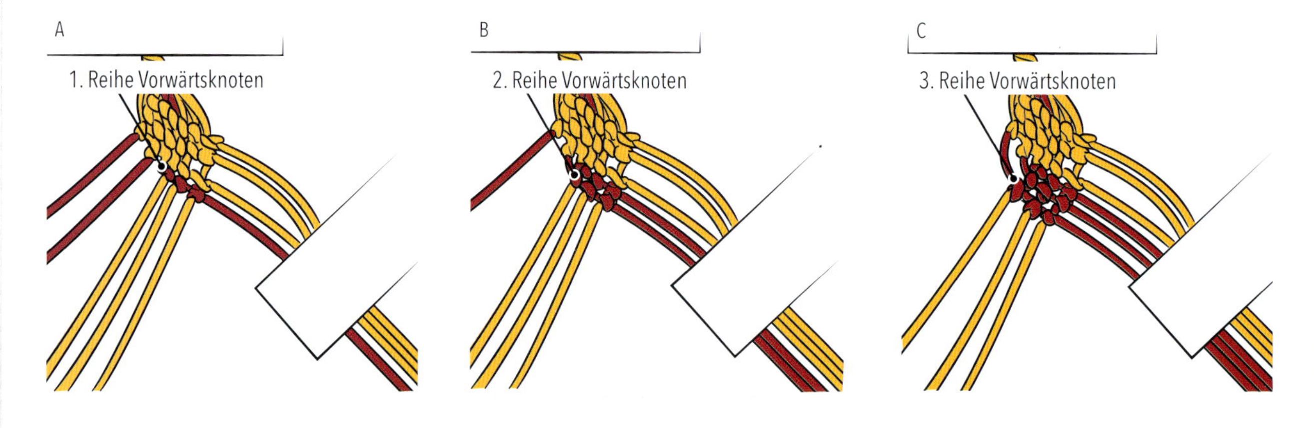

19

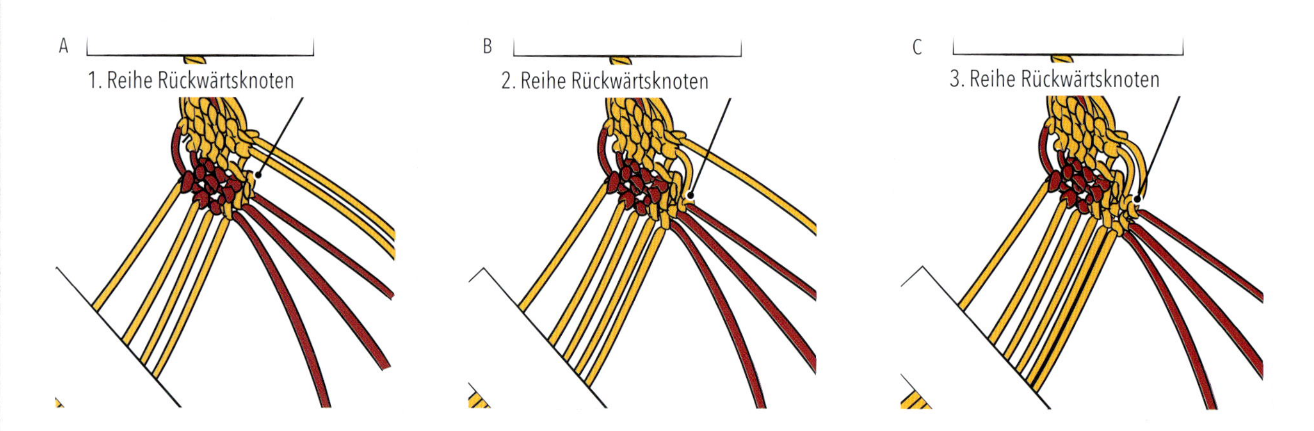

20

A

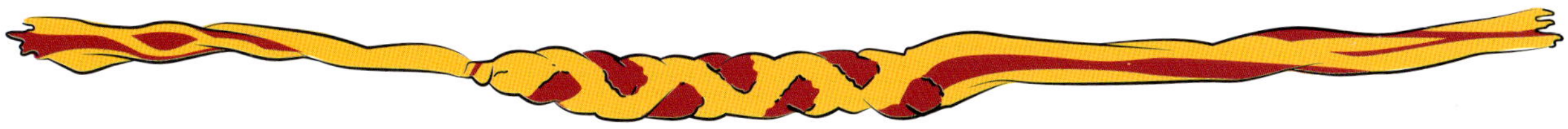

21

B

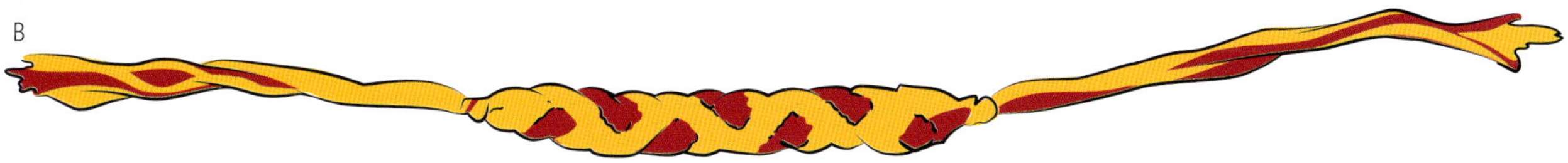

22

C

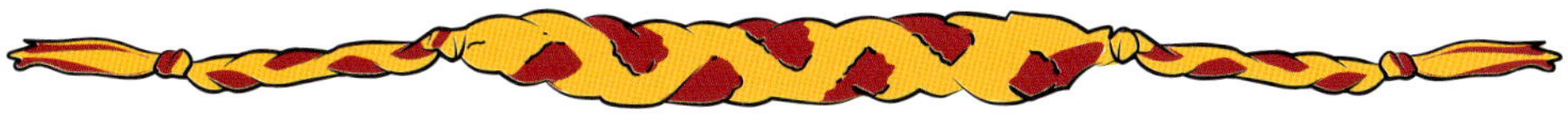

D

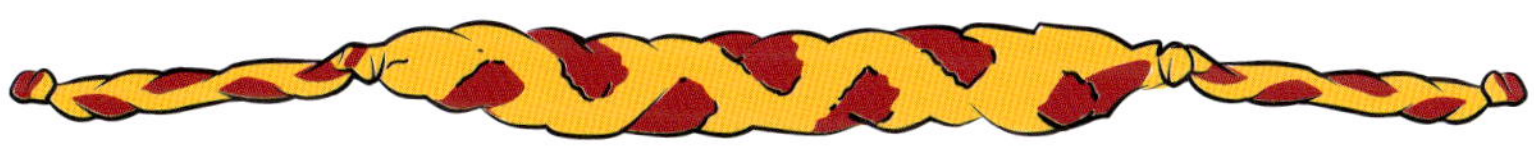

20. Weiter abwechselnd Vorwärtsknoten mit den 3 linken Fäden und Rückwärtsknoten mit den 3 rechten Fäden um die jeweiligen Mittelfäden knüpfen, bis das Armband 13–15 cm lang ist oder gut um das Handgelenk passt (A).

21. Das Klebeband entfernen und in die unteren Fadenenden einen Überhandknoten binden (B).

DIE ENDEN

22. An beiden Enden des Armbands einen Zopf mit 3 Strängen flechten. Die Fäden so bündeln: 3 helle, 3 dunkle, 3 helle. Zum Flechten das rechte Bündel über das mittlere legen – es liegt jetzt in der Mitte. Dann das linke Bündel über das (neue) mittlere legen. Abwechselnd bis zum Ende der Fäden wiederholen. Die Enden fest verknoten (C) und die überstehenden Fäden dicht am Knoten abschneiden (D).

TIPP: Am besten das Armband beim Flechten auf die Arbeitsfläche kleben. Dann ist es einfacher, die Fäden straff zu halten.

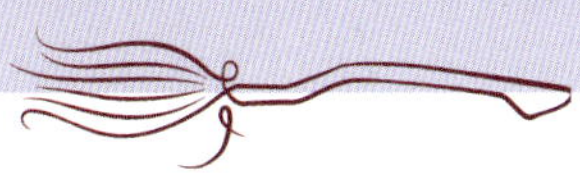

23. Fehlt noch ein Freund aus Hogwarts, der dir das Armband umbindet.

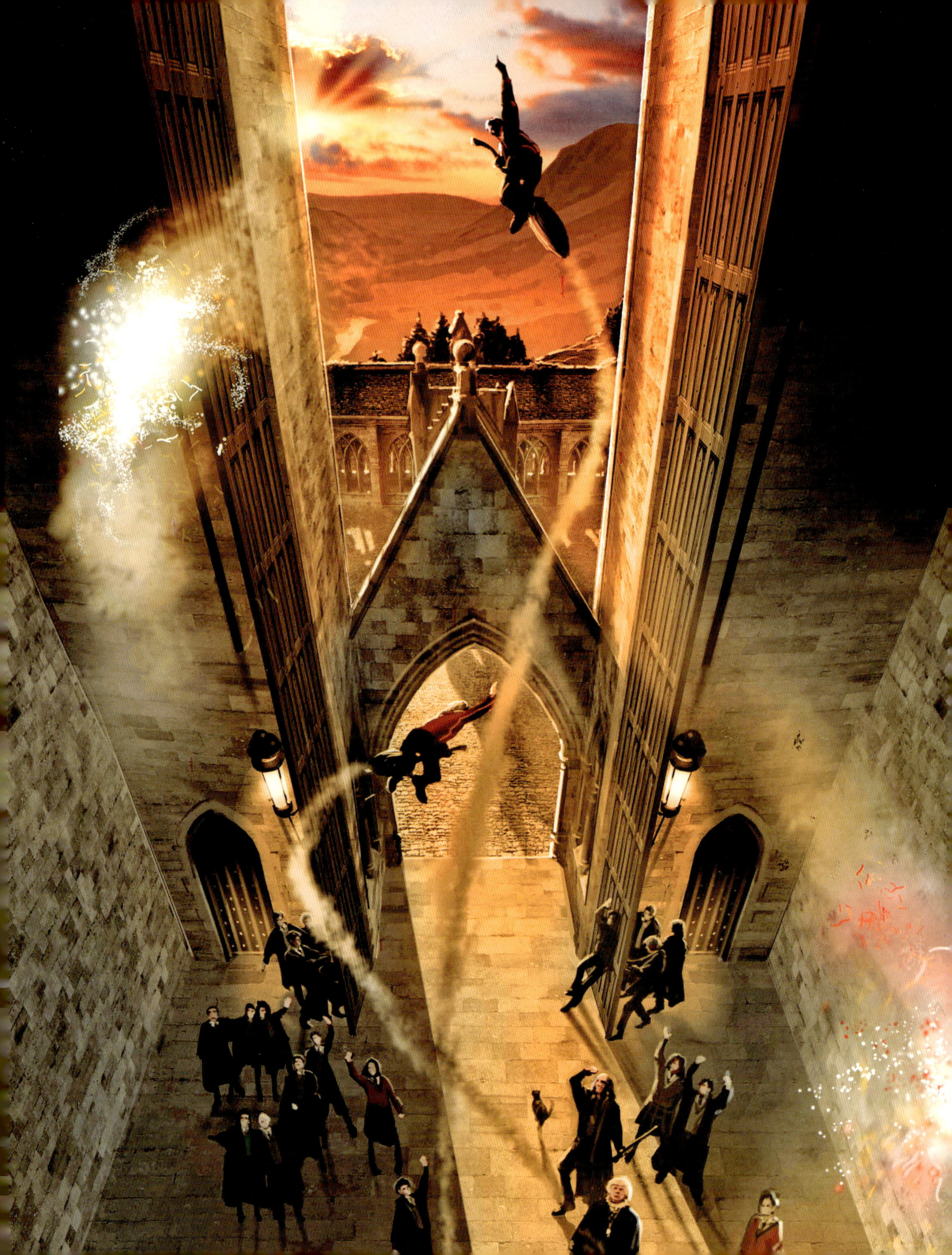

Kapitel 2:
Im Unterricht

„Albernes Zauberstabgefuchtel und kindische Hexereien wird es hier nicht geben."

Severus Snape in *Harry Potter und der Stein der Weisen*

PERGAMENT

Design: **JILL TURNEY**

SCHWIERIGKEITSGRAD ϟ

Pergament ist das meistgenutzte Schreibmaterial in der Welt der Zauberer. Es wird für Dokumente verwendet, die so groß sind wie die Karte des Rumtreibers (eine magische Karte, die den Aufenthaltsort jeder Person und jedes Geistes in Hogwarts anzeigt), und so klein wie die Stücke, die in die Flammen des Feuerkelchs fallen, in der Hoffnung, beim Trimagischen Turnier zu gewinnen.

Pergament stammt aus dem 2. Jahrhundert v. Chr. und wurde im Mittelalter für illuminierte Manuskripte gewählt, die mit silber- und goldfarbener Tinte ausgeführt wurden. Hogwartsschüler erledigen ihre Hausaufgaben mit einem spitzen Federkiel auf Pergament. In *Harry Potter und der Gefangene von Askaban* fordert Professor Snape, dass sie zwei komplette Rollen Pergament zum Thema Werwölfe vollschreiben. Als Hermine Granger in *Harry Potter und der Orden des Phönix* die Schüler-AG „Dumbledores Armee" zum Erlernen magischer Verteidigungsmethoden gründet, lässt sie alle Mitglieder auf einem Stück Pergament unterschreiben.

Für die Herstellung dieses Pergaments brauchst du nur wenige Materialien und die meisten wirst du in der Küche finden. Durch die Verwendung verschiedener Teesorten lassen sich unterschiedliche Farbtöne erzeugen, und alle duften wunderbar.

DU BRAUCHST

- 1 Blatt (oder mehr) gelbliches Tonpapier
- Backblech mit Rand oder große eckige Backform
- hitzebeständiger Messbecher
- 2 Teebeutel schwarzer Tee, am besten Assam
- Küchenpapier
- Kreppband

OPTIONAL

- Aquarellfarbe in Braun
- Pinsel

1

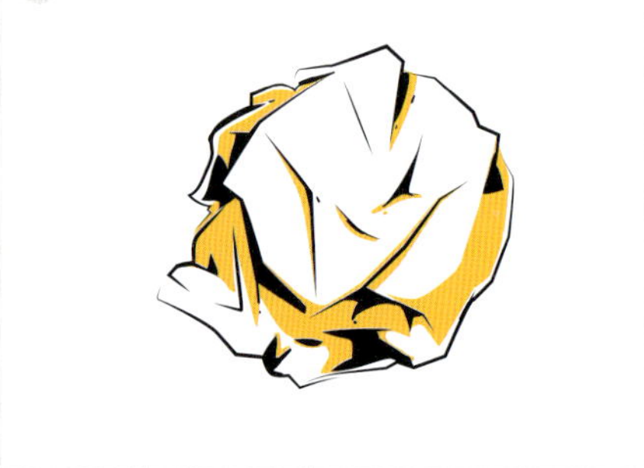

2

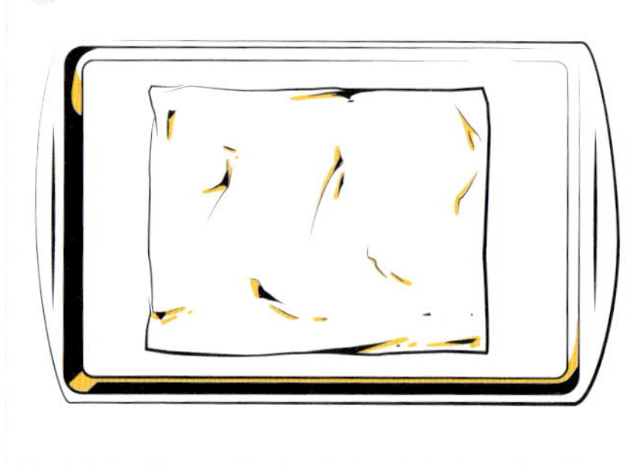

5

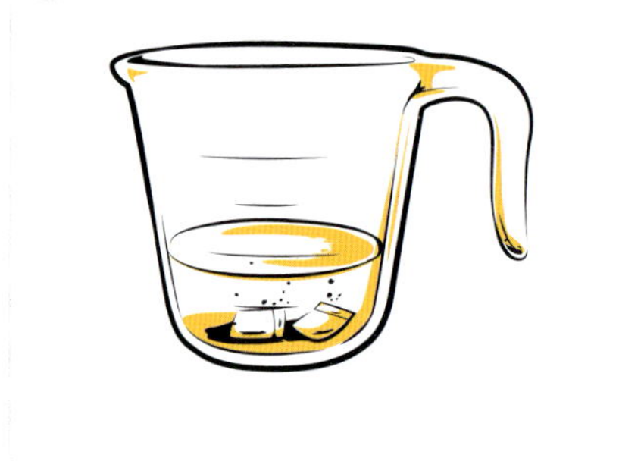

1. Das Blatt Tonpapier locker zerknüllen.

2. Das Papier vorsichtig wieder ausbreiten (Vorsicht, nicht einreißen!) und flach auf das Backblech legen.

3. Wasser zum Kochen bringen.

4. Vorsichtig 175 ml kochendes Wasser in den Messbecher gießen.

5. Die beiden Teebeutel ins heiße Wasser geben und 5 Minuten ziehen lassen.

6

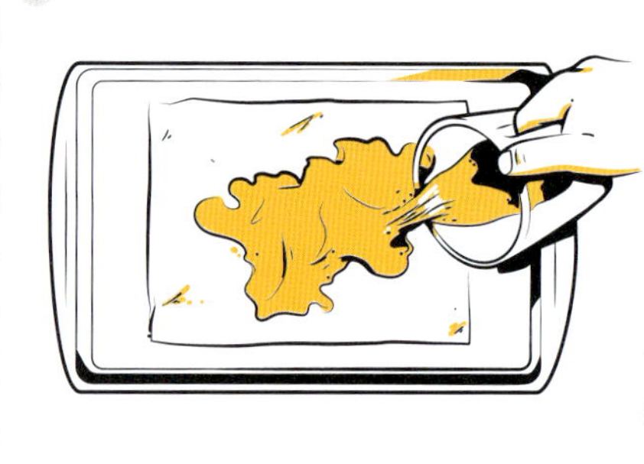

8

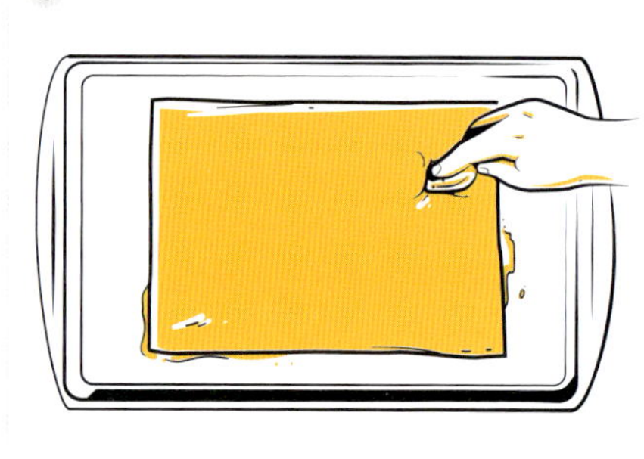

9

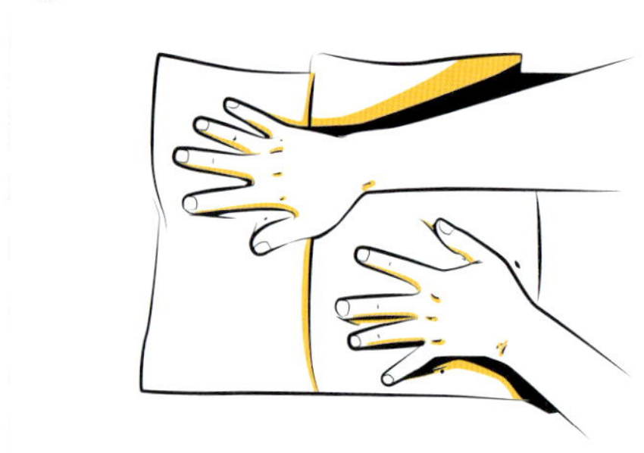

6. Das Papier mit dem Tee übergießen, Teebeutel aufheben. Das Papier umdrehen und kurz im Tee einweichen lassen.

7. Den überschüssigen Tee vom Backblech abgießen.

8. Das Papier mit den Teebeuteln betupfen, sodass dunklere Flecken entstehen. Einige Minuten warten.

9. Das Papier auf Küchenpapier ausbreiten, damit ein Teil der Feuchtigkeit aufgesogen wird.

10. Das Papier umdrehen und die Schritte 8 und 9 wiederholen.

11–12

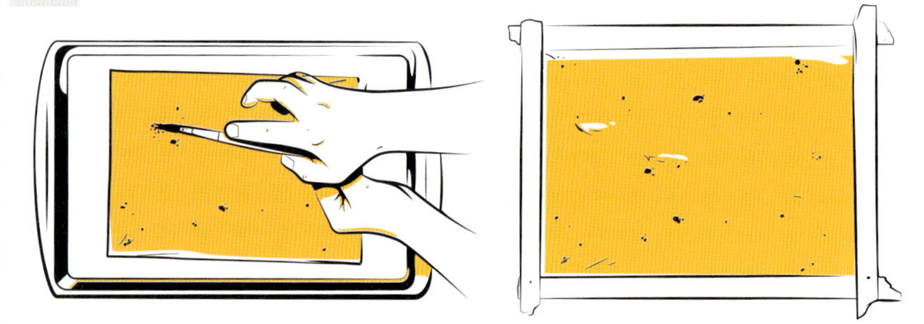

11. Um das Papier noch interessanter zu gestalten, mit einem Pinsel (oder einer alten Zahnbürste) braune Aquarellfarbe aufnehmen und Kleckse auf das mit Tee getränkte Papier spritzen. Auf der Rückseite wiederholen.

12. Das Papier auf einer glatten Oberfläche ausbreiten und alle vier Ränder mit Kreppband festkleben. Mindestens 12 Stunden trocknen lassen.

13. Das Kreppband vorsichtig vom trockenen Papier abziehen. Jetzt kann das Pergament zum Schreiben benutzt werden.

Tipp: Falls das Papier beim Ablösen des Kreppbands einreißt, einfach den beschädigten Rand abschneiden.

„Als Kur gegen eure Unwissenheit erwarte ich Montagmorgen auf meinem Schreibtisch zwei Rollen Pergament zum Thema Werwolf mit besonderem Augenmerk darauf, wie ihr ihn erkennt."

Professor Snape in *Harry Potter und der Gefangene von Askaban*

Hinter den Kulissen

In *Harry Potter und der Halbblutprinz* meint Hermine, im Duft des Liebestranks Amortentia einen Anklang von Pergament zu erschnuppern.

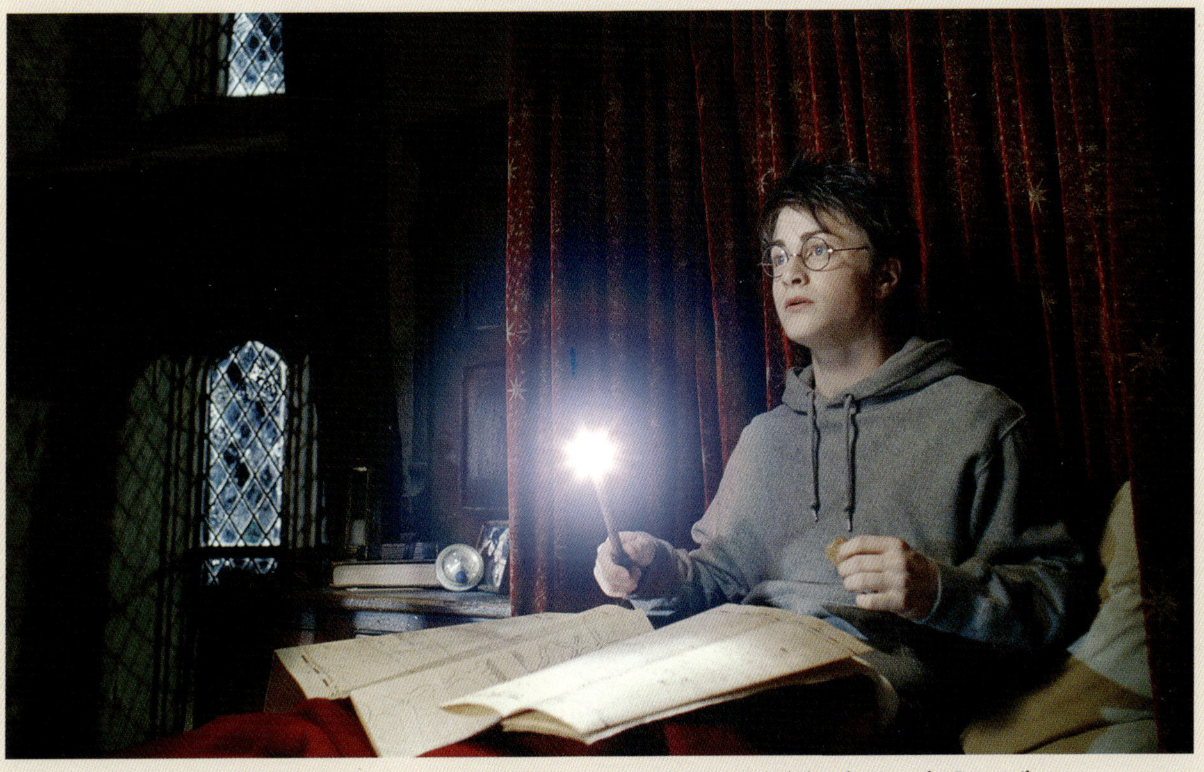

OBEN: Harry Potter (Daniel Radcliffe) schaut sich in *Harry Potter und der Gefangene von Askaban* die Karte des Rumtreibers an.

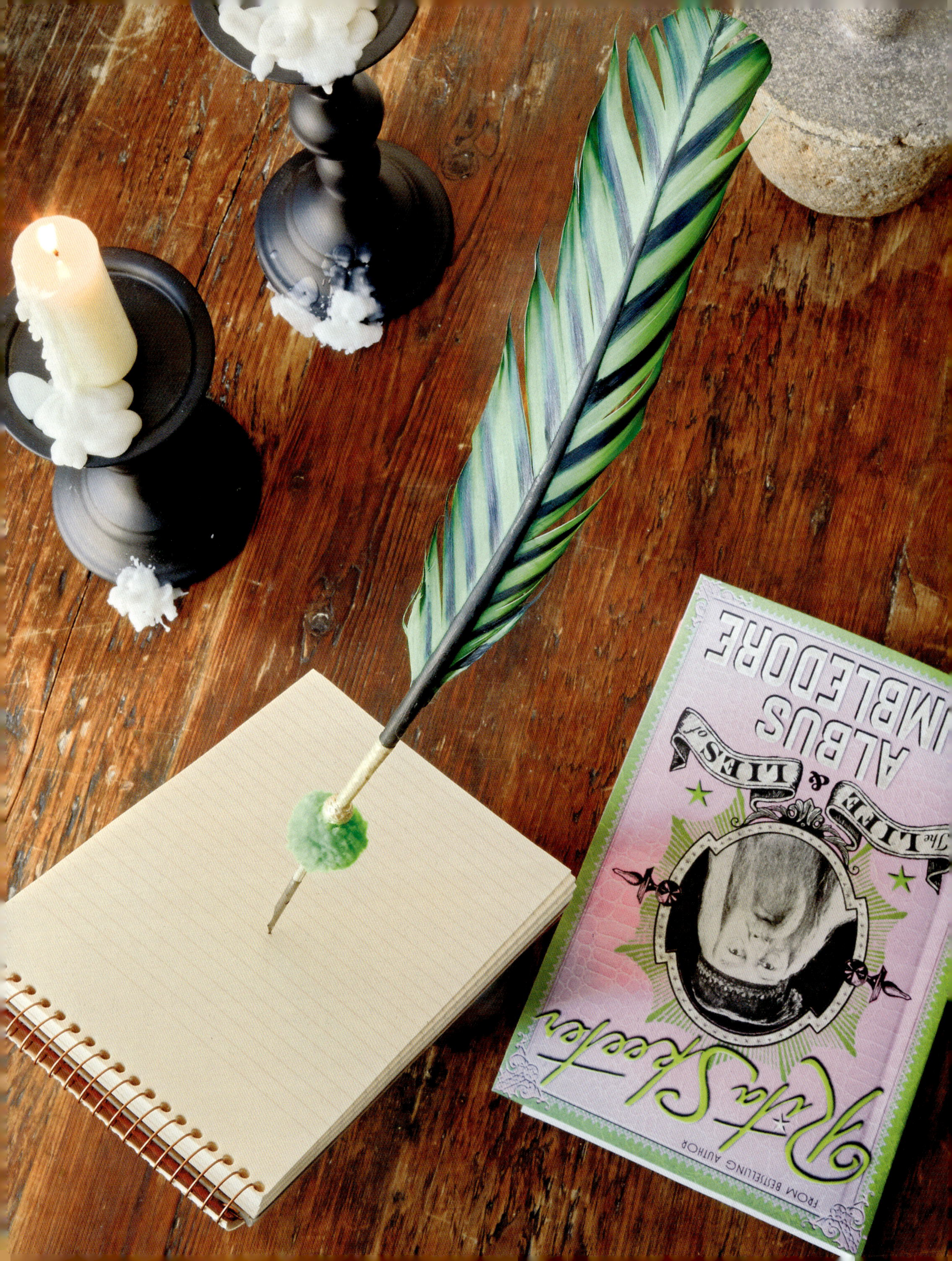
The LIFE & LIES of
ALBUS
FROM BESTSELLING AUTHOR
Rita Skeeter

Rita Kimmkorns Flotte-Schreibe-Feder

Design: **JILL TURNEY**

SCHWIERIGKEITSGRAD ϟ

Zauberer schreiben normalerweise mit gewöhnlichen Federkielen, die man bei Scribbulus' Schreibwaren in der Winkelgasse kaufen kann. Allerdings gibt es auch andere Schreibwerkzeuge mit besonderen, magischen Eigenschaften.

In *Harry Potter und der Feuerkelch* darf Harry als einer von vier Champions beim Trimagischen Turnier antreten. Zu dem Großereignis von öffentlichem Interesse schickt der Tagesprophet Rita Kimmkorn, eine Reporterin mit auffälligem Aussehen und zweifelhaftem Ruf. Rita benutzt eine Flotte-Schreibe-Feder, ein gefiedertes Schreibgerät, das beim Interview mit Harry dessen Antworten verfälscht und reißerisch übertreibt. Die Feder des Schreibgeräts ist giftgrün und passt gut zum Outfit, das Rita beim Interview trägt.

DU BRAUCHST

- Große Feder in Weiß
- Marker auf Alkoholbasis in Grün
- Marker auf Alkoholbasis in Schwarz
- Schere
- Bambusspieß
- Lineal
- Bleistift
- Cutter
- Bastelkleber
- Goldfarbe
- Pinsel
- Pompon in Grün
- 2 goldene Perlen mit großem Loch (oder andere Perlen mit Goldfarbe anmalen)
- Schreibfeder mit rundem Schaft

1

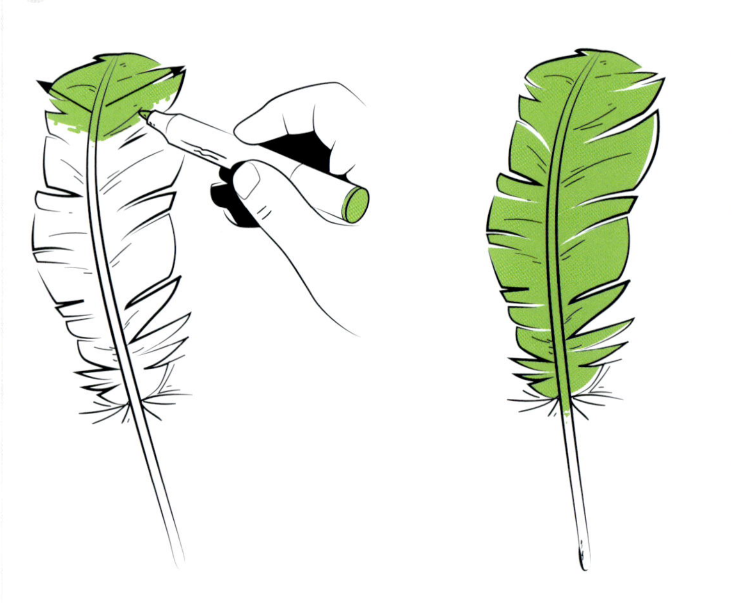

2

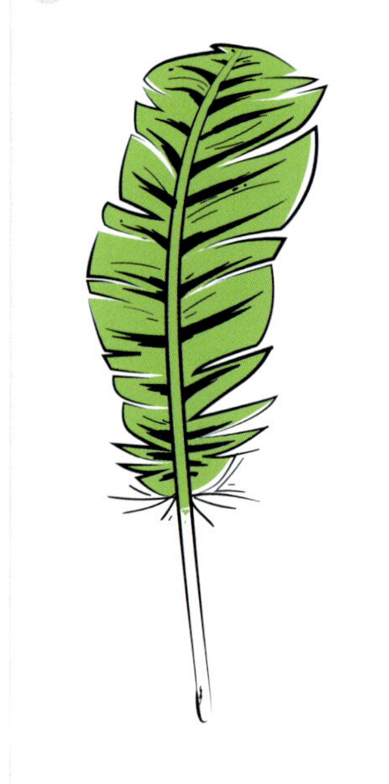

1. Den oberen Bereich der Feder mit dem grünen Marker einfärben (beide Seiten). Dafür am besten den Marker am Federschaft ansetzen und dem natürlichen Verlauf der Federäste zum Rand hin folgen. Der freie Teil des Federkiels bleibt unbemalt.

2. Sobald das Grün trocken ist, auf der rechten Federfahne mit 5 mm Abstand schwarze Streifen hinzufügen. Spiegelbildlich auf der linken Seite wiederholen, dann auf der Rückseite wiederholen. Auf jeden Fall immer vom Kiel nach außen malen.

3

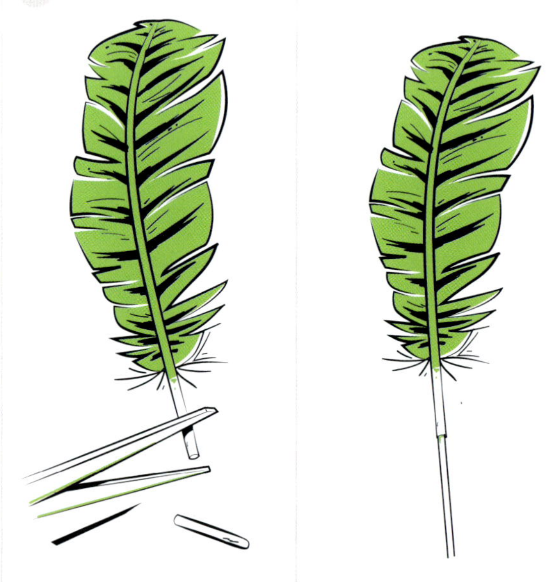

4

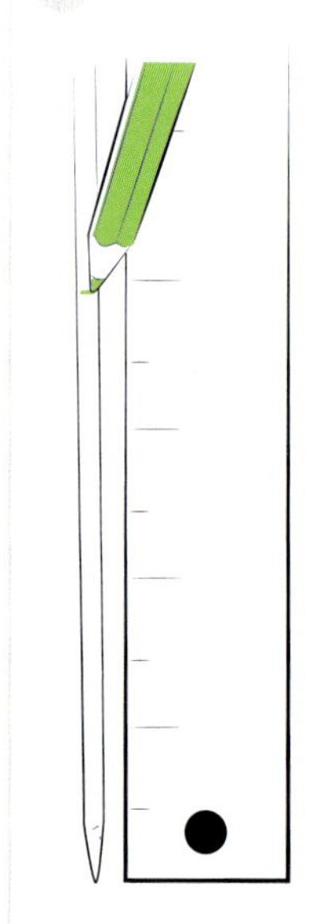

5

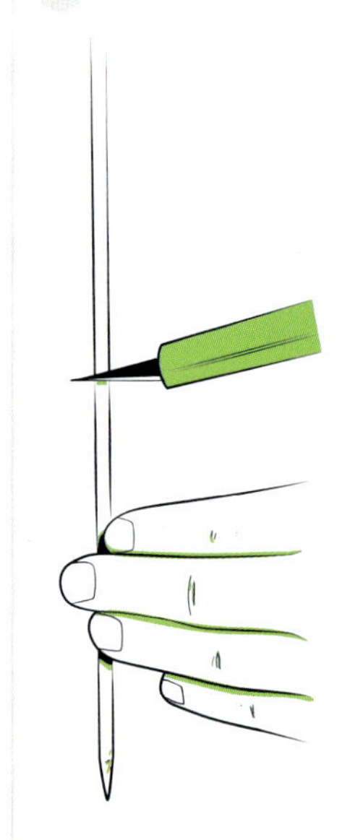

3. Vom Federkiel etwa 3 cm abschneiden. Den Bambusspieß in den hohlen Federkiel schieben. Wenn er nicht passt, den Federkiel noch etwas kürzen. Den Bambusspieß herausziehen.

4. 10 cm oberhalb der Spitze des Bambusspießes mit Bleistift eine Markierung anzeichnen.

5. Den Spieß mit einem Cutter an der Bleistiftmarkierung durchschneiden (oder einritzen und abbrechen).

6

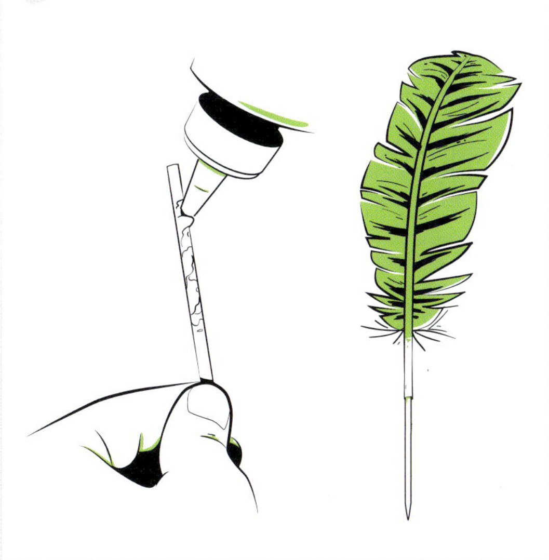

7–9

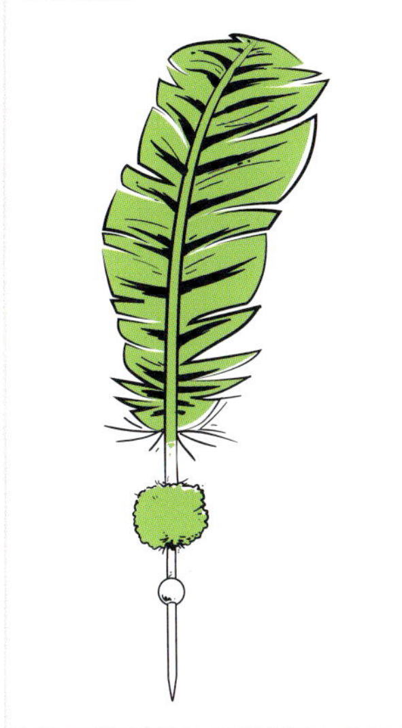

11

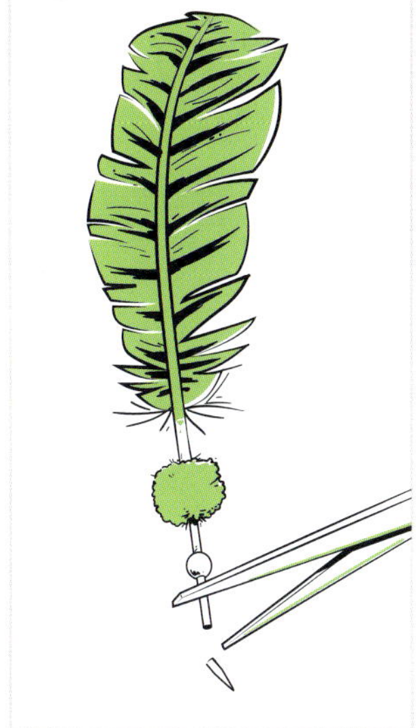

6. Das obere Ende des Spießes mit Klebstoff bestreichen und wieder in den Federkiel stecken. Trocknen lassen.

7. Federkiel und Bambusspieß mit Goldfarbe bemalen. Trocknen lassen.

8. Den Pompon auf den Spieß stecken und am Schaft hochschieben, bis er den Übergang zwischen Spieß und Federkiel verdeckt.

9. Etwas Kleber ins Loch der Perle geben, dann die Perle bis an den Pompon auf den Schaft schieben.

10. Etwas Kleber ins Loch der zweiten Perle geben und diese bis ca. 1,5 cm unterhalb der ersten Perle auf den Schaft schieben.

11. Die Spitze des Bambusspießes abschneiden.

12

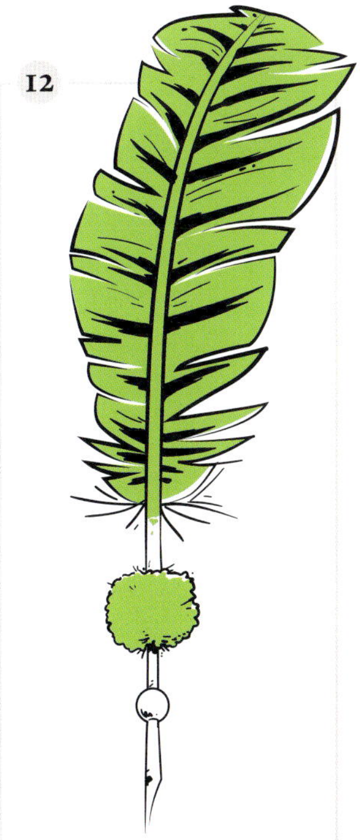

12. Etwas Kleber auf das Ende des Spießes auftragen und den Schaft der Schreibfeder aufstecken.

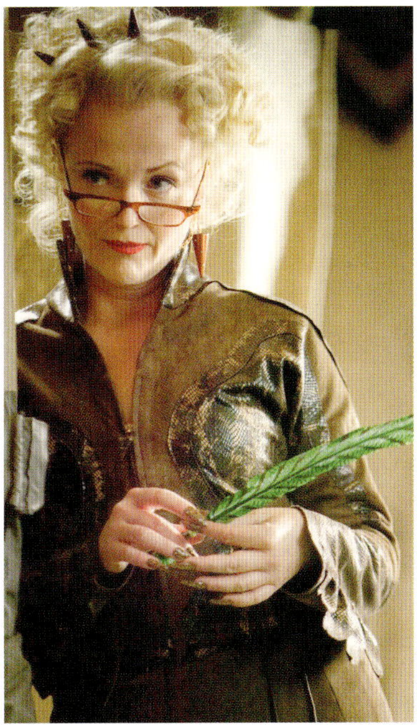

„ICH DARF DOCH MEINE FLOTTE-SCHREIBE-FEDER BENUTZEN, NICHT?“

Rita Kimmkorn in
Harry Potter und der Feuerkelch

LINKS: Miranda Richardson als Rita Kimmkorn. Ihre Jacke aus Drachenhautimitat und das Stachelhaarband passen zur ersten Aufgabe im Trimagischen Turnier, bei der es um Drachen geht.

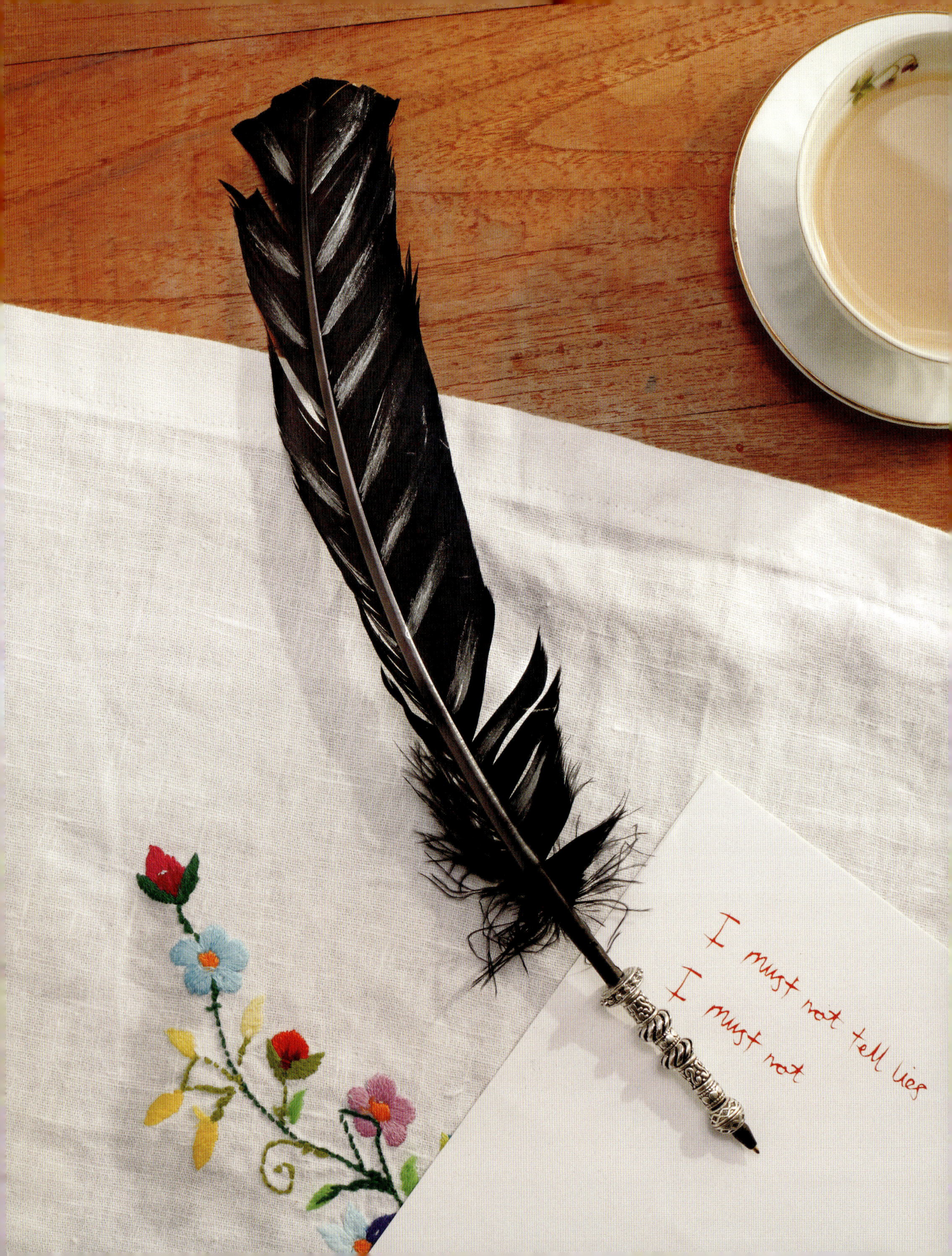
I must not tell lies
I must not

DOLORES UMBRIDGES SCHWARZE FEDER

Design: **JILL TURNEY**

SCHWIERIGKEITSGRAD ϟ

In *Harry Potter und der Orden des Phönix* findet Dolores Umbridge, die neueste in einer Reihe von Professoren für Verteidigung gegen die dunklen Künste, einen grausamen Weg, um die Verteidigungs-AG für Zuwiderhandlung gegen den Ausbildungserlass Nr. 68 zu bestrafen: „Alle Studentenorganisationen sind fortan aufgelöst." Umbridge lässt sie eine Erklärung auf Pergament schreiben – mit einer schwarzen Feder, die in Wahrheit ein Folterinstrument ist. Die Feder schreibt nicht mit Tinte, sondern mit dem Blut dessen, der sie benutzt. Harry Potter musste während des Nachsitzens folgenden Satz mit dieser Felder schreiben: „Ich soll keine Lügen erzählen". Die Anweisung lautet, er möge dies so oft schreiben, bis die Botschaft sich einprägt.

Im Gegensatz zur schwarzen Feder schreibt diese gebastelte mit normaler, gern auch roter Tinte. Die Metallperlen lassen sie aussehen wie Professor Umbridges Foltergerät. Mit derselben Technik kann die Feder aber auch bunt und fröhlich gestaltet werden.

DU BRAUCHST

- Große Feder in Schwarz
- Silberfarbe auf Wasserbasis
- Pinsel
- Schere
- Kugelschreiber
- Spitzzange
- Verschiedene silberfarbene Zierperlen mit großem Loch
- Heißklebepistole und Klebestifte

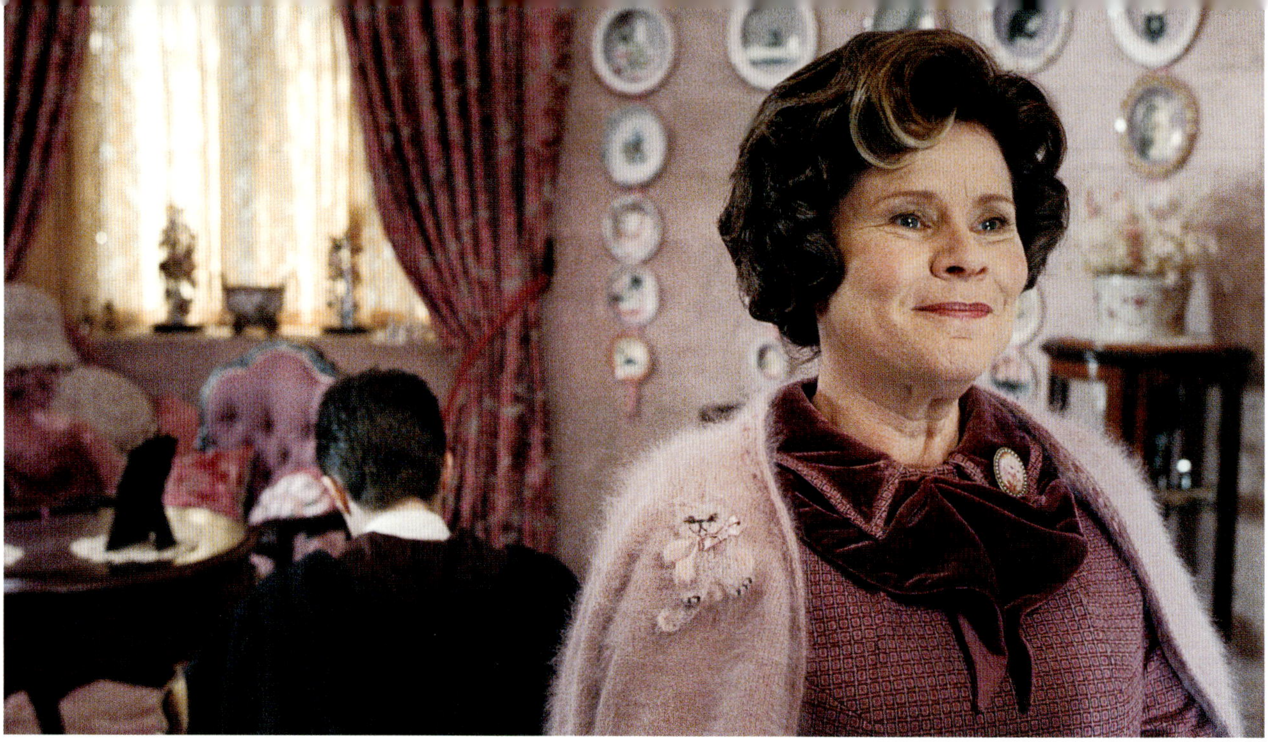

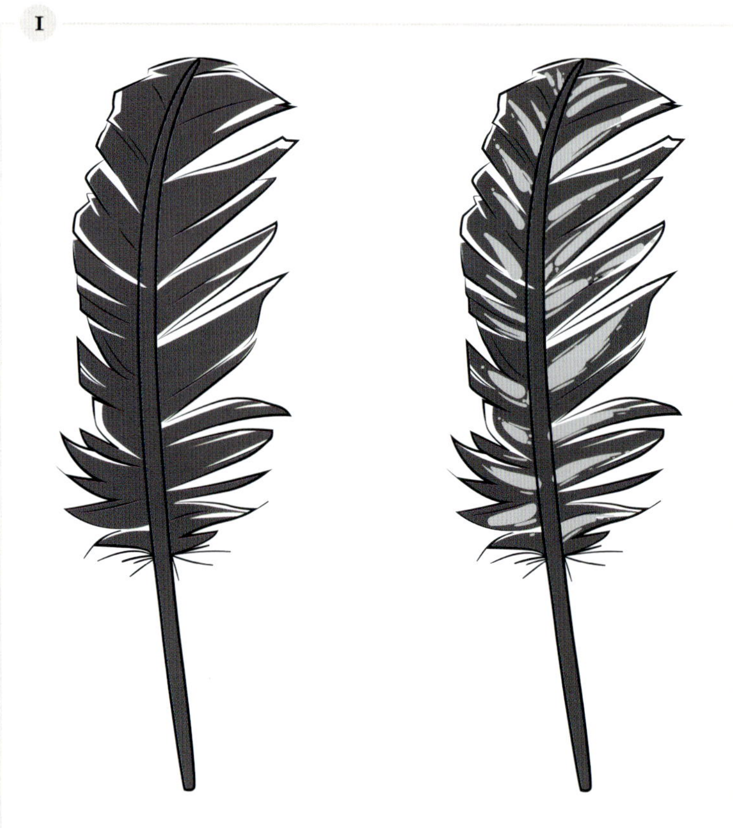

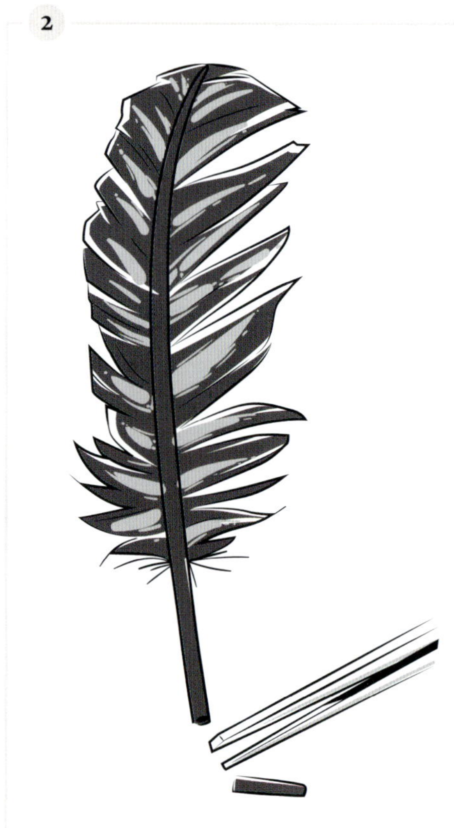

1. Mit leichter Hand silbrige Streifen auf die Fahne der Feder pinseln, dabei am Schaft beginnen und zum Rand streichen. Nach Belieben auf der Rückseite wiederholen.

2. Die unteren 1,5 cm des Federkiels abschneiden.

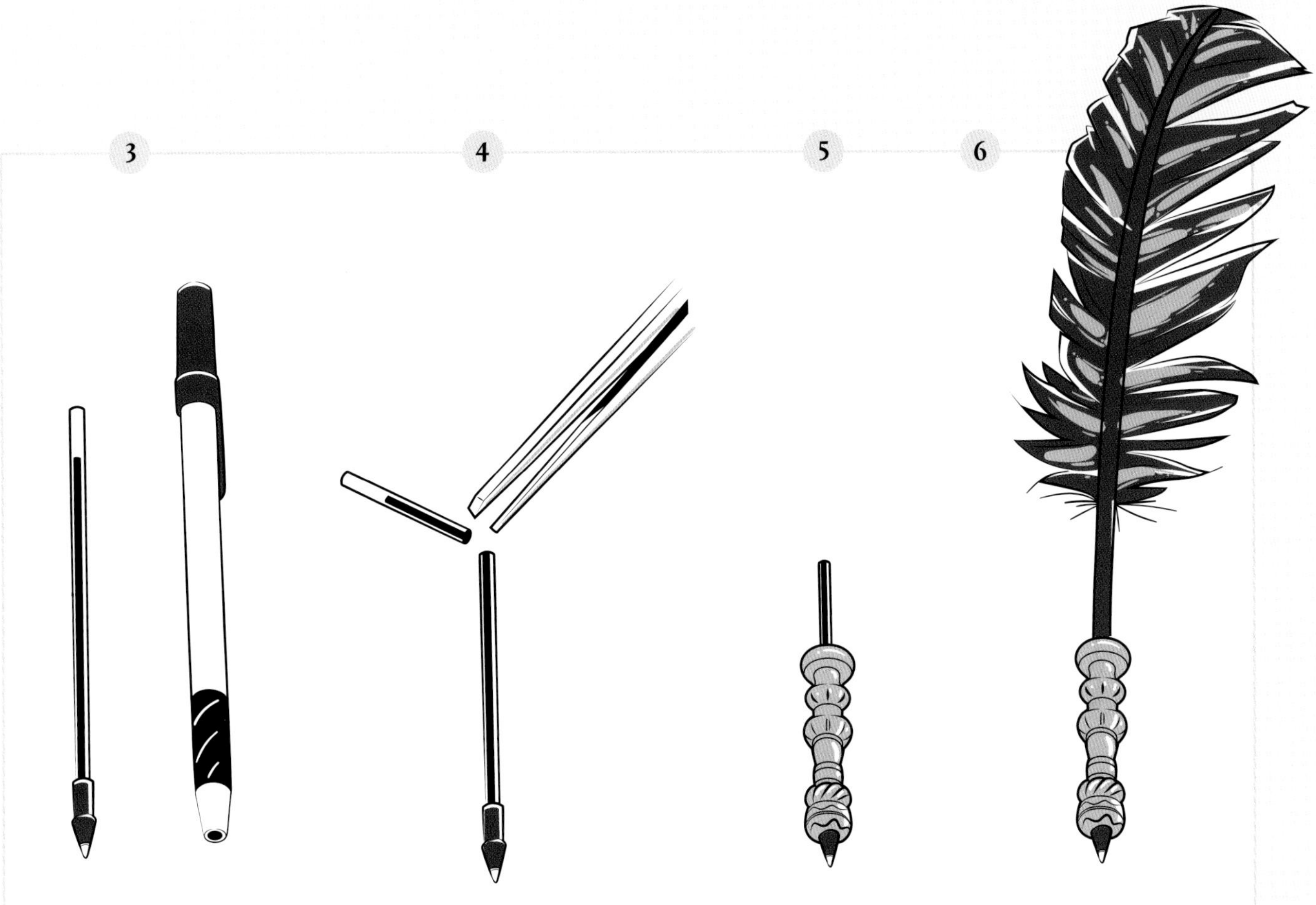

3. Die Mine aus dem Kugelschreiber nehmen.

4. Mit einer Schere die oberen 4 cm der Mine abschneiden. Vorsicht, dabei kann Tinte heraustropfen!

5. Die Metallperlen bis zu einer Höhe von ca. 5 cm auf die Mine fädeln.

6. Etwas Heißkleber auf die obere Perle und das obere Ende der Mine auftragen, dann die Mine in den Federkiel schieben. Zügig arbeiten – der Kleber härtet schnell aus.

LINKS OBEN: Dolores Umbridge (Imelda Staunton) hat Freude daran, Harry Potter (Daniel Radcliffe) beim Nachsitzen mit ihrer schwarzen Feder „Ich soll keine Lügen erzählen" schreiben zu lassen.

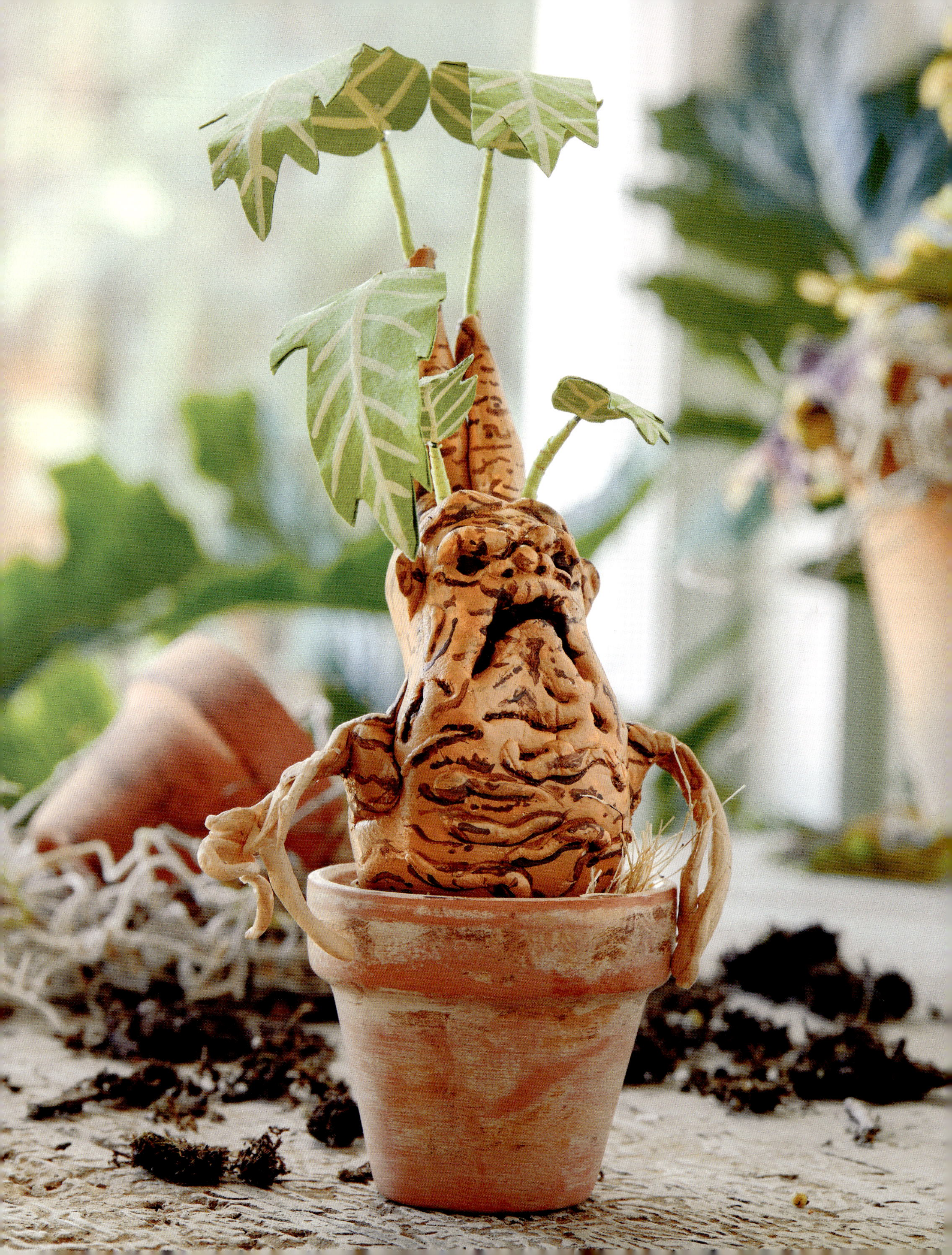

Kräuterkunde: Kleine Alraune im Topf

Design: **JILL TURNEY**

SCHWIERIGKEITSGRAD ϟϟϟ

Herbology Pomona Sprout, Professorin für Kräuterkunde, ließ in *Harry Potter und die Kammer des Schreckens* die Schüler zu Beginn des zweiten Schuljahres Alraunen umtopfen, das sind Wurzeln mit menschenähnlichem Aussehen. Die Alraune, auch bekannt als Mandragora, ist ein wichtiger Bestandteil eines Tranks zum Zurückverwandeln versteinerter Personen. Wer die Schreie, die Alraunen beim Umtopfen ausstoßen, hört, kann sterben. Aber diese Alraunen sind noch Sämlinge, und ihre Schreie sind nicht tödlich. Neville Longbottom muss allerdings erleben, dass sie einen mit ihrem Kreischen trotzdem für Stunden außer Gefecht setzen können. Darum ist es unbedingt sinnvoll, beim Umtopfen einen Gehörschutz zu tragen.

Mehr als 50 mechanisch bewegliche Alraunen wurden von der Filmwerkstatt für *Harry Potter und die Kammer des Schreckens* gebaut. In den Blumentöpfen befanden sich Antriebselemente, die den oberen Teil zum Wackeln brachten. Unter dem Kräuterkundetisch waren Fernsteuerungen eingebaut, mit denen sich die Bewegungen der Pflanzen beschleunigen oder verlangsamen ließen. Sobald die Alraunen reif sind, werden sie für den Zaubertrank zerhackt, darum durften die „Babys" nicht zu niedlich aussehen. Aber unsere kleine Alraune ist wirklich zauberhaft.

DU BRAUCHST

- Lufttrocknende Modelliermasse in Weiß
- Tonblumentopf, 5 cm hoch
- Zahnstocher oder Modellierwerkzeug
- Lineal
- Schnur
- Schere
- Steckdrähte
- Seitenschneider oder Drahtschere
- Papier in Grün
- Klebeband in Grün
- Acrylfarbe in Hellgrün, Weiß, Mittelbraun, Dunkelbraun
- Pinsel: dünn und mittel
- Klebstoff

OPTIONAL

- Feines Schleifpapier

1

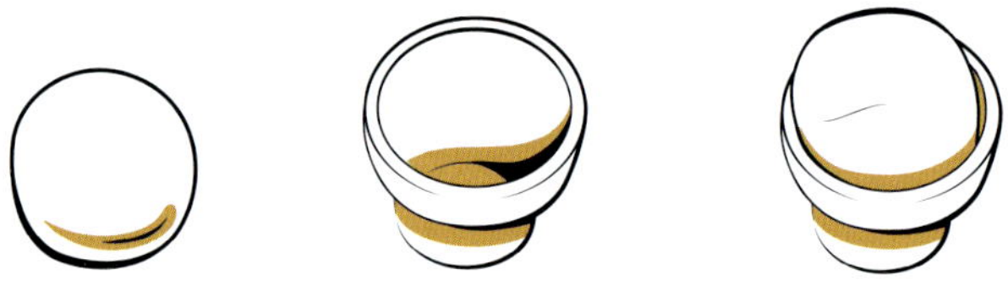

1. So viel Modelliermasse abteilen und zur Kugel rollen, dass diese in den Blumentopf passt. Die restliche Modelliermasse luftdicht verpacken, damit sie nicht austrocknet.

2

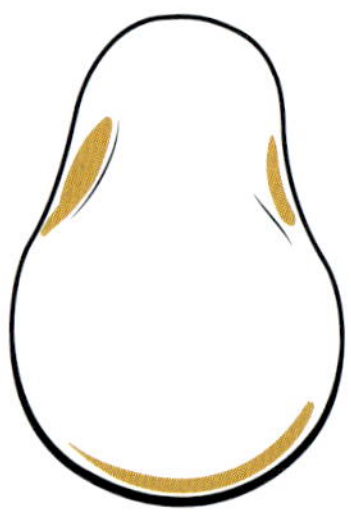

2. Die Kugel zu einer Birnenform modellieren.

3

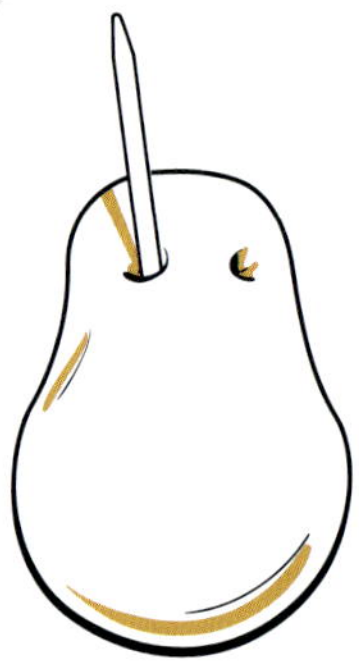

3. Mit einem Zahnstocher in den oberen Teil der Birnenform zwei Augenhöhlen stechen.

4

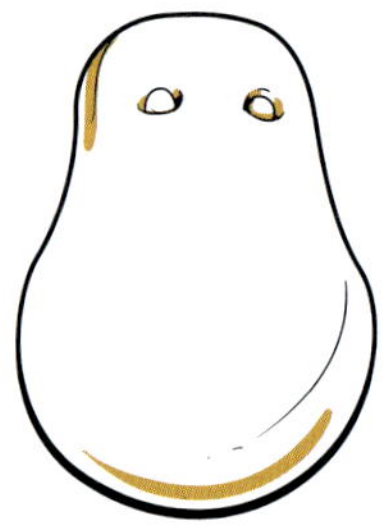

4. Für die Augäpfel zwei kleine Kügelchen rollen und in die Augenhöhlen drücken.

5

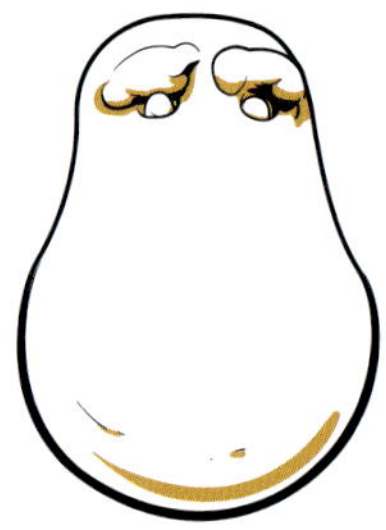

5. Über den Augen Stränge Modelliermasse für die Augenbrauen anbringen.

6

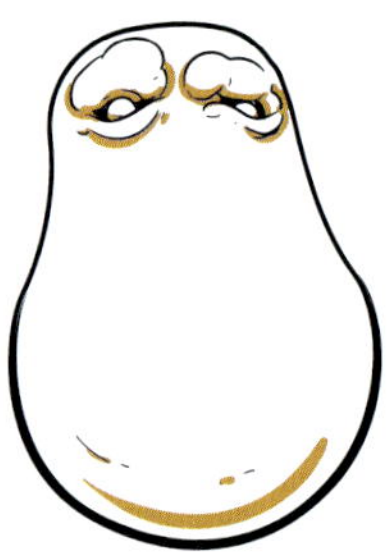

6. Unter den Augen dünne Stränge für die Unterlider befestigen.

7

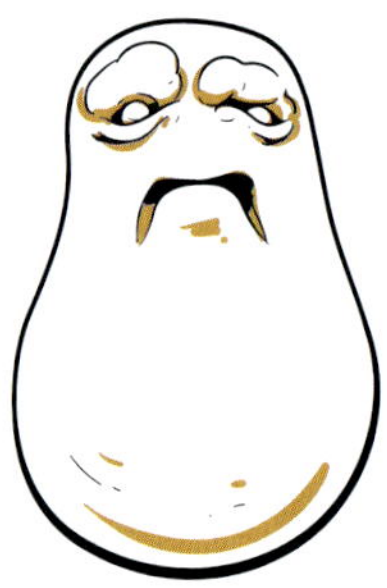

7. Mittig unter den Augen eine Mundform einritzen. Die Unterlippe mit dem Modellierwerkzeug leicht herausziehen, um der Alraune einen unzufriedenen Blick zu geben.

8

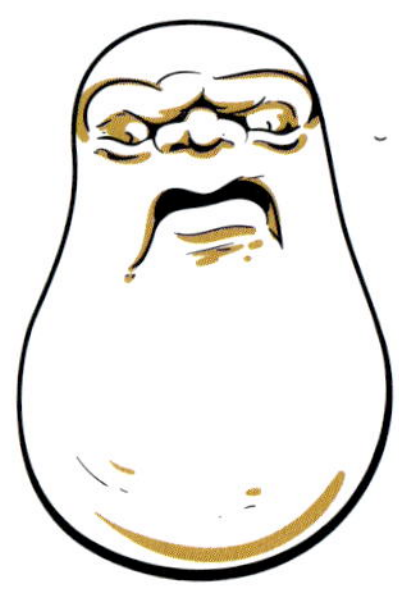

8. Zwischen den Augen eine kleine Kugel als Nase befestigen, rechts und links kleine Stücke Modelliermasse für die Nasenflügel ansetzen. Die Nasenlöcher mit dem Zahnstocher stechen.

9

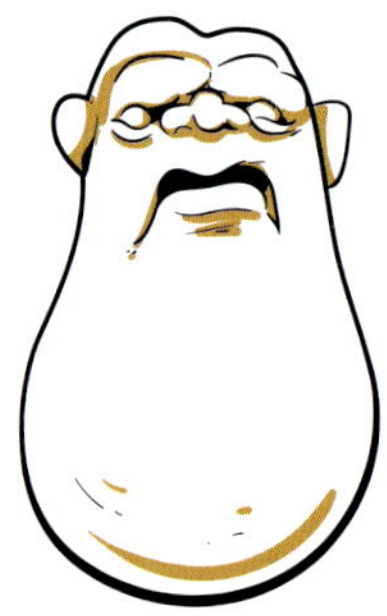

9. An den Seiten des Kopfs die Ohren anbringen, dann zwei Höcker aus Modelliermasse auf dem Oberkopf befestigen.

DIE BEINE

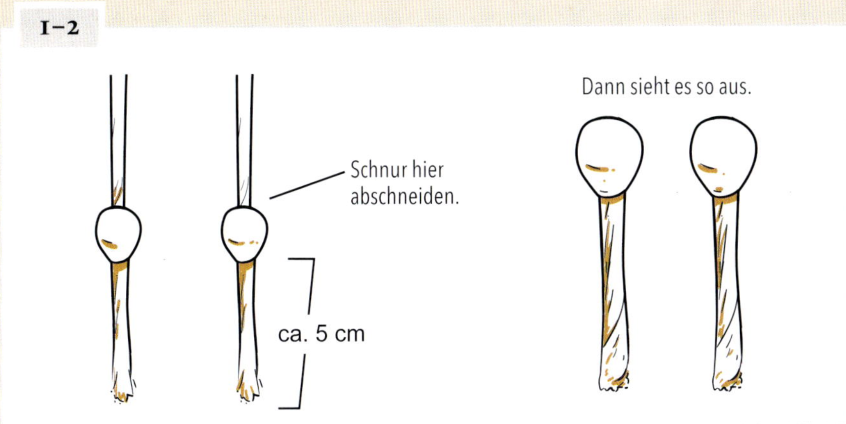

1. Zwei 10 cm lange Stücke Schnur zuschneiden. Auf etwa 5 cm Höhe auf beiden Schnüren Kugeln aus Modelliermasse befestigen.
2. Die Schnüre über den Kugeln abschneiden.

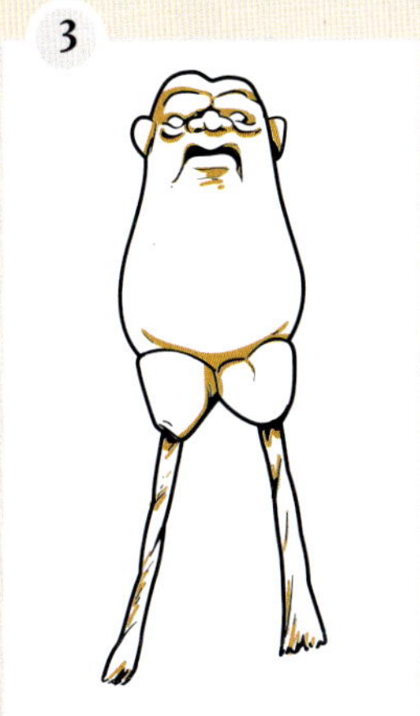

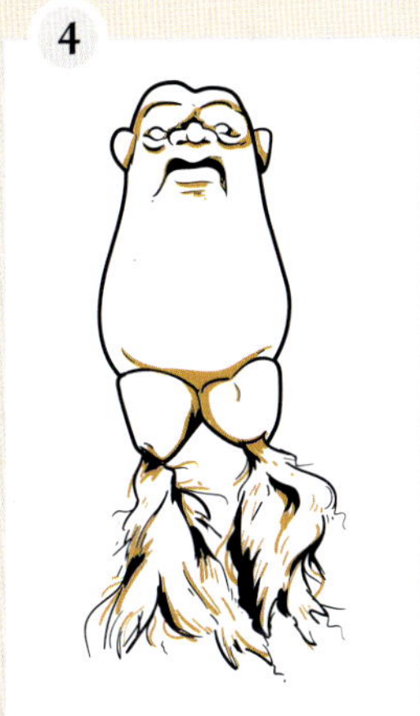

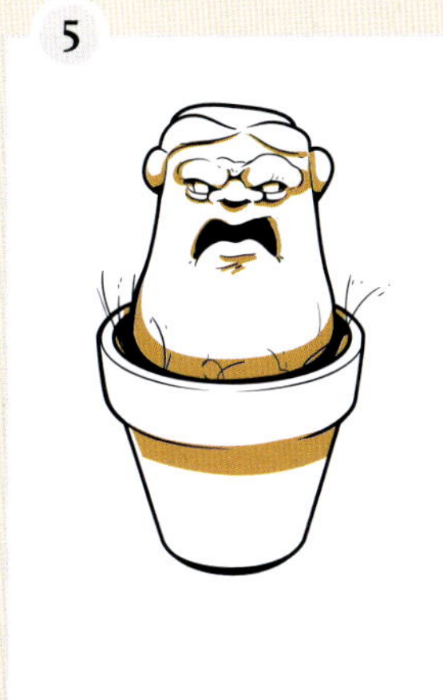

3. Die Beine unten am Alraunenkörper ansetzen.
4. Die Enden der Schnüre aufdrehen und reiben, sodass sie wie Wurzeln aussehen.
5. Die Alraune so in den Topf legen, dass die Wurzeln ihn ausfüllen.

DIE ARME

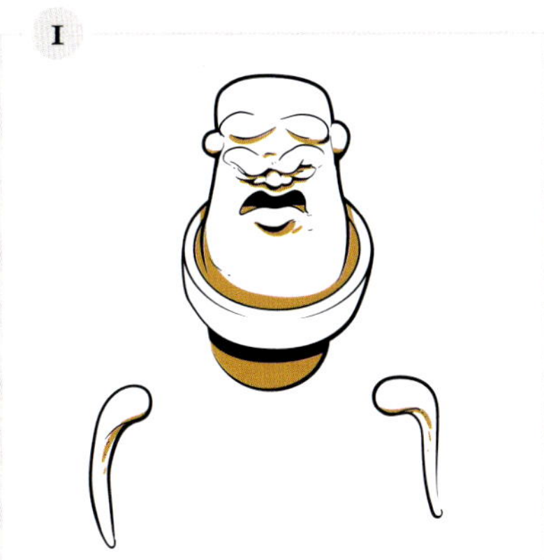

1. Zwei Stücke Modelliermasse wie Apostrophe modellieren. Das sind die Arme.

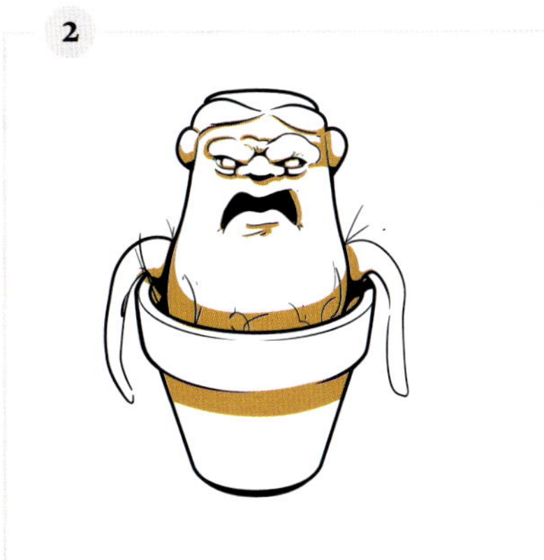

2. Das dicke Ende jedes Arms über dem Rand des Blumentopfes an den Körper der Alraune drücken. Die dünnen Enden hängen über den Topfrand.

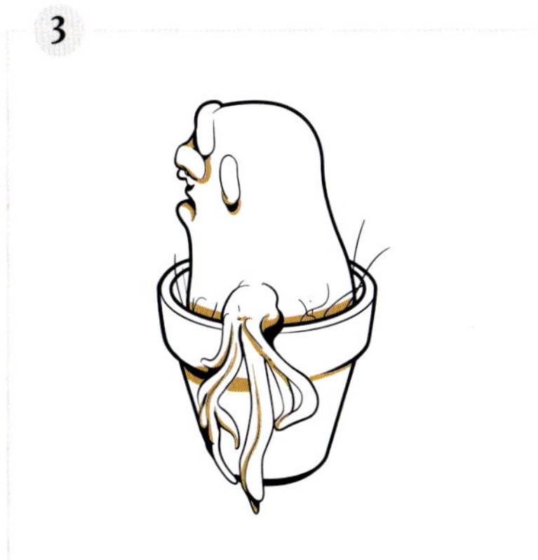

3. Mehrere sehr dünne Stränge verschiedener Länge formen und an den Armen befestigen. Das sind die fingerartigen Wurzeln.

DIE ZWEIGE

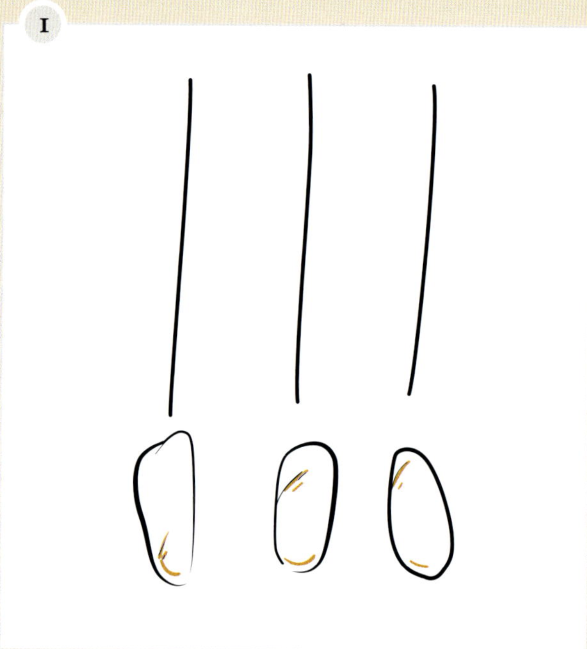

1. Drei 10 cm lange Stücke Steckdraht zuschneiden. Drei kleine Klümpchen Modelliermasse abteilen.

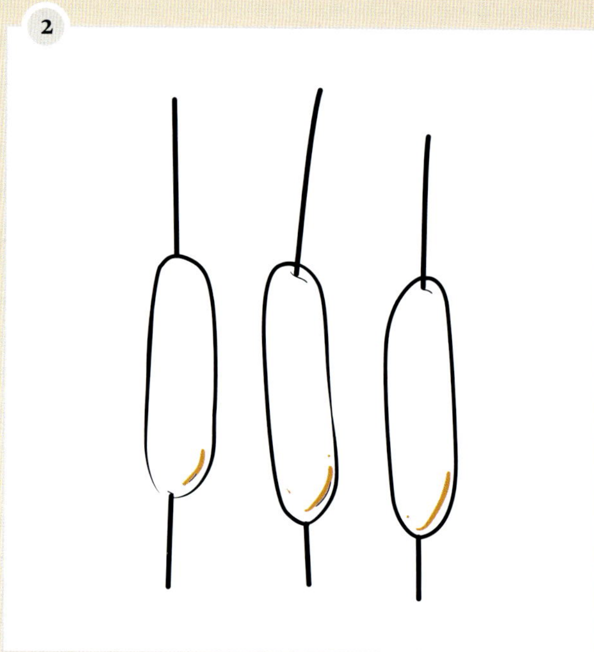

2. Die Modelliermasse wie Würste um die Drähte legen.

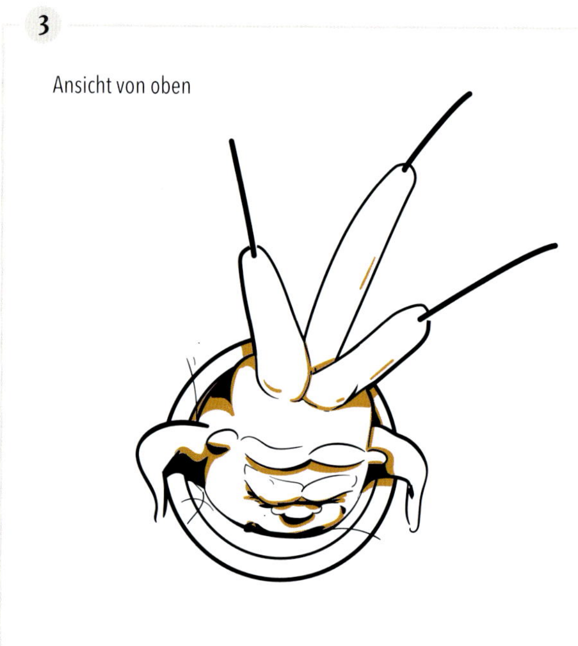

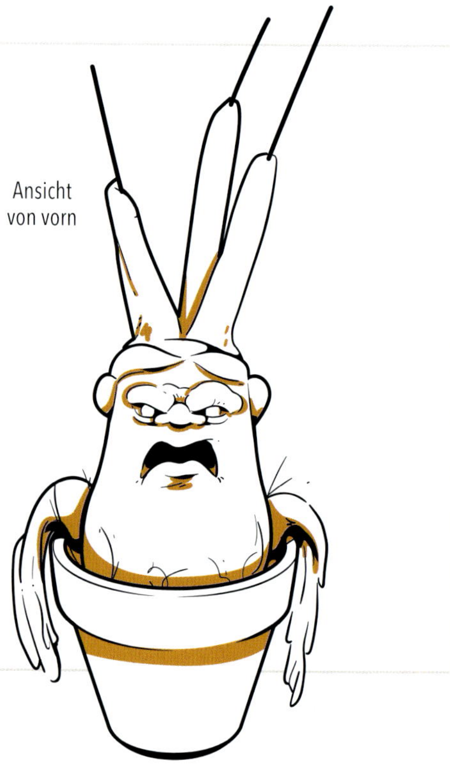

3. Die Drähte in den Oberkopf der Alraune stecken. Das sind Zweige, die aus dem Kopf der Alraune herauswachsen. An der Verbindung zum Kopf einen weichen Übergang modellieren.

DIE HOLZSTRUKTUR

1–2

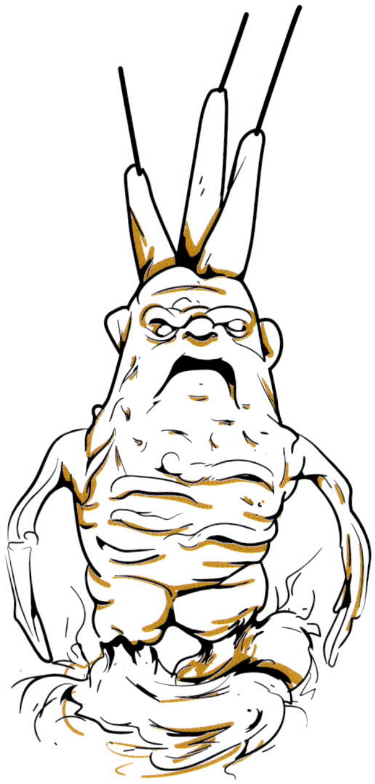

1. Die Alraune für die weitere Bearbeitung aus dem Topf nehmen. Kleine Kugeln und Wülste aus Modelliermasse ungleichmäßig auf dem Körper verteilen.
2. Mit dem Zahnstocher oder einem Modellierwerkzeug Linien ritzen, die wie eine Holzmaserung aussehen.

3–4

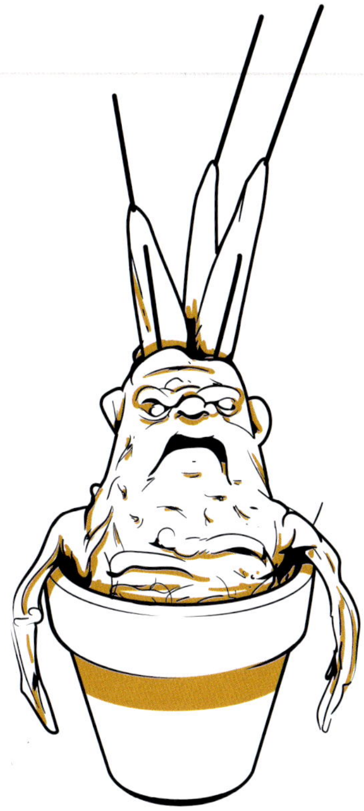

3. Die Alraune wieder in den Topf setzen. Zwei 5 cm lange Steckdrähte vor den „Zweigen" in den Oberkopf stecken.
4. Die Alraune 12 Stunden an einem geschützten Ort trocknen lassen. Wenn die Modelliermasse trocken ist, die Drähte behutsam aus dem Kopf ziehen.

Hinter den Kulissen

Für Professor Sprout und Draco Malfoy wurden spezielle Alraunen entwickelt, die sich auch außerhalb ihrer Blumentöpfe bewegen konnten. Eine konnte Draco sogar in den Finger beißen!

DIE BLÄTTER

1–2

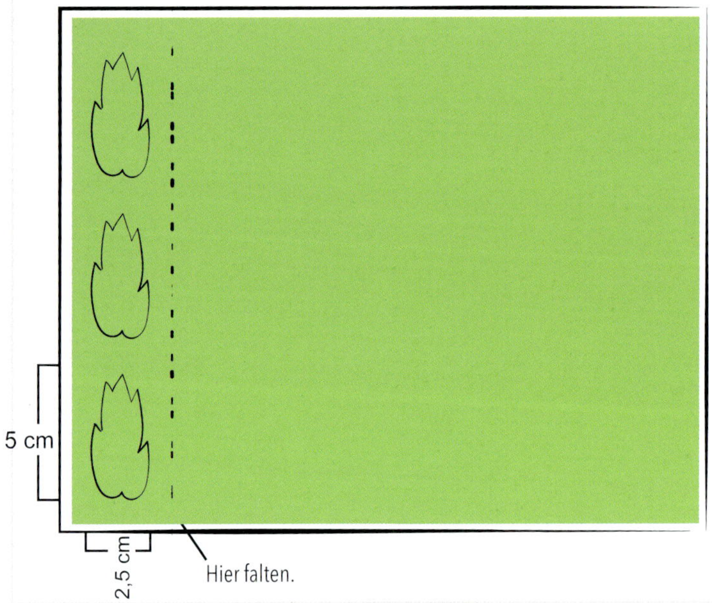

3

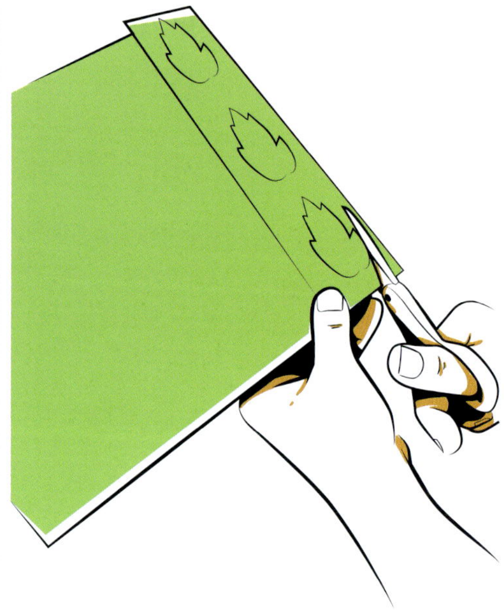

1. Auf das grüne Papier drei Blätter zeichnen: 2–3 cm breit und 5 cm hoch.

2. Das Papier neben den Blättern senkrecht umfalten, um die Blätter aus zwei Lagen gleichzeitig zuzuschneiden. Tipp: Die Blattzeichnung muss auf der Außenseite des Papiers zu sehen sein.

3. Die Blattformen aus dem doppelten Papier ausschneiden.

4

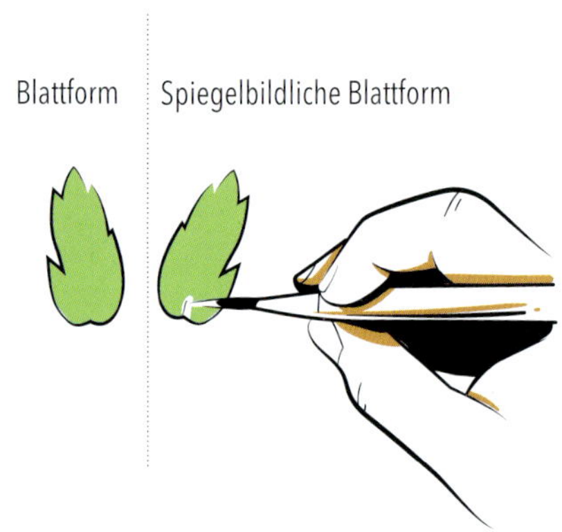

5

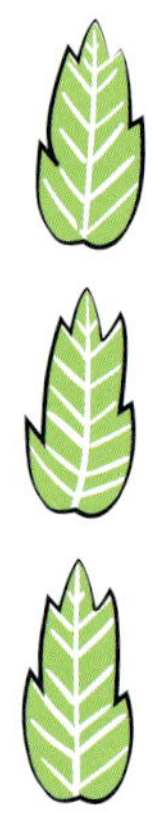

6

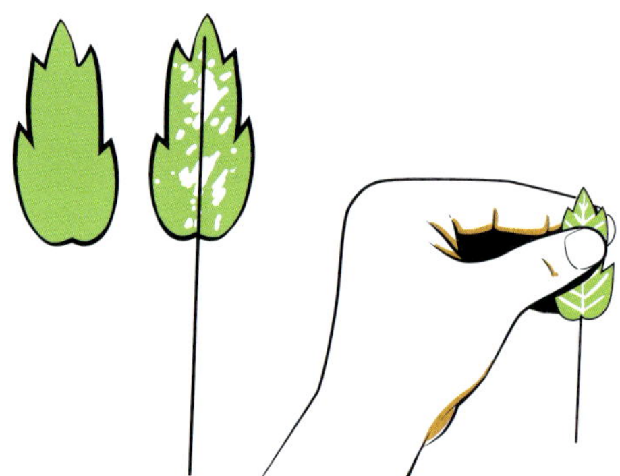

4. Die Blätter paarweise und spiegelbildlich auf eine Arbeitsfläche legen. Auf jedes Blatt mit einem dünnen Pinsel und hellgrüner Acrylfarbe die Hauptadern malen.

5. Dann die feineren Adern malen, die von der Hauptader zu den Blatträndern verlaufen. Trocknen lassen.

6. Die Blätter umdrehen und die Rückseiten mit Klebstoff bestreichen. Die Blattpaare zusammenkleben. Drei 10 cm lange Stücke Steckdraht zuschneiden. Auf jeden Draht ein Blattpaar kleben. Gut trocknen lassen.

7

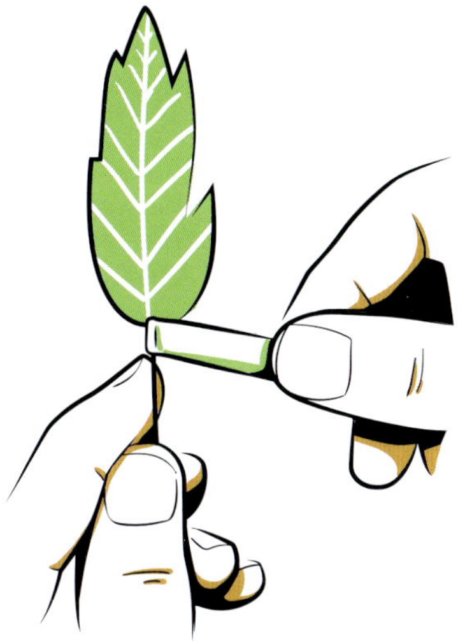

7. Ein 15 cm langes Stück grünes Klebeband von der Rolle abschneiden oder reißen.

8

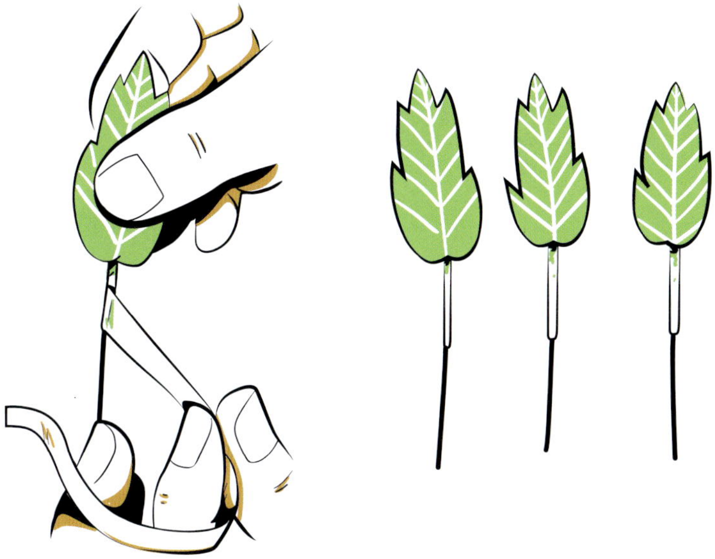

8. Damit die obere Hälfte des sichtbaren Drahts umwickeln, dabei direkt unter dem Blatt beginnen. Das Band beim Wickeln straff halten und den Draht drehen; überschüssiges Band abreißen. Die anderen Blattstiele ebenso umwickeln.

9

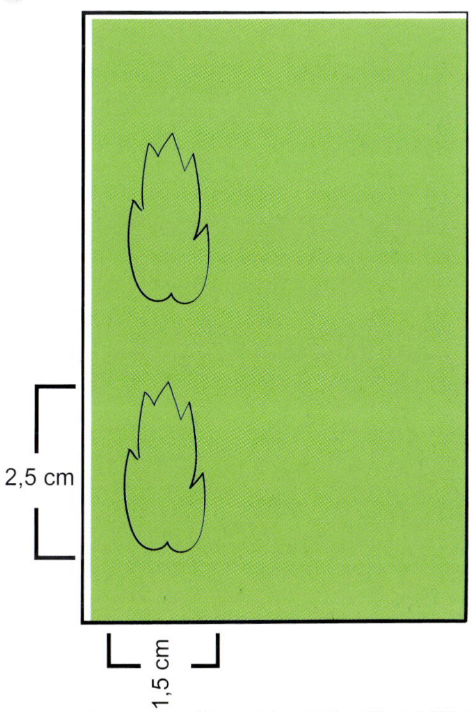

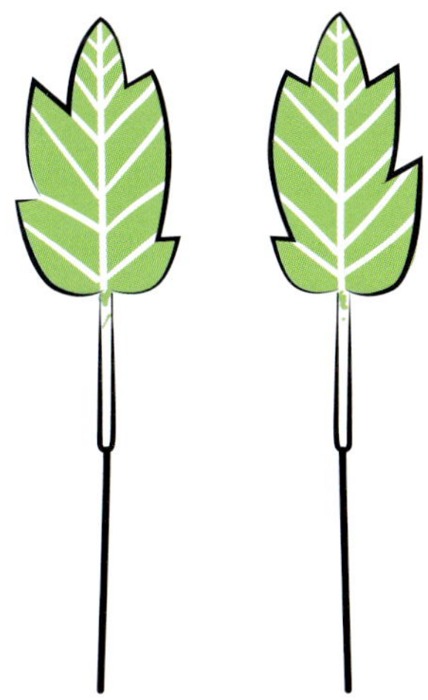

9. Zwei kleine Blätter (2–3 cm × 1,5 cm) ebenso vorbereiten wie die größeren Blätter und auf die beiden kürzeren Drähte kleben.

DIE ALRAUNE BEMALEN

1

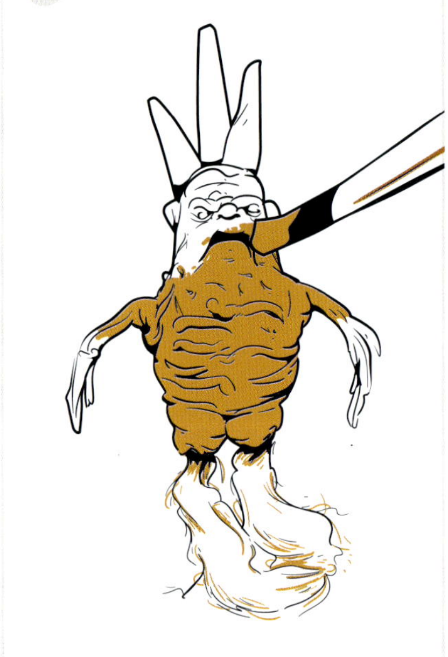

2

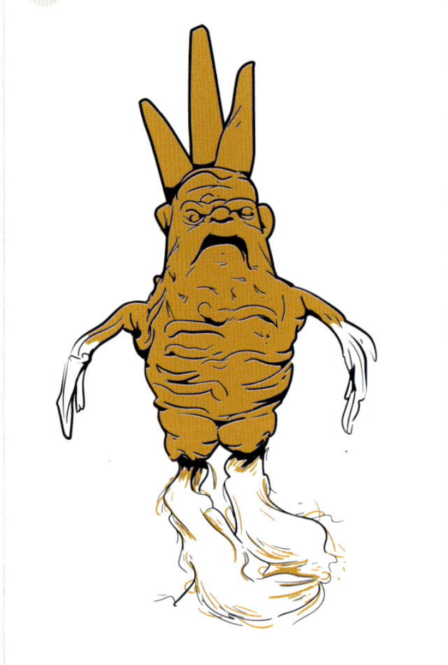

TIPP: Wenn die Fingerwurzeln beim Trocknen zusammengeklebt sind, können sie vor dem Bemalen vorsichtig mit einer Schere auseinandergeschnitten werden.

1. Den Körper mit mittelbrauner Acrylfarbe bemalen, die Fingerwurzeln bleiben unbemalt. Trocknen lassen.

2. Die mittelbraune Acrylfarbe mit Weiß aufhellen, um einen Farbton zu erhalten, der etwa der Schnur (Wurzeln) ähnelt. Damit die Fingerwurzeln bemalen. Trocknen lassen.

3

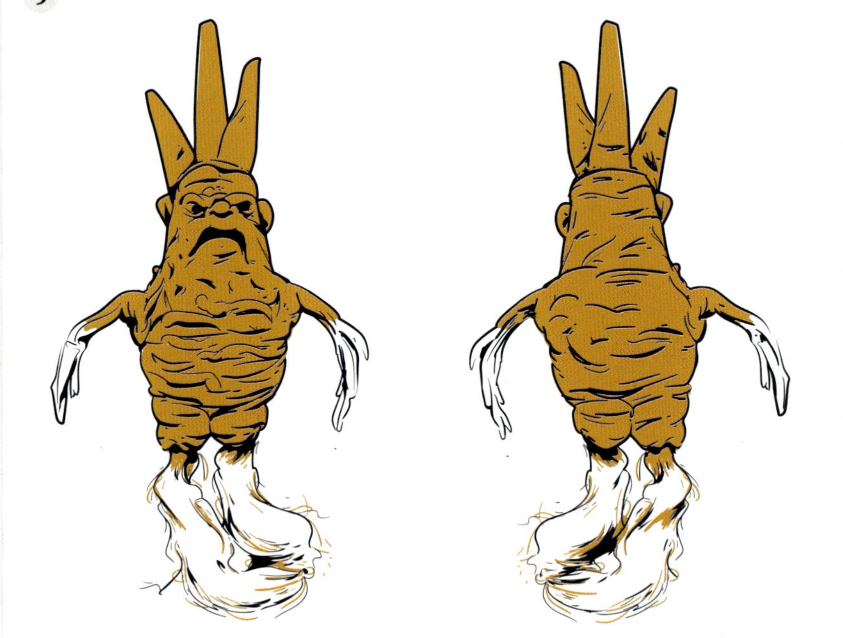

3. Augenhöhlen, Nasenlöcher und das Innere des Mundes mit dunkelbrauner Acrylfarbe ausmalen. Ebenfalls mit Dunkelbraun einige Schatten und dünne Maserungslinien auf dem Körper andeuten.

EXTRA: PATINA FÜR DEN BLUMENTOPF

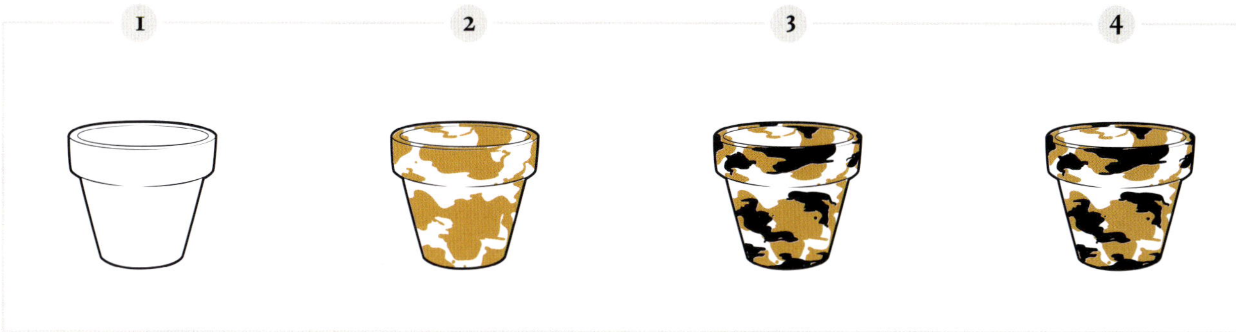

1. Den Topf zuerst mit hellbrauner Acrylfarbe bemalen.
2. Einige Flecken mit mittelbrauner Farbe aufmalen.
3. Weitere Kleckse mit dunkelbrauner Farbe hinzufügen.
4. Den Topf mit feinkörnigem Schleifpapier abschleifen, mit Wasser abspülen und trocknen lassen.

ZUSAMMENSETZEN

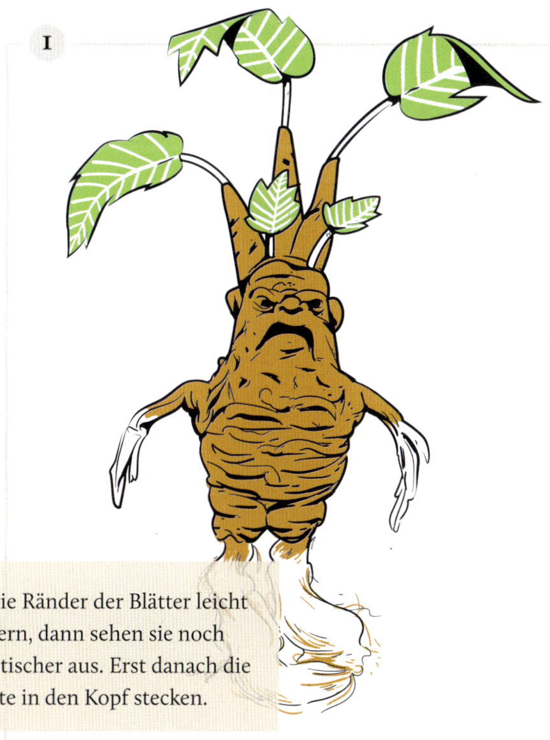

Tipp: Die Ränder der Blätter leicht knittern, dann sehen sie noch realistischer aus. Erst danach die Drähte in den Kopf stecken.

1. Die Drähte mit den Blättern wieder in die Löcher auf dem Kopf der Alraune stecken. Die Drähte zurechtbiegen.

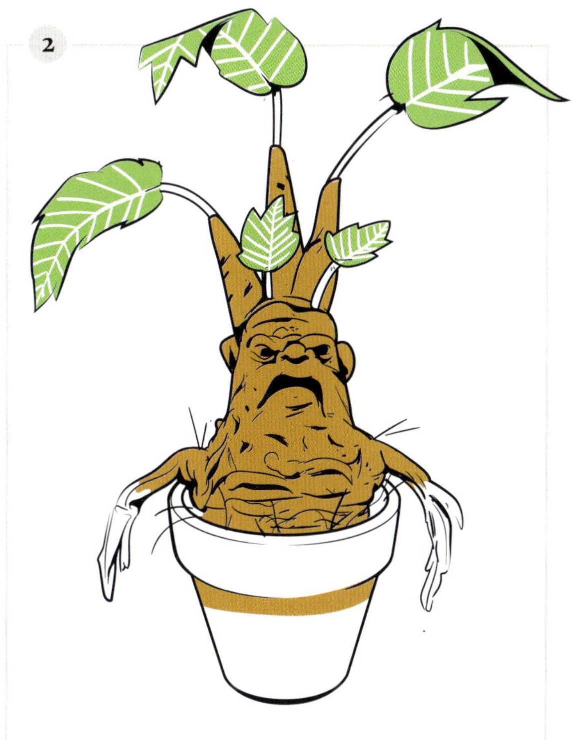

2. Die Alraune in den Blumentopf setzen.

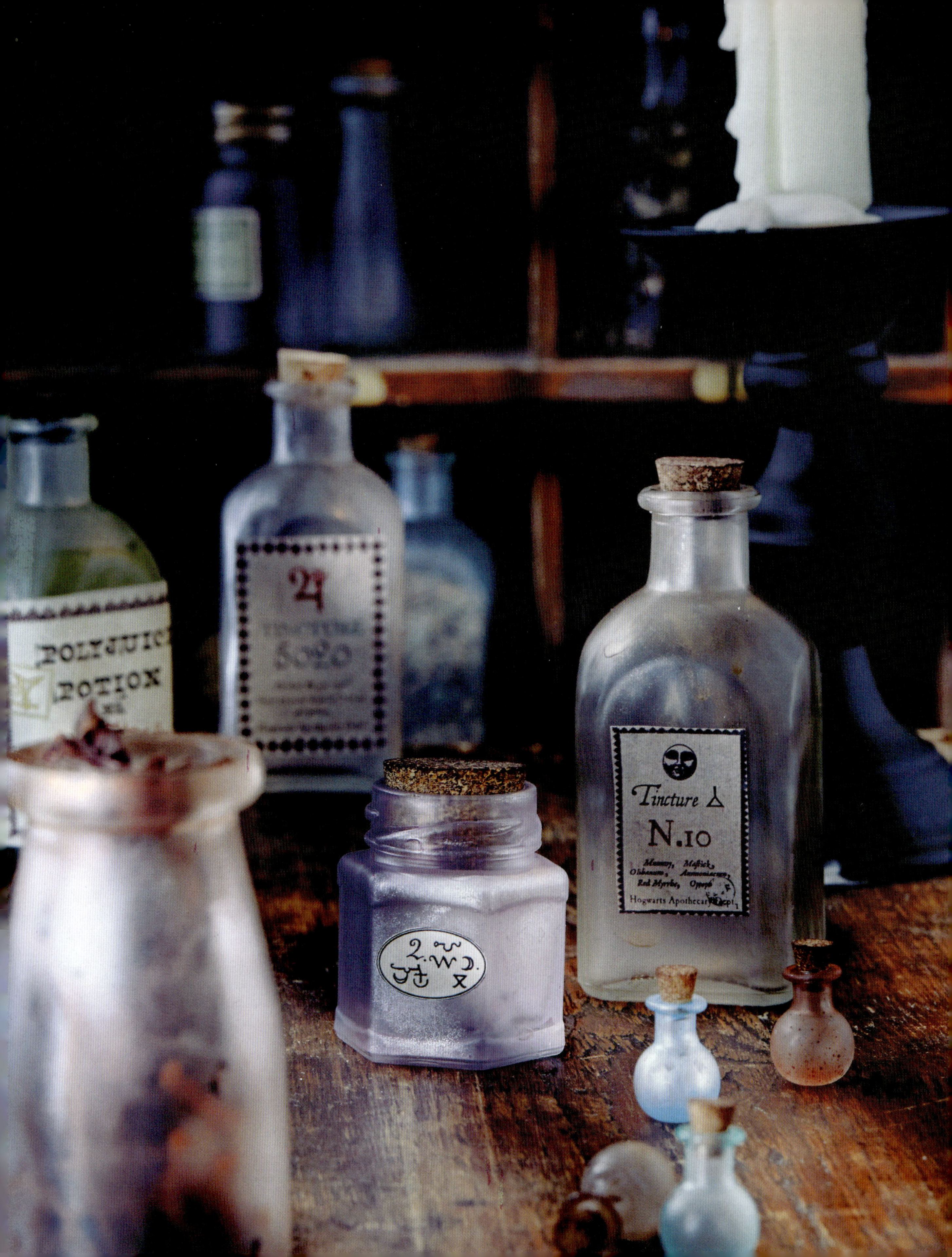
POTION
Tincture
N.10

Zaubertränke: Magische Flaschen

Design: **JILL TURNEY**

SCHWIERIGKEITSGRAD ϟ

Die Schüler von Hogwarts lernen, aus exakt abgemessenen Mengen von Zutaten magische Elixiere, Aufgüsse und Tinkturen für unzählige Zwecke herzustellen: Hermine Granger braut in *Harry Potter und die Kammer des Schreckens* Vielsaft-Trank, mit dem Harry und Ron das Aussehen von Crabbe und Goyle annehmen können (die derweil durch einen Schlaftrunk außer Gefecht gesetzt sind), um sich in den Slytherin-Schlafsaal zu schleichen. In *Harry Potter und der Feuerkelch* trinken Fred und George Weasley einen Alterungstrank, um am Trimagischen Turnier teilnehmen zu können, denn sie sind eigentlich zu jung. Es gibt Liebestränke, Heiltränke und sogar Reinigungstränke. Sie alle werden in Flaschen aufbewahrt.

Herr über und Lehrer für die Zaubertränke ist in den ersten fünf Harry-Potter-Filmen Severus Snape. In seinem Klassenzimmer stehen Regale mit 500 Flaschen, Gläsern und Phiolen in allen Größen. Jede Flasche trägt ein Etikett mit Inhaltsstoffen, Warnhinweisen und Seriennummern, die für die Filme alle von Grafikern von Hand beschriftet wurden. Als Horace Slughorn in *Harry Potter und der Halbblutprinz* den Posten wieder übernimmt, verdoppelt sich die Anzahl der Flaschen auf 1000. Auch wenn du nicht genug Platz für so viele Flaschen hast, zwei oder drei kannst du bestimmt unterbringen.

DU BRAUCHST

- Verschieden große klare Glasflaschen mit Korken oder Glasbehälter aus dem Haushalt, z.B. Einmachgläser, Gewürzgläser, Mineralwasserflaschen
- Messlöffel
- Behälter zum Mischen von Farben
- Bastelleim
- Pinsel
- Acrylfarbe in Dunkelbraun, Metallicgrün, Perlmuttblau
- Stempelkissen in Braun und Silber oder nach Belieben
- Schablonier- oder Schminkschwämmchen, alternativ Schwamm- oder Schaumstoffpinsel
- Alte Zahnbürste
- Feines Schmirgelpapier

OPTIONAL

- Behälter mit weiter Öffnung (z.B. ein Blumentopf), gefüllt mit Murmeln, Reis, getrockneten Bohnen, Sand oder ähnlich schwerem Material
- Holzspieße oder Bleistifte

1. Die Korken oder Deckel entfernen und die Gläser oder Flaschen von außen gründlich säubern.

2. Es kann hilfreich sein, einen Platz zum Trocknen vorzubereiten. Dafür ein weites Gefäß mit Reis, Bohnen, Sand oder Murmeln füllen und Bleistifte oder Stäbe in großen Abständen hineinstecken. Zeitungspapier unterlegen, um eventuelle Tropfen aufzufangen.

2

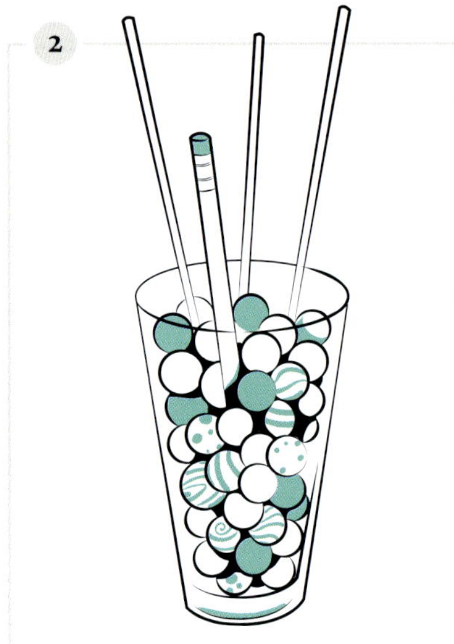

3

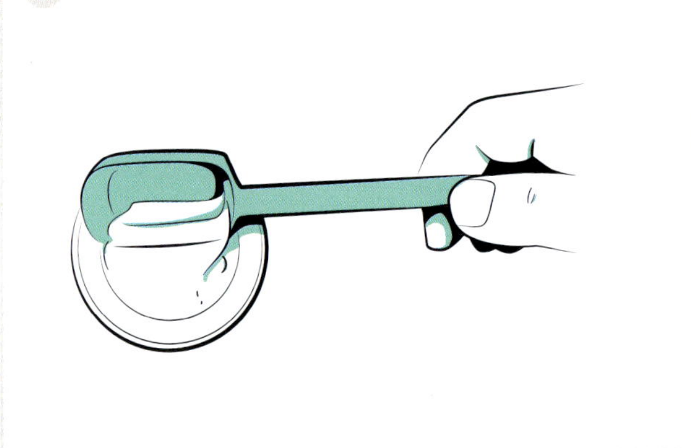

3. 1 Messlöffel Wasser in den Mischbehälter geben.

4

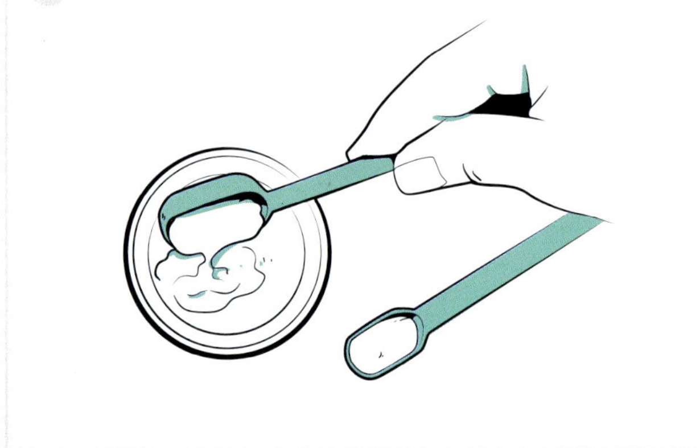

4. $1\frac{1}{2}$ Messlöffel Leim dazugeben.

5

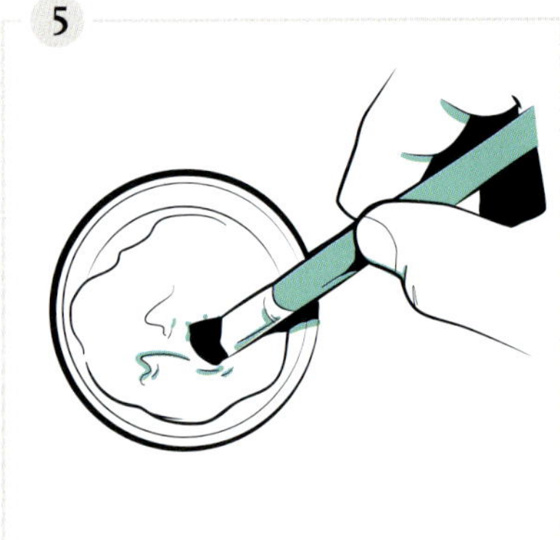

5. Wasser und Leim gründlich mit einem Pinsel verrühren.

6

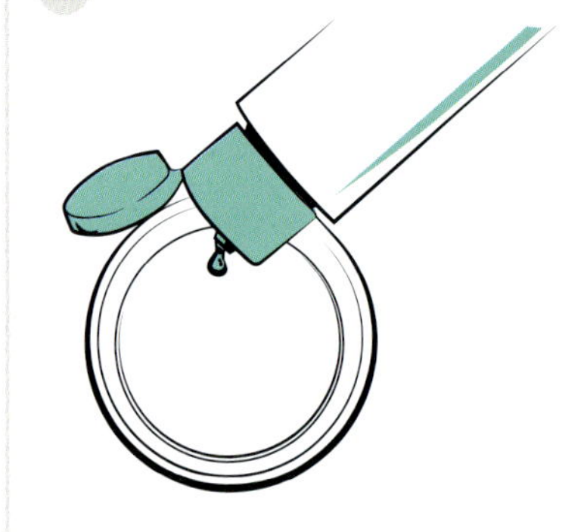

6. 2 Tropfen Farbe in die Leim-Wasser-Mischung geben.

7

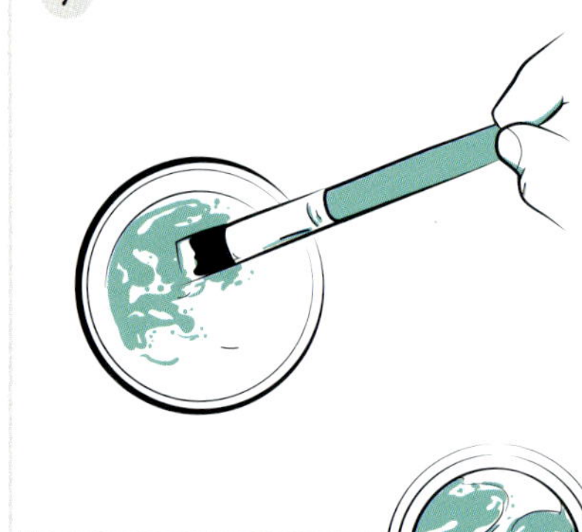

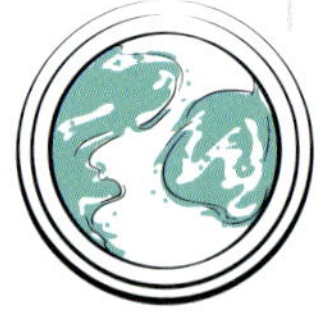

7. Nur leicht umrühren, der Leim soll noch zu erkennen sein.

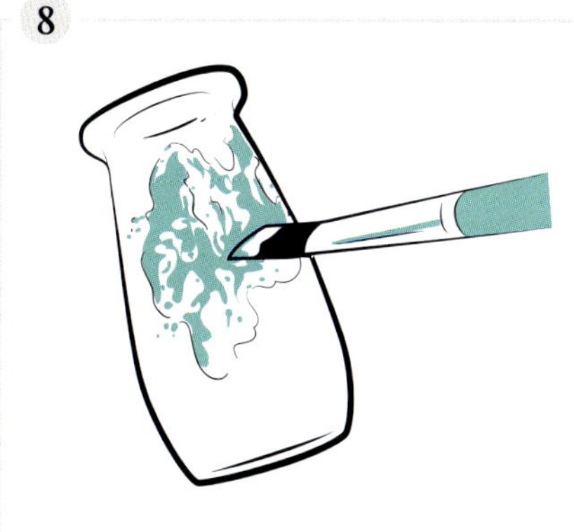

8. Den Pinsel in die Mischung tauchen und die Außenseite der Glasflasche sorgfältig, aber nicht zu gleichmäßig bestreichen.

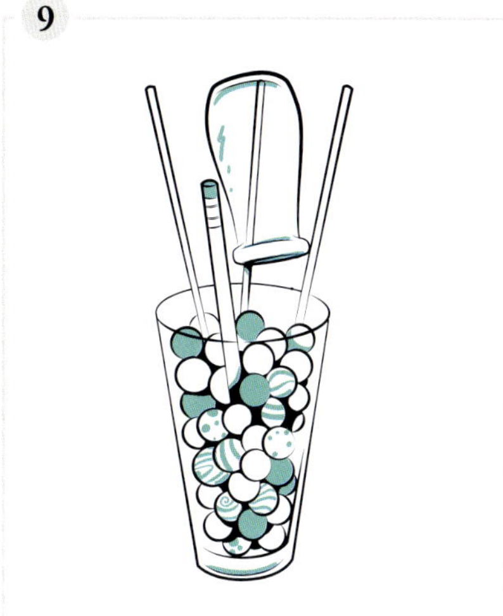

9. Die Flasche kopfüber auf einen der Stäbe im Trockenbehälter stecken oder zum Trocknen hinstellen. Wenn die Flasche auf dem Stab steckt, kann weitere Farbe aufgetragen werden. Wenn das Ergebnis gut aussieht, trocknen lassen. Den Mischbehälter verschließen oder mit Folie abdecken, damit die Mischung nicht eintrocknet.

TIPP: Kleine Flaschen zuerst kopfüber auf die Stäbe hängen und dann bemalen.

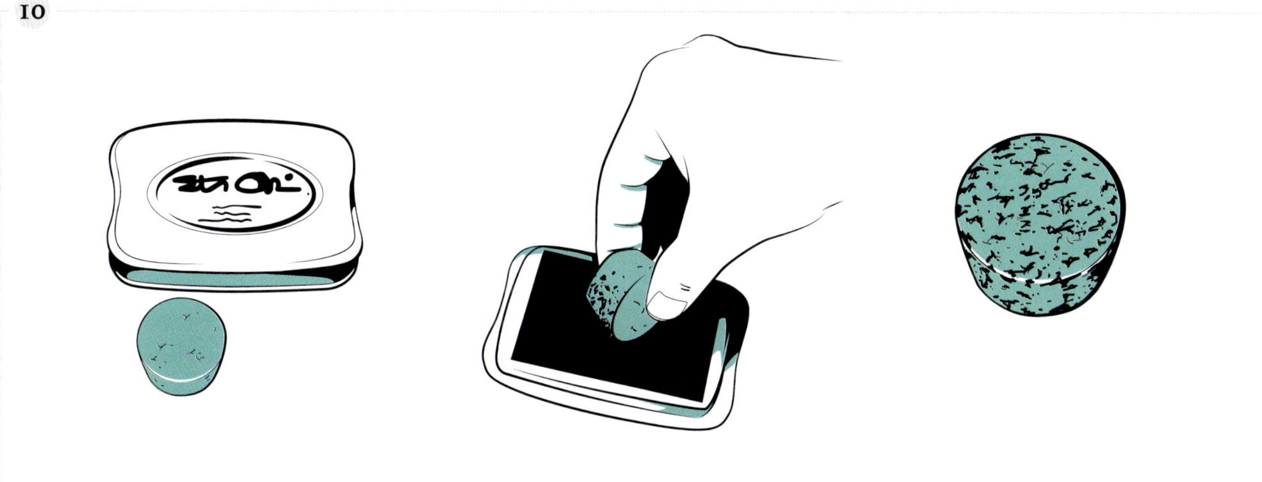

10. Den Verschlusskorken auf dem braunen Stempelkissen wälzen, damit er etwas Farbe annimmt. Er soll alt und verwittert aussehen. Trocknen lassen.

11. Wenn die Flasche und der Korken trocken sind, können sie wieder zusammengesetzt werden.

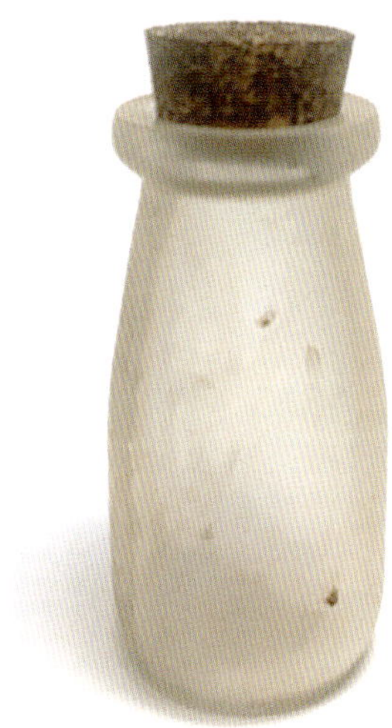

ZUSÄTZLICHE TEXTUREN

Es gibt verschiedene Techniken, um den Flaschen Textur zu verleihen. Hier einige Anregungen zum Ausprobieren:

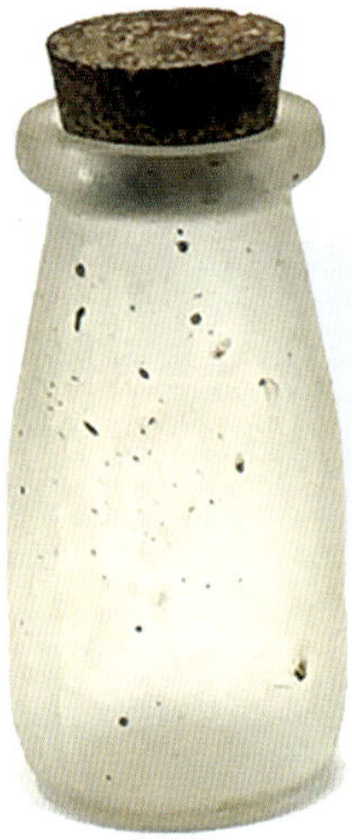

Sprenkeln: Eine alte Zahnbürste anfeuchten und einige Tropfen Acrylfarbe auf die Borsten geben. Mit dem Daumen über die Borsten streichen, um Farbflecken auf die Flasche zu spritzen. Die Umgebung großräumig mit alter Zeitung abdecken.

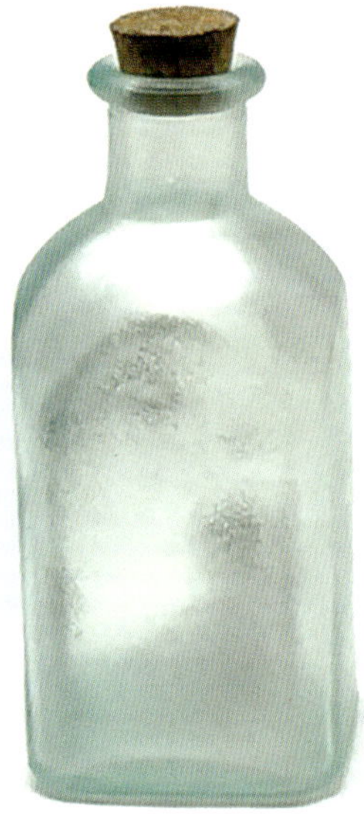

Stempeln: Mit einem Stempelkissen und einem Stempel oder Schwämmchen Flecken in Silber oder einer anderen Farbe auf die Flasche tupfen.

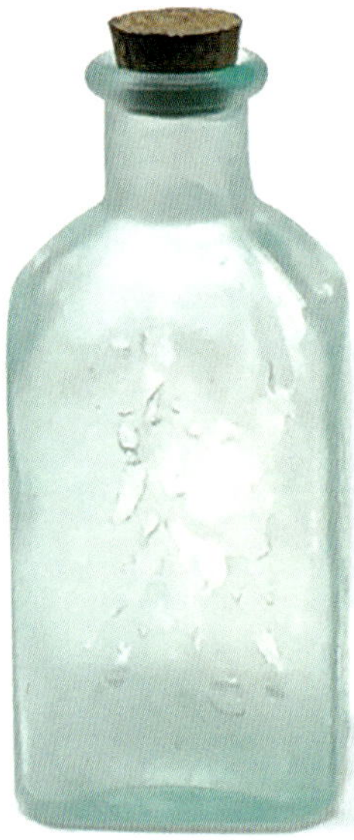

Schleifen: Einen Teil der Farb-Leim-Mischung mit feinkörnigem Schleifpapier wieder abschleifen.

Diese Technik eignet sich auch für andere Klarglasbehälter, die sich im Haushalt finden, z.B. Getränkeflaschen, Marmeladen- oder Gewürzgläser. Wichtig ist, dass sie vorab gründlich gesäubert werden. Schraubdeckel können mit Metallicacrylfarbe bemalt und mit silberner Stempelfarbe geheimnisvoll dekoriert werden.

Hinter den Kulissen

Gläser und Flaschen mit Zutaten für Zaubertränke, die am Set in den Harry-Potter-Filmen zu sehen waren, enthielten Ingwerwurzel, getrocknete Kräuter, Gummieidechsenschwänze und winzige Plastiktiere.

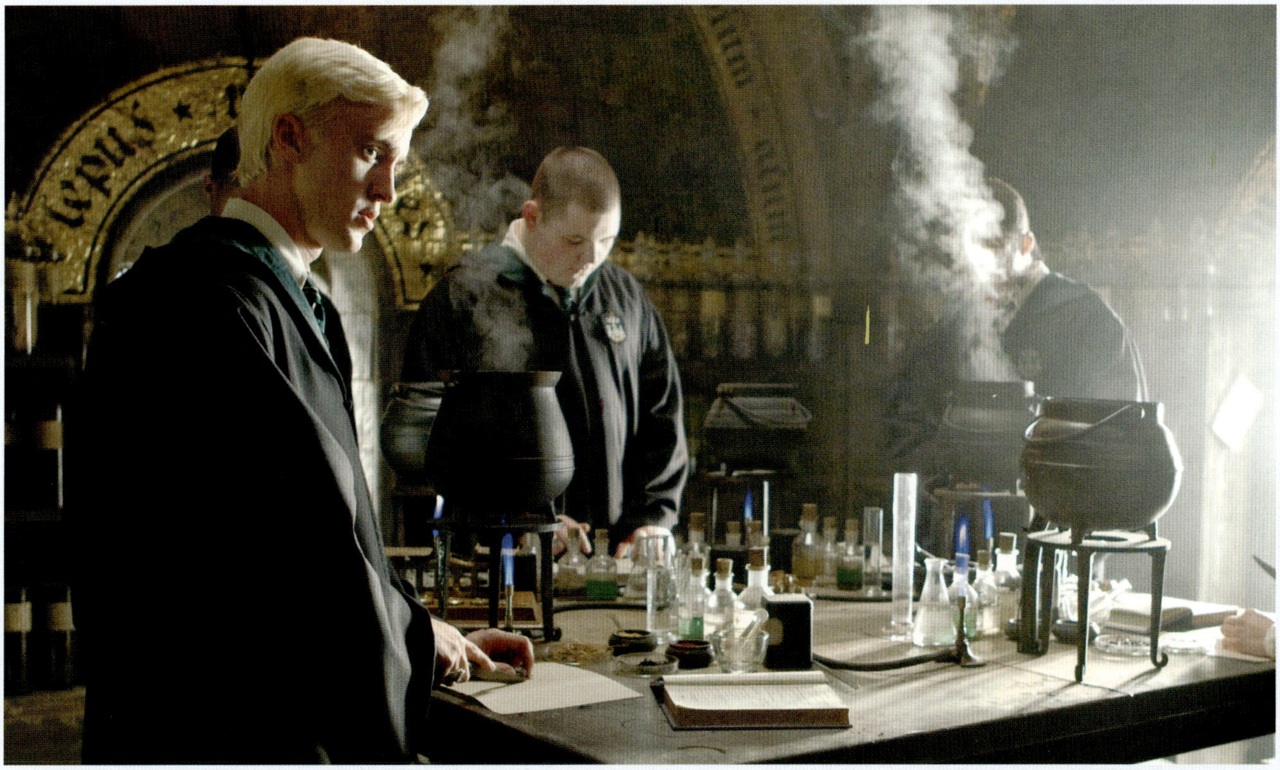

OBEN: Draco Malfoy (Tom Felton) und seine Slytherin-Mitschüler brauen in *Harry Potter und der Halbblutprinz* auf Geheiß von Professor Horace Slughorn den Trank der lebenden Toten.

„Die wenigen Auserwählten unter euch, die die entsprechende Veranlagung besitzen, die lehre ich in diesem Kurs, wie man den Kopf verhext und die Sinne auf eine Reise schickt, Glanz und Ansehen brodelnd zusammenbraut, wie man Ruhm auf Flaschen zieht und sogar wie man den Tod verkorkt."

Professor Snape in *Harry Potter und der Stein der Weisen*

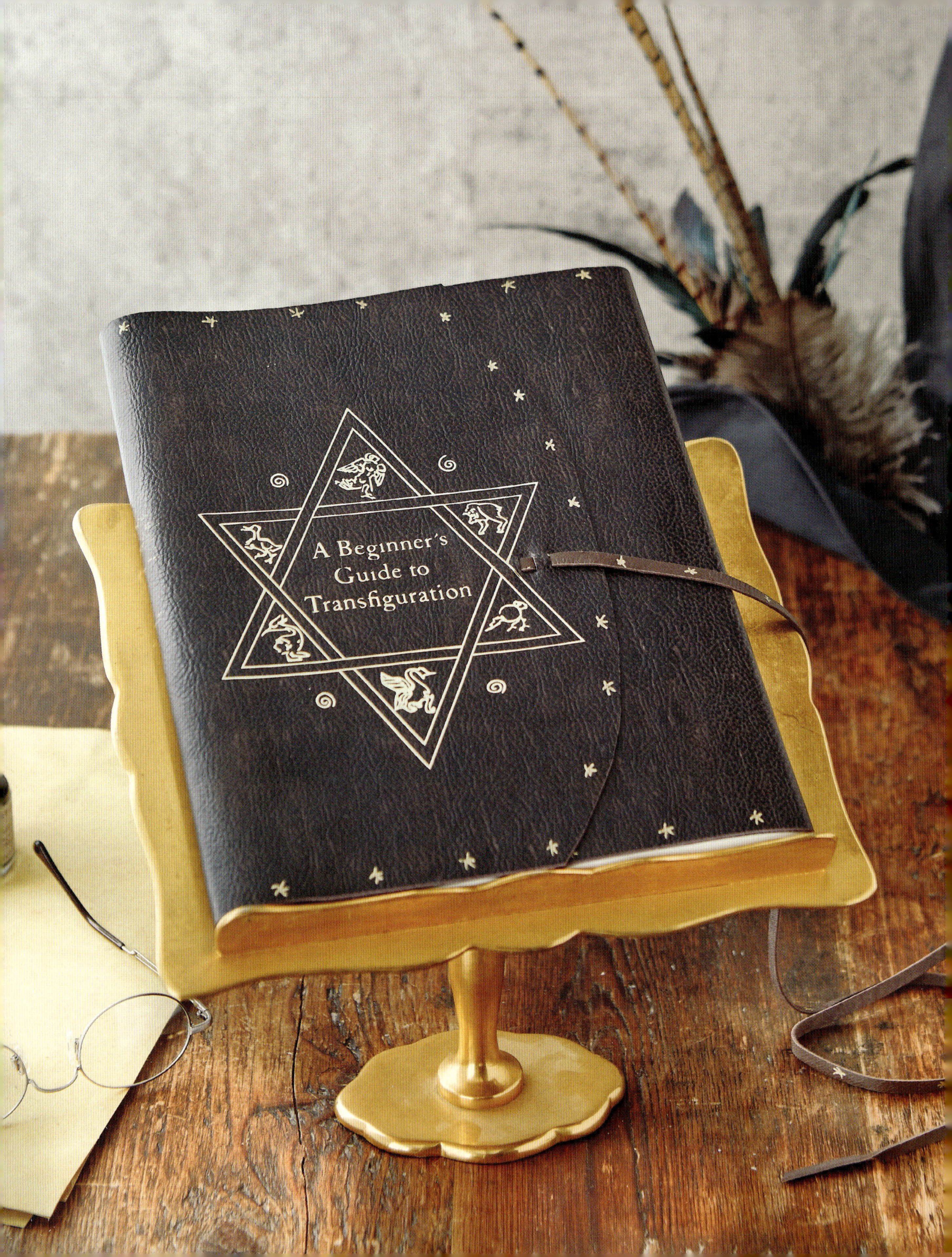
A Beginner's
Guide to
Transfiguration

Verwandlung: Lehrbuch Verwandlungen für Anfänger

Design: **HEATHER VAN DOORN**

SCHWIERIGKEITSGRAD ⚡⚡

Im Hauptfach Verwandlung lernen die Hogwartsschüler, ein Ding in ein anderes zu verwandeln, zum Beispiel einen Nashornvogel in einen Wasserkelch, einen Jungen in ein Frettchen und sogar einen Mann in einen Sessel (wie Professor Slughorn bezeugen kann). Erfahrene Hexen und Zauberer können sich selbst in ein Tier verwandeln. Wer diese Fähigkeit beherrscht, ist ein Animagus.

In *Harry Potter und der Stein der Weisen* kommen Harry und Ron zu spät zu ihrer ersten Stunde im Fach Verwandlung. Auf dem Lehrerpult sitzt eine grau getigerte Katze und neben ihr liegt das Lehrbuch „Verwandlungen für Anfänger" von Emeric Wendel. Harry und Ron haben ihre eigenen Exemplare mitgebracht. Plötzlich springt die Katze vom Schreibtisch und verwandelt sich in Professor McGonagall, die Verspätungen nicht schätzt.

Das Grafikteam unter Leitung von Miraphora Mina und Eduardo Lima fertigte für jeden Harry-Potter-Film von Hand Lehrbücher an, die auf den in den Romanen von J.K. Rowling festgelegten Lehrplänen basieren – für jeden Kurs je nach Anzahl der Schüler 25 bis 40 Exemplare. Für jedes Schulbuch, das von einer Hauptfigur benutzt wurde, wurden fünf bis acht Exemplare zusätzlich gefertigt, falls beim Dreh eins beschädigt wurde. Deine Aufgabe ist es, die hier genannten Materialien in ein magisches Lehrbuch zu verwandeln.

DU BRAUCHST

- Leeres Notizbuch (ca. 20 × 25 cm, 10–15 mm dick)
- Kunstleder (60 × 25 cm)
- Bleistift
- Lineal
- Schere (am besten eine Schneiderschere)
- Schmierpapier oder Pappe
- Sprühkleber (z.B. 3M Super 77)
- Kunstlederschnur oder -band (4,5 mm × 90 cm)
- Heißklebepistole mit Klebestiften
- Lackmalstift in Gold, extra dünn
- Elektronische Schneidemaschine, z.B. von cricut oder Silhouette
- Matte für Schneidemaschine
- Folie (Gold) für Schneidemaschine
- Alkoholtücher
- Werkzeuggrundausstattung für Schneidemaschine oder Pinzette und kleiner Schaber
- Transparentes Kontaktpapier oder Transferpapier
- Cutter

Wenn keine elektronische Schneidemaschine verwendet wird:

- Transparentpapier oder Transferfolie für Lederarbeiten
- Schwamm
- Stift

1. Das aufgeschlagene Notizbuch auf die Rückseite des Kunstleders legen. Mit einem Bleistift Striche entlang Ober- und Unterkante des Buchs und darüber hinaus zeichnen.

2. Einen senkrechten Strich entlang der linken Buchkante ziehen, einen weiteren in 15 cm Abstand zur rechten Buchkante. Die vier Striche mit einem Lineal nachzeichnen. Sie bilden ein Rechteck.

3. Das Kunstleder entlang der vorgezeichneten Linien ausschneiden, dabei die Ecken an der linken Seite leicht abrunden – wie abgebildet.

4. Der 15 cm breite linke Bereich mit den abgerundeten Ecken mit Pappe oder Schmierpapier abdecken. Die Rückseite des restlichen Kunstleders mit Sprühkleber benetzen.

5. Den hinteren Einband des Notizbuchs ebenfalls mit Kleber einsprühen und kurz antrocknen lassen.

6. Die Rückseite des Kunstleders kantenbündig auf den hinteren Einband des Notizbuchs legen und gut andrücken.

7. Die abgerundete Seite des Kunstleders ist immer noch abgedeckt. Den vorderen Einband des Notizbuchs mit Kleber einsprühen und kurz antrocknen lassen. Das Kunstleder akkurat auf den vorderen Einband des Notizbuchs kleben und gut andrücken. Die 15 cm breite, gerundete Klappe ist noch immer lose.

8. Die Schneidevorlage herunterladen (www.topp-kreativ.de/digibib – der Freischaltecode steht im Impressum) und das Motiv mit der elektronischen Schneidemaschine ausschneiden. Dazu werden die Schneidematte und die Goldfolie benötigt. „Alternative Methode“ für alle, die keine Schneidemaschine verwenden, siehe rechte Seite.

9. Die Vorderseite der abgerundeten Klappe mit einem Alkoholtuch abwischen, um eventuelle Fettrückstände zu entfernen. Das ist wichtig, damit die Folie später zuverlässig hält.

10. Vom Motiv alle negativen Bereiche entfernen (z.B. mit einer Pinzette oder dem zur Schneidemaschine gehörigen Werkzeug). Übrig bleibt nur, was übertragen werden soll.

11. Klares Kontakt- oder Transferpapier auf das Motiv legen, dann das Motiv vorsichtig vom Trägerpapier lösen.

1–2

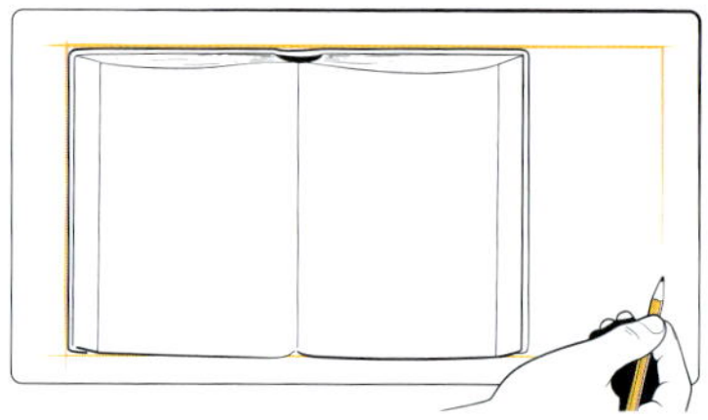

3

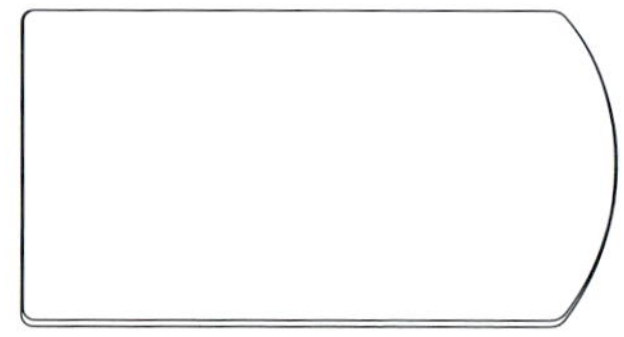

4

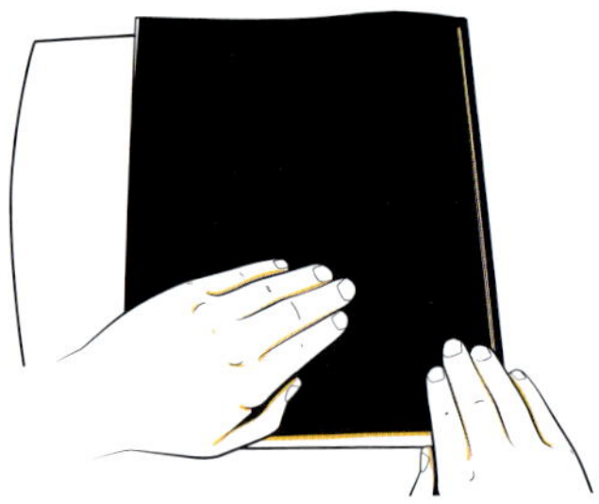

7

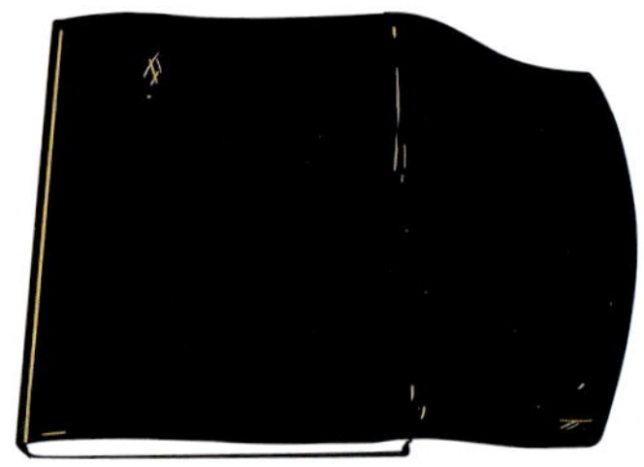

8

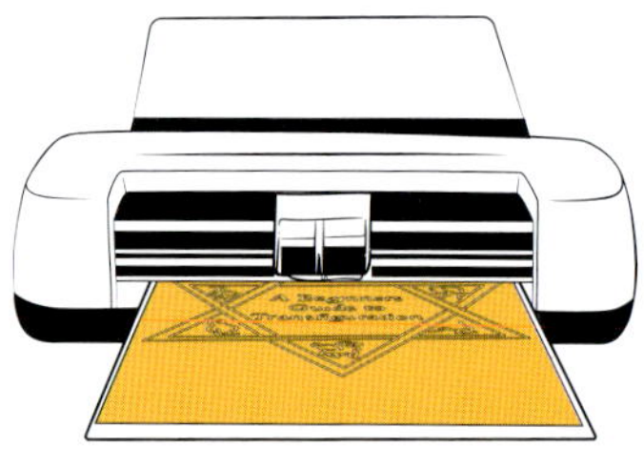

10

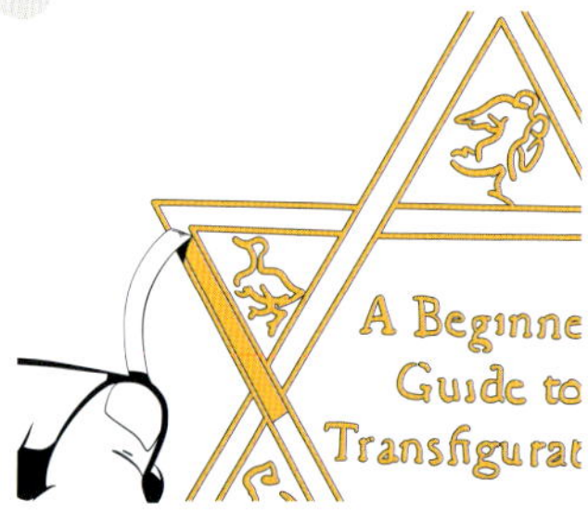

11

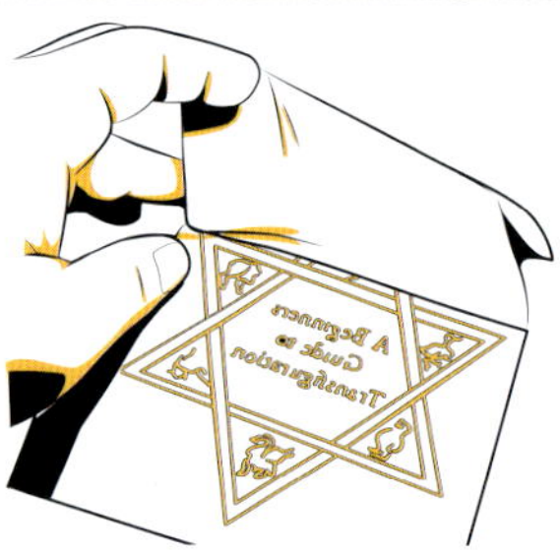

12

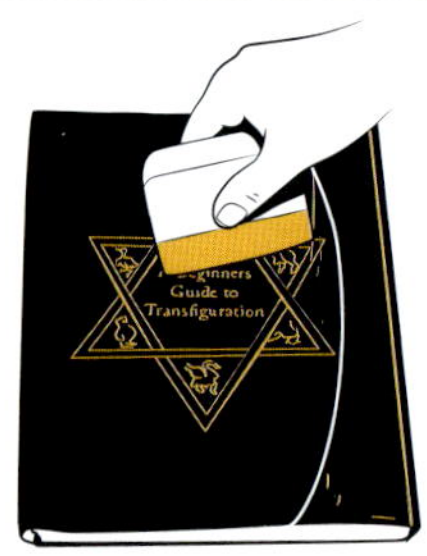

12. Das Motiv mittig auf der vorderen Klappe ausrichten und andrücken. Das Motiv mit einem Schaber oder Rakel von innen nach außen sorgfältig an das Kunstleder andrücken. Das Transfer- oder Kontaktpapier vorsichtig abziehen. Falls dabei versehentlich Teile des Motivs angehoben werden, können sie mit einem Cutter gelöst und wieder ans Kunstleder gedrückt werden.

13

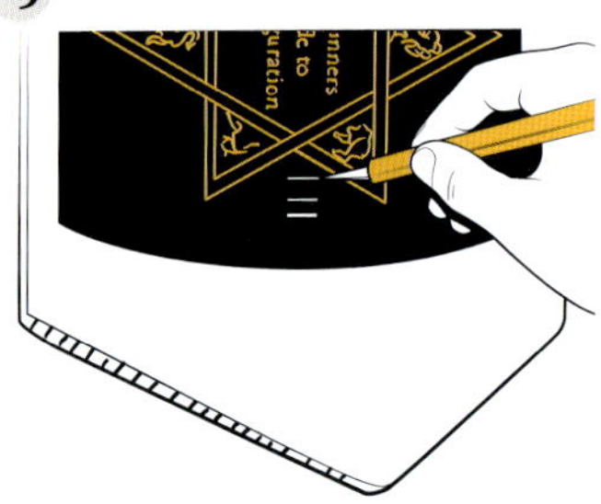

ALTERNATIVE METHODE

1. Die Vorlage (rechts) mit Bleistift auf Transparentpapier durchpausen.

2. Das Papier umdrehen und alle Striche nachzeichnen. Das ist wichtig, damit das Motiv später nicht seitenverkehrt erscheint. Bei der Verwendung von Transferpapier entfällt dieser Schritt.

3. Die Vorderseite der abgerundeten Klappe mit einem Schwamm leicht anfeuchten (nicht zu nass!).

4. Das Transparentpapier richtig herum auflegen (Schrift nicht seitenverkehrt) und alle Striche mit einem Stift auf das Kunstleder durchdrücken.

5. Das Motiv auf dem Kunstleder mit dem Goldstift nachzeichnen. Trocknen lassen. Dann geht es mit Schritt 13 der Hauptanleitung weiter.

13. Das Buch so drehen, dass die lose Klappe offen zu dir zeigt. Ein Stück feste Pappe unter die Klappe schieben.

14. Quer drei Schlitze (je 6 mm lang) schneiden: der erste in 1,6 cm Abstand zur Kante, der zweite in 2,2 cm Abstand zur Kante und der dritte in 3 cm Abstand zur Kante.

15. Das Ende des Kunstlederbands in den Schlitz schieben, der am weitesten von der Kante entfernt ist. Mit Heißkleber auf der Innenseite der Klappe befestigen.

16. Das Band durch die beiden anderen Schlitze fädeln, dann um das Buch wickeln, sodass es die Klappe festhält.

17. Mit dem Goldstift Sternchen auf das Band und am Rand des Buchumschlags entlang zeichnen.

Vorlage

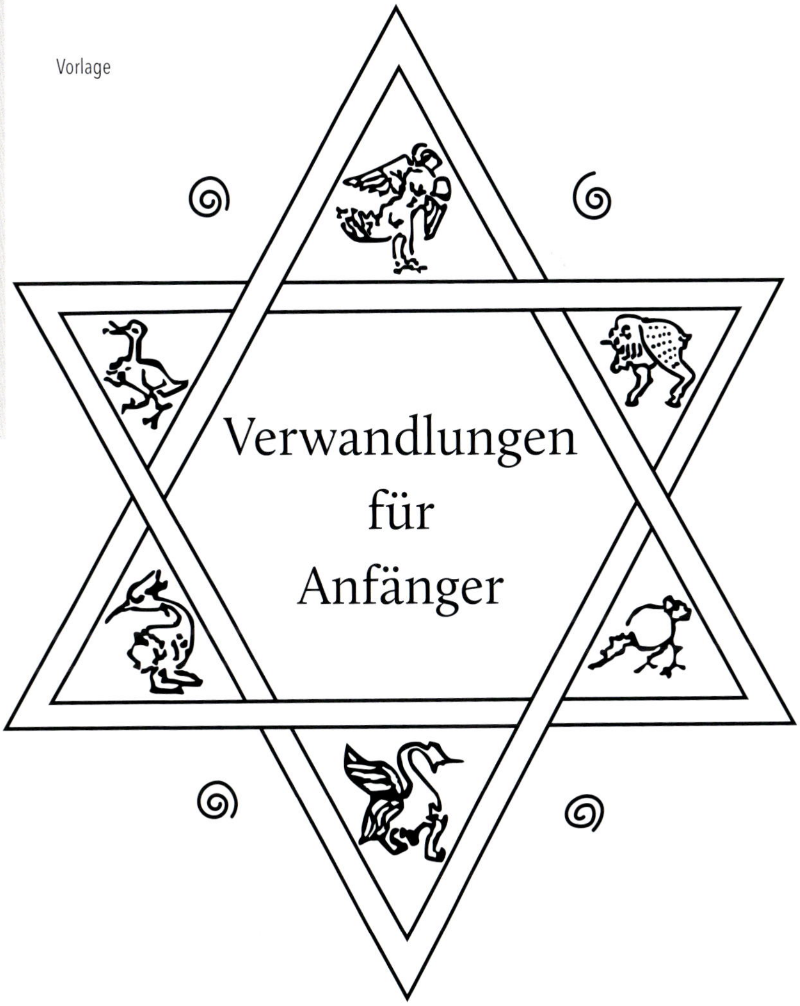

15

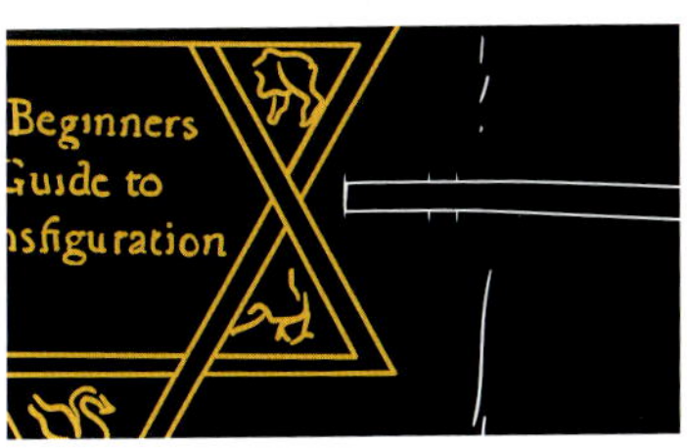

16

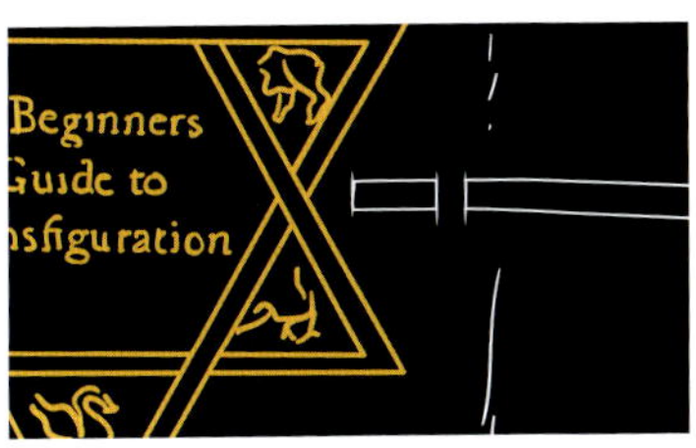

17

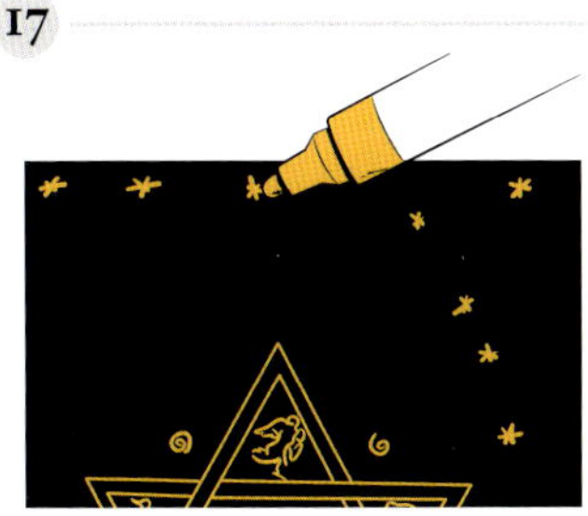

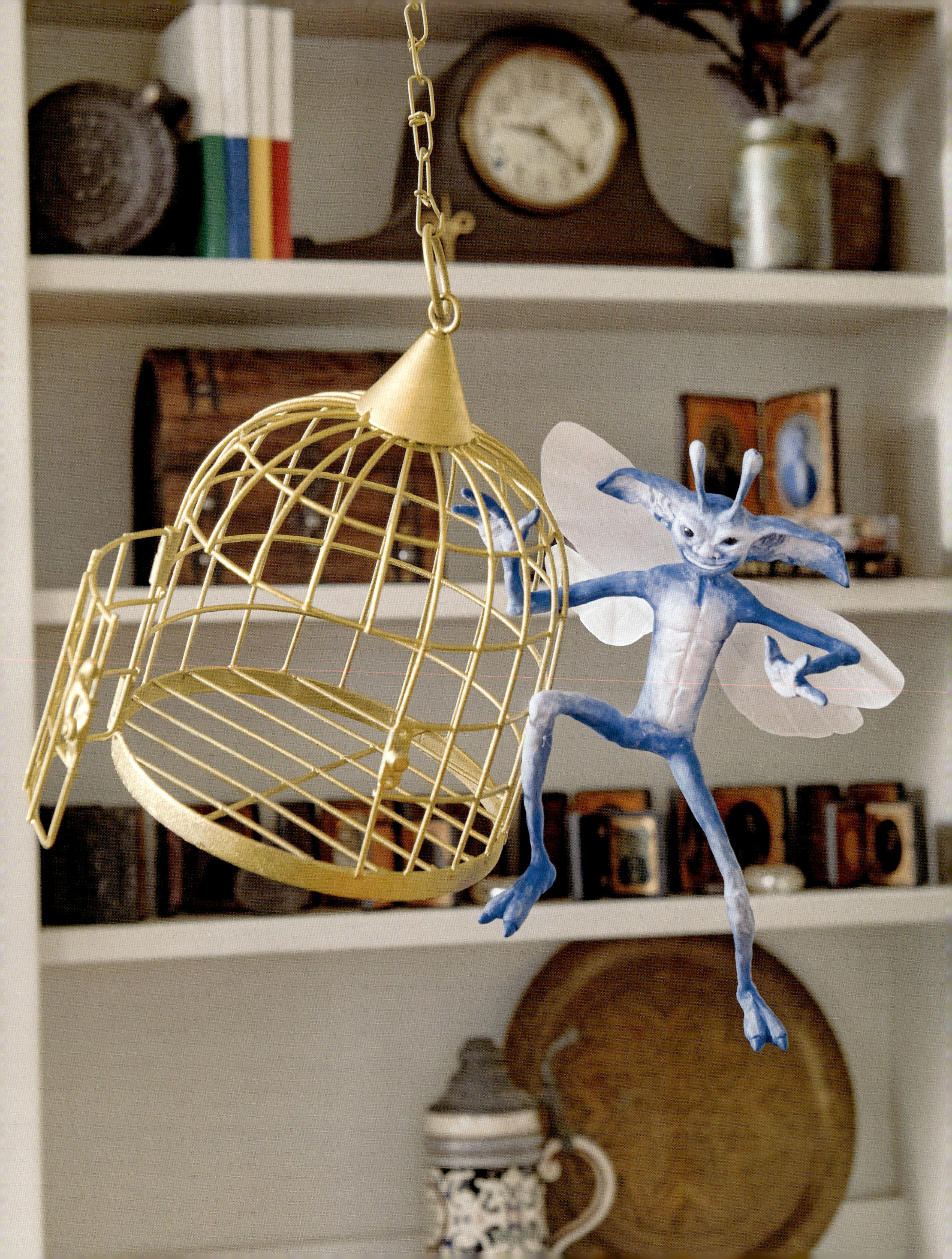

Verteidigung gegen die dunklen Künste:

Erstarrter Wichtel

Design: **HEATHER VAN DOORN**

SCHWIERIGKEITSGRAD ϟϟϟϟ

Als Gilderoy Lockhart in *Harry Potter und die Kammer des Schreckens* den Unterricht in Verteidigung gegen die dunklen Künste übernimmt, gilt er als erfahrener Kämpfer gegen Trolle, Vampire und Werwölfe und derlei Geziefer. Darüber kann jeder in seinen biografischen Abenteuern lesen. In der ersten Stunde warnt Lockhart seine Schüler davor, dass sie sich im Unterricht möglicherweise ihren schlimmsten Ängsten stellen müssten, aber er werde sie lehren, sich gegen die übelsten Kreaturen der Zaubererwelt zu behaupten. Das klingt übertrieben, bis er den Deckel einer Box mit lärmenden, kleinen, knallblauen Wichteln öffnet. Kaum sind sie frei, laufen die Wichtel im Klassenzimmer Amok, stoßen Bücher von den Regalen und reißen den Schülern an den Haaren. Ein Paar schleppt sogar Neville Longbottom an die Decke und hängt ihn am Skelett eines Drachens auf. Lockhart flüchtet aus dem Chaos, und Hermine stoppt die Zerstörung mit dem Erstarrungszauber *Immobilus!*

Die Figurenwerkstatt entwickelte ein maßstabsgetreues Modell eines Wichtels, das bemalt und per 3D-Scan digitalisiert wurde, um anschließend mehr als zwanzig Kreaturen zu animieren, die das Klassenzimmer verwüsten. Das Durcheinander, das die Wichtel anrichteten, wurde durch Ziehen an dünnen Drähten erreicht, die an den Requisiten befestigt waren, sodass sie umkippten oder durch den Raum flogen. Pass auf, dass dein Wichtel kein Chaos anrichtet!

DU BRAUCHST

- Alufolie
- Schere
- Fliegendraht
- Stecknadeln mit Kopf
- 2 Päckchen (à 57 g) Fimo® in Blau
- 2 schwarze Glasperlen, 6 mm
- Aludraht
- Modellierwerkzeuge
- Weichmacher für Kunststoffmodelliermasse, z.B. Sculpey Clay Softener
- Dünne Pinsel
- Ofenhandschuhe
- Kleber für Kunststoffmodelliermasse, z.B. Sculpey Bake & Bond
- Kleine Ringschrauben
- Vorlage für die Flügel (Seite 80)
- Vellum (Pergament)
- Kreppband
- Kleiner Käfig (Dekoartikel)
- Sprühfarbe in Gold
- Heißklebepistole mit Klebestiften
- Acrylfarbe in Weiß und Hellrosa
- Schminkschwämmchen
- Nylonschnur

DER KOPF

1

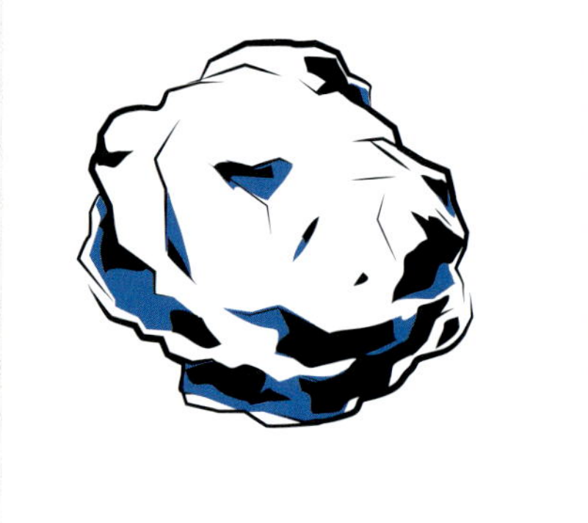

2–3

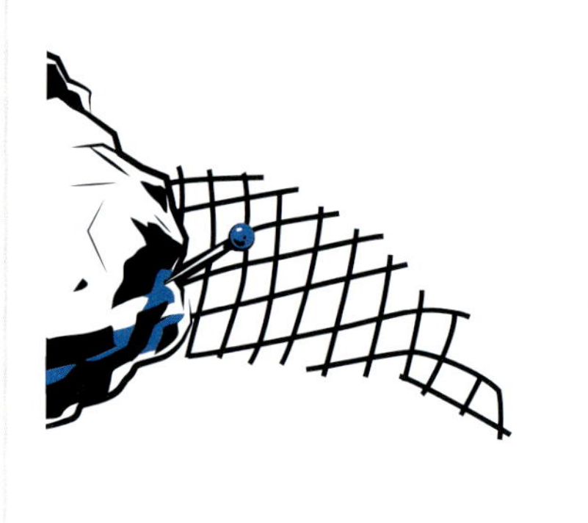

4–5

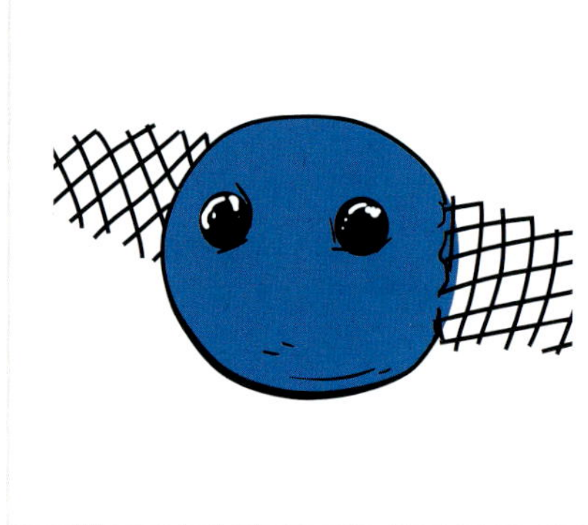

1. Alufolie zu einer festen Kugel mit 2,5 cm Durchmesser zusammenknüllen.

2. Aus Fliegendraht zwei spitze Dreiecke für die Ohren ausschneiden.

3. Die Ohren mit den Stecknadeln an beiden Seiten des Kopfs befestigen.

4. Die Folienkugel mit einer dünnen Schicht aus blauem Fimo® umhüllen.

5. Die beiden 6-mm-Perlen als Augen in den Kopf drücken.

6–7

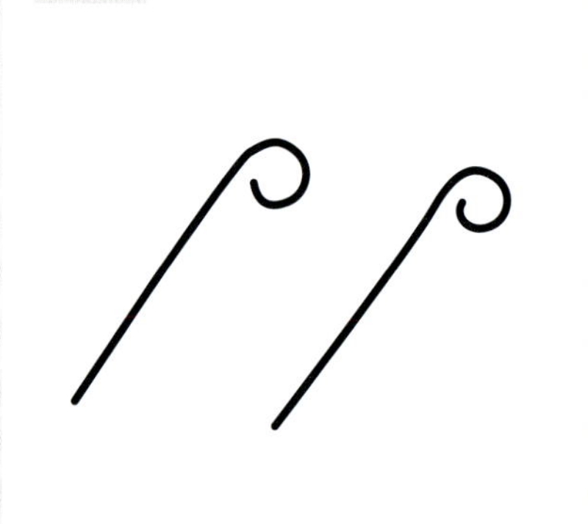

8–10

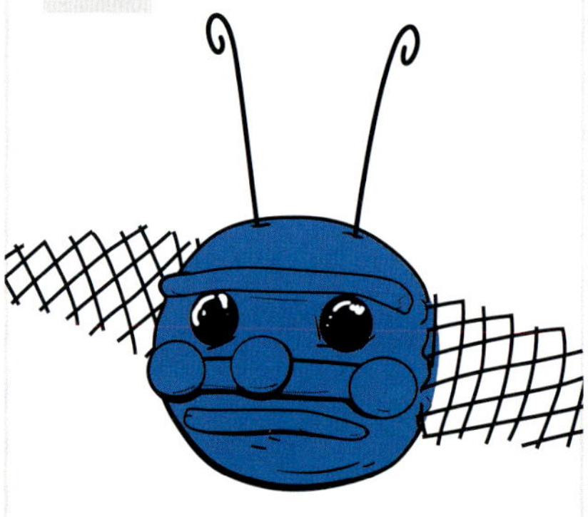

11–12

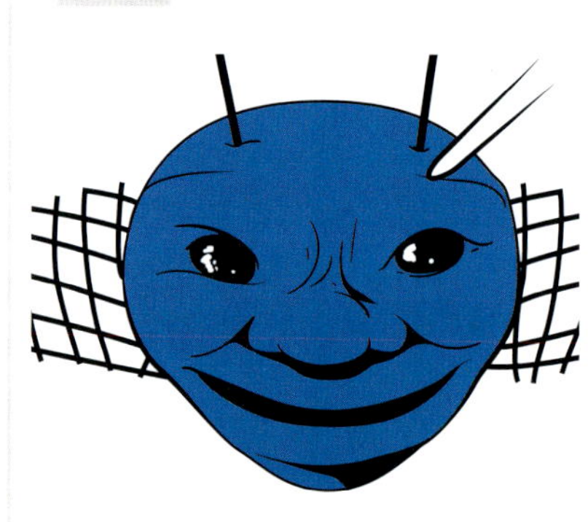

6. Zwei 2,5 cm lange Stücke Aludraht abschneiden und die Enden rund umbiegen.

7. Die geraden Enden der Drähte in den Kopf stecken. Daraus werden die Fühler.

8. Drei dünne Stränge Fimo® rollen.

9. Einen Strang oberhalb der Augen anbringen, einen unter den Augen und einen dritten als Unterlippe.

10. Drei kleine Kugeln für Nase und Wangen rollen und aufdrücken.

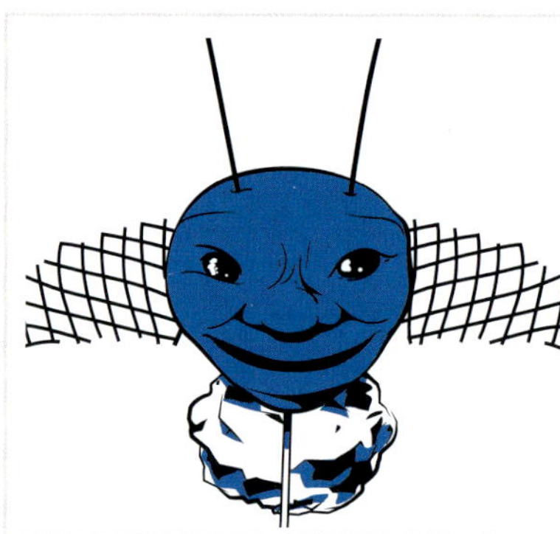

13

11. Mit Modellierwerkzeugen die Übergänge glätten und das Gesicht ausformen.

12. Wenn das Gesicht fertig modelliert ist, Fingerabdrücke mit Weichmacher und Pinsel entfernen.

13. Jetzt den Kopf härten. Damit sich das Gesicht nicht verformt, wird es zweimal gebacken. Etwas Aludraht unter den Kopf kleben, um ihn aufrecht zu halten. Einen lockeren Kranz aus Alufolie knüllen und auf das Backblech legen. Den Kopf zum Backen darauflegen, damit er im Ofen nicht flach wird.

14. Beim Backen bitte die Herstellerhinweise beachten.

15. Abkühlen lassen.

DIE OHREN

1

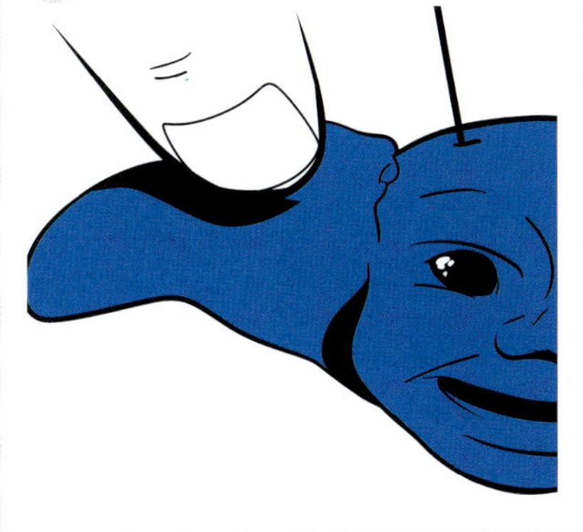

2

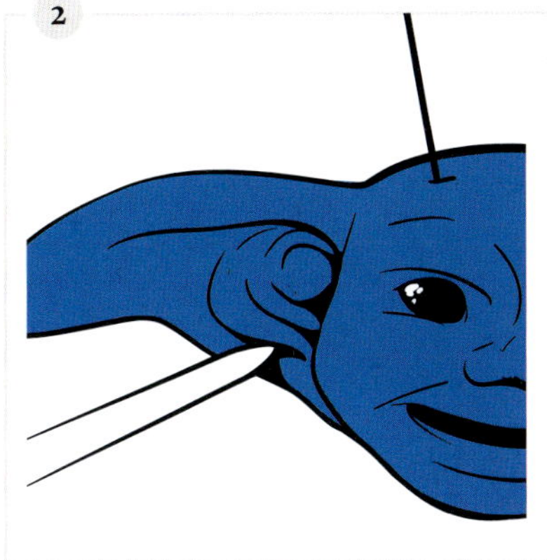

3–4

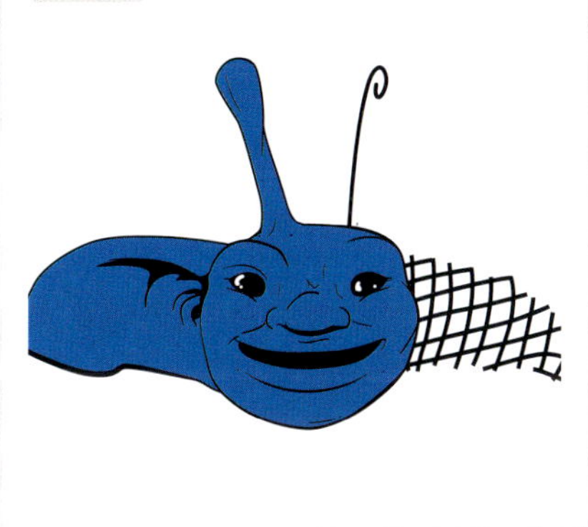

5

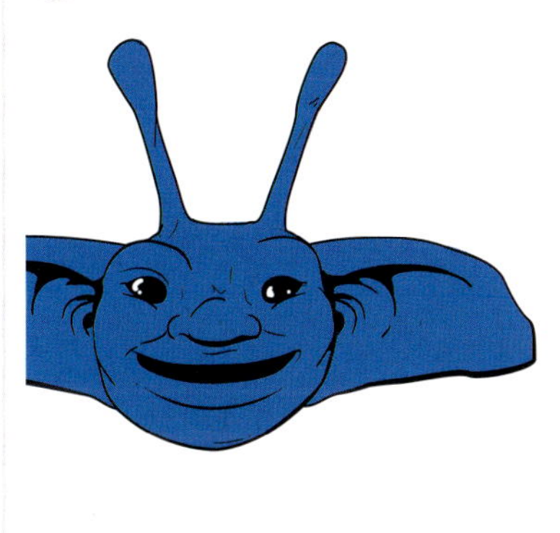

1. Am Ansatz eines Ohrs Spezialkleber auf den Kopf auftragen. Den Fliegendraht mit einer dünnen Schicht blauem Fimo® bedecken und den Übergang zum Kopf glätten.
2. Dünne Fimo®-Stränge rollen und am äußeren Rand der Ohren anbringen. Die Struktur des inneren Ohrs mit drei kürzeren, noch dünneren Strängen gestalten.
3. Die Übergänge glätten und das Ohr nach eigenen Vorstellungen weiter ausarbeiten.
4. Den Fühler neben dem gerade modellierten Ohr mit Fimo® umhüllen und nach Belieben ausformen.
5. Schritt 1–4 für das zweite Ohr und den zweiten Fühler wiederholen. Fingerabdrücke anschließend mit Weichmacher und Pinsel entfernen.
6. Den Kopf erneut wie in Schritt 13 backen. Dabei dürfen bereits gehärtete Teile das Backblech nicht berühren.
7. Abkühlen lassen und beiseitestellen.

DER KÖRPER

1–3

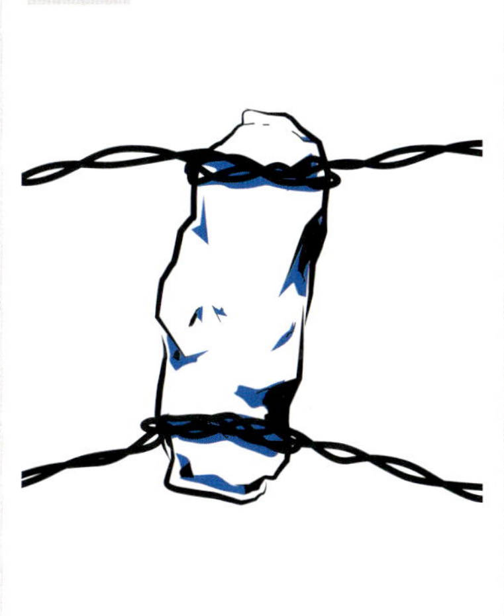

4–6

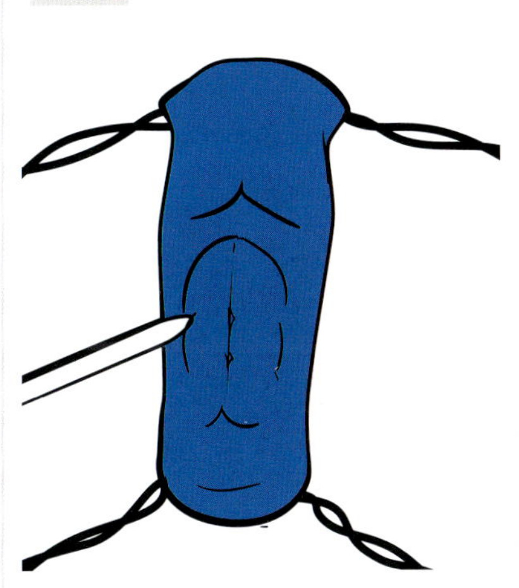

1. Ein größeres Stück Alufolie zusammenknüllen und länglich formen. An den Kopf halten, um die Proportionen zu prüfen.
2. Zwei gleich lange Stücke Aludraht miteinander verdrillen und um das obere Viertel der Folienform legen. Das werden die Arme des Wichtels.
3. Für die Beine Schritt 2 wiederholen.
4. Die Folienform mit einer dünnen Schicht blauem Fimo® umhüllen.
5. Kleine Kugeln rollen und als Muskelpakete an Vorder- und Rückseite drücken.
6. Mit den Modellierwerkzeugen den Körper des Wichtels ausformen. Dabei kannst du dich an den Abbildungen orientieren.

7–11

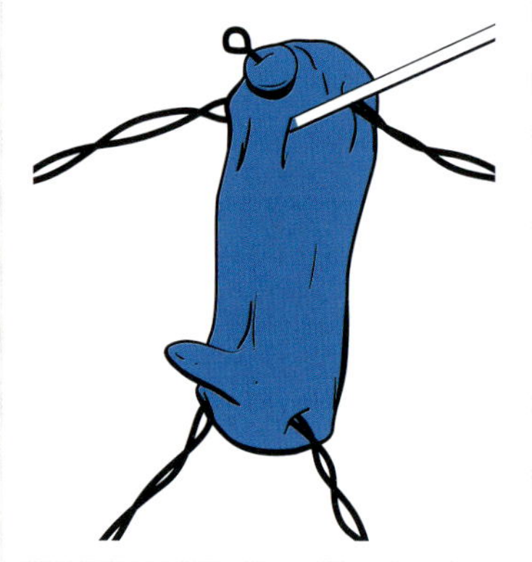

12–13

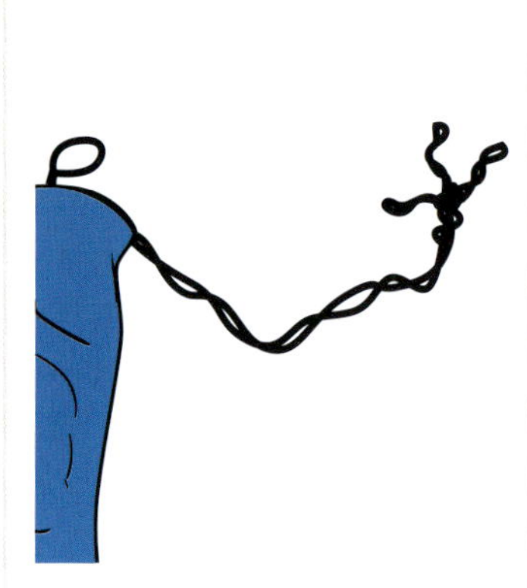

14–17

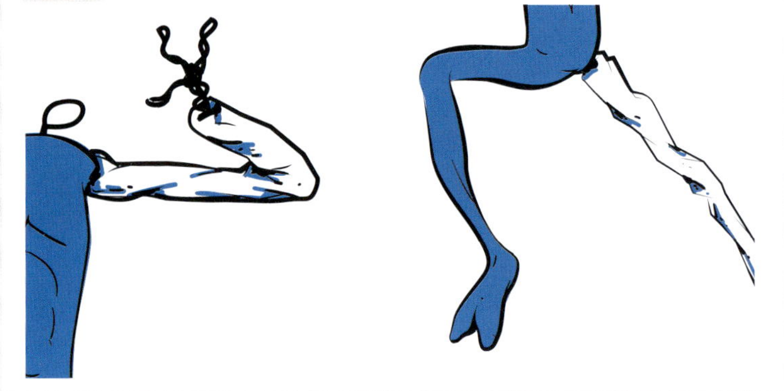

7. Für den Schwanz ein Stück Draht in den Rumpf stecken, mit Fimo® umhüllen und ausformen.
8. Wenn der Wichtel später aufgehängt werden soll, jetzt eine Ringschraube (oder eine kleine Drahtschlaufe) in den oberen Rücken stecken.
9. In den oberen Rücken Schlitze zum Befestigen der Flügel ritzen.
10. Fingerabdrücke mit Weichmacher entfernen.
11. Den Rumpf gemäß Packungsanweisung backen und abkühlen lassen.
12. Die Drähte für die Arme und Beine in die gewünschten Stellungen biegen.
13. Aus kürzeren Drahtstücken Rohlinge für die Hände biegen: Die Hände haben zwei Finger und einen Daumen. Das „Handgelenk“ relativ lang lassen und durch Verdrehen am Arm befestigen.
14. Die Arme mit Alufolie umwickeln, um sie voluminöser zu machen.
15. Nun Arme und Hände mit Fimo® umhüllen und nach Belieben ausmodellieren. Spezialkleber am Körper auftragen, um die Arme zu befestigen.
16. Im Backofen härten und abkühlen lassen.
17. Schritt 12–16 für die Beine wiederholen. Die Füße haben jedoch nur zwei Zehen.

DIE FLÜGEL

1. Vellum auf die Flügelvorlagen (rechts) legen und mit Kreppband fixieren, damit es nicht verrutscht.
2. Mit einem Stift oder Modellierwerkzeug mit leichtem Druck alle Linien der Vorlage durchdrücken. Sie zeichnen sich im Vellum ab.
3. Kreppband entfernen, die Flügel ausschneiden und beiseitelegen.

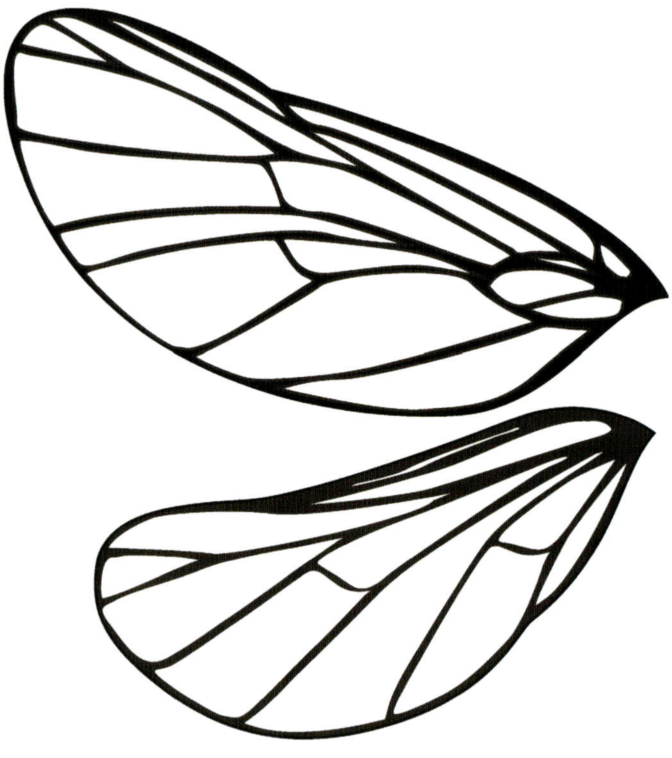

BEMALEN UND ZUSAMMENSETZEN

I

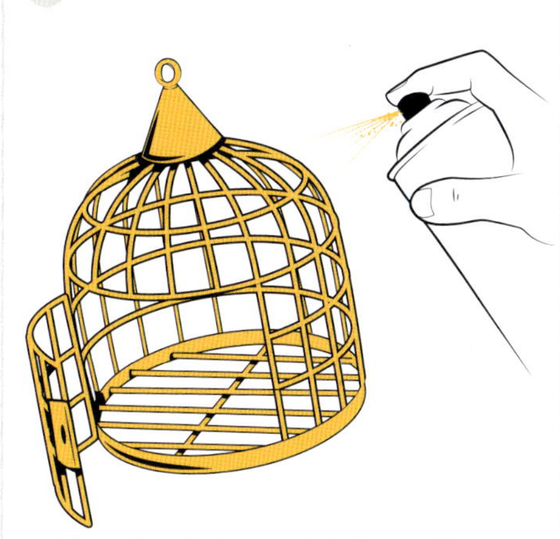

2

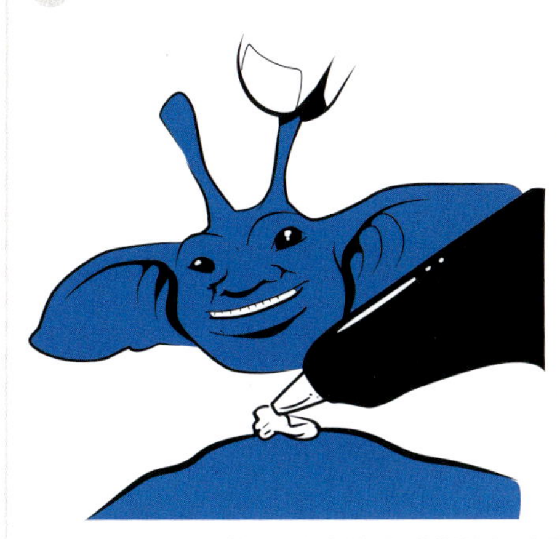

1. Den Käfig mit Goldfarbe einsprühen und trocknen lassen.
2. Kopf und Körper mit Heißkleber zusammenfügen.

3–5

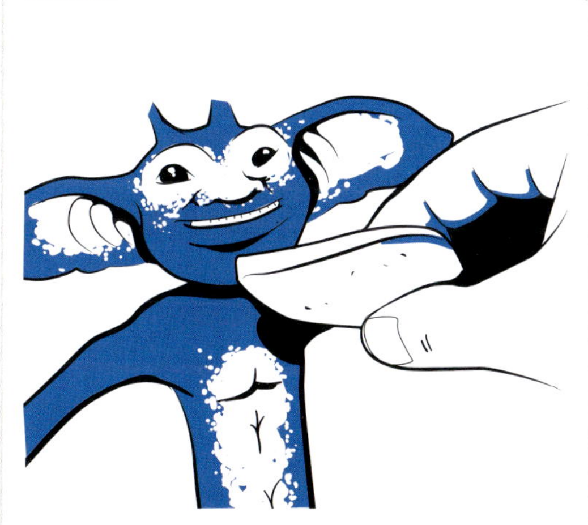

6

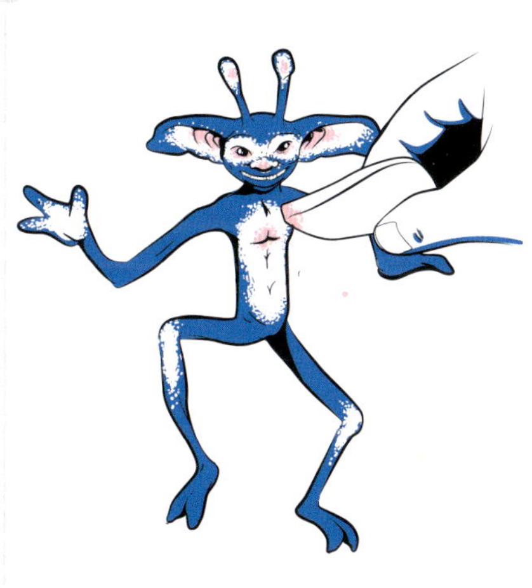

3. Die weiße Farbe mit etwas Wasser verdünnen und mit einem Pinsel auf den Körper tupfen.
4. An den Rändern die weißen Farbflächen mit einem Schminkschwämmchen abtupfen, um sie etwas aufzuhellen.
5. Langsam weitere Farbschichten auftragen und trocknen lassen, bis das Ergebnis überzeugend aussieht.
6. Zuletzt etwas rosa Farbe auftupfen.

7

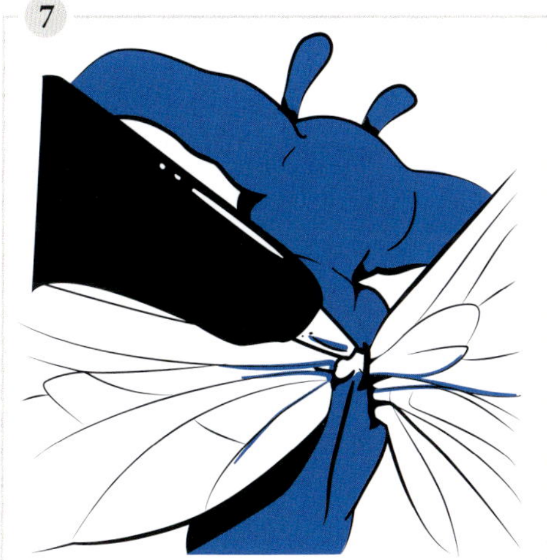

8

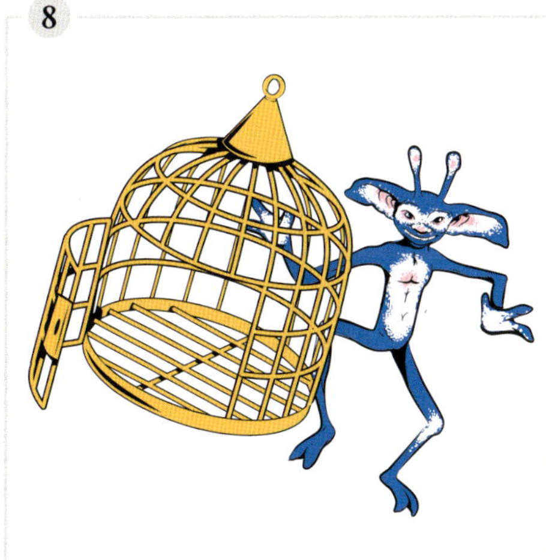

7. Die Flügel in die Schlitze stecken und mit kleinen Tupfen Heißkleber befestigen.
8. Den Wichtel außen an den Käfig hängen und bei Bedarf zusätzlich mit Heißkleber oder Nylonschnur befestigen. Er kann alternativ mithilfe der Ringschraube oder einer Drahtschlaufe unter den Käfigboden gehängt werden.

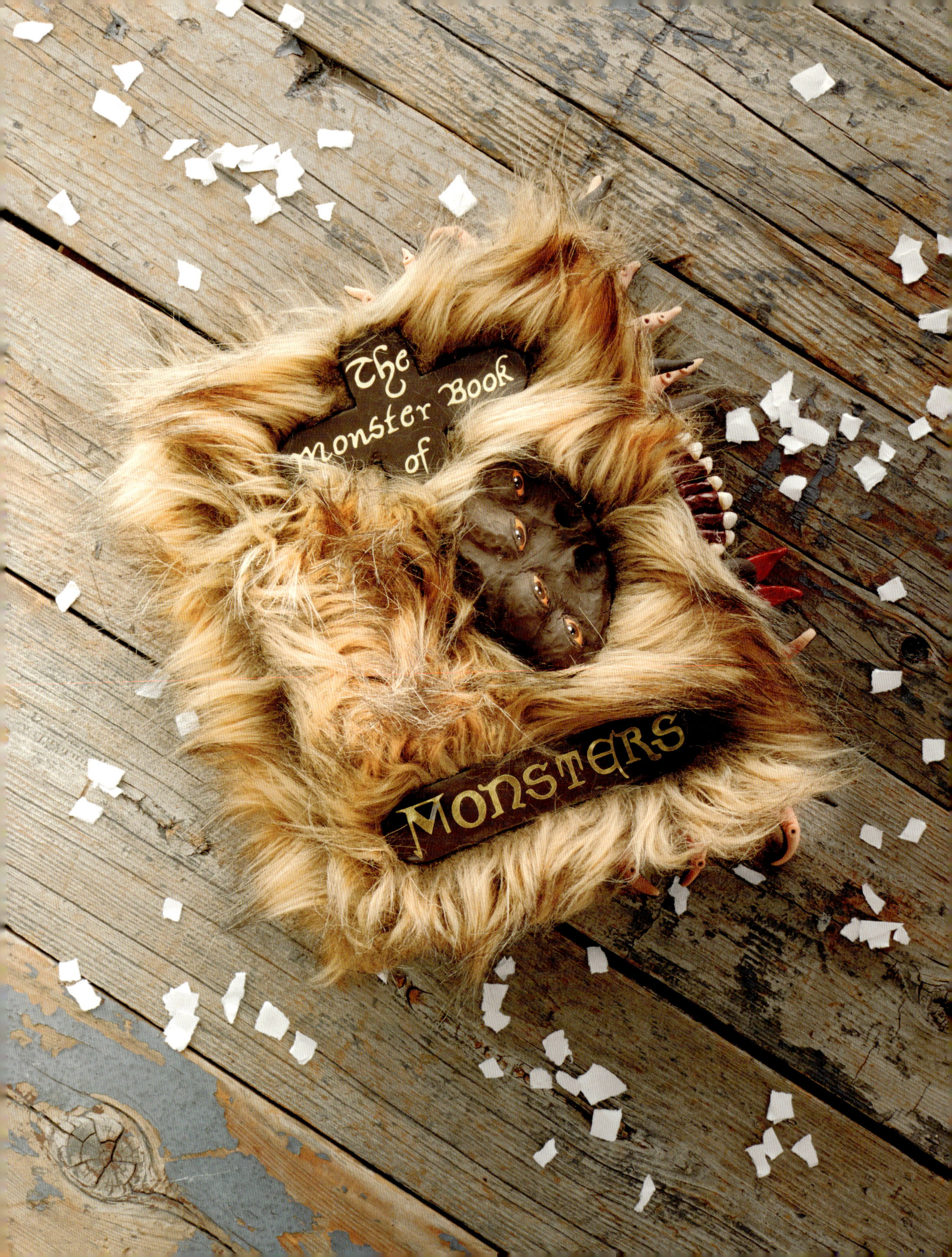
The Monster Book of
MONSTERS

Pflege magischer Geschöpfe: Das Monsterbuch der Monster

Design: **HEATHER VAN DOORN**

SCHWIERIGKEITSGRAD ϟϟϟϟϟ

Als Rubeus Hagrid in *Harry Potter und der Gefangene von Askaban* Lehrer für die Pflege magischer Geschöpfe wird, empfiehlt er seinen Schülern das „Monsterbuch der Monster", denn es könnte glatt eine der Kreaturen sein, um die es in seinem Unterricht geht. Als Harry das Buch im Tropfenden Kessel aufschlägt, fängt es sofort an zu knurren, zu beißen, Harry anzugreifen und dabei sogar eine Seite zu zerfetzen. Harry kann das Buch nur zur Ruhe bringen, indem er sich daraufstellt. In der ersten Unterrichtsstunde erklärt Hagrid den Schülern, dass sie den Buchrücken streicheln müssen, um das Buch lesen zu können. Ach so!

Die Designerin Miraphora Mina hat mit verschiedenen Varianten des Buchs experimentiert. Es gab eine Version mit Krallenfüßen und Schwanz und eine andere mit Stacheln auf dem Buchrücken – nicht so angenehm zum Streicheln! Die finale Version hatte vier Augen, zottiges Kunstfell, Tentakel und Zähne, die das Buch verschlossen hielten. Das rote Lesebändchen fungierte gleichzeitig als Zunge. Der „Autor" des Buches, Edwardus Lima, ist eine Anspielung auf den Namen von Minas Grafikerkollegen Eduardo Lima. Deinem Monsterbuch kannst du getrost private Sachen anvertrauen. Das knurrende Maul und die scharfen Augen werden gut darauf aufpassen.

DU BRAUCHST

- Holzkasten in Buchoptik, unbehandelt (25 × 20 × 7 cm)
- Acrylfarbe in Pink, Dunkelbraun, Gelborange, Terrakotta, Schwarz, Hellgrau, Rohweiß und Elfenbein
- Pinsel (dünn und mittel)
- Lineal
- Stopfnadel mit Spitze
- Schleifpapier
- Je 2 Päckchen (à 57 g) Fimo® in Grau, Mittelbraun und Rehbraun
- Je 1 Päckchen Fimo® in Rot, Gelb und Weiß
- Ofenhandschuhe
- Modellierwerkzeuge
- Aluminiumdraht
- Fliegendraht
- Seitenschneider (oder Nagelknipser)
- Glanzmedium
- Klebstoff (z.B. E6000)
- Découpagekleber, matt
- Elektronische Schneidemaschine
- Vorlage für die Schneidemaschine (www.topp-kreativ.de/digibib – der Freischaltecode steht im Impressum)
- Matte für Schneidemaschine
- Klebefolie (Gold) für Schneidemaschine
- Werkzeugset für Schneidemaschine
- Kontaktpapier oder Transferpapier
- Schneiderschere
- Kunstpelz
- Permanentmarker in Schwarz
- Kreppband
- Sprühkleber (z.B. 3M Super 77)
- Heißklebepistole und Klebestifte

Wenn keine Schneidemaschine verwendet wird:

- Transparentpapier
- Bleistift
- Vorlage für den vorderen Einband (Seite 90)
- Lackmalstift in Gold

1

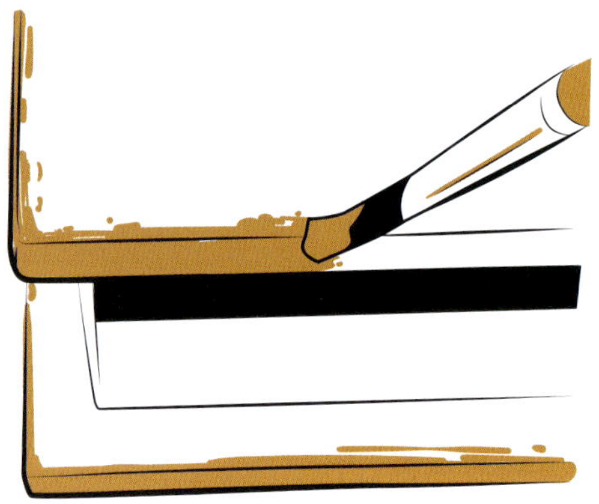

2–7

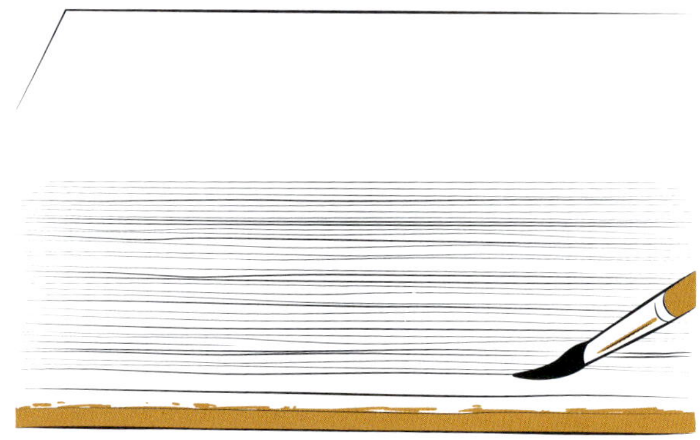

1. Die Kanten der Schachtel dunkelbraun bemalen.

2. Die Seiten der Schachtel (= die „Buchseiten“) mit Rohweiß und Elfenbein bemalen.

3. Mit Lineal und Nadel feine Linien für die „Buchseiten“ auf die Seiten der Schachtel ziehen.

4. Mit der Nadel weitere Linien aus freier Hand ziehen – nicht ganz gerade, damit der Buchblock zerlesen aussieht.

5. Mit einem dünnen Pinsel und gelber und brauner Farbe über die mit der Nadel gezogenen Rillen malen.

6. Etwas dunkelbraune und gelbe Farbe mischen und mit viel Wasser verdünnen. Mit dieser Lasur die Seiten der Schachtel überziehen, um den Antikeffekt zu verstärken.

7. Knapp unterhalb der Mitte einer Längsseite der Schachtel eine kleine Ellipse (ca. 25 × 6 mm) mit spitz zulaufenden Enden herausschneiden. Das geht am besten mit einem Cutter. Die Schachtel beiseitelegen.

GESICHT UND AUGEN

1–2

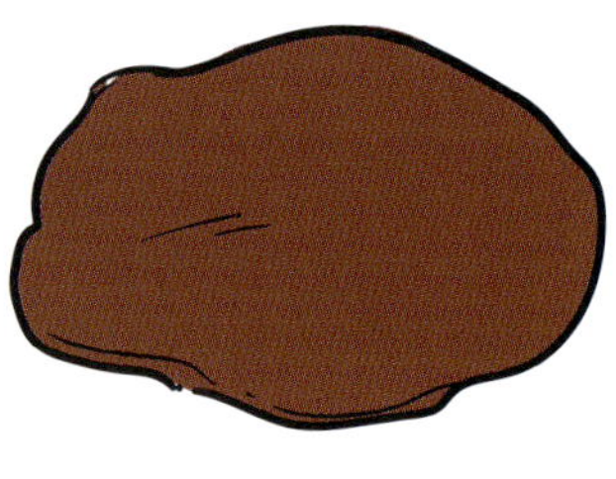

3

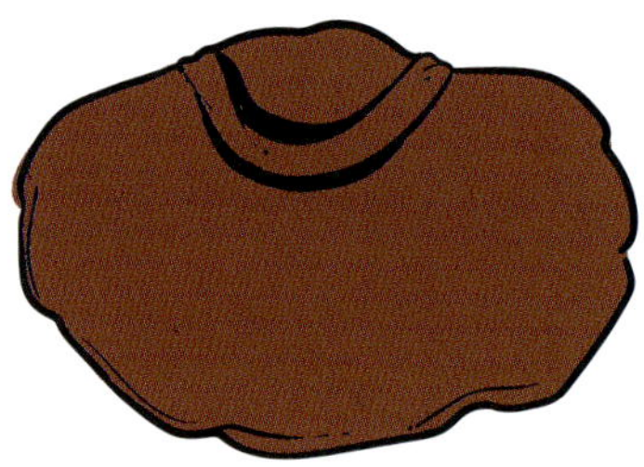

4

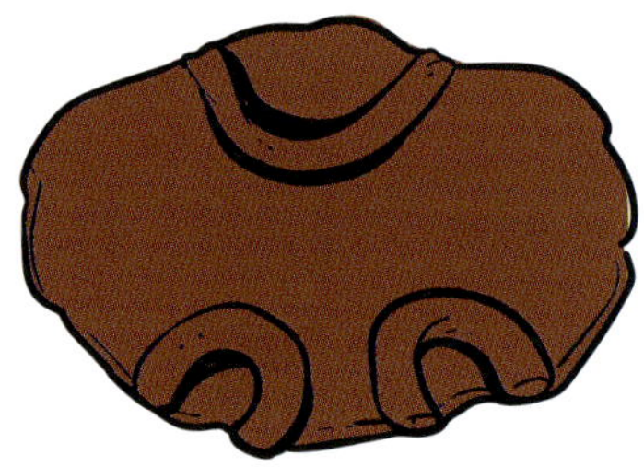

1. Gleiche Mengen Fimo® in Grau und Mittelbraun mischen, um einen graubraunen Farbton zu erhalten.

2. Aus der graubraunen Mischung eine ovale Scheibe für das Gesicht formen (ca. 10 × 6 cm).

3. Aus der graubraunen Mischung einen dünnen Strang rollen und für die Augenbrauen im Bogen auf dem Gesicht befestigen.

4. Zwei weitere dünne Stränge rollen, zu Bögen biegen und für die Nasenlöcher auf den unteren Teil des Gesichts setzen.

5–6

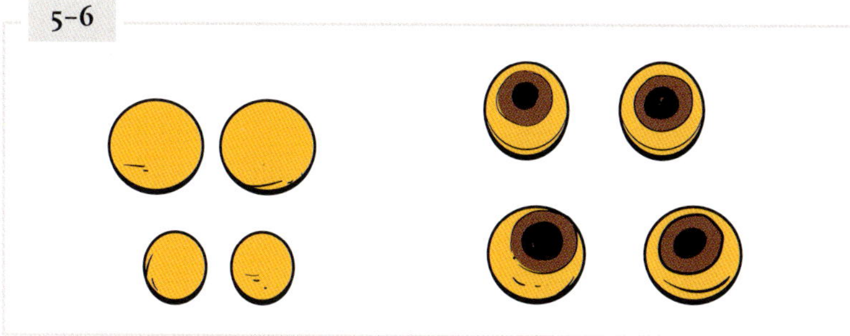

5. Aus gelbem Fimo® vier Kugeln für die Augen rollen – zwei größere für die inneren und zwei kleinere für die äußeren Augen.

6. Auf jede Kugel zuerst einen braunen Kreis für die Iris malen. Nach dem Trocknen darauf die schwarzen Pupillen malen. Ebenfalls trocknen lassen.

7. Die beiden größeren Augen in der Mitte des Gesichts platzieren, die kleineren Augen seitlich davon.

7–8

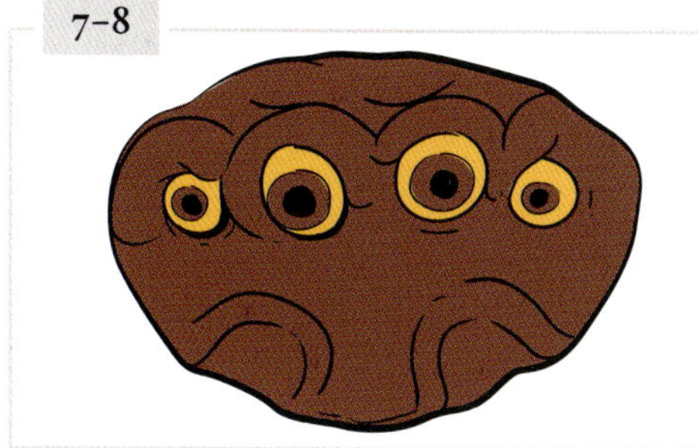

8. Vier kurze Stränge aus der graubraunen Mischung formen, leicht biegen und über den Augen anbringen.

9

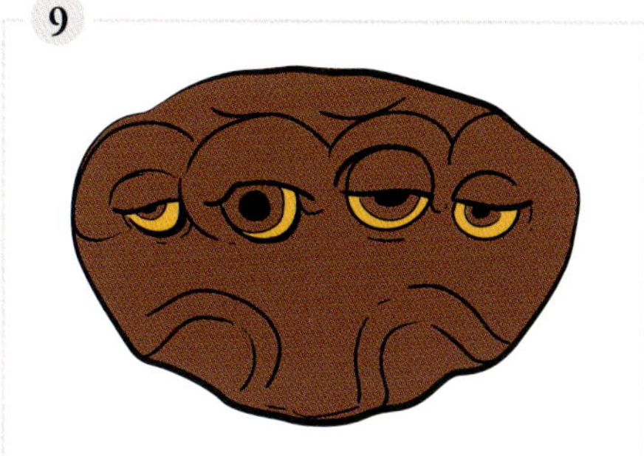

9. Vier dünne Ovale für die Augenlider ausrollen und so auflegen, dass sie sowohl den Augapfel als auch den Wulst über jedem Auge teilweise überlappen. Die Übergänge glätten und die Augenpartie nach Wunsch ausformen.

11–12

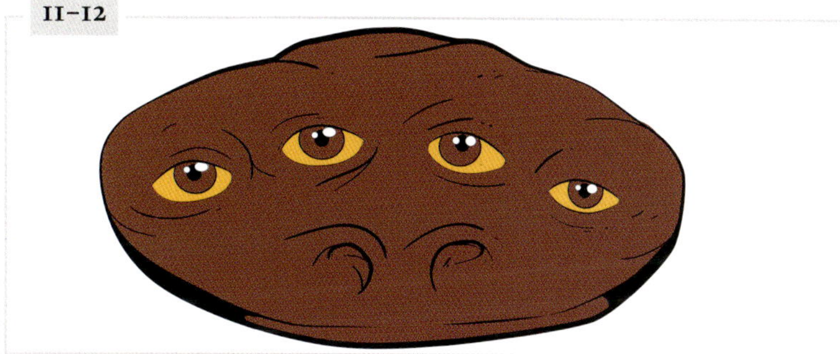

10. Das Gesicht auf ein Backblech legen und gemäß Packungsanweisung im Backofen härten. Abkühlen lassen.

11. Nach dem Abkühlen mit weißer Farbe Lichtreflexe in die Augen malen.

12. Mit dunkelbrauner Farbe Schatten im Gesicht andeuten. Zum Trocknen beiseitelegen.

DAS MAUL

1–2

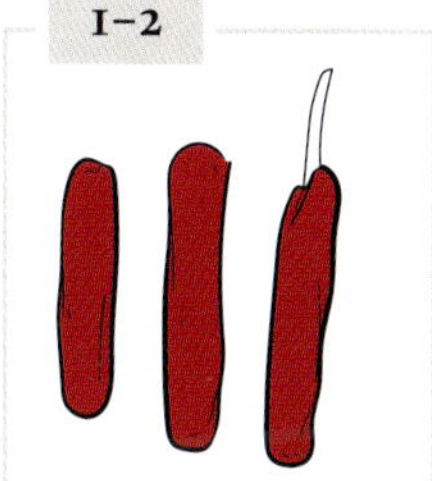

3

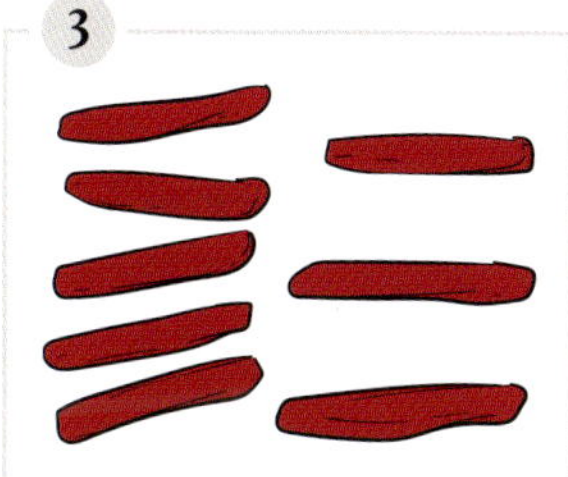

4–5

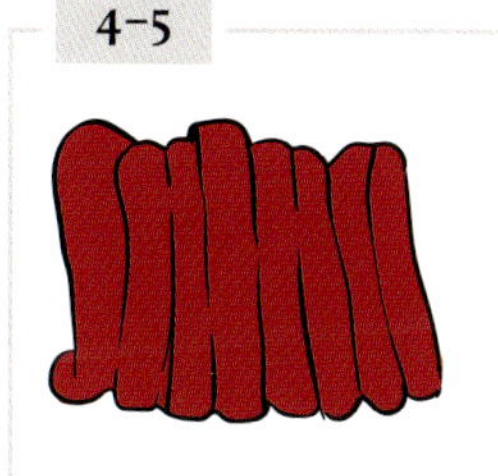

1. Für das Zahnfleisch gleiche Mengen Fimo® in Rot und Dunkelbraun zu einem Ziegelrot mischen.

2. Für das obere Maul drei Stücke Aludraht von je ca. 5 cm Länge zuschneiden. Mit ziegelrotem Fimo® umhüllen und zu dicken Strängen formen.

3. Fünf weitere Stränge in ähnlicher Stärke und Länge formen, nur ohne Draht.

4. Alle Stränge nebeneinanderlegen. Die Stränge mit Drahteinlage liegen an den Enden und in der Mitte. Die Drähte sind nötig, um dem Zahnfleisch ausreichend Stabilität zu verleihen.

5. Die Stränge zusammendrücken, dabei sollen sie aber erkennbar bleiben (siehe Abbildung). Das fertige Stück sollte etwa 6 bis 6,5 cm breit sein.

6–7

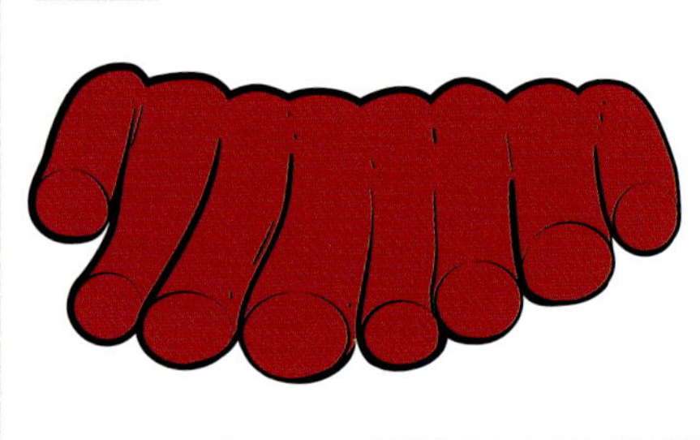

8–9

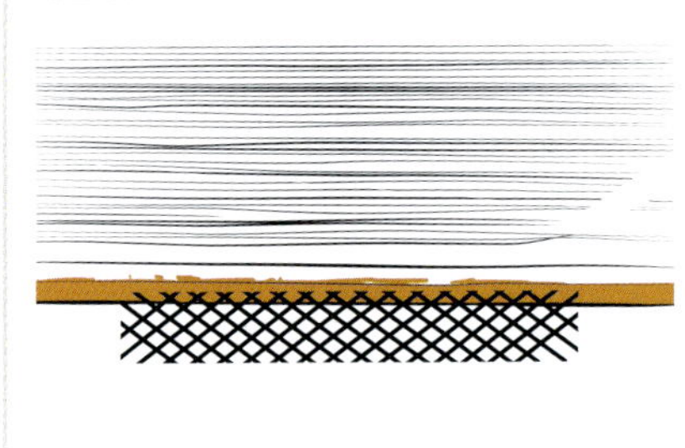

10–12

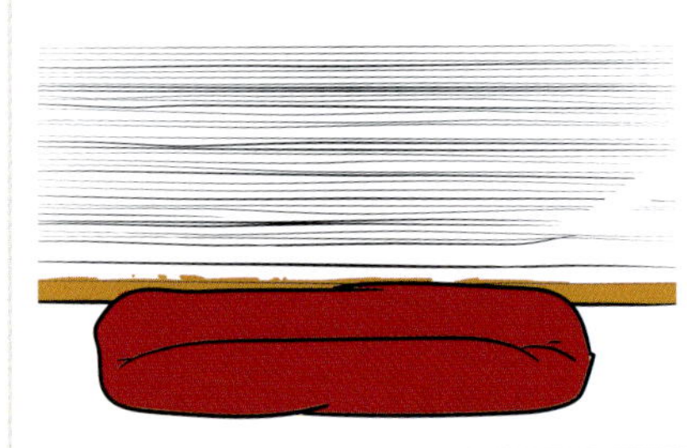

6. Das modellierte Teil mittig an den vorderen Rand der Schachtel ansetzen, sodass das Zahnfleisch herunterhängt.
7. In das Ende jedes Strangs eine Vertiefung drücken. Hier werden die Zähne eingesetzt.
8. Für den unteren Teil des Mauls ein Rechteck aus Fliegendraht zuschneiden, das ungefähr so groß wie das obere Maul ist.
9. Eine Längsseite des Fliegendrahts mittig an der inneren Kante des hinteren Buchdeckels anlegen – genau gegenüber vom oberen Maul.
10. Den Fliegendraht entlang der Kante der Schachtel rechtwinklig nach oben falten.
11. Den Fliegendraht mit der ziegelroten Mischung umhüllen. So modellieren, dass es zu dem oberen Teil passt.
12. In den Rand des unteren Mauls acht Vertiefungen für die Zähne drücken.

13–16

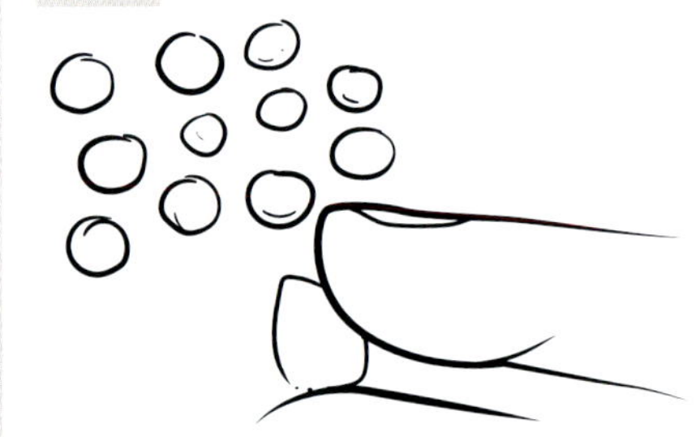

17

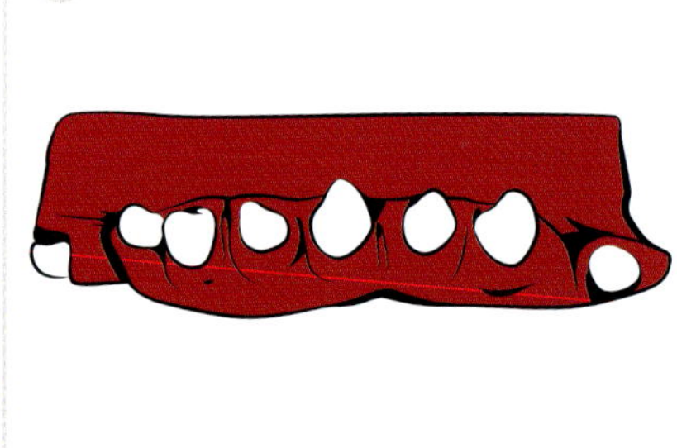

20

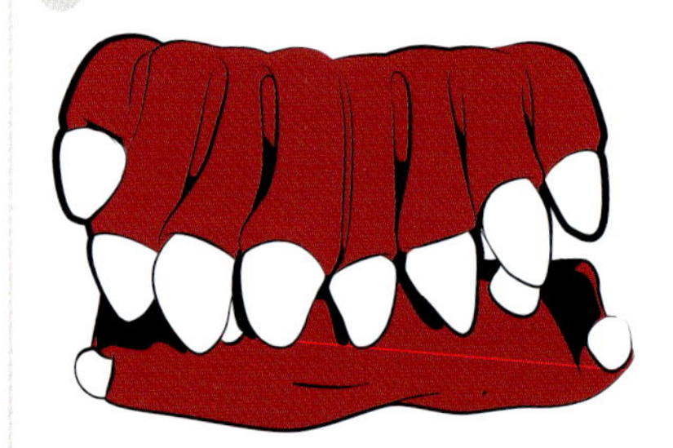

13. Gründlich die Hände waschen, bevor die Zähne aus weißem Fimo® geformt werden.
14. 16 kleine weiße Kugeln rollen.
15. Jede Kugel zu einem Zahn modellieren. Die Zähne sollen unterschiedlich groß sein – einige bedrohlich, andere eher klein. Die Zähne im oberen Maul sind insgesamt etwas größer als die im unteren.
16. Die Enden der Zähne leicht spitz formen. Dann die Zähne in die vorbereiteten Vertiefungen im Zahnfleisch drücken.
17. Die Maulteile sehr vorsichtig von der Schachtel abnehmen, auf ein Backblech legen und nach Packungsanweisung im Backofen härten. Abkühlen lassen.
18. Wenn die Teile ganz abgekühlt sind, mit verdünnter dunkelbrauner Farbe Details auf Zähne und Zahnfleisch malen.
19. Zum Schluss Zahnfleisch und Zähne mit dem Glanzmedium bestreichen, damit sie feucht aussehen. Gut trocknen lassen.
20. Das fertige Maul mit Klebstoff an der Schachtel befestigen. Es muss rechts von dem flachen Ausschnitt sitzen, damit genug Platz für die Zunge vorhanden ist.

DIE ZUNGE

1

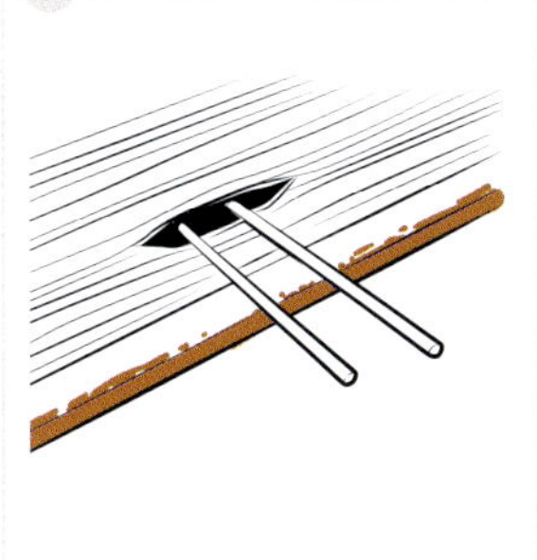

7

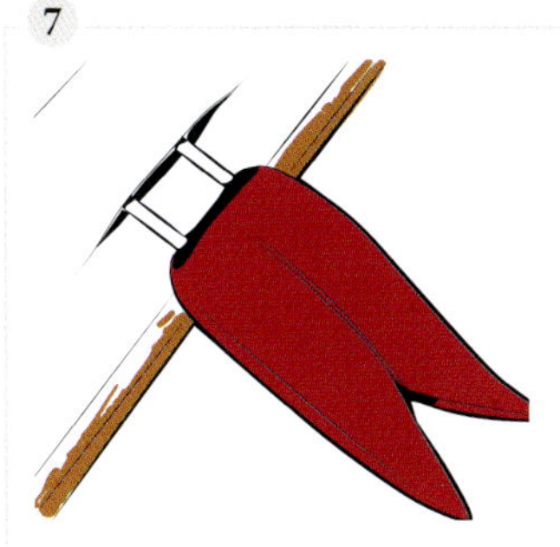

1. Mit dem Aludraht zwei Löcher in den Ausschnitt an der Seite der Schachtel bohren. In jedes Loch ein 2,5 cm langes Stück Draht stecken.
2. Aus rotem Fimo® ein Stück von 2,5 × 5 cm ausrollen und daraus eine gespaltene Zunge modellieren.
3. Die Zunge vorsichtig auf die beiden Drähte stecken, sodass Löcher im Fimo® entstehen.
4. Vorsichtig wieder abziehen, auf ein Backblech legen und gemäß Packungsanweisung härten.
5. Abkühlen lassen, dann mit etwas verdünnter dunkelbrauner Farbe die Längsrille in der Mitte der Zunge andeuten.
6. Trocknen lassen, dann mit Glanzmedium bestreichen. Wieder gut trocknen lassen.
7. Die Drähte mit Kleber bestreichen und die Zunge aufsetzen.

DIE OBEREN KRALLEN

1. Aus zuvor gemischtem graubraunem Fimo® eine 3–4 mm dicke Platte ausrollen.
2. Die Platte in 1,2 cm breite Streifen schneiden und diese entlang der Kante des Schachteldeckels auflegen, um eine Unterlage für die Krallen zu erhalten. Auf das Maul werden keine Streifen gelegt. Die Streifen nur lose auflegen, sie werden zum Härten wieder entfernt.
3. Aus graubraunem Fimo® einen 1,2 cm dicken Strang rollen und in 14 Stücke schneiden: 2 Stücke à 5 cm, 2 Stücke à 4 cm, 2 Stücke à 2,5 cm. Die restlichen acht Stücke allmählich kürzer werden lassen, die kürzesten sind 1,2 cm lang.
4. Alle Stücke an einem Ende leicht spitz formen.
5. Ins dicke Ende jeder Kralle ein Stück Aludraht schieben und oben 1,2 cm herausragen lassen.
6. Nun die Drähte an den Krallen komplett in die Fimo®-Streifen am Schachtelrand drücken. Die größten Krallen liegen beiderseits des Mauls. Neben ihnen die 2,5 cm langen Krallen befestigen. Die 4 cm langen Krallen sitzen an den Ecken. Je vier der kurzen Krallen werden an den Schmalseiten der Schachtel befestigt.
7. Die Krallen mit den Befestigungsstreifen vorsichtig von der Schachtel nehmen, auf ein Backblech legen und gemäß Packungsanweisung härten. Abkühlen lassen.
8. Die abgekühlten Krallen mit Klebstoff auf der Schachtel befestigen.

1–2

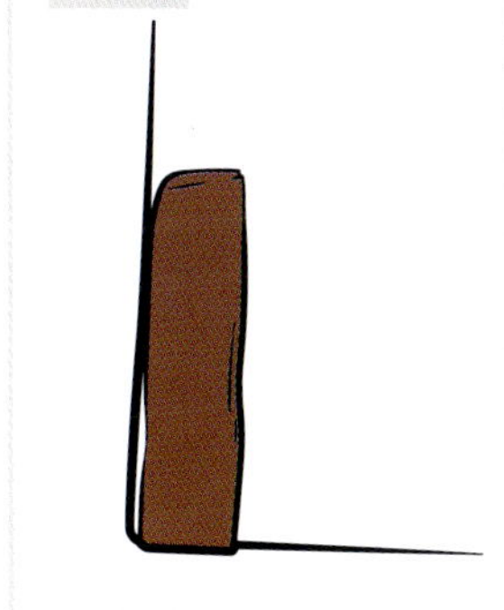

3–5

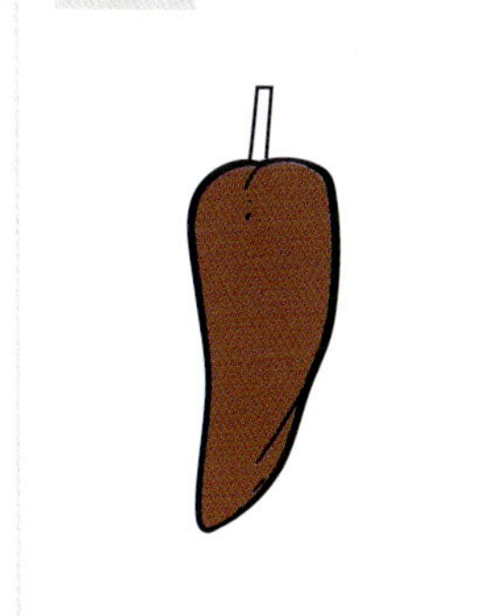

6

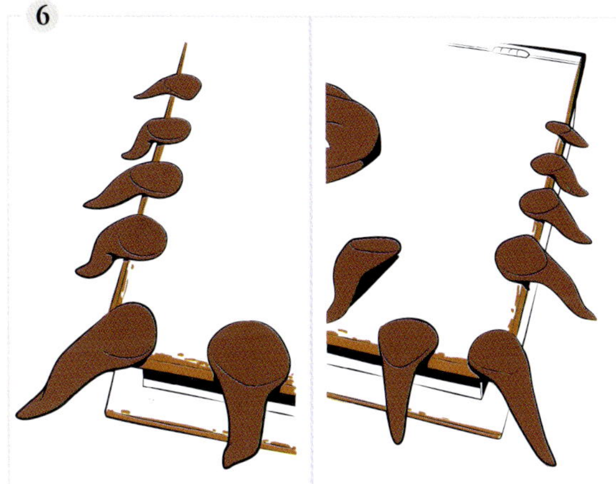

DIE TENTAKEL

1. Aus rehbraunem Fimo® eine 3 mm dicke Platte ausrollen und in Streifen schneiden.

2. Die Streifen vorsichtig entlang der inneren Unterkante der Schachtel provisorisch auflegen; sie werden zum Härten wieder abgenommen. Den Bereich des Mauls aussparen. Oberes und unteres Maul müssen frei beweglich bleiben.

3. Aus rehbraunem Fimo® einen langen Strang rollen und in 16 Stücke unterschiedlicher Länge schneiden. Das längste soll ca. 5 cm lang sein.

4. Aus den zugeschnittenen Stücken Tentakel formen, ähnlich wie die Krallen.

5. Ins obere Ende jedes Tentakels ein Stück Draht stecken und 1,2 cm herausstehen lassen, um es in die Basis zu stecken.

6. Aus graubraunem Fimo® eine sehr dünne Platte ausrollen. Daraus Dreiecksformen zuschneiden, die unter die einzelnen Tentakel passen.

7. Die graubraunen Dreiecke an den Unterseiten der Tentakel befestigen.

8. Für die Saugnäpfe winzige Kugeln rollen: drei für jeden größeren Tentakel, zwei für jeden kleineren.

9. Die Kugeln abflachen und in die Mitte ein Loch drücken, sodass Ringe entstehen. Die Ringe auf den Tentakeln platzieren.

10. Die herausstehenden Drähte an den oberen Enden komplett in die Trägerdreiecke auf der Schachtel stecken. Die längsten Tentakel zeigen nach vorn. Zusätzlich etwas Fimo® von unten auf freie Bereiche zwischen den Dreiecken geben, um sicherzustellen, dass die Tentakel beim Härten nicht durchhängen.

11. Die Tentakel mit ihren Trägern vorsichtig abnehmen, auf ein Backblech legen und im Ofen härten. Abkühlen lassen.

12. Nach dem Abkühlen die Ränder der Saugnäpfe mit verdünnter dunkelbrauner Farbe bemalen, damit sie plastischer wirken. Um die Basis der Saugnäpfe herum kann etwas rosa Farbe aufgetragen werden.

13. Trocknen lassen, dann die Tentakel mit Klebstoff an der Schachtel befestigen.

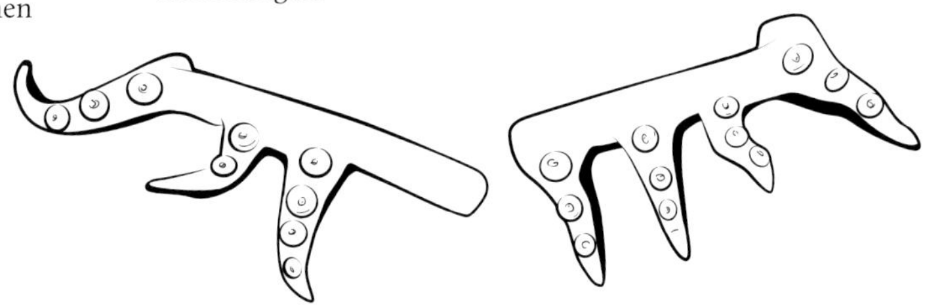

DAS BUCHCOVER

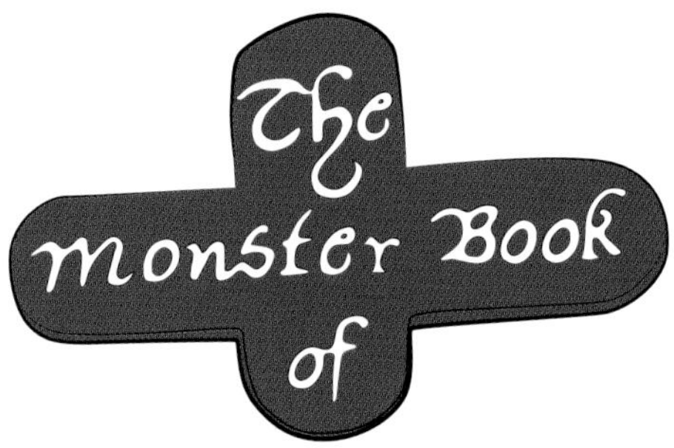

1. Etwas graubraunen Fimo® 3 mm dünn ausrollen.

2. Gemäß Vorlage auf Seite 90 zwei Stücke in passender Größe für den Schriftzug „Das Monsterbuch der“ und „Monster“ ausschneiden.

3. Im Backofen härten.

4. Falls eine elektronische Schneidemaschine verwendet wird, die Vorlage herunterladen (www.topp-kreativ.de/digibib – der Freischaltecode steht im Impressum) und ausschneiden (siehe Lehrbuch *Verwandlungen für Anfänger*, Schritt 10–12, Seite 74).

5. Mit mattem Découpagekleber versiegeln.

ALTERNATIVE METHODE

1. Transparentpapier auf die Vorlage legen und das Motiv mit einem Bleistift nachzeichnen.

2. Papier abnehmen, umdrehen und die Striche mit Bleistift auf der Rückseite nachzeichnen.

3. Das Papier wieder richtig herum auf das Fimo®-Schild legen (anderenfalls erscheint die Schrift spiegelverkehrt) und die Linien nochmals mit kräftigem Druck nachzeichnen.

4. Den Schriftzug mit goldenem Lackmalstift ausfüllen und trocknen lassen.

5. Mit mattem Découpagekleber versiegeln.

FERTIGSTELLUNG

1. Aus Kunstpelz mit der Schneiderschere ein Stück von 40,5 × 25 cm zuschneiden.
2. Den Kunstpelz mit der Fellseite nach unten auf die Schachtel legen.
3. Augenpartie und Schriftschilder gemäß der späteren Position auf die Rückseite des Kunstpelzes legen und die Umrisse sorgfältig nachzeichnen.
4. Augen und Schilder wieder abnehmen. 5 mm innerhalb dieser Umrisslinien weitere Konturlinien anzeichnen. Den Kunstpelz entlang der inneren Linien ausschneiden.
5. An den Rändern der Schachtel einen 1,2 cm breiten Rand mit Kreppband abkleben. Auch die Krallen, das Maul und die Tentakel abkleben.
6. Die Oberfläche der Schachtel und den Buchrücken mit Kleber einsprühen.
7. Die Rückseite des Kunstpelzes ebenfalls mit Klebstoff einsprühen. Vorher die Kanten einschlagen, damit kein Kleber auf die Härchen gelangt.
8. Den Kleber auf dem Kunstfell kurz antrocknen lassen.
9. Nun das Kunstfell kantengenau auf die Vorderseite der Schachtel und den Buchrücken kleben und glatt streichen. An den Ausschnitten darf sich das Gewebe nicht verziehen.
10. Die Rückseite der Schachtel mit Kleber einsprühen. Kurz antrocknen lassen. Den Kunstpelz aufkleben und glätten. Das Kreppband noch nicht überkleben.
11. Wenn der Kleber trocken ist, das Kreppband entfernen.
12. Die Kunstpelzränder jetzt mit Heißkleber über den Ansätzen von Krallen, Maul und Tentakeln befestigen.
13. Augen und Buchtitel mit Klebstoff in die Ausschnitte im Kunstfell kleben.

3

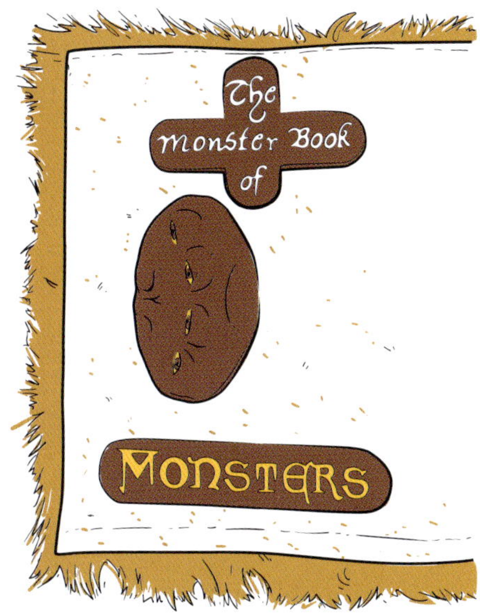

4

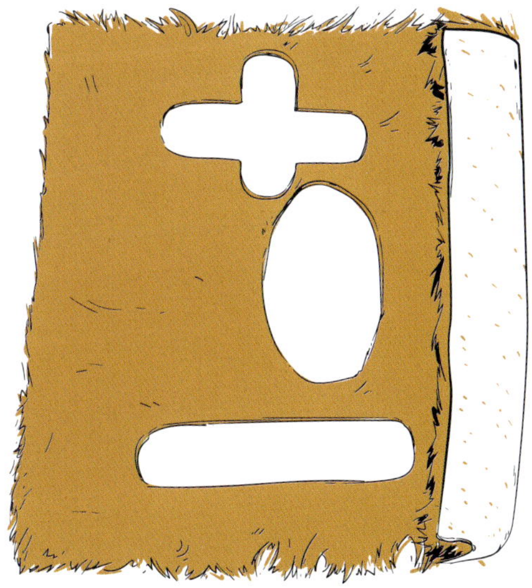

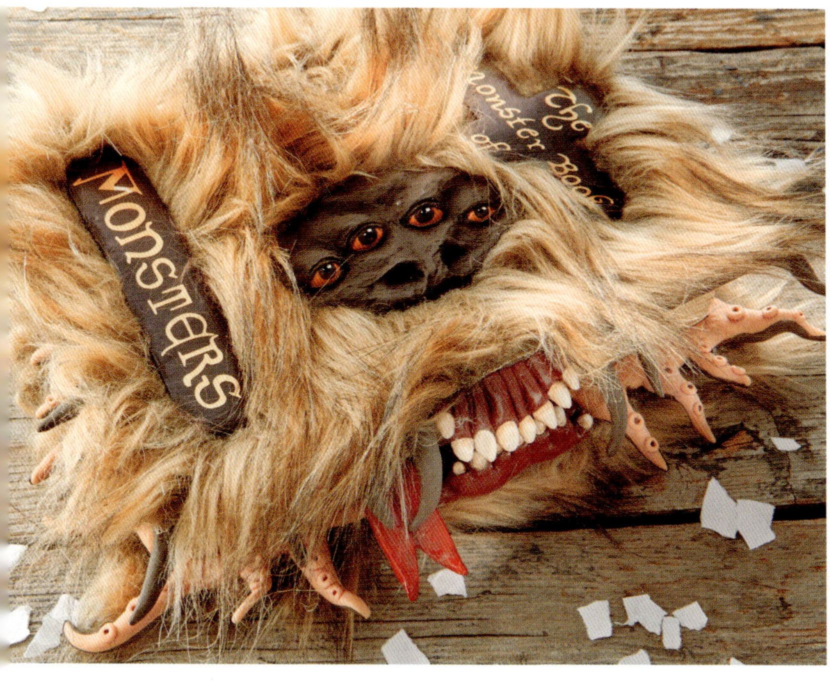

Das Monsterbuch der MONSTER

Hinter den Kulissen

Im Abspann von *Harry Potter und der Gefangene von Askaban* ist auf der Karte des Rumtreibers der „Book of Monster's Repair Workshop" (Reparaturwerkstatt für Monsterbuch der Monster) eingezeichnet.

HAGRID: „UND SCHLAGT DIE BÜCHER AUF, SEITE 34."
DRACO: „UND WIE SOLL ICH ES BITTE AUFKRIEGEN?"
HAGRID: „NA, WIE SCHON? STREICHLE IHM DEN RÜCKEN!"

Rubeus Hagrid und Draco Malfoy in *Harry Potter und der Gefangene von Askaban*

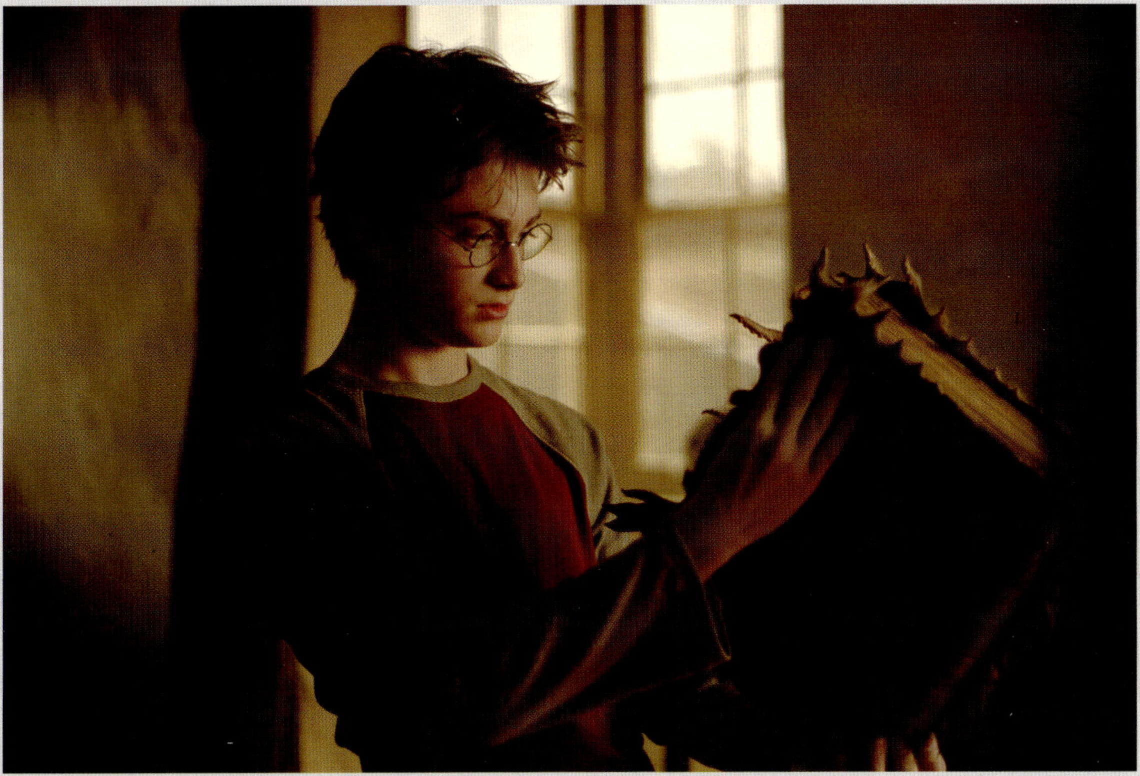

OBEN: Harry Potter (Daniel Radcliffe) in *Harry Potter und der Gefangene von Askaban* mit seinem Monsterbuch der Monster.

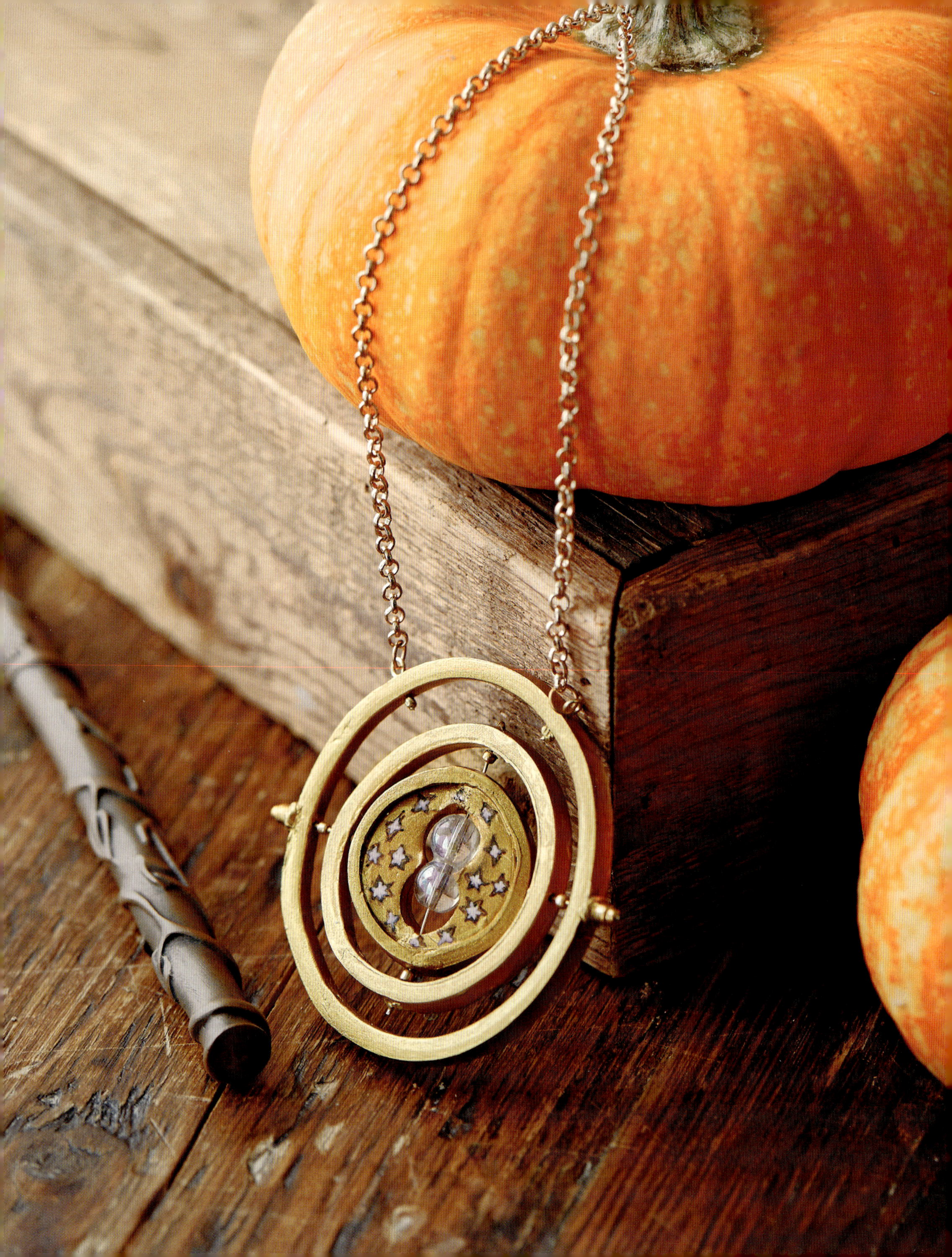

Hermines Zeitumkehrer

Design: **JILL TURNEY**

SCHWIERIGKEITSGRAD ϟϟϟϟ

Hermine Granger ist zweifellos eine bemerkenswerte, unglaubliche Schülerin. Sie liebt Bücher, Prüfungen und jegliche geistige Herausforderung. Darum nennt Harry Potters Patenonkel Sirius Black sie „die klügste Hexe ihres Alters“. Als Hermine in ihrem dritten Jahr in Hogwarts mehr Kurse belegen möchte als im Lehrplan vorgesehen, gibt ihr Gryffindors Hausvorstand Minerva McGonagall einen Zeitumkehrer. So kann Hermine einen Kurs besuchen und dann den magischen Zeitumkehrer benutzen, um in der Zeit zurückzureisen und an einem anderen Kurs teilzunehmen, der zur gleichen Zeit wie der erste unterrichtet wird.

Hermine muss den Zeitumkehrer allerdings heimlich benutzen. Da sie ihn an einer Halskette trägt, war Designerin Miraphora Mina klar, dass er klein und flach sein musste. Für die Gestaltung ließ sie sich von einem Astrolabium inspirieren, das aus zusammenklappbaren Ringen besteht. „Ich wollte auch ein bewegliches Element“, verrät Mina. „Wenn Hermine es benutzt, wird es dreidimensional, weil es in Wirklichkeit ein Ring innerhalb eines Rings ist, der sich öffnet, damit sich ein Teil davon drehen kann.“ Dieses Projekt braucht etwas Zeit, aber sie ist gut investiert.

DU BRAUCHST

- Schere
- Backpapier
- Zirkel (nach Belieben)
- Lineal aus Metall
- Kreppband
- Bleistift
- Backblech
- 1 Päckchen (57 g) Fimo® in Gold
- 2 Nagelfeilen mit Schaumstoffkern, 4 mm dick
- Bastelmatte (zum Ausrollen)
- Rollholz
- Cutter
- Zahnstocher oder Modellierwerkzeug
- 2 goldfarbene Nietstifte, 7,5 cm lang
- Kupferdraht, 0,5 mm Durchmesser
- Seitenschneider oder Drahtschere
- 2 kugelförmige Glasperlen, 1 cm Durchmesser
- Heißklebepistole und Klebestifte
- Kappe eines Permanentmarkers oder runde Ausstechform mit 1 cm Durchmesser
- Plastikfarbtöpfchen, 2,5 cm
- Topflappen
- Küchengitter
- 2 goldfarbene Ösenstifte, 2,5 cm
- 2 goldfarbene Quetschperlen
- Krimpzange
- 2 goldfarbene Sprengringe
- Goldfarbene Kette mit Verschluss, ca. 45 cm lang
- 4 goldfarbene Rocailles
- 2 goldfarbene Ohrstecker-Verschlüsse
- Pinsel
- Sehr dünne Fineliner in Schwarz und Braun
- Acrylfarbe in Weiß

OPTIONAL

- Metallicgoldfarbe auf Wasserbasis

1. Ein 10 × 15 cm großes Stück Backpapier zuschneiden.
2. Das Papier auf die Vorlage (rechts) legen und mit Kreppband festkleben. Die Achsen, Kreise und Punkte durchpausen. Mit Lineal und Zirkel geht das schneller und genauer. Den Zirkel in die Kreuzung der Achsen einstechen und die verschiedenen Kreise zeichnen. Unbedingt auch die Punkte durchpausen. Sie zeigen an, wo später Löcher gestochen werden. Die Achsen helfen beim Ausrichten der gestochenen Löcher.
3. Das Kreppband entfernen und das Papier auf das Backblech legen.

Vorlage für den Zeitumkehrer

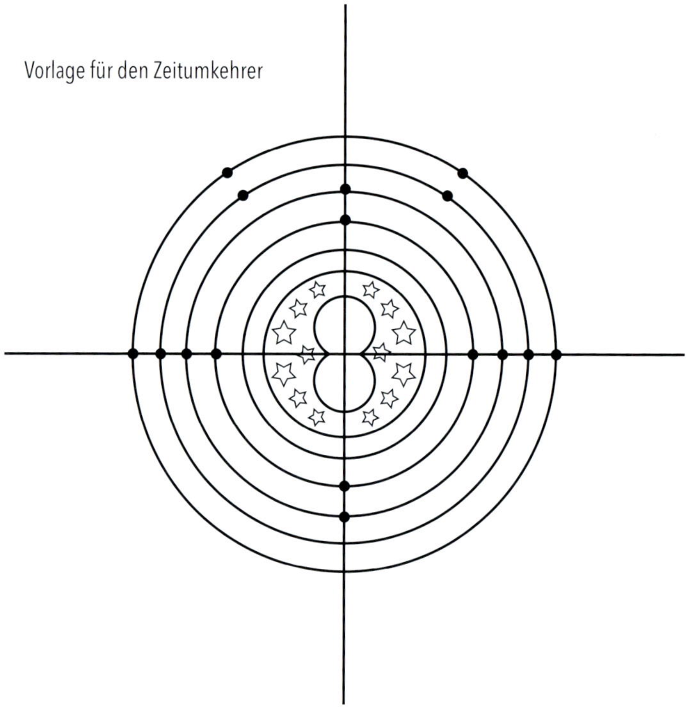

2

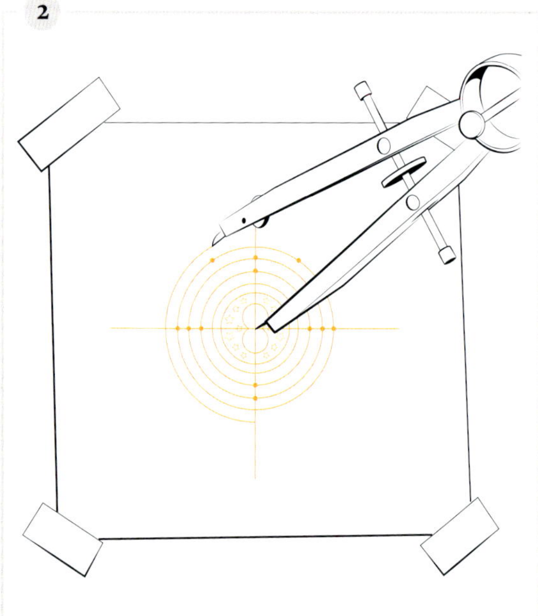

3

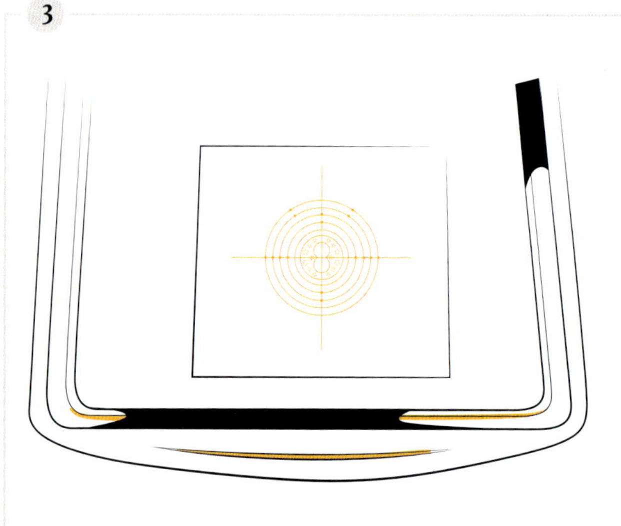

4

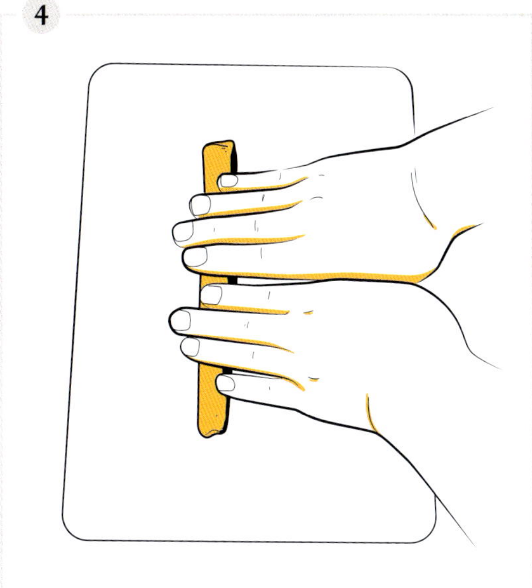

4. Die Modelliermasse auswickeln und eine Weile kneten, bis sie geschmeidig wird.

5–6

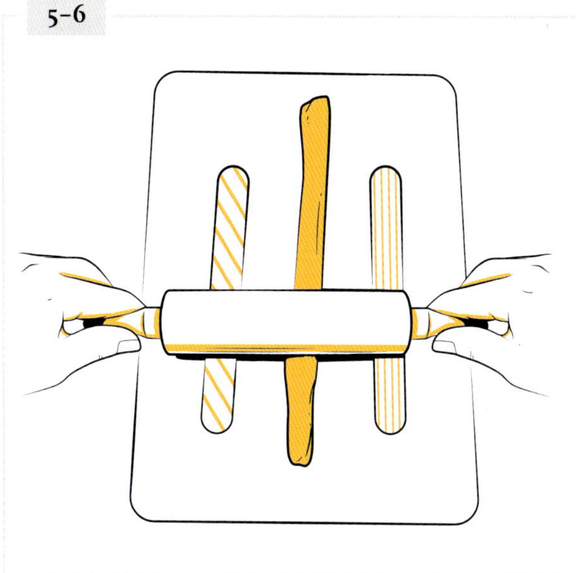

5. Die Modelliermasse zu einem dicken Strang rollen.

6. Die beiden Nagelfeilen im Abstand von ca. 10 cm auf die Bastelmatte legen. Den Strang in die Mitte legen.

7

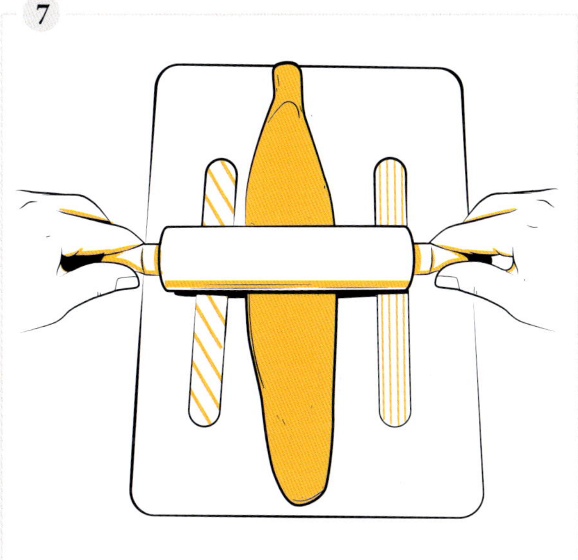

7. Jetzt den Tonstrang ausrollen, dabei mit dem Rollholz immer auch über die Nagelfeilen rollen. Sie sorgen dafür, dass der ausgerollte Ton gleichmäßig 4 mm dick wird. Der ausgerollte Strang soll mindestens 20 cm lang sein.

8. Die Nagelfeilen wegräumen.

9. Die ausgerollte Modelliermasse mithilfe des Lineals an beiden Längsseiten begradigen.

10. In 1 cm Abstand zur Längskante mit dem Zahnstocher oben und unten zwei Punkte markieren. Das Metalllineal an diesen Punkten anlegen, senkrecht stellen und drücken, um einen Streifen abzutrennen.

11. Schritt 10 wiederholen und einen zweiten Streifen von genau 1 cm Breite zuschneiden.

12. Einen Streifen möglichst exakt auf den inneren Ring der durchgepausten Vorlage legen.
Die Enden etwas überlappen lassen (A).
Mit dem Cutter schräg durch beide Enden schneiden (B). Die abgeschnittenen Enden beiseitelegen (C).

9

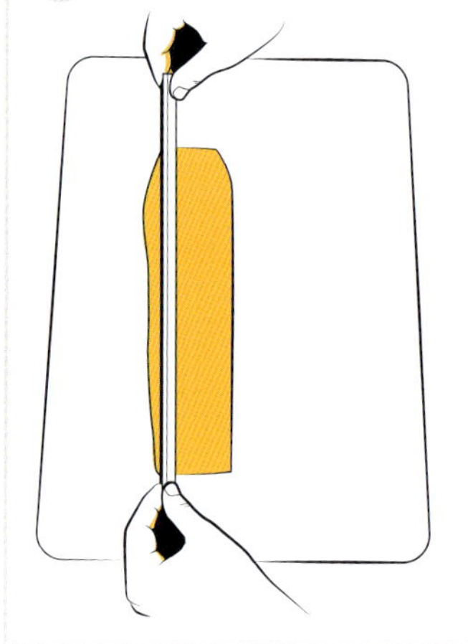

10

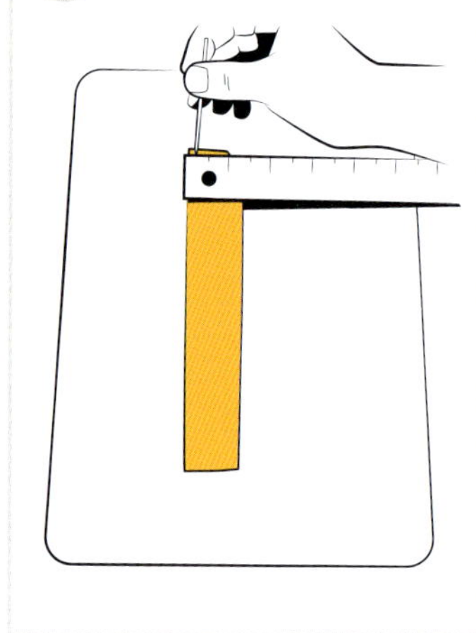

11

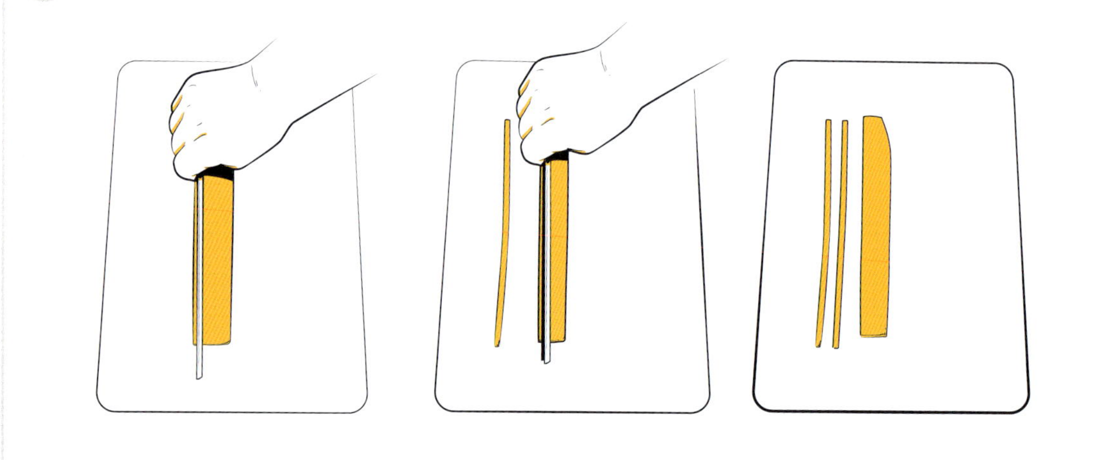

12

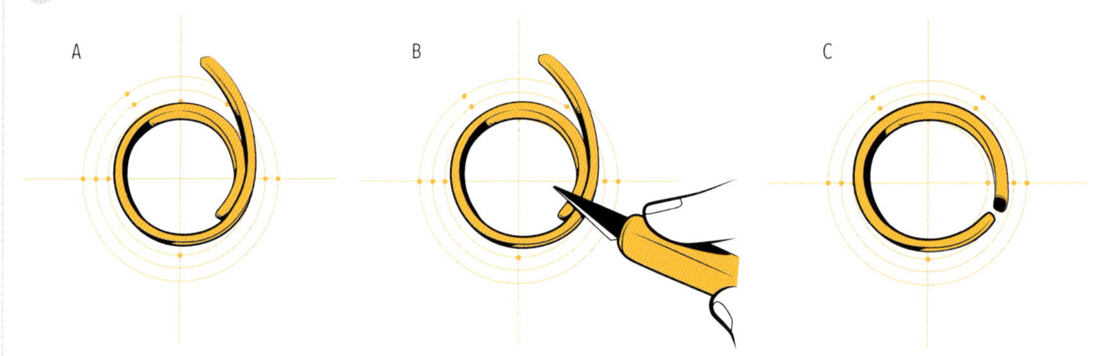

13

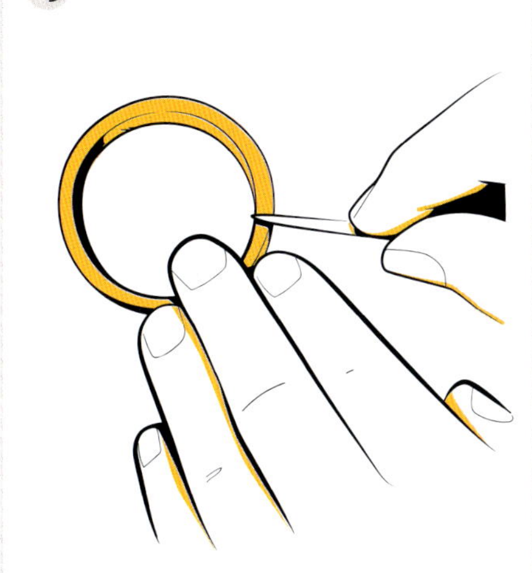

14

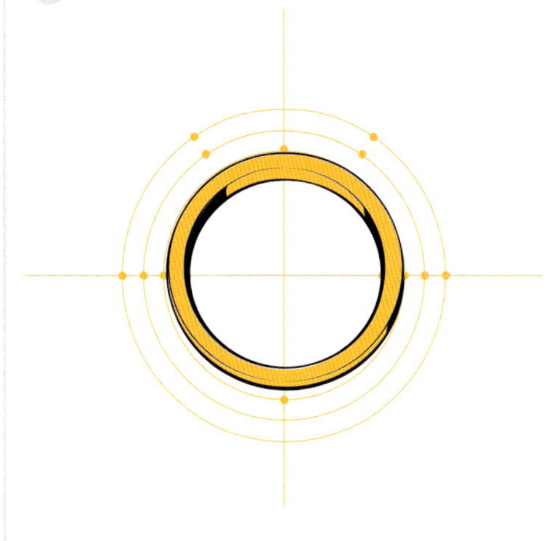

15

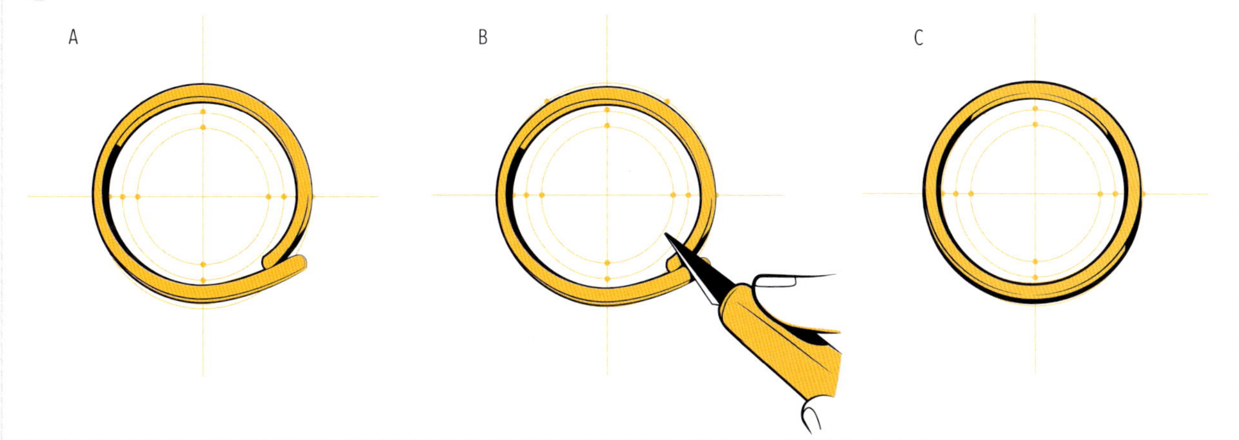

13. Die Schnittkantenenden des Rings zusammendrücken und den Übergang mit einem Zahnstocher glätten. Wenden und auf der anderen Seite wiederholen.

14. Den modellierten Ring wieder genau auf dem vorgezeichneten Ring ausrichten, bei Bedarf etwas in Form drücken. Den Ring vorsichtig vom Backpapier abnehmen, bevor der äußere Ring geformt wird.

15. Den zweiten Fimo®-Streifen auf den äußeren vorgezeichneten Ring legen (A). Die überlappenden Enden wie beim ersten Ring schräg abschneiden (B), zusammendrücken, glätten und den Ring wieder exakt in Form bringen (C).

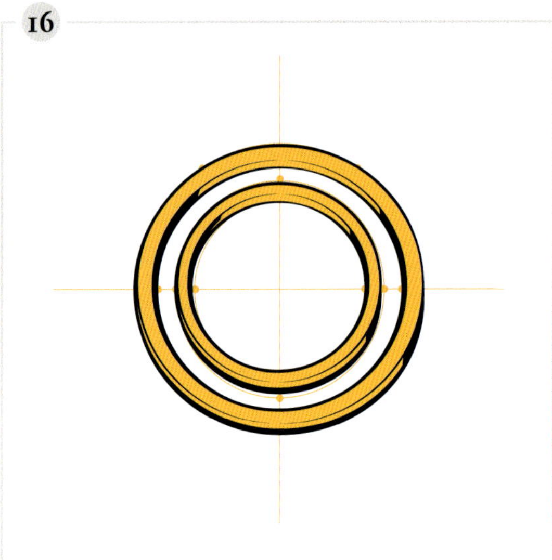

16. Den inneren Ring wieder auf das Backpapier legen und erneut genau am vorgezeichneten Kreis ausrichten. Er liegt genau mittig im äußeren Ring, d.h. der Abstand zwischen beiden Ringen ist überall gleich.

TIPP: Die Verbindungsstellen der Ringe dürfen nicht auf einem der Punkte liegen. An den Punkten werden die Ringe durchstochen. Die Verbindungsstellen sind aber weniger stabil und könnten dabei brechen.

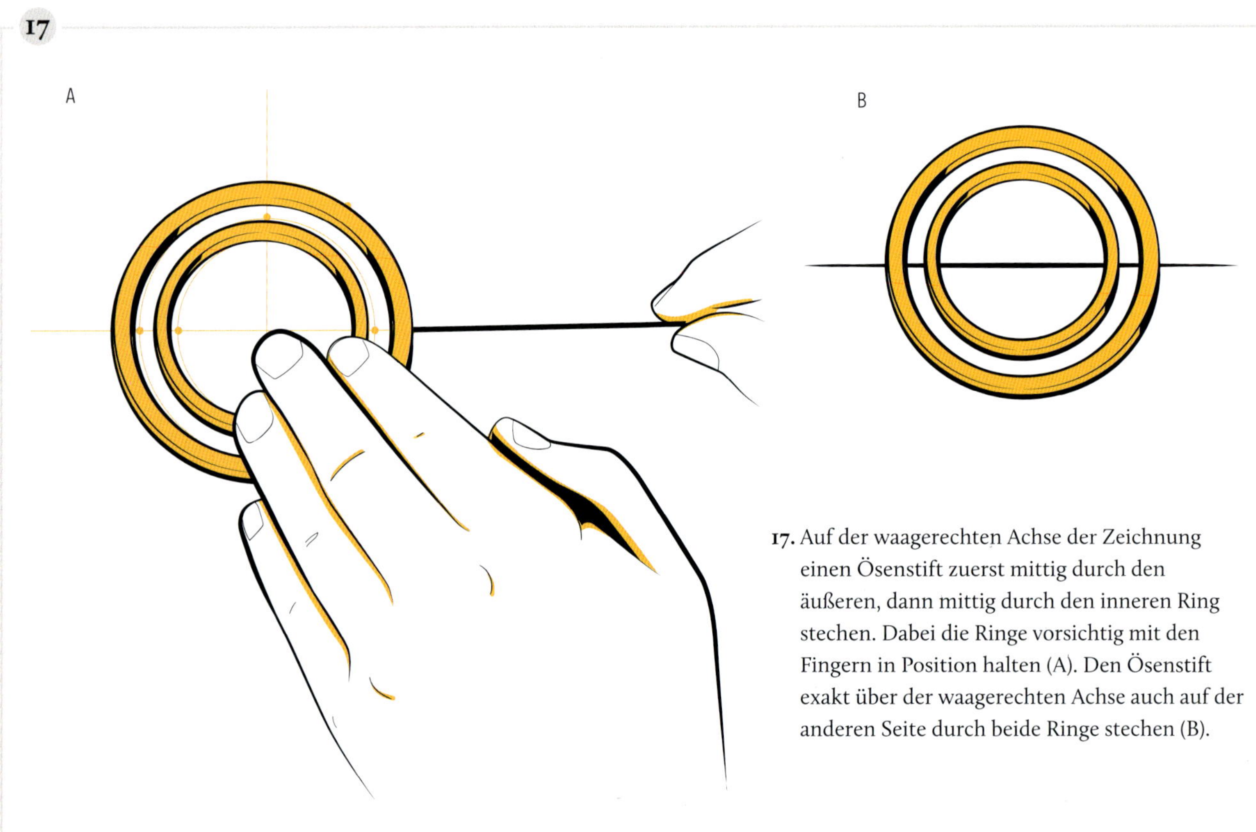

17. Auf der waagerechten Achse der Zeichnung einen Ösenstift zuerst mittig durch den äußeren, dann mittig durch den inneren Ring stechen. Dabei die Ringe vorsichtig mit den Fingern in Position halten (A). Den Ösenstift exakt über der waagerechten Achse auch auf der anderen Seite durch beide Ringe stechen (B).

18. Den Ösenstift behutsam wieder herausziehen. Den äußeren Ring vorsichtig beiseitelegen.

19. Den inneren Ring wieder exakt auf der Zeichnung ausrichten.

20

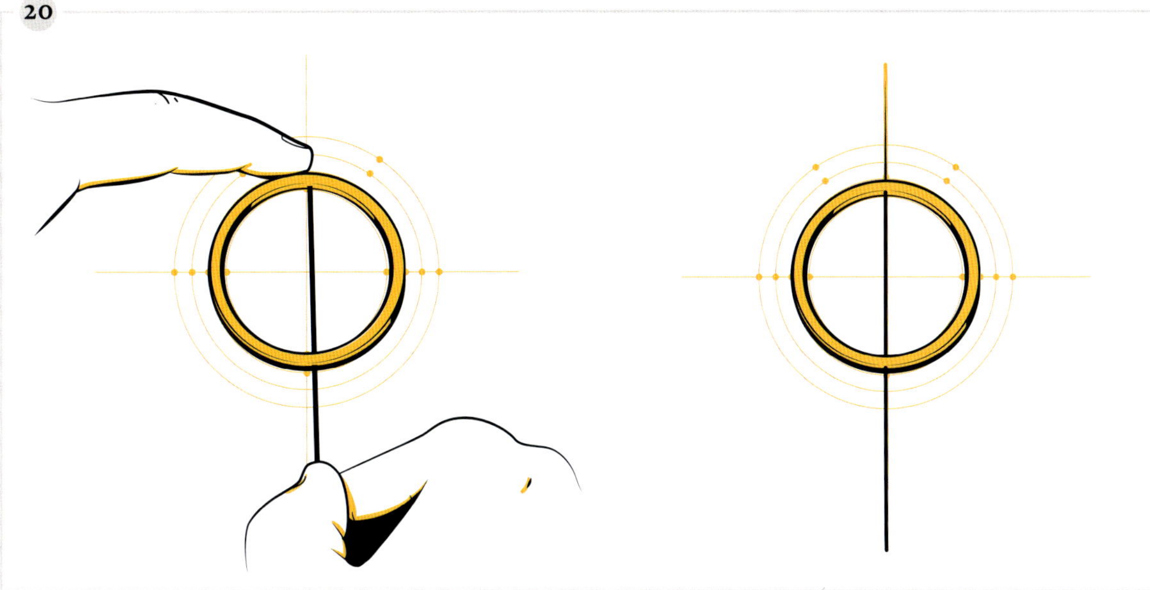

20. Über der senkrechten Achse der Zeichnung einen Nietstift zuerst mittig durch den Ring stechen. Dabei den Ring vorsichtig mit den Fingern in Position halten. Den Nietstift exakt über der senkrechten Achse auch auf der anderen Seite durch den Ring stechen.

21. Den Nietstift herausziehen. Den Ring von der Zeichnung nehmen.

22

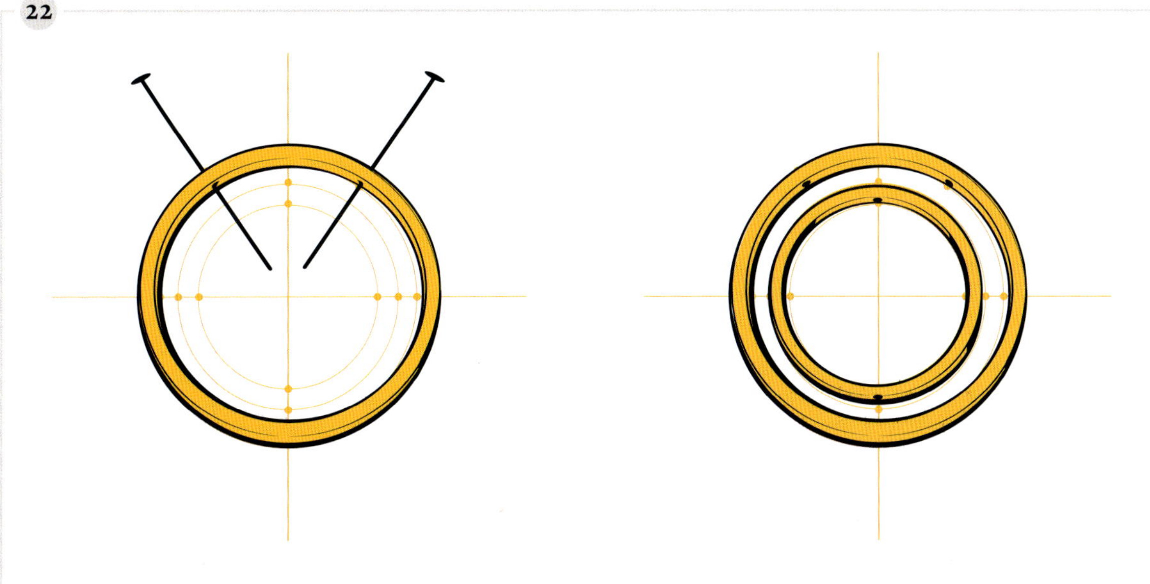

22. Den äußeren Ring wieder auf die Zeichnung legen. Die zuvor gestochenen Löcher müssen exakt auf der waagerechten Achse der Zeichnung liegen. Zwei Nietstifte auf Höhe der oberen Punkte durch den Ring stechen. Hier wird später die Kette befestigt. Die Nietstifte entfernen und den inneren Ring wieder auf die Zeichnung legen. Das Backblech mit dem Papier und den Ringen beiseitelegen. Als Nächstes das Medaillon in der Mitte vorbereiten.

DIE SANDUHR

I

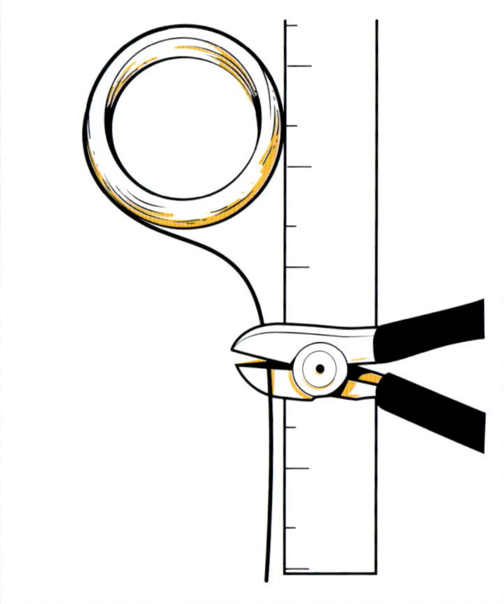

2–3

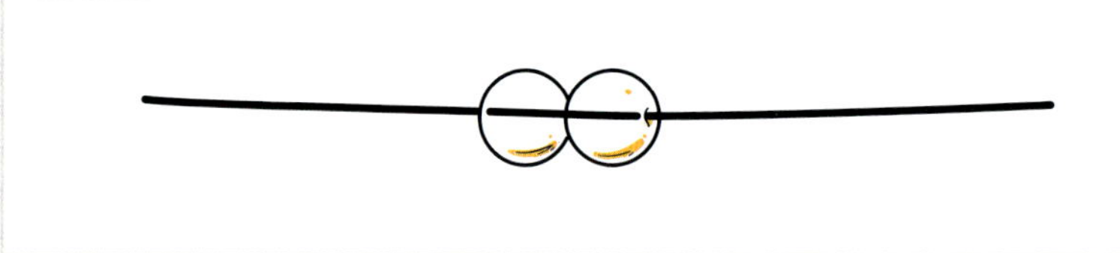

1. Ein 7,5 cm langes Stück Draht abkneifen und möglichst gerade zurechtbiegen.

2. Die beiden transparenten Perlen auf den Draht schieben und mittig ausrichten.

3. Die Perlen mit Heißkleber zusammenkleben.

DAS SANDUHRMEDAILLON

1–2

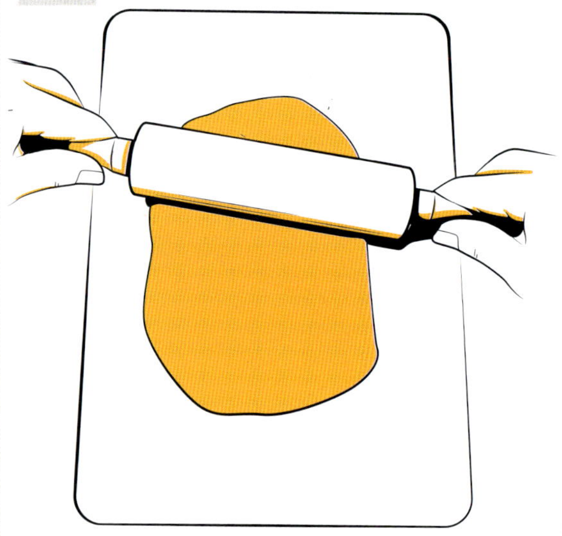

1. Die restliche Modelliermasse zu einer Kugel kneten.

2. Auf der Bastelmatte so dünn wie eine Crêpe ausrollen.

3

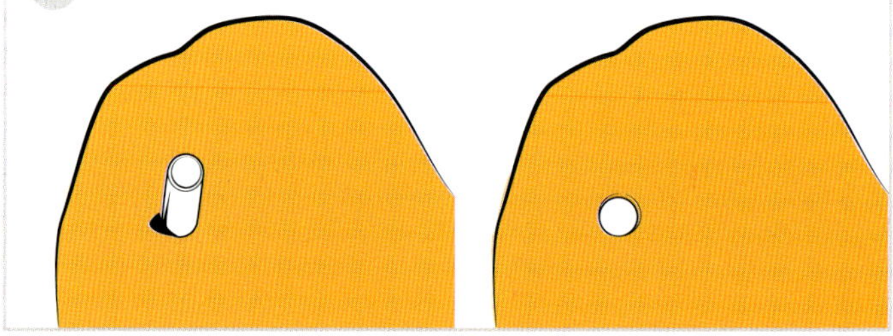

3. Mit einer Ausstechform oder der Kappe eines Markers einen Kreis mit 1 cm Durchmesser ausstechen.

4–5

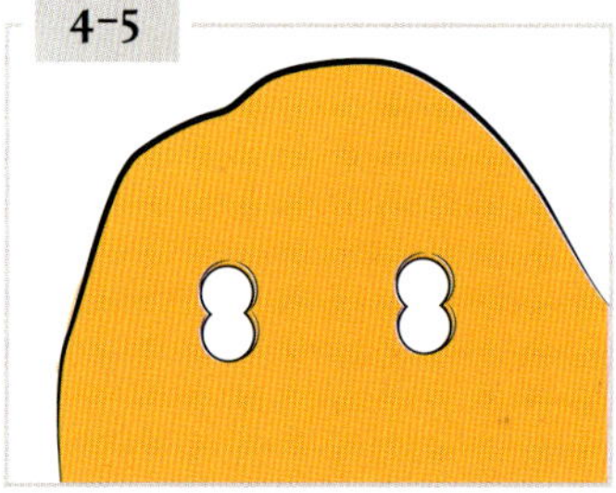

6

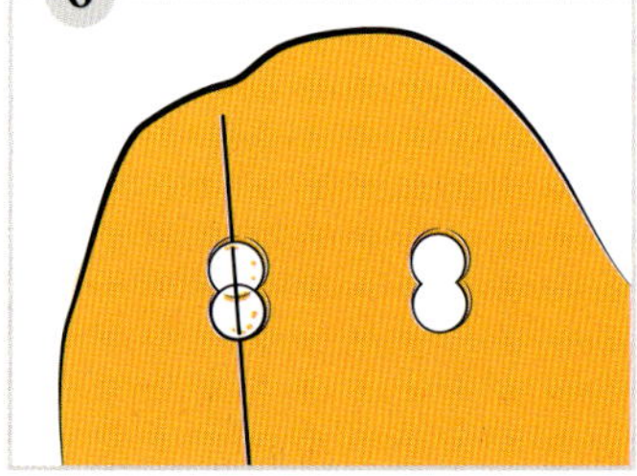

4. Einen zweiten Kreis ausstechen, der den ersten etwas überlappt: So entsteht die Kontur einer „8".

5. Etwa 5 cm rechts von der ersten „8" eine weitere ausstechen (Schritt 3 und 4 wiederholen).

6. Den Draht mit den Perlen in die erste „8" legen.

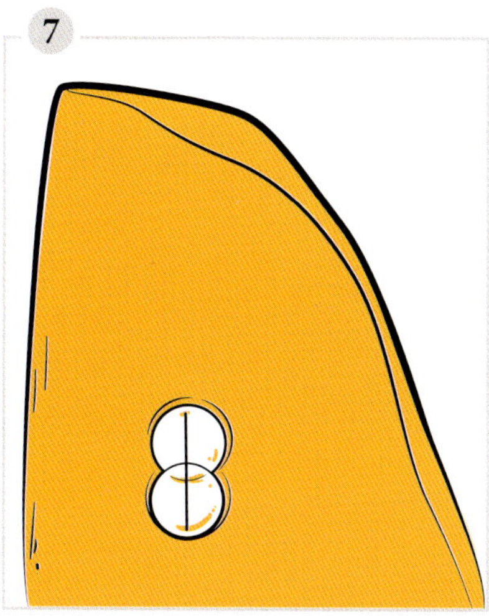

7. Die Fimo®-Platte senkrecht falten, sodass die beiden ausgestochenen Achtformen genau übereinanderliegen. Der Draht liegt zwischen den Fimo®-Platten, die Kugeln schmiegen sich in die Hohlräume. Die Schichten leicht zusammendrücken, dann wenden und auch von der anderen Seite zusammendrücken.

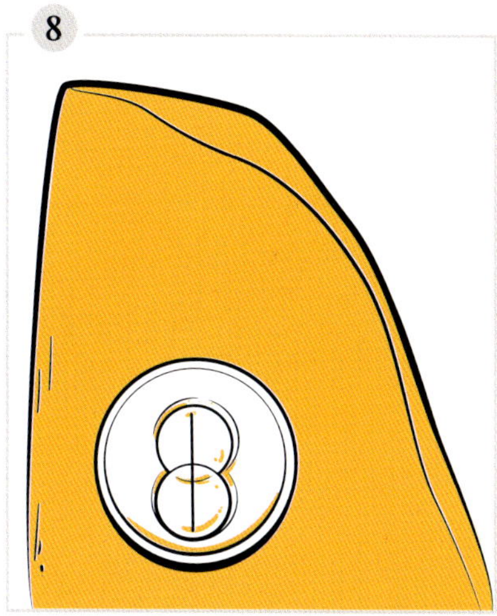

8. Den Deckel von dem Farbtöpfchen (2,5 cm Durchmesser) abnehmen. Das Töpfchen mittig über die Achtform stülpen.

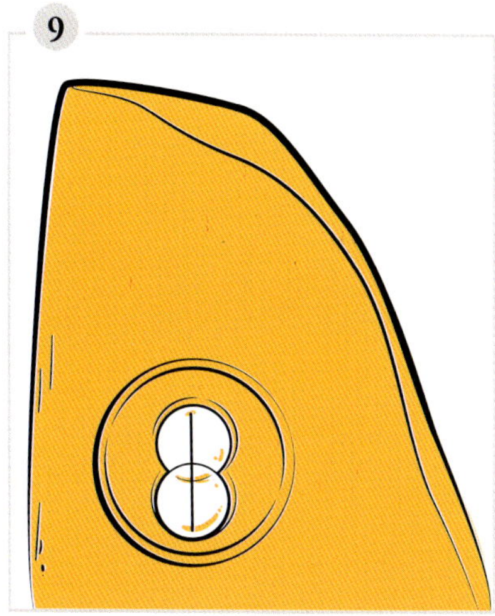

9. Leicht drücken und dabei etwas drehen, sodass ein Abdruck entsteht. Das Töpfchen wegnehmen.

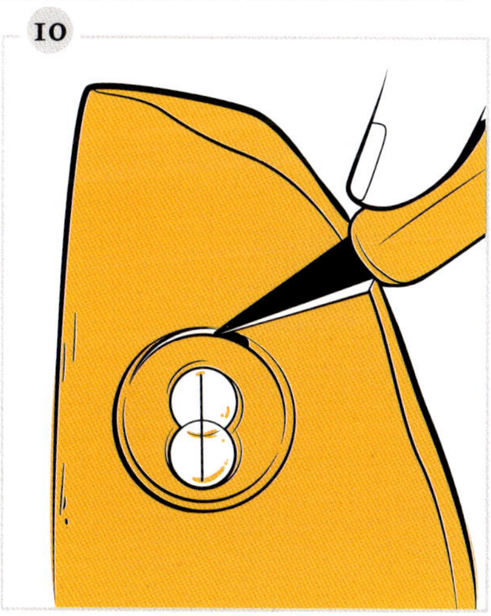

10. Mit dem Cutter den Fimo® entlang der Kontur des Abdrucks ausschneiden, dabei sägende Bewegungen ausführen. Den Draht nicht durchschneiden oder verschieben.

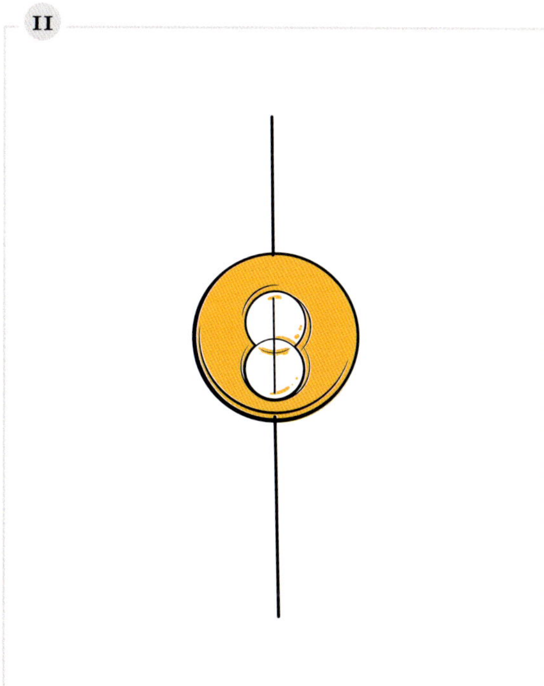

11. Den ausgeschnittenen Kreis mit dem Draht vom restlichen Fimo® lösen.

12

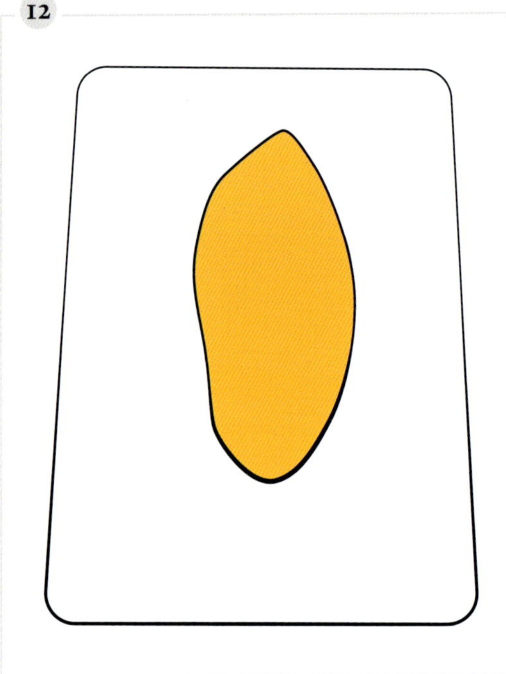

13

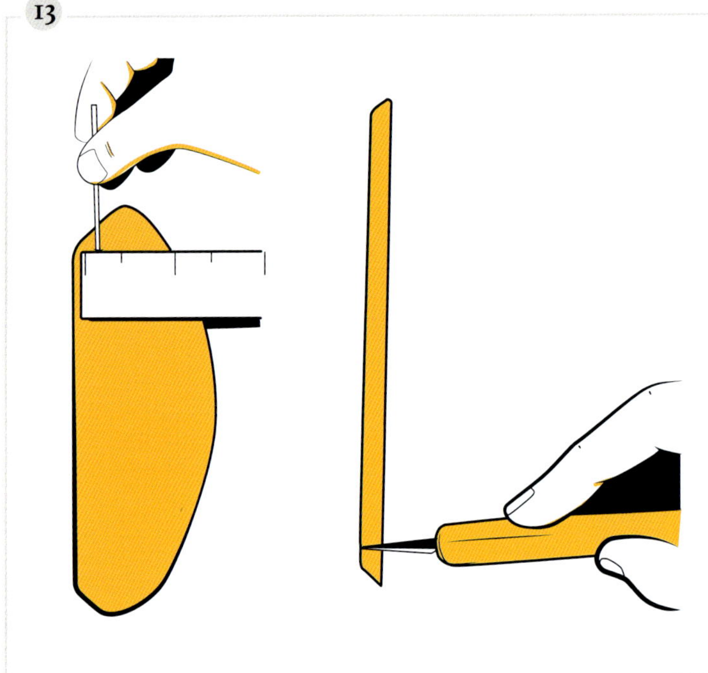

12. Ein weiteres Stück Modelliermasse auf die Stärke eines Eisstiels ausrollen. Eine Kante mit dem Metalllineal gerade abschneiden.

13. Einen 6 mm breiten Streifen zuschneiden; ein kurzes Ende gerade abschneiden.

13–14

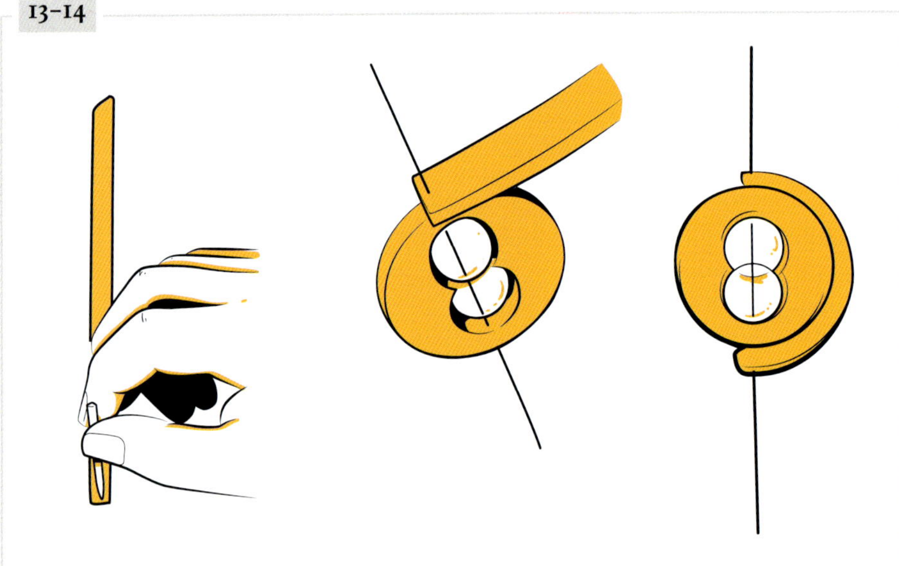

15

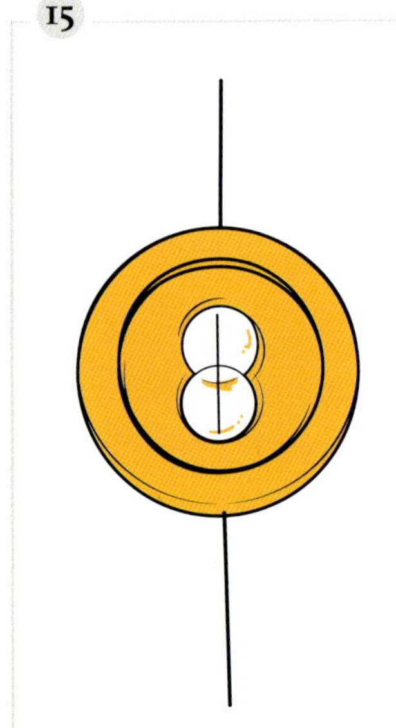

14. In die Mitte – kurz vor dem geraden kurzen Ende – mit dem Zahnstocher ein kleines, rundes Loch stechen. Den Draht am Medaillon hindurchfädeln. Den Streifen um das Medaillon legen und am unteren Draht bündig abschneiden. An den unteren Draht herandrücken. Den Streifen an das Medaillon andrücken, damit sich die Teile verbinden.

15. Auf der anderen Seite wiederholen. Die Übergänge mit einem Zahnstocher oder Modellierwerkzeug glätten.

HÄRTEN

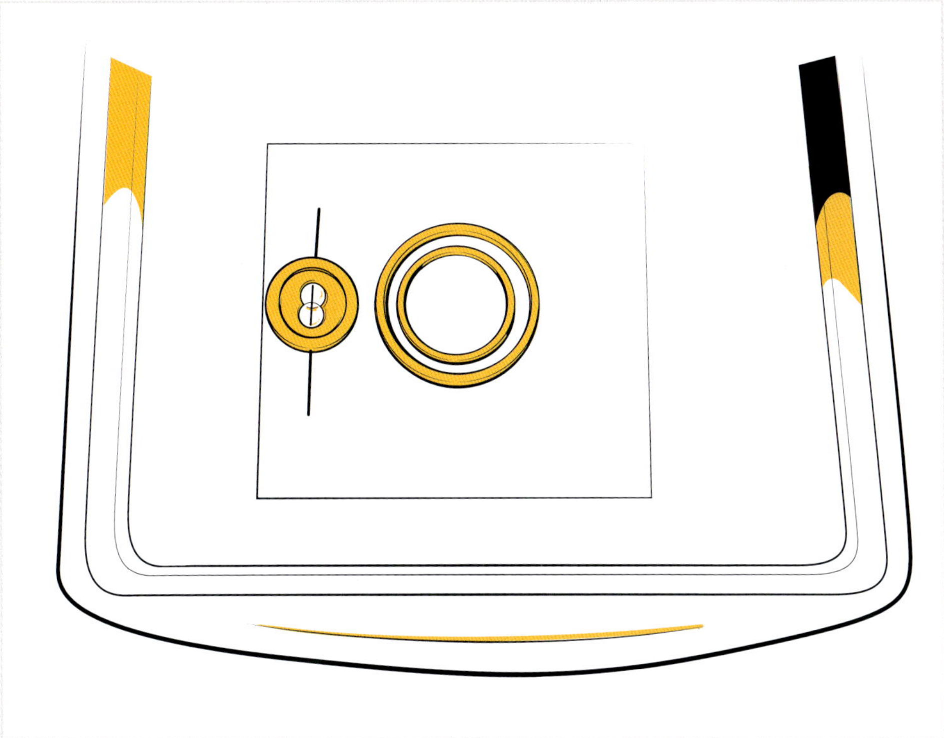

1. Den Backofen auf 135 °C vorheizen.
2. Das Medaillon und die Ringe auf das Backblech legen. Die Ringe nochmals genau an den vorgezeichneten Ringen auf dem Backpapier ausrichten.
3. Das Backblech in den Ofen schieben und alle Teile 15 Minuten härten.
4. Mit Topflappen aus dem Ofen nehmen und zum Abkühlen auf ein Küchengitter stellen. Den Ofen ausschalten.

TIPP: Sobald die Teile abgekühlt sind, können kleine Unebenheiten mit feinem Schleifpapier oder einer Nagelfeile geglättet werden.

FERTIGSTELLUNG

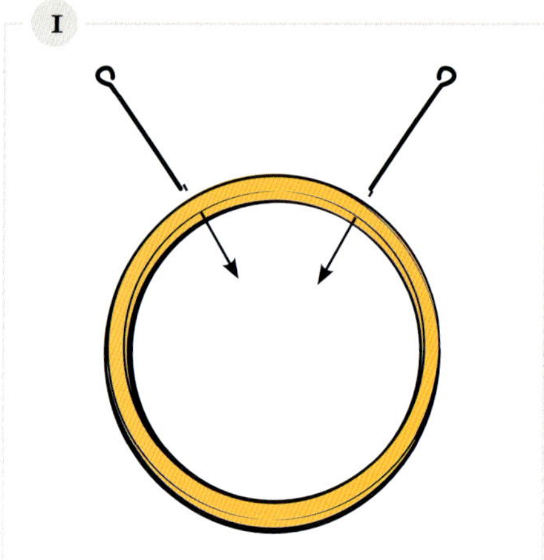

1. Die beiden Ösenstifte in die oberen Löcher des äußeren Rings stecken.

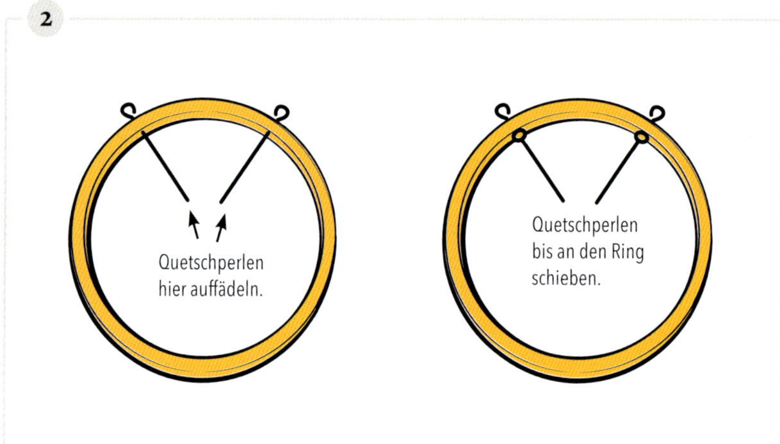

2. Die Quetschperlen auf die Enden der Ösenstifte fädeln und bis an den Ring heranschieben.

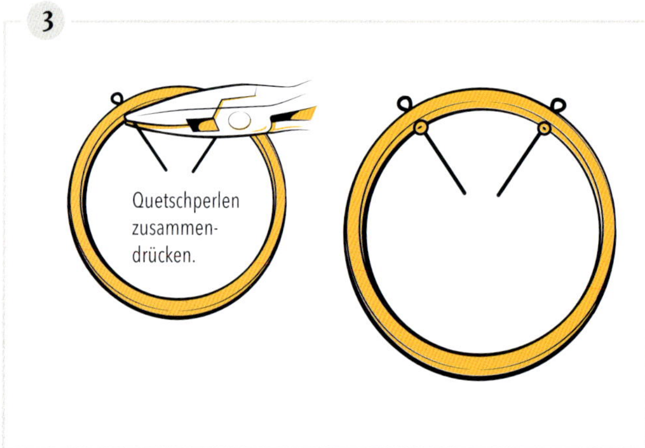

3. Die Quetschperlen mit der Krimpzange fest zusammendrücken. Sie sollen so dicht wie möglich am Ring sitzen, und die Ösenstifte dürfen sich nicht herausziehen lassen.

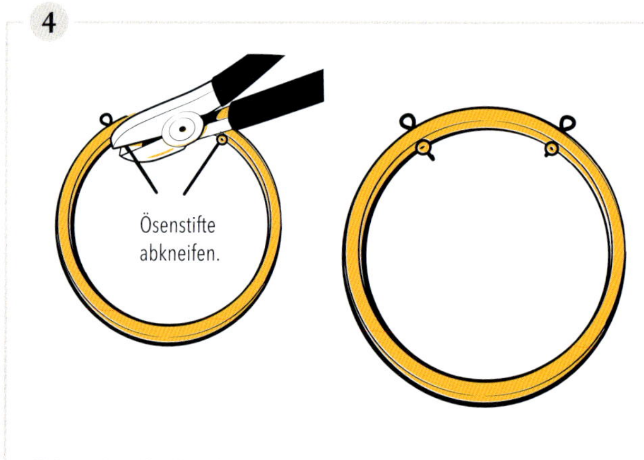

4. Die Ösenstifte direkt unter den Quetschperlen mit dem Seitenschneider abkneifen.

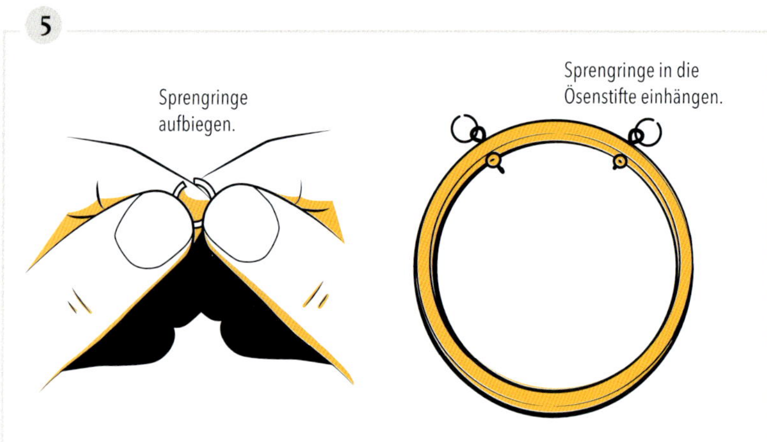

5. Die beiden Sprengringe seitlich aufbiegen, bis eine kleine Lücke zwischen den Enden entsteht. In jeden Ösenstift einen Sprengring einhängen.

6

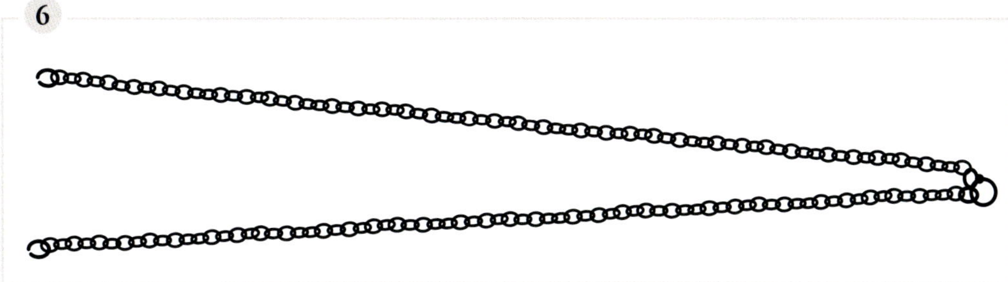

6. Das mittlere Glied der Kette mit der Krimpzange öffnen und entfernen. Die Kette hat jetzt zwei lose Enden.

7

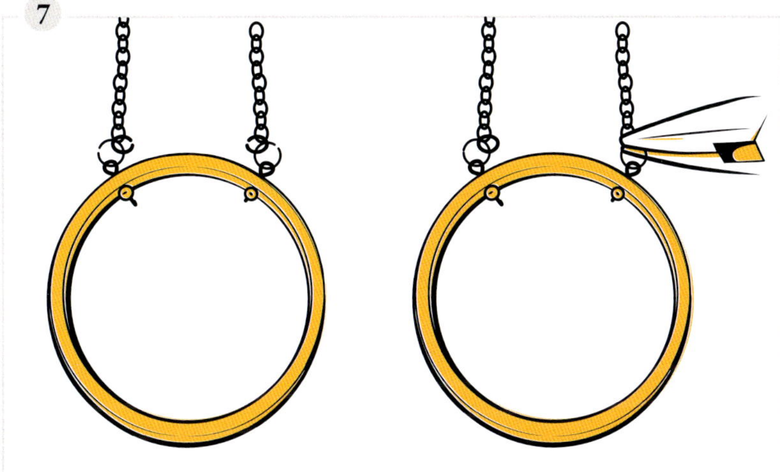

7. Die jeweils letzten Glieder in die Sprengringe einhängen. Die Sprengringe mit der Krimpzange fest verschließen.

8

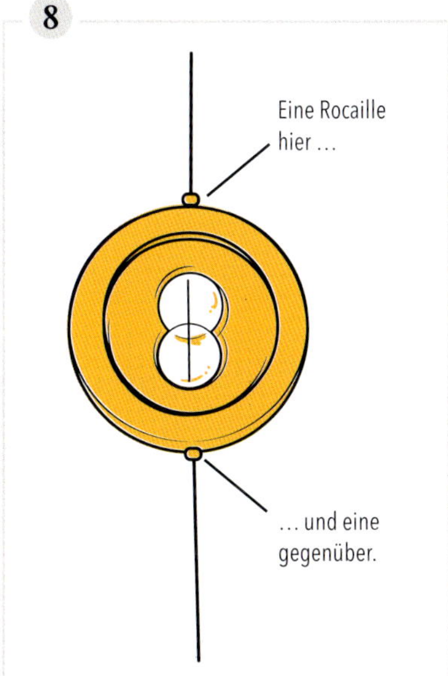

9

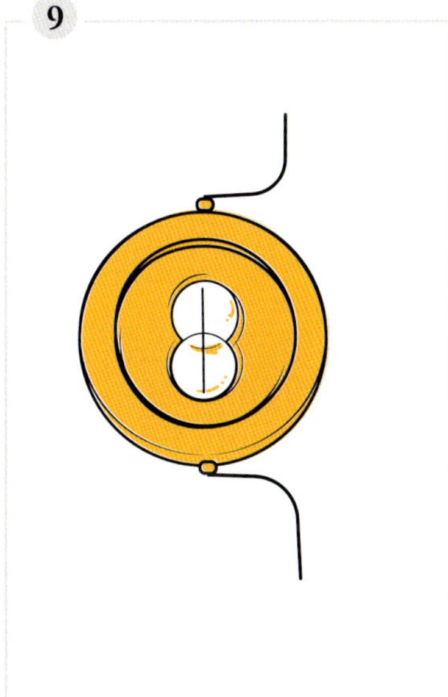

8. Die beiden Rocailles auf die Drähte fädeln, die aus dem Medaillon ragen.

9. Die Drähte quer zum Medaillon und dann in eine L-Form biegen.

10

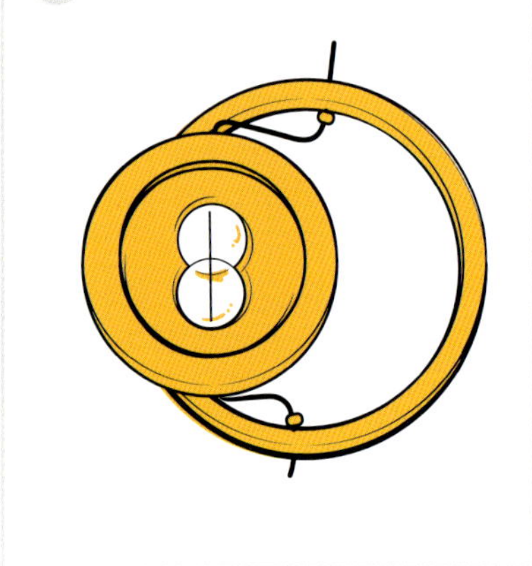

11

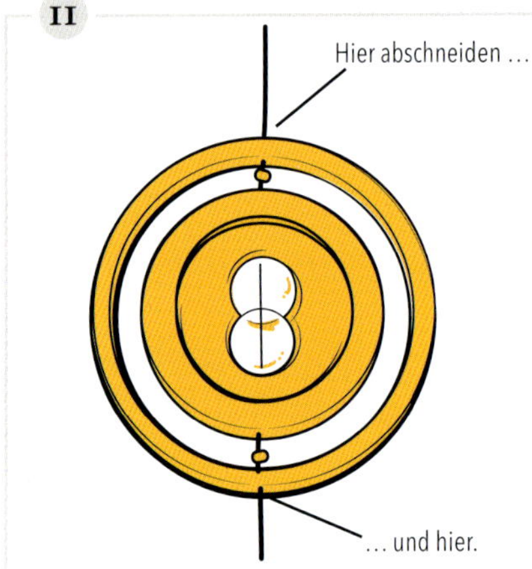

12

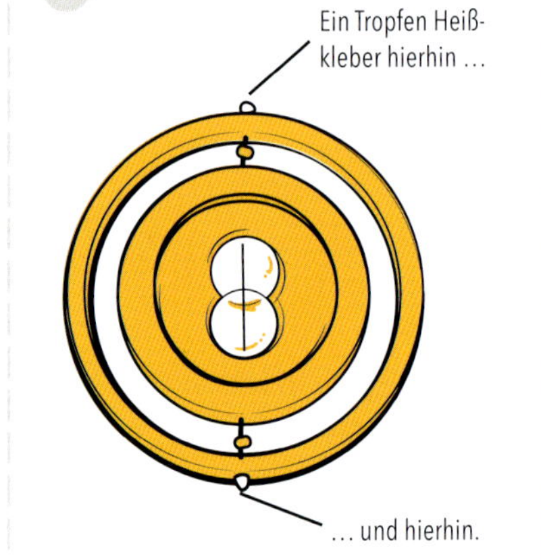

10. Die Drähte des Sanduhrmedaillons durch die Löcher auf der senkrechten Achse des inneren Rings schieben.

11. Die Drähte mit der Zange fassen und vorsichtig ziehen, bis sie gerade sind und das Medaillon flach im Ring liegt. Die Drähte bündig mit der Ringaußenseite abschneiden …

12. … und mit einem Tropfen Heißkleber sichern.

13

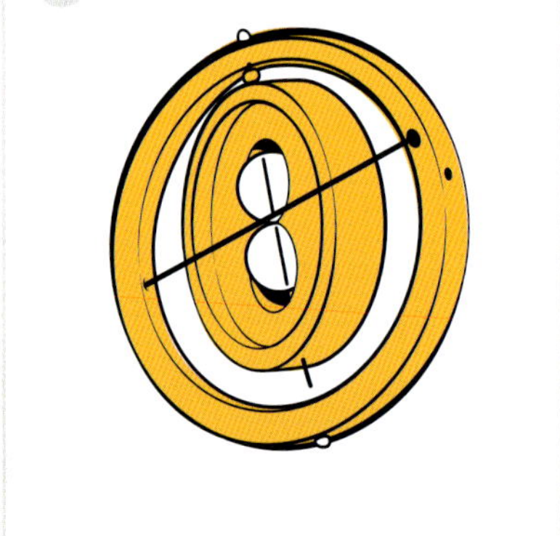

14

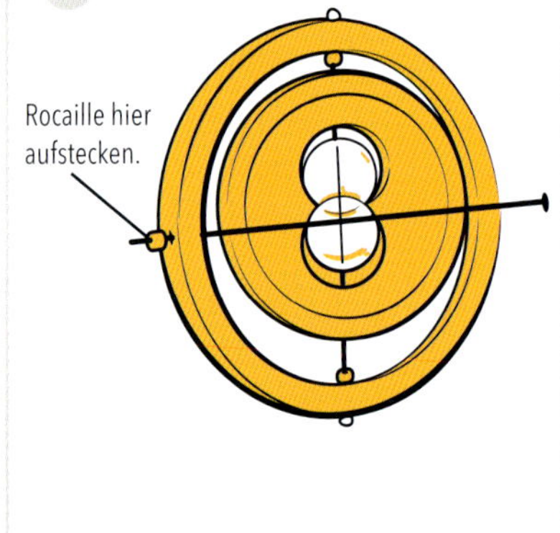

15

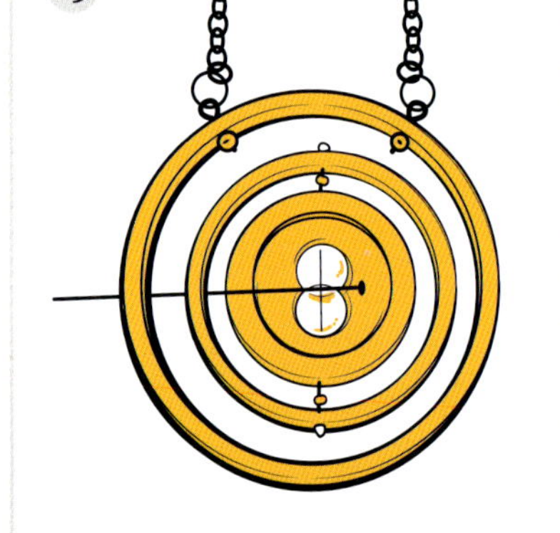

13. Das Sanduhrmedaillon leicht verdrehen. Einen Nietstift von innen nach außen durch ein Loch auf der waagerechten Achse des Rings schieben. Sein Ende soll gerade aus dem Ring herausschauen.

14. Eine Rocaille auf das Ende des Stifts stecken.

15. Den inneren Ring in den äußeren legen und den Nietstift durch das entsprechende Loch des äußeren Rings stecken. Ganz durchschieben, bis der Kopf des Nietstifts am inneren Ring anliegt.

16

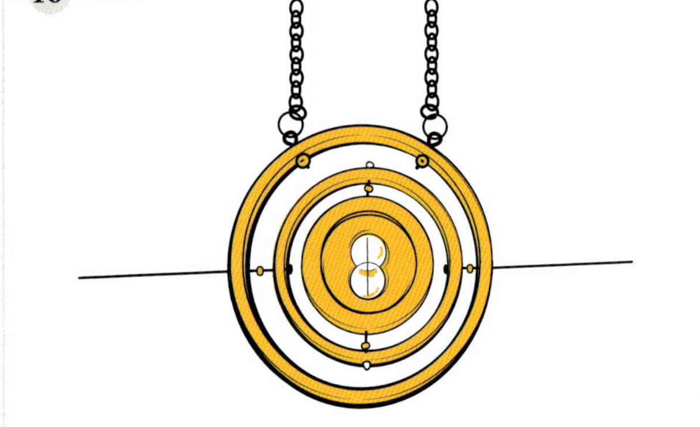

16. Schritt 13 bis 15 auf der anderen Seite wiederholen. Die Nietstifte so justieren, dass der innere Ring genau mittig im äußeren ist.

17–18

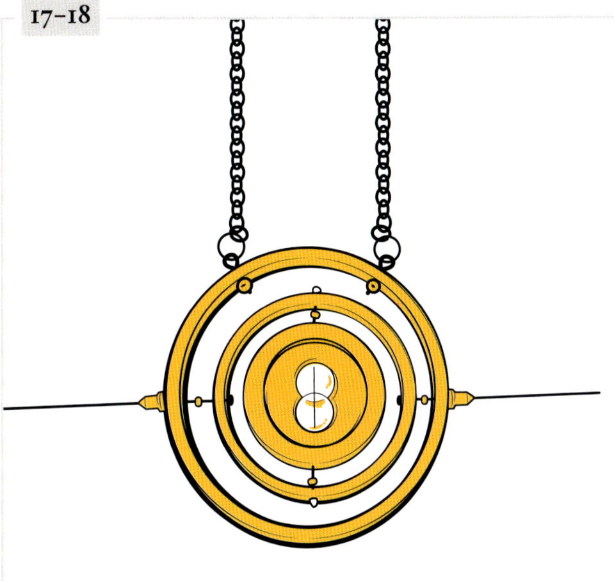

17. Die Ohrsteckerverschlüsse von außen auf die Enden der Nietstifte fädeln. Einen Tupfer Heißkleber auftragen, dann die Verschlüsse bis dicht an den äußeren Ring schieben.

18. Die Nietstifte bündig mit den Ohrsteckerverschlüssen abkneifen.

19. Die Fimo®-Teile können jetzt noch mit Goldfarbe bemalt werden. Gut trocknen lassen.

20. Mit dem dünnen Fineliner in Braun kleine Sterne auf das Sanduhrmedaillon zeichnen. Mit dem schwarzen Marker Schatten hinzufügen, damit die Sterne plastisch wirken. Das Innere der Sterne mit einem dünnen Pinsel weiß ausmalen.

19–20

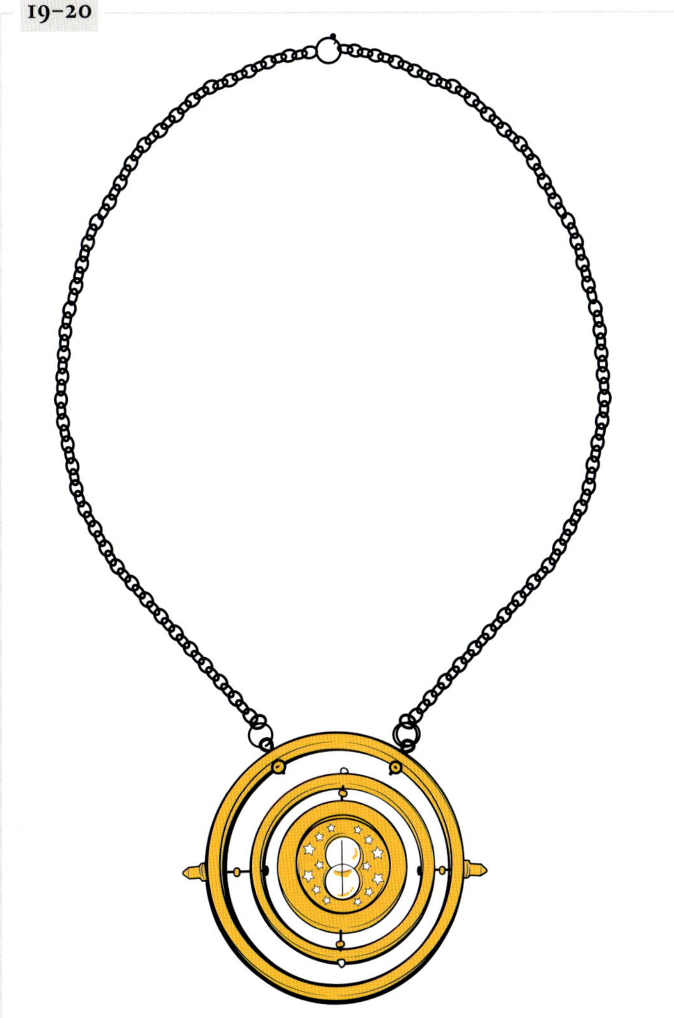

Hinter den Kulissen

In die Ringe des Zeitumkehrers sind geheimnisvolle Sprüche eingraviert. Auf dem äußeren Ring steht: „Ich stoppe jede Stunde, das mag sein, die Sonne hol ich so nie ein." Auf dem inneren steht: „Mein Nutzen für dich entspricht dem, was ich dir nutzen kann."

„Sei nicht albern, Ronald. Wie kann man zur gleichen Zeit in zwei Kursen sein?"

Hermine Granger in
Harry Potter und der Gefangene von Askaban

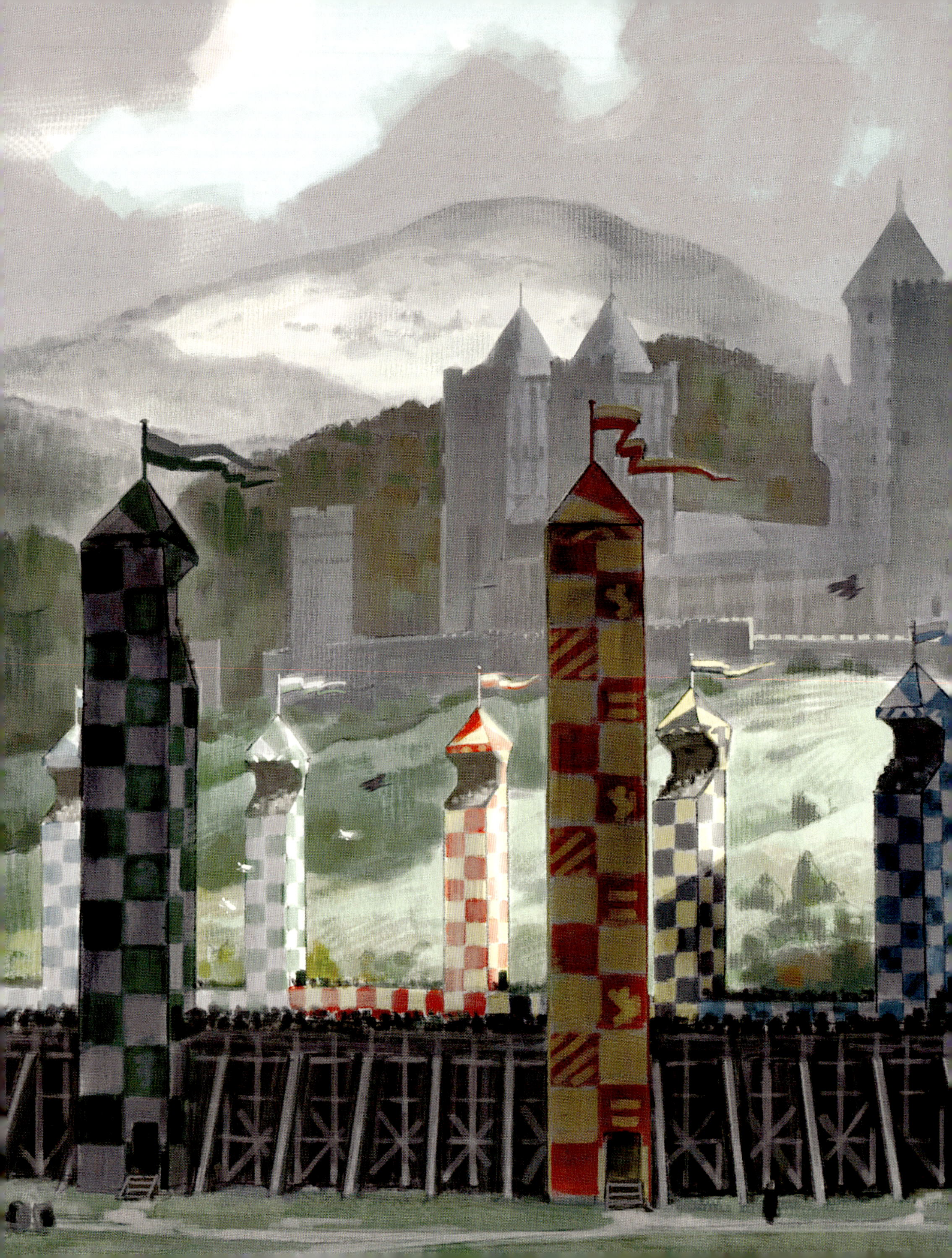

Kapitel 3:
Clubs & Wettkämpfe

„Ein weiteres Jahr ist vergangen. Und folglich steht nun die Verleihung des Hauspokals an. Der Punktestand lautet wie folgt …“

Albus Dumbledore in *Harry Potter und der Stein der Weisen*

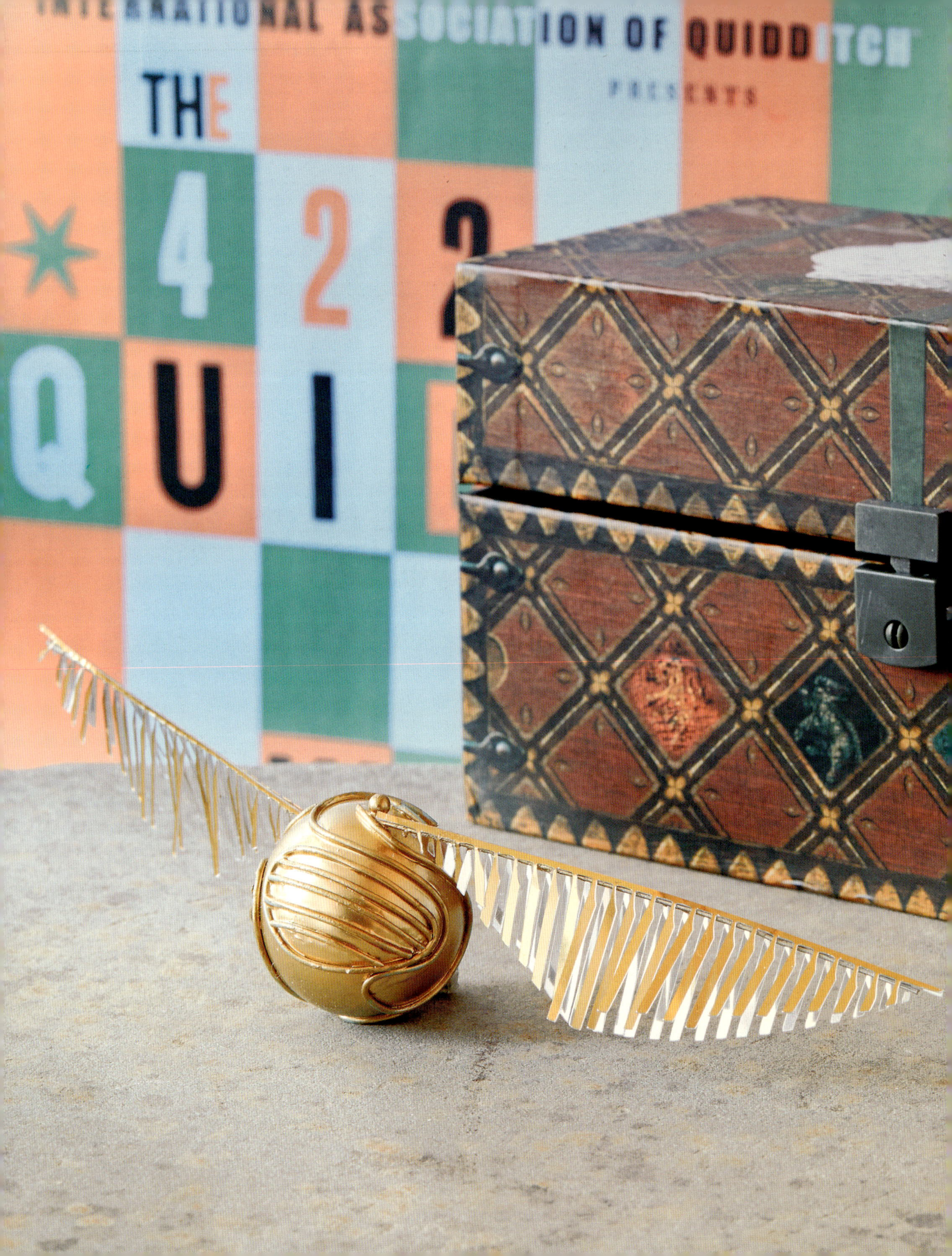
ASSOCIATION OF QUIDDITCH
PRESENTS
THE

Der Goldene Schnatz

Design: **HEATHER VAN DOORN**

SCHWIERIGKEITSGRAD ϟϟϟ

Jedes Jahr kämpfen die vier Häuser von Hogwarts in den Quidditch-Schulmeisterschaften, die am Ende der Saison stattfinden und bei denen Punkte für die Häuser gesammelt werden. Bei diesem Lieblingssport der magischen Welt geht es um Hochgeschwindigkeit in der Luft. Verzauberte Bälle, die Quaffel, versuchen, die Spieler von ihren Besen zu schubsen, während die Spieler ihrerseits versuchen, den Goldenen Schnatz zu fangen. Der Schnatz, eine gut walnussgroße Kugel, ausgestattet mit einem Paar Flügel, mit denen er wie ein Kolibri in der Luft stehen kann, hin und her zischt und seine Verfolger, die Sucher, mit unerwarteten Manövern foppt.

Harry Potters Flugtalent auf dem Besen wird schon im ersten Schuljahr erkannt. Als einer der jüngsten Sucher des Jahrhunderts verhilft er dem Gryffindor-Team zu mehreren Siegen. Bei der Erarbeitung des Designs für den Goldenen Schnatz, der sowohl in physischer wie auch digitaler Form benötigt wurde, beschäftigte sich das Entwicklungsteam mit aerodynamischen Ideen für die Flügelform. Sie orientierten sich an Mottenflügeln und Fischflossen, aber auch an Profilen, die Gerätschaften für Outdoor-Sportarten entlehnt waren und Segeln oder Rudern ähnelten. Das endgültige Flügeldesign besteht aus schmalen, vertikalen Streifen, die eine Art Segelform bilden. Wer diesen Goldenen Schnatz bastelt, bekommt 150 Punkte!

DU BRAUCHST

- Tischtennisball
- Bleistift
- Schere
- Preiswerte oder kaputte In-Ear-Kopfhörer (benötigt werden nur die Kabel)
- Handschuhe
- Sekundenkleber
- 2 Büroklammern, 32 mm hoch
- Seitenschneider (oder Nagelknipser)
- 2 Perlen, 3 mm Durchmesser
- Styroporplatte oder dicke Pappe zum Trocknen
- Goldmetallicfarbe für Kunststoff (falls keine Kunststofffarbe verwendet wird, ist zusätzlich Grundierung nötig)
- Cutter
- 2 Bögen Goldfolie oder goldenes Mylar-Papier
- Klebstoff (z.B. E6000)
- Zahnstocher

I

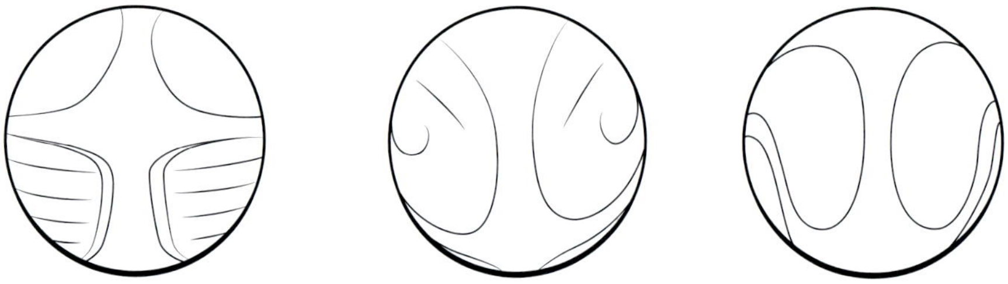

1. Der Körper des Schnatz hat ein charakteristisches Muster, das zuerst mit Bleistift auf dem Tischtennisball vorgezeichnet wird. Dabei dienen die Illustrationen als Orientierung.

2

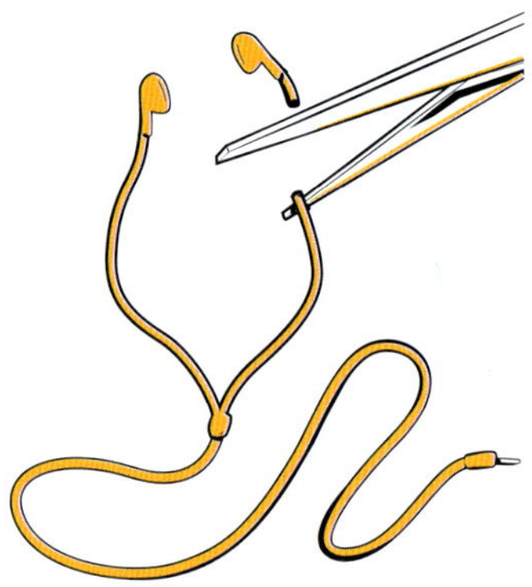

3

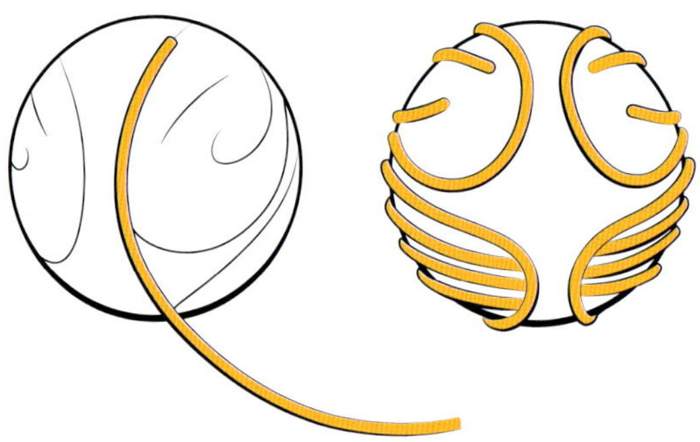

2. Mit der Schere die Ohrhörer von den Kabeln trennen, dann die beiden Kabel voneinander trennen. Insgesamt werden etwa 50 cm ummanteltes Kabel benötigt.

3. Gummihandschuhe anziehen. Vom Kabel Stücke abschneiden und mit Sekundenkleber auf die vorgezeichneten Musterlinien kleben.

4

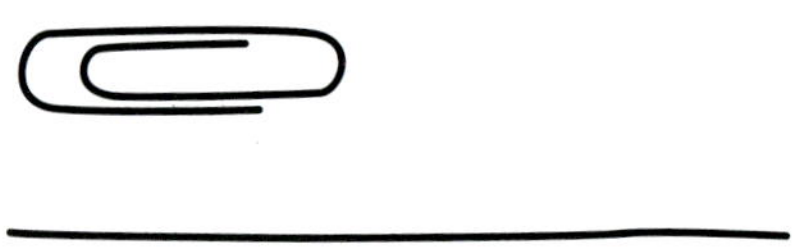

5

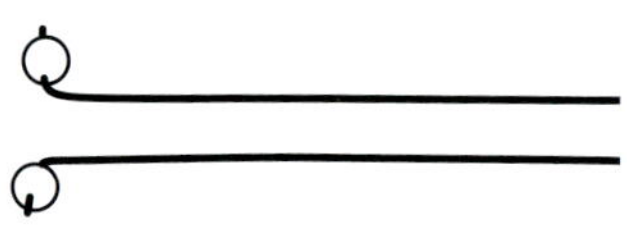

6

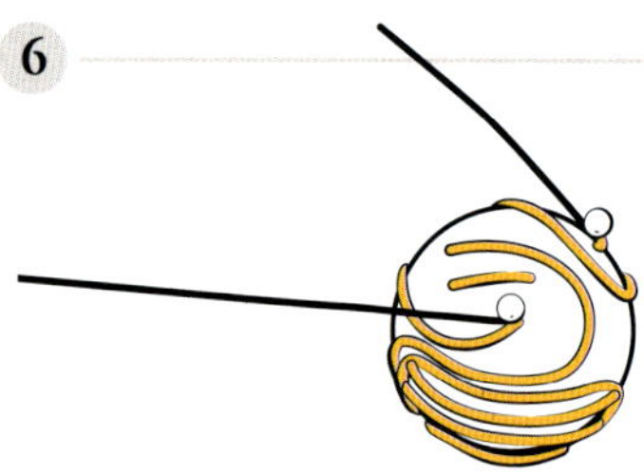

4. Die Büroklammern gerade biegen und mit dem Seitenschneider auf 11,5 cm kürzen.

5. Die Enden der Büroklammern kurz um 90° biegen und auf jede eine Perle fädeln.

6. Das kurze Stück Draht hinter der Perle oben rechts und links in den Tischtennisball stecken und mit Sekundenkleber festkleben.

7–8

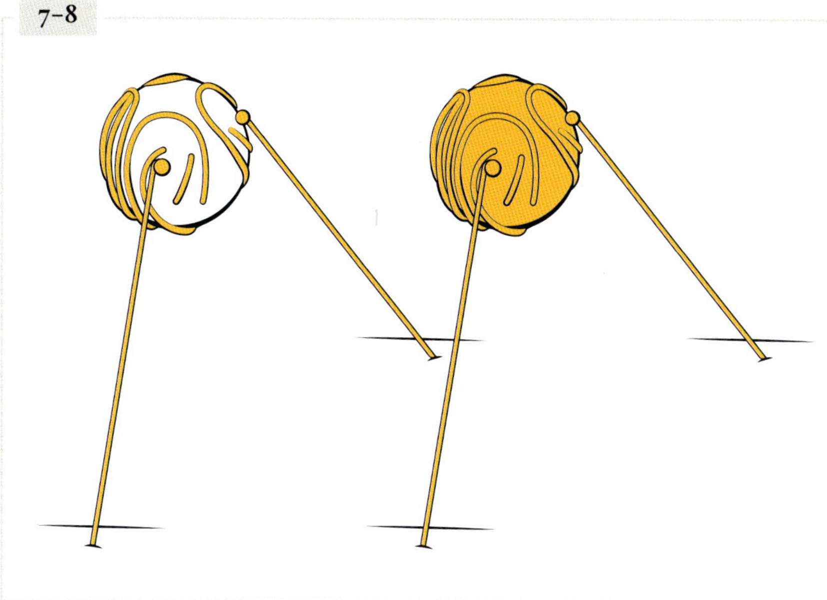

9

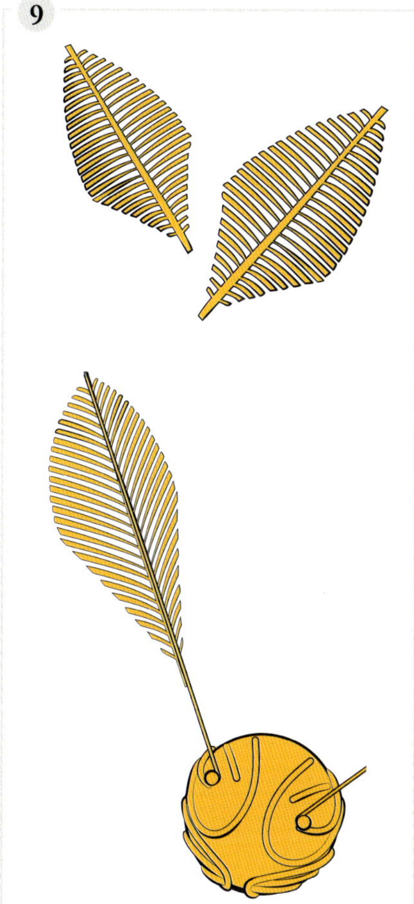

10

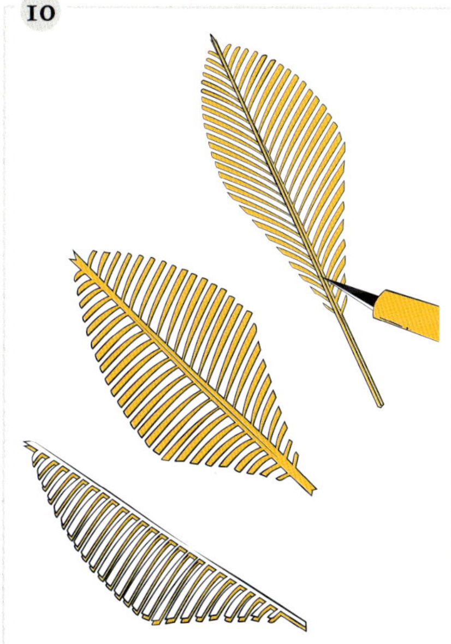

7. Die Drähte wie auf dem Foto zu sehen in die Styroporplatte oder Pappe stecken.

8. Den Tischtennisball und die Drähte mit Goldfarbe besprühen. Die Farbe nur dünn auftragen, dann trocknen lassen und bei Bedarf wiederholen. Wenn keine Farbe für Kunststoff verwendet wird, muss der Tischtennisball zuerst grundiert werden.

9. Mit einem Cutter zwei Flügel aus der Goldfolie zuschneiden (siehe Abildungen). Wer eine digitale Schneidemaschine verwendet, kann die Vorlagen von www.topp-kreativ.de/digibib herunterladen. Der Freischaltecode steht im Impressum.

10. Die ausgeschnittenen Flügel längs entlang der Mittellinie vorsichtig falzen (die Folie dabei nicht beschädigen!), dann zur Hälfte falten. Wird Mylar-Folie mit einer goldenen und einer silbernen Seite verwendet – so wie hier –, muss die goldene Seite auf der Außenseite der Flügel liegen.

11. Auf jeden Draht mit einem Zahnstocher einen dünnen Strang Klebstoff auftragen und die Flügel daran festkleben.

Hinter den Kulissen

Um das Geräusch der kleinen, aber kräftigen Flügel zu vermitteln, wählte das Sounddesign-Team ein Summen, das an Kolibris erinnert.

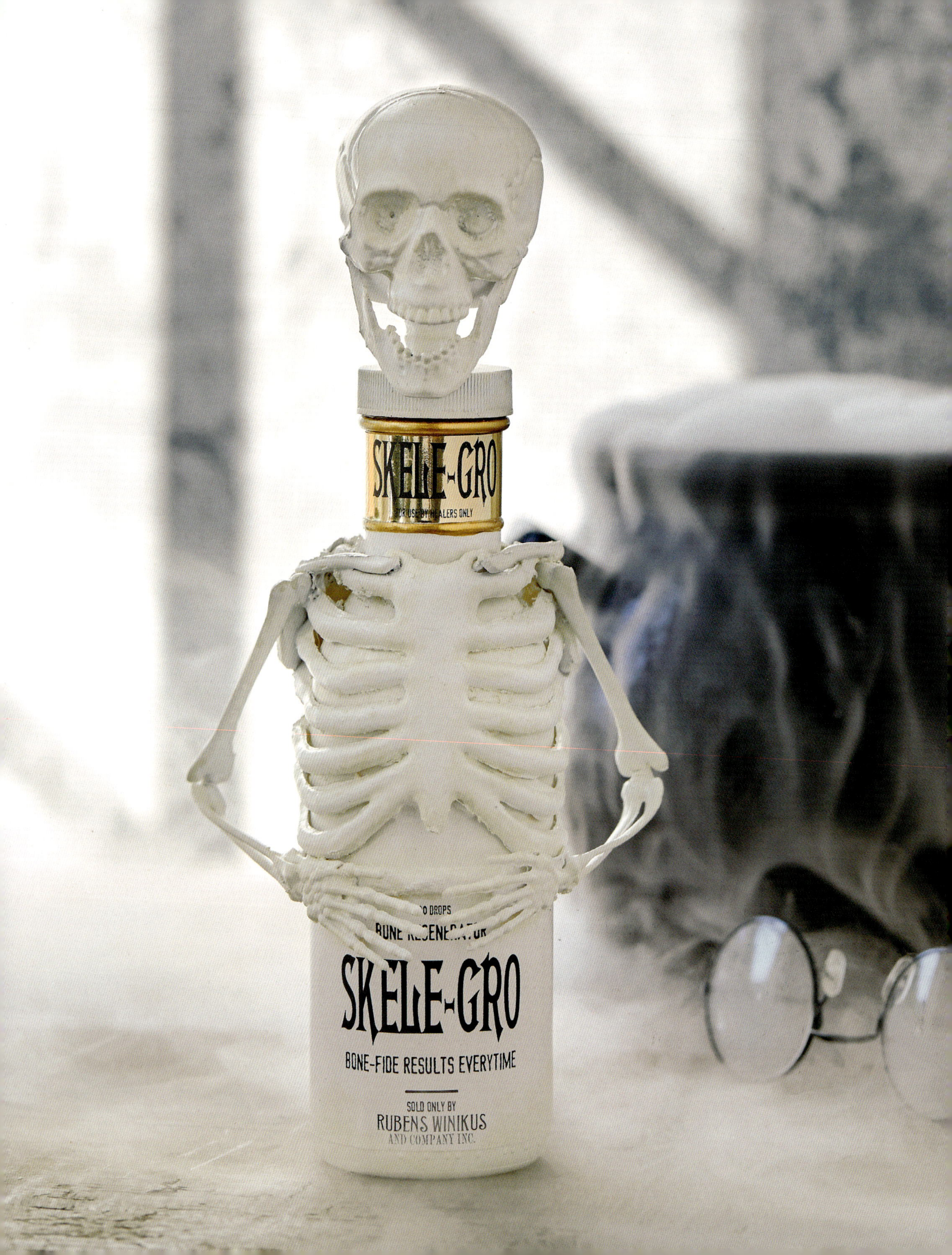
SKELE-GRO
SKELE-GRO
BONE-FIDE RESULTS EVERYTIME
SOLD ONLY BY
RUBENS WINIKUS
AND COMPANY INC.

Skele-Wachs-Flasche

Design: **VANESSA BRADY**

SCHWIERIGKEITSGRAD ϟϟ

Quidditch ist mitunter ein brutaler Sport, dabei kann es durchaus zu Armbrüchen kommen. In *Harry Potter und die Kammer des Schreckens* hatte Gryffindor-Sucher Harry Potter jedoch nach einem Spiel gar keine Knochen mehr im Arm! Während eines ruppigen Spiels gegen Slytherin stürzt ein gegnerischer Klatscher, während Harry nach dem Goldenen Schnatz greift, in seinen Arm. Harry gelingt es noch, den Schnatz mit der linken Hand zu fangen, bevor er den Boden berührt (und das Spiel gewinnt), aber der Klatscher greift weiter an, bis Hermine ihn mit *Finite Incantatem* explodieren lässt. Professor Gilderoy Lockhart eilt zur Rettung herbei und will Harrys Arm mit einem Zauber heilen. Lockhart verwendet den Zauber *Brackium Emendo* allerdings falsch – da braucht Harry sich keine Sorgen mehr um gebrochene Knochen zu machen, denn die Knochen in seinem Arm sind gänzlich verschwunden! Schnell wird er in den Krankenflügel gebracht, wo Madam Pomfrey eine Flasche Skele-Wachs öffnet. Dieses Elixier kann die Knochen wieder wachsen lassen, aber Pomfrey warnt Harry, dies könne sehr schmerzhaft werden.

Die Requisitendesigner entwarfen eine Flasche mit einem schädelförmigen Stopfen und einem Stück Wirbelsäule, das in den Flaschenhals hineinreicht. Als Griffe dienen Armknochen. Eine wirklich aussagekräftige äußere Form!

DU BRAUCHST

- Leere Flasche mit etwas größerer Öffnung, z.B. von Salatdressing
- Schere
- Plastikskelett, 38 cm lang
- Heißklebepistole und Klebestifte
- Sprühfarbe in Weiß
- Acrylfarbe in Gold
- Pinsel
- Flaschenetiketten (auf dem Stickerbogen im Anhang)
- Druckerpapier in Gold
- Druckerpapier in Weiß
- Doppelseitiges Klebeband
- Acrylfarbe in Cremeweiß

1. Zuerst die leere Flasche gründlich spülen und alle Etiketten entfernen.
2. Schädel, Arme und Brustkorb vorsichtig vom Skelett abtrennen.
3. Den Brustkorb so von oben auf die Flasche schieben, dass er etwa bis zur Mitte reicht. Falls er zu eng ist, muss er hinten aufgeschnitten werden.
4. Den Brustkorb innen mit Heißkleber bestreichen und an die Flasche drücken, um ihn sicher zu befestigen.
5. Direkt unter den Rippen mit Heißkleber einen Wulst auf die Flasche auftragen.
6. Die Skelettarme oben am Brustkorb festkleben, die Hände ruhen auf dem Wulst.
7. Den Schädel mit Heißkleber auf dem Flaschendeckel befestigen.
8. Die Flasche und alle Skelettteile rundum gleichmäßig mit weißer Farbe einsprühen. Eventuell wiederholen, falls die Farbe im ersten Arbeitsgang nicht vollständig deckt.
9. Oben und unten rings um den Flaschenhals dünne Wülste aus Heißkleber auftragen. Wenn die Flasche bereits solche Wülste aufweist, diesen Schritt einfach überspringen.
10. Die Wülste am Flaschenhals mit Goldfarbe bemalen.
11. Die Etiketten (vom Bogen im Anhang dieses Buchs) auf die Flasche kleben.
12. Etwas cremeweiße Acrylfarbe auf das Skelett tupfen und verwischen, damit die Knochen glaubwürdiger aussehen.

3

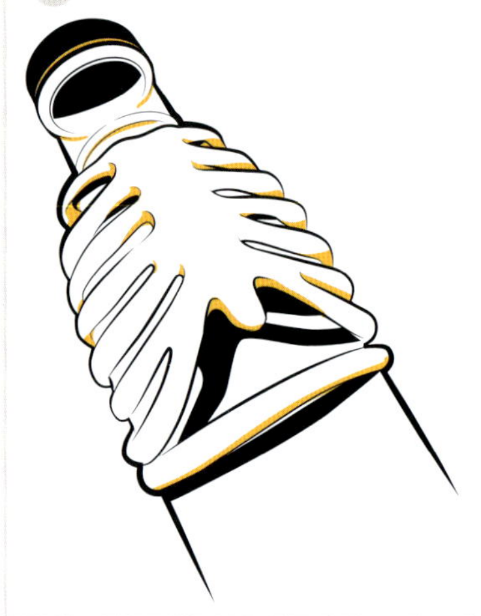

6

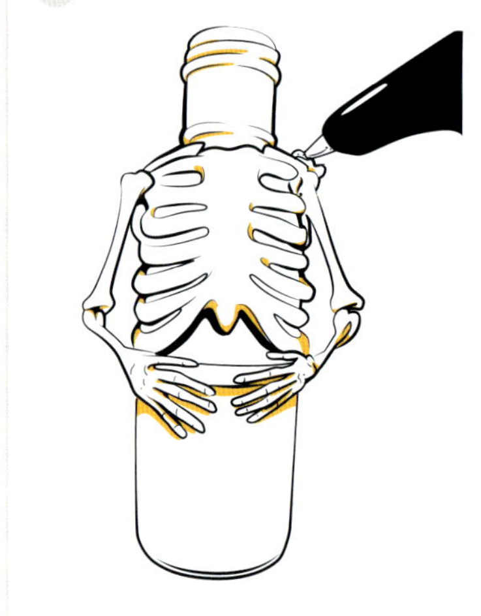

10

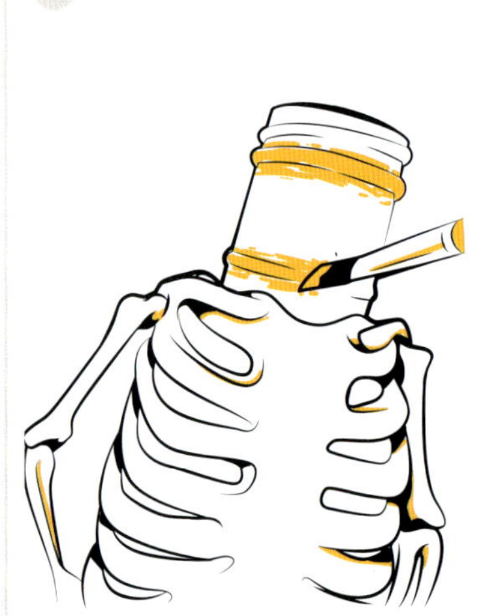

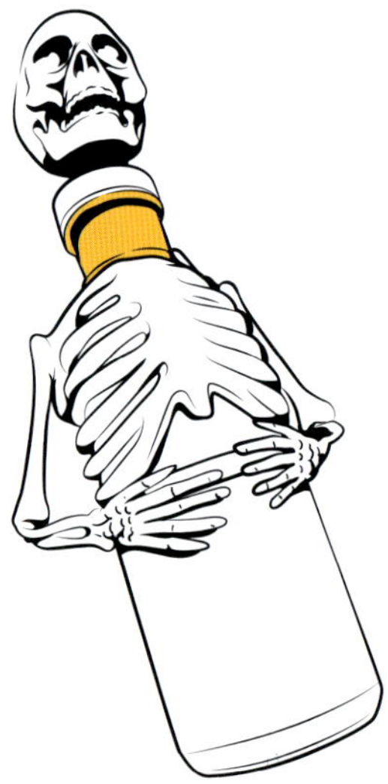

Hinter den Kulissen

Auf dem Etikett, das die Grafiker für den Film entwickelten, heißt es, das Knochenwuchsmittel liefere „Bone-Fide Results Everytime“ – ein Wortspiel mit dem englischen *bone* (= Knochen) und dem lateinischen Ausdruck *bona fide*, der *im guten Glauben* bedeutet.

„Ich kann Knochen im Handumdrehen heilen. Aber sie neu wachsen lassen …“

Madame Pomfrey in *Harry Potter und die Kammer des Schreckens*

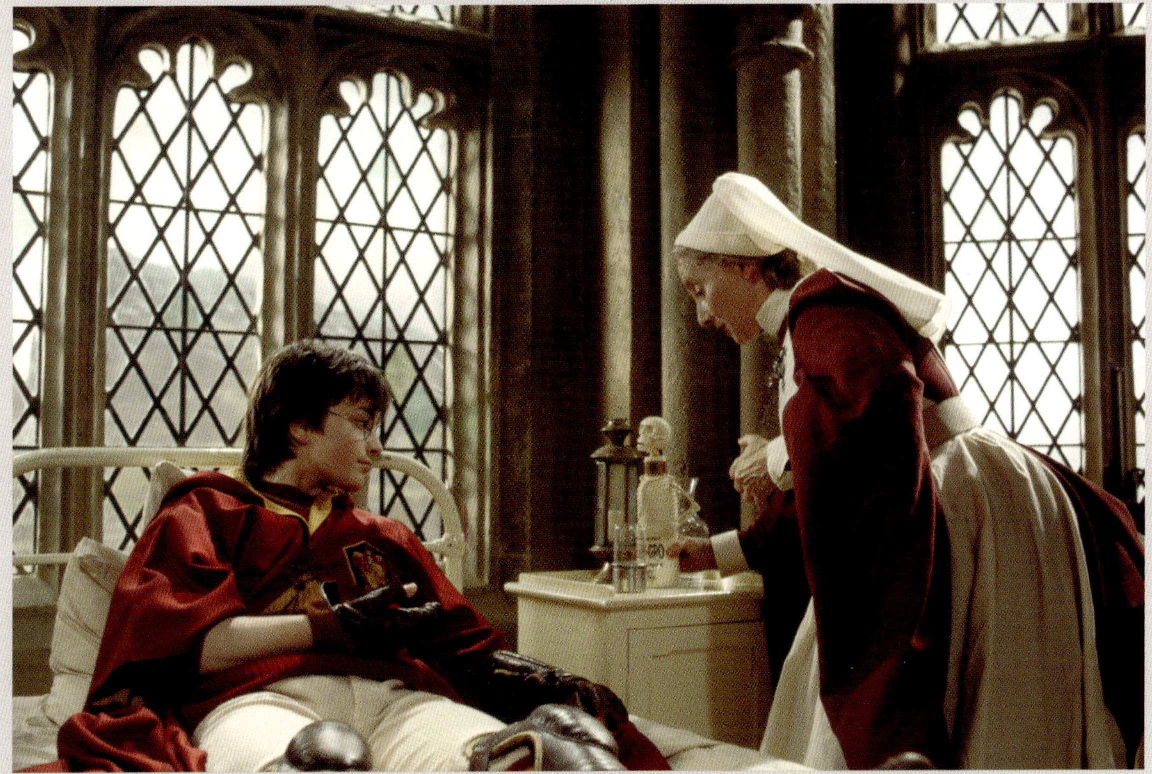

OBEN: Madam Pomfrey (Gemma Jones) gießt Harry Potter (Daniel Radcliffe) in *Harry Potter und die Kammer des Schreckens* die erste Dosis des Zaubertranks Skele-Wachs ein. Geschmacklich kann der Trank mit Kürbissirup nicht mithalten.

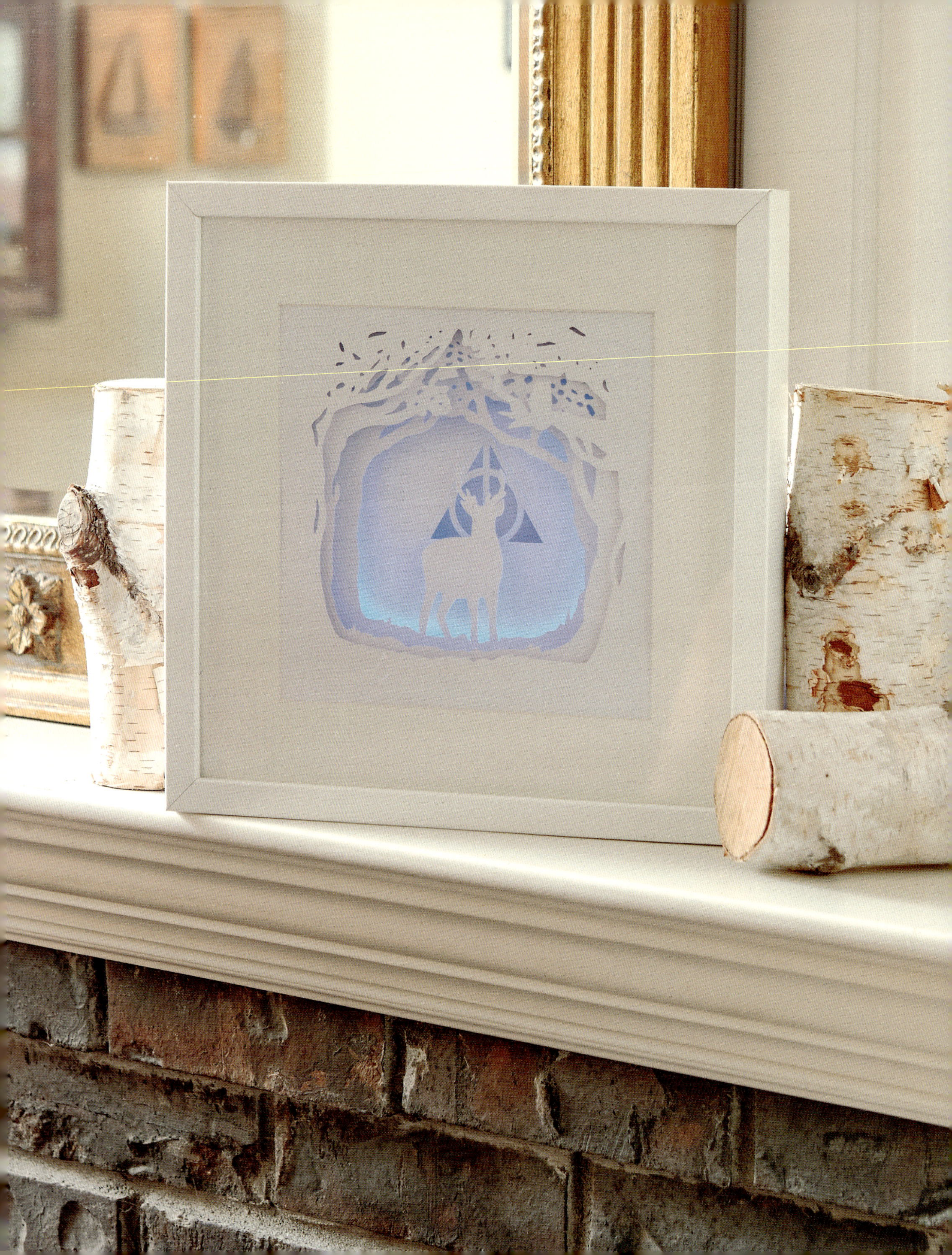

Leuchtbild Patronuszauber

Design: **VANESSA BRADY**

SCHWIERIGKEITSGRAD ϟϟϟϟ

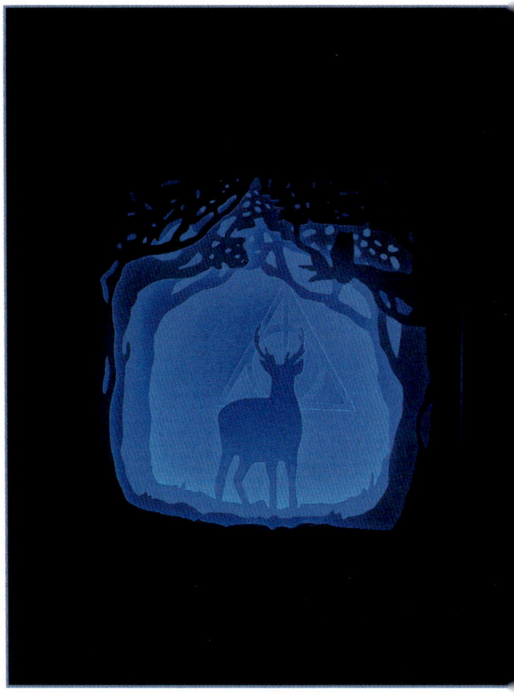

Als Ron, Hermine und Harry in *Harry Potter und der Gefangene von Askaban* im Zug nach Hogwarts sitzen, werden sie von dunklen Kreaturen bedroht, die ihren Opfern jedes positive Gefühl rauben: Dementoren. Glücklicherweise teilen sie sich ihr Abteil mit dem neuen Professor für Verteidigung gegen die dunklen Künste, Remus Lupin, der die Angreifer mit dem Zauber *Expecto Patronum* abwehrt. Harry ist von den Dementoren so sehr verängstigt, dass Lupin ihm den Patronuszauber beibringt: ein Verteidigungszauber gegen Dementoren, der ein Schutzwesen heraufbeschwört. Der Patronus kann als schildartiger, silbrig schimmernder Nebel in Erscheinung treten oder die Gestalt eines Tiers annehmen.

Als Dolores Umbridge sich in *Harry Potter und der Orden des Phönix* weigert, die Schüler nicht nur theoretisch in Verteidigung gegen dunkle Künste zu unterrichten, wird Harry zum Tutor und Anführer einer Gruppe Schüler, die sich Dumbledores Armee nennt. Nach wochenlangem, heimlichem Unterricht bringt Harry der Gruppe den Patronuszauber bei, und einigen Schülern gelingt das Heraufbeschwören eines individuellen Patronus: Ginny gelingt ein galoppierendes Pferd, Ron ein Jack-Russell-Terrier, der Neville Longbottom niedermäht, und Luna Lovegood ein Hase, der von Wand zu Wand springt. Die Digital Artists statteten diese Figuren mit gekräuselten Texturen, Energielinien und Lichtschweifen aus.

Dieses Leuchtbild stellt Harry Potters Patronus – und übrigens auch den seines Vaters James – dar: einen Hirsch.

DU BRAUCHST

- Patronusvorlagen (Seite 120–121)
- Transparentpapier
- Kreppband
- Bleistift
- Tonkarton in Weiß
- Cutter
- Bastelkleber
- Rundholz (6 mm Durchmesser)
- 3D-Bilderrahmen (Objektrahmen) mit Passepartout (30 × 30 × ca. 5 cm)
- LED-Leuchtband mit Batteriebetrieb
- Doppelseitiges Klebeband

1. Ein Stück Transparentpapier auf Vorlage A legen, an den Rändern mit Kreppband festkleben und das Motiv mit Bleistift nachzeichnen.
2. Das Transparentpapier mittig auf einen Bogen weißen Tonkarton legen und das Motiv sorgfältig mit einem Cutter ausschneiden.
3. Die Schritte 1 und 2 mit den Vorlagen B, C und D wiederholen.
4. Das Rundholz in vier gleich lange Stücke sägen. Jedes ist so lang wie die Seiten der Schattenbox. Dann die vier Stücke jeweils vierteln, sodass 16 kleine Abstandhalter entstehen.
5. Je vier Abstandhalter auf die Rückseiten der zugeschnittenen Motive A, B, C und D kleben.
6. Die Motive der Reihe nach in den Rahmen legen. Nach D ein Stück Karton ohne Ausschnitt auflegen.
7. Das LED-Leuchtband an den Innenseiten des Rahmens festkleben. Den Batteriekasten mit kräftigem, doppelseitigem Klebeband fixieren.
8. In die Rückwand des Rahmens eine kleine Öffnung schneiden, durch die der Batterieschalter zugänglich ist.

A

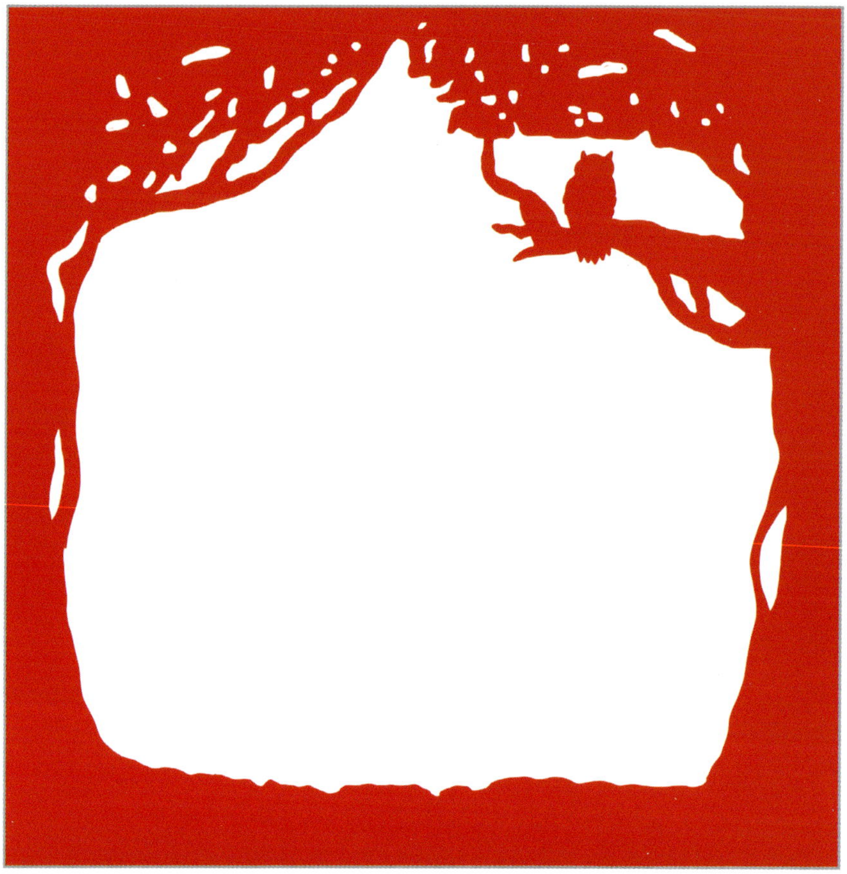

B

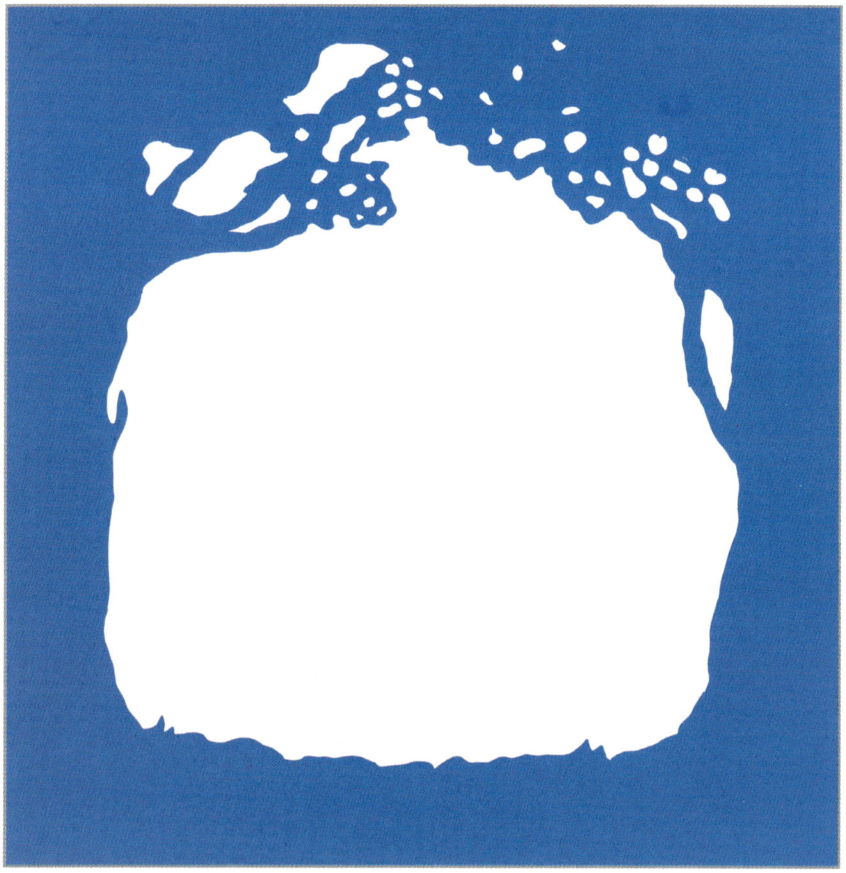

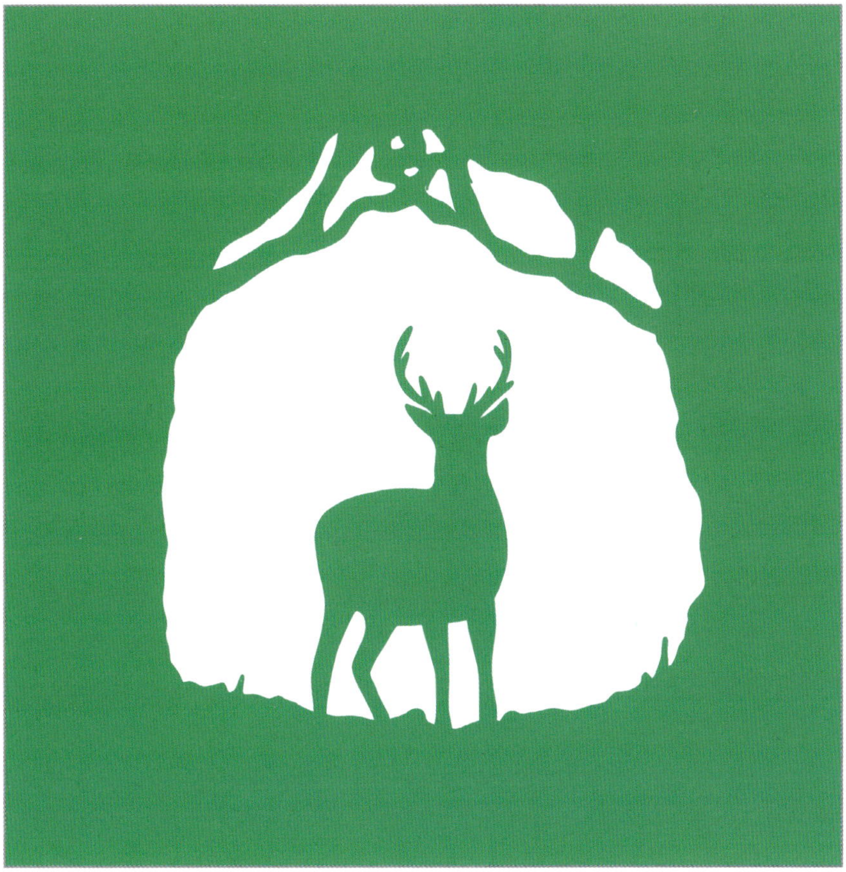

C

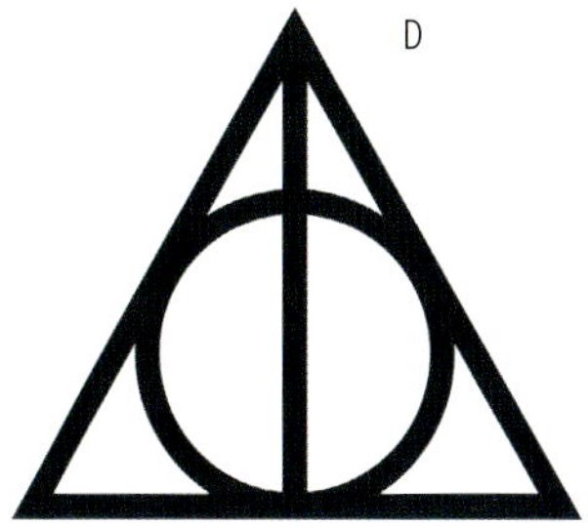

D

Hinter den Kulissen

Digital Artists sorgten dafür, dass das Licht der Patroni auf die Wände im Raum der Wünsche schien und von den Spiegeln und Fenstern des geheimen Übungsraums reflektiert wurde.

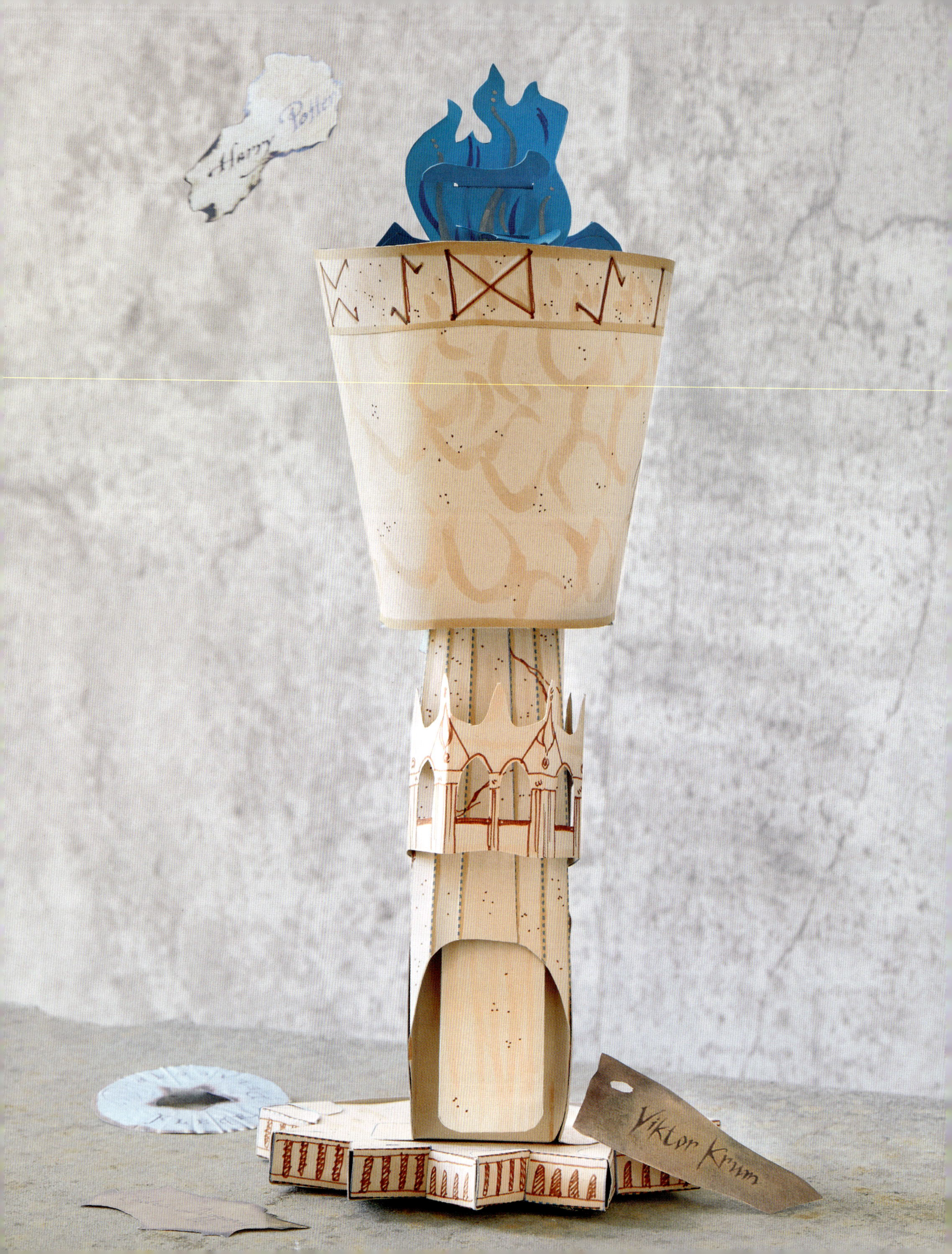
Harry Potter
Viktor Krum

Pop-up-Feuerkelch

Design: **MATTHEW REINHART**

SCHWIERIGKEITSGRAD ϟϟϟϟ

Das Trimagische Turnier, das zwischen drei europäischen Zauberschulen ausgetragen wird, findet in *Harry Potter und der Feuerkelch* an der Hogwarts-Schule für Hexerei und Zauberei statt. Sobald die reizenden Damen der Beauxbatons-Akademie für Zauberei und die stolzen Söhne des Durmstrang-Instituts eintreffen, enthüllt Albus Dumbledore den hölzernen, verzauberten Feuerkelch. Jeder volljährige Schüler, der am Turnier teilnehmen möchte, kann seinen Namen auf ein Stück Papier schreiben und es in die flackernden blauen Flammen des Feuerkelchs werfen. Der 1,5 Meter hohe Kelch für die Filmarbeiten ist aus einem dicken Ast einer englischen Ulme geschnitzt. „Wir haben das beste Stück Holz genommen, das wir finden konnten", sagt Produktionsdesigner Stuart Craig, „knorrig, knotig und rissig." Der Rand des Kelchs ist mit Runen verziert, Stiel und Fuß mit detailreichen Schnitzereien im gotischen Stil, die an die Architektur von Hogwarts erinnern.

Wenn die Teilnehmer des Wettbewerbs ausgewählt werden, färben sich die blauen Flammen des Kelchs rot und speien die Zettel mit den Namen der Auserwählten aus. Dreimal färben sich die Flammen rot: für Fleur Delacour aus Beauxbatons, Viktor Krum aus Durmstrang und Cedric Diggory aus Hogwarts. Dann, zum großen Erstaunen aller Anwesenden, färben sich die Flammen ein viertes Mal rot und nominieren einen weiteren Teilnehmer: Harry Potter!

DU BRAUCHST

- Pop-Up-Vorlagen (Seite 175–181)
- Lineal
- Falzbein oder Stricknadel
- Schneidewerkzeug, z.B. Cutter
- Klebstoff
- Tonpapier, Filzstifte, Washi Tape u.Ä. zum Verzieren

2

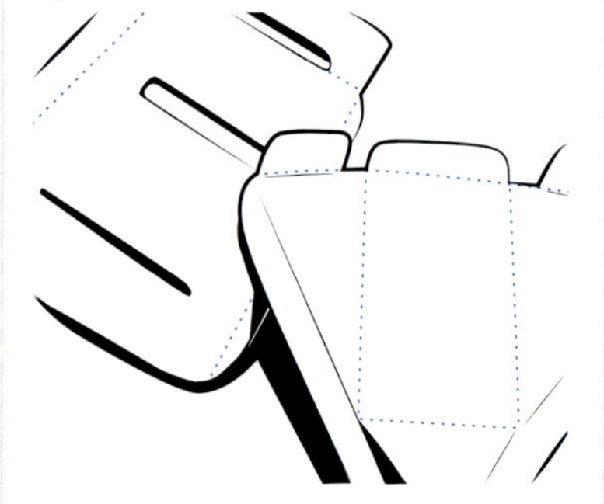

3

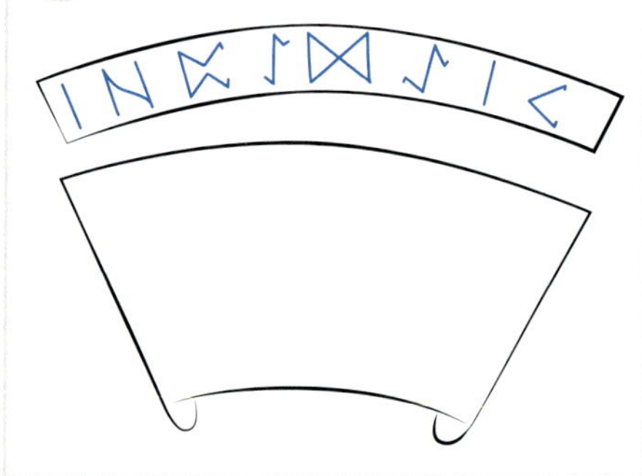

1. Die Vorlagen von Seite 175–181 ausstanzen.
2. Alle Vorlagenteile scharf entlang der gefalzten Linien knicken.

4

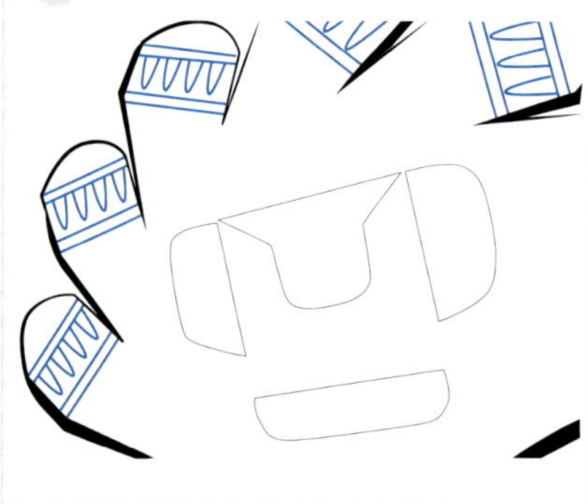

5

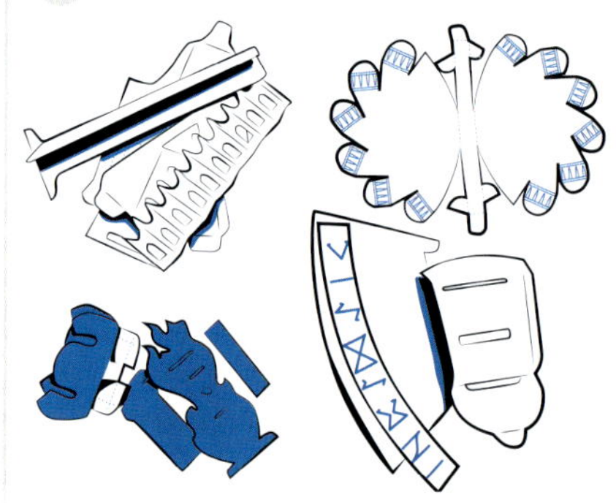

3. Nach Belieben kann ein separater Streifen Papier für den Kelchrand zugeschnitten werden. Es ist aber auch möglich, diesen Schritt zu überspringen und den Rand später einfach aufzumalen.
4. Alle Teile bemalen oder anderweitig verzieren. Das ist einfacher vor dem Zusammenbau, wenn sie flach liegen.

6

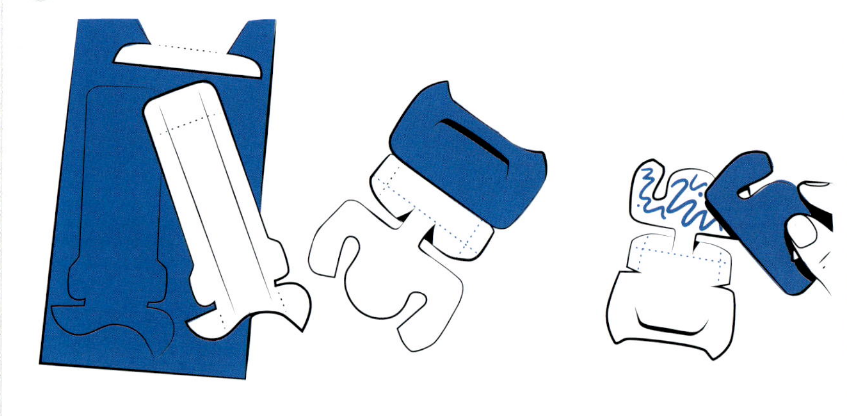

5. Nun die Teile in Gruppen sortieren, um beim Zusammenbau den Überblick zu behalten: Flamme (A, C, G, H und L), Kelch (B, D und K), Fuß (I) und Stiel (E, F und J).
6. Für die blauen Flammen (A, C, G, H und L) das Papier auf beiden Seiten blau anmalen. Alternativ die Vorlage auf blaues Tonpapier übertragen und ausschneiden. In diesem Fall müssen alle Falz- und Schnittlinien mitübertragen werden, damit der Pop-up-Mechanismus später funktioniert.

DIE FLAMME ZUSAMMENBAUEN

1. Die Laschen auf die entsprechenden grauen Markierungen der Vorlage kleben.

2

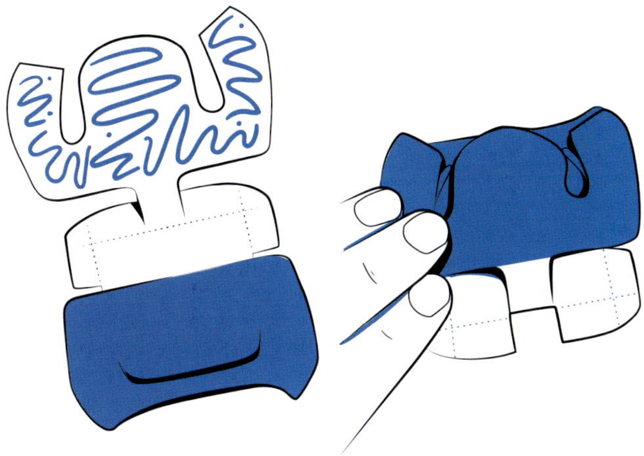

2. Teil A an der mittleren Falzzlinie knicken und auf die andere Hälfte kleben. Darauf achten, dass dabei der Schlitz nicht zugeklebt wird. Hier wird später ein anderes Teil eingesteckt.

3

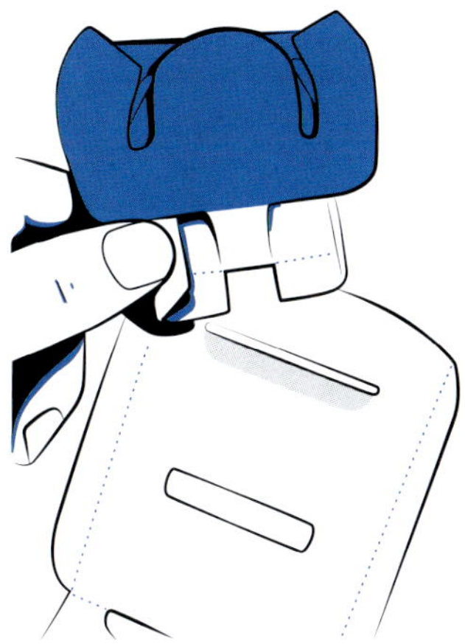

3. Die Laschen von Teil A an den Falzlinien knicken, sodass Teil A in den schmaleren oberen Schlitz in Teil B passt.

4

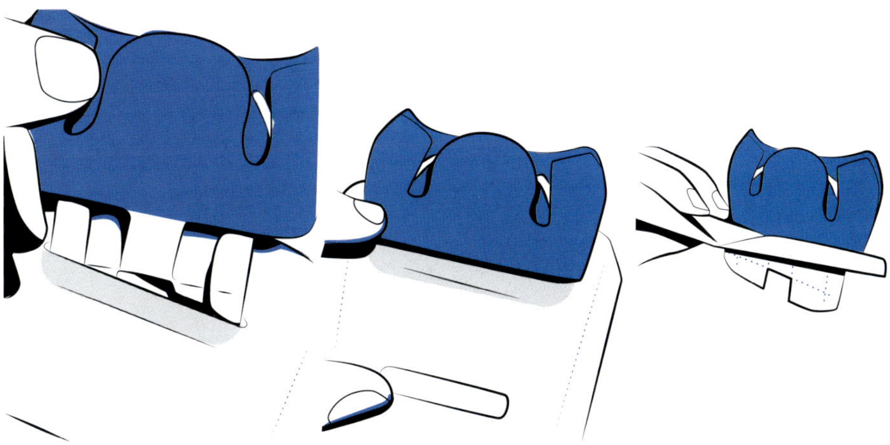

4. Teil A vollständig in den Schlitz von Teil B schieben, dann die Laschen unten an Teil A auseinanderfalten, um es zu fixieren. Dies ist die Rückseite der Flamme. Sie wird innen an der Rückseite des Kelchs befestigt.

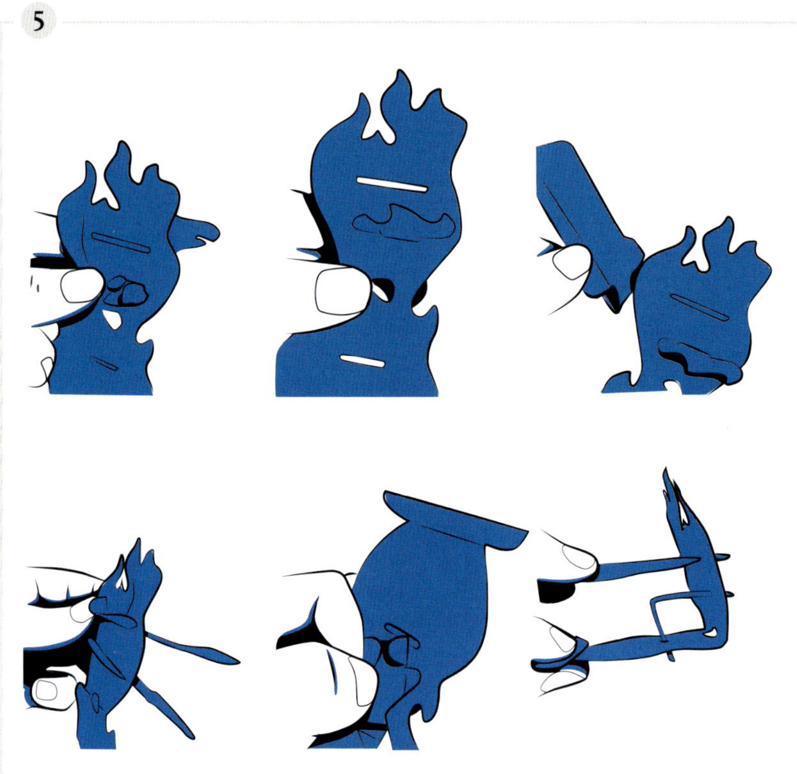

5. Teil L von hinten in den zweiten Schlitz von Stück C schieben. Dann die Laschen von Teil L auseinanderfalten, um es zu fixieren. Zur Verstärkung Teil G auf die graue Markierung von Teil H kleben. Teil H in den oberen Schlitz von Teil C schieben und die Laschen auseinanderfalten, um Teil H zu fixieren. Teil L an der mittleren Falzlinie knicken und das andere Ende von hinten in den unteren Schlitz von Teil C schieben.

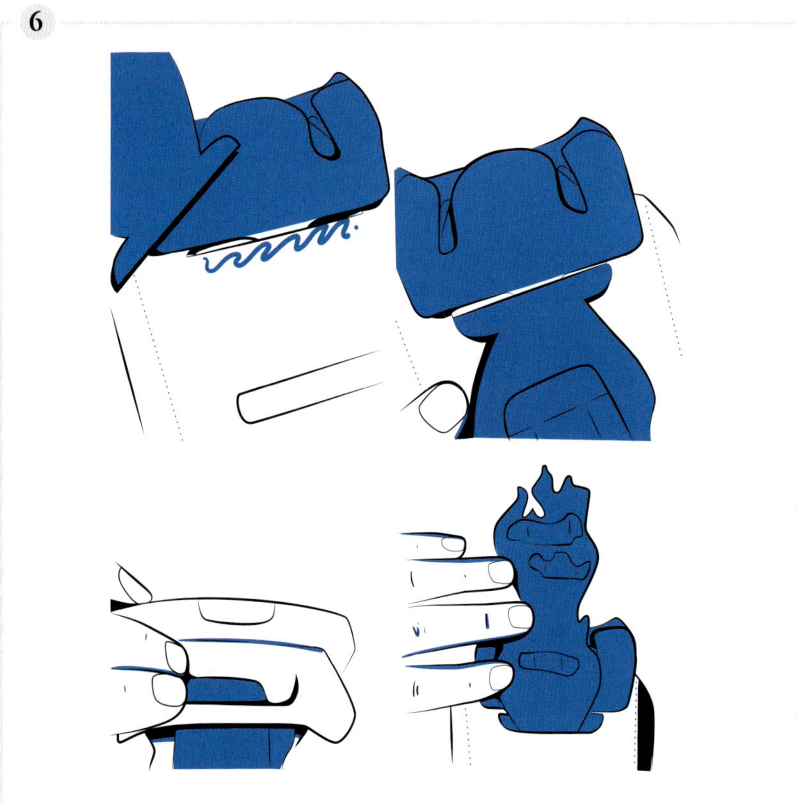

6. Das Fußelement von Teil A auf die graue Markierung an Teil B kleben. Es liegt oben, unterhalb der Stelle, an der Teil C eingefügt wurde. Das freie Ende von Teil H in den Schlitz in Teil C schieben, dann die Lasche an die Markierung auf Teil B kleben.

TIPP: Wenn der gesamte Mechanismus nach unten gedrückt wird, sollte er völlig flach liegen. Wenn dies nicht der Fall ist, ist wenigstens ein Stück falsch ausgerichtet oder an der falschen Stelle gefaltet worden.

ZUGLASCHE UND STIEL ZUSAMMENBAUEN

1. Teil J an der Falzlinie knicken und zusammenkleben. Dadurch wird es stabiler.
2. Teil B wenden (Flammenseite liegt unten) und so drehen, dass das runde Ende zu dir zeigt. Das eckige obere Ende von Teil E auf die mittlere rechteckige Öffnung von Teil B kleben. Die Öffnungen beider Teile sollen genau aufeinander ausgerichtet sein.
3. Teil B herunterklappen und das eckige Ende von Teil J von hinten durch den mittleren rechteckigen Schlitz in Teil B schieben. Dann durch den unteren Schlitz führen.
4. Teil B wieder hochklappen. Das breite untere Ende der Zuglasche (J) an die Unterseite von Teil C kleben (siehe Abbildung).
5. Das kleine Dreieck am oberen Ende von Teil D an das entsprechende schattierte Dreieck an Teil E kleben. Die Teile umdrehen und den Stiel zukleben. Dafür die abgerundete Seite von Teil E unter die eckigere Seite kleben. Die Zuglasche befindet sich jetzt innerhalb des Stiels.
6. Die kleine Lasche am oberen Ende von Teil E auf die Unterseite des Kelchbodens (B) kleben.

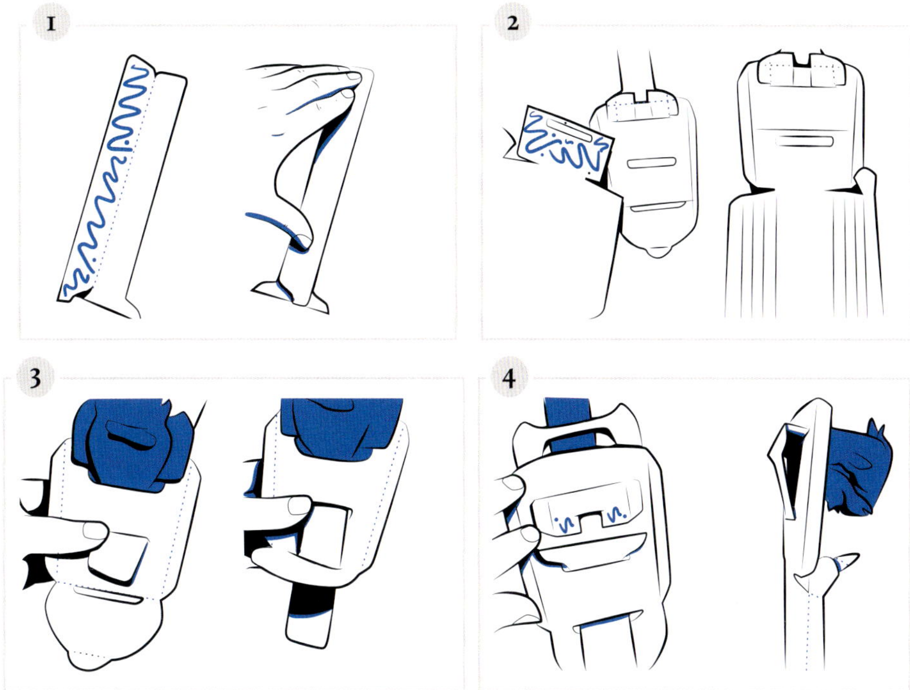

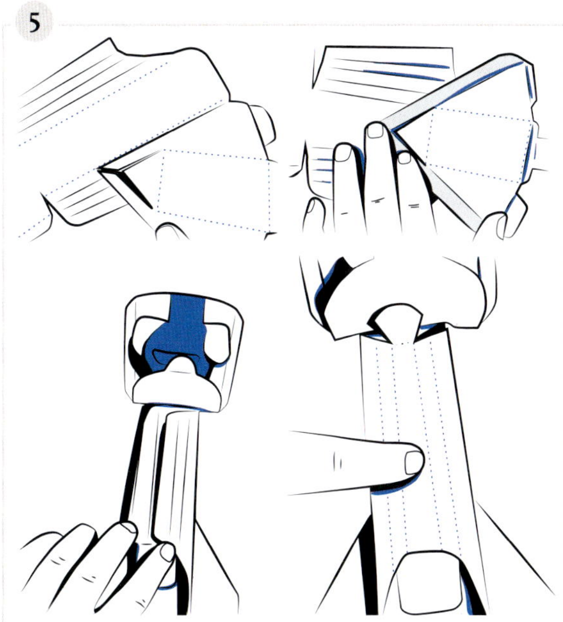

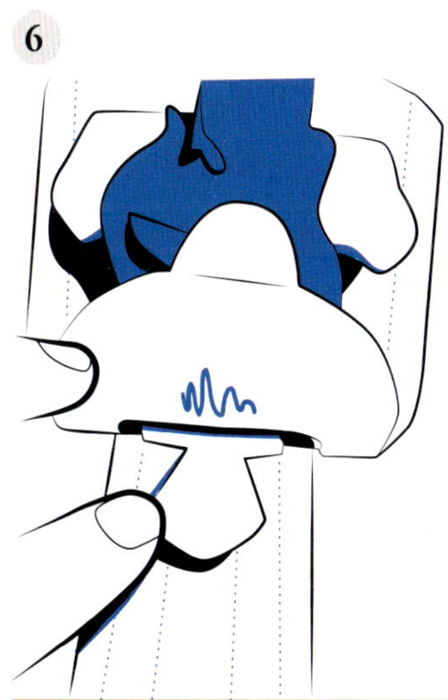

TIPP: Das Ankleben des kleinen Dreiecks gelingt leichter, wenn die Teile flach liegen. Es sollte also gemacht werden, bevor der restliche Stiel zusammengesetzt wird.

DEN FUSS ZUSAMMENBAUEN

1

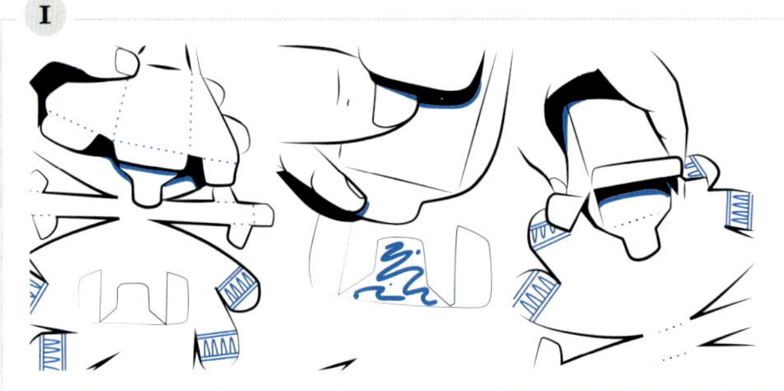

2

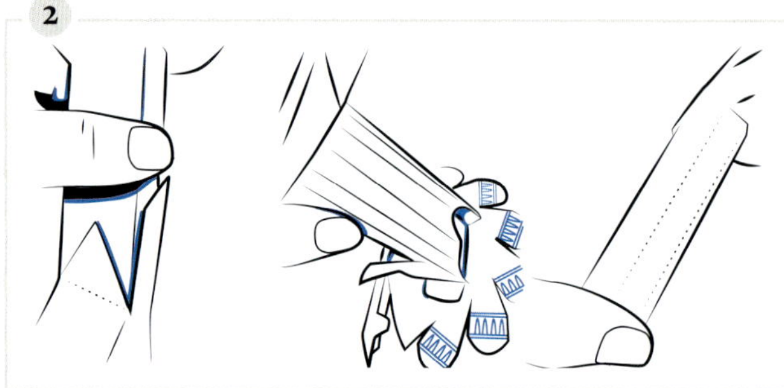

3

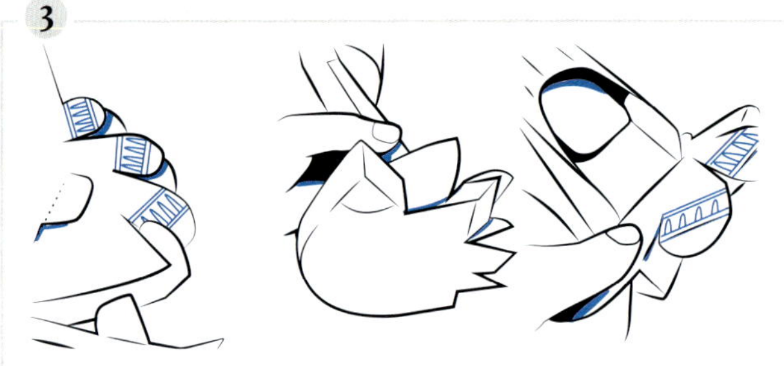

1. Die kleine Lasche an Teil E auf die entsprechende graue Markierung auf Teil I kleben. Die drei Laschen an Teil D auf Teil I kleben, dabei an den grauen Markierungen orientieren.
2. Die langen Laschen von Stück D an die Seiten des Stiels (E) kleben.
3. Nun die Segmente des Rands nach unten falten und die Laschen unter dem Boden auf die grauen Markierungen kleben.

DEN KELCH ZUSAMMENBAUEN

1

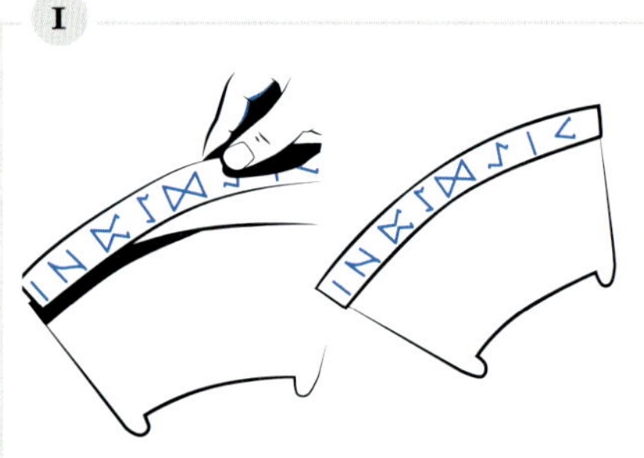

2

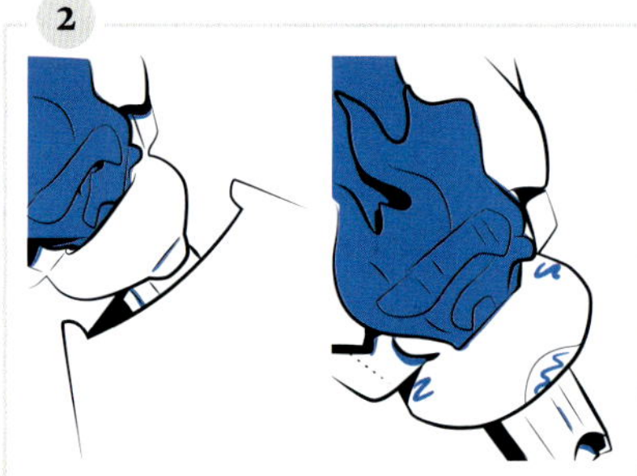

3

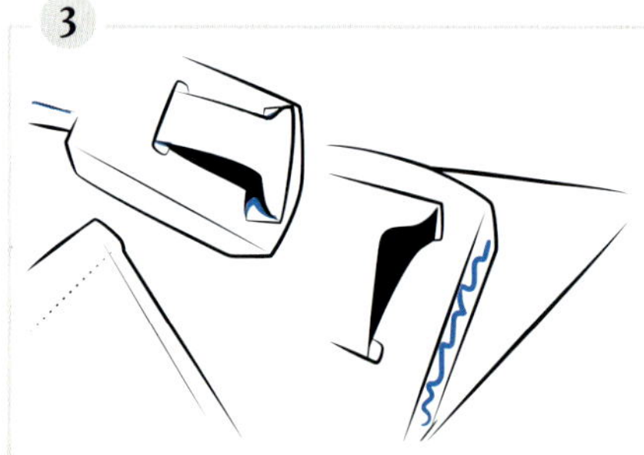

4

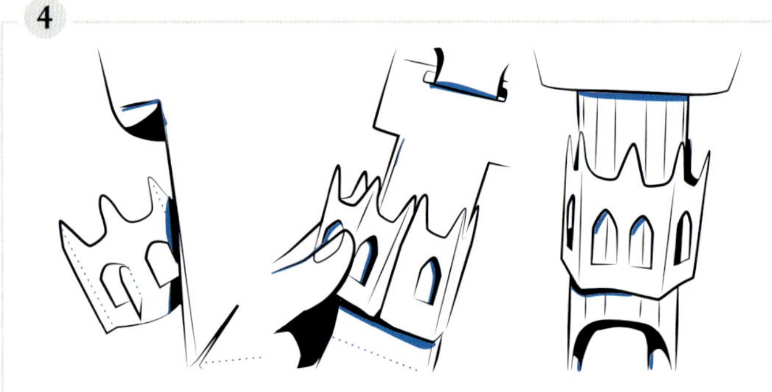

1. Falls ein separater Rand zugeschnitten wurde, wird er jetzt auf den oberen Rand von Teil K geklebt.
2. Die drei kleinen Laschen des Kelchs (K) auf die grauen Markierungen auf der abgerundeten Seite von Teil B kleben.
3. Die Seiten des Kelchs (K) an die seitlichen Laschen von Teil B kleben.
4. Zuletzt die Stieldekoration (F) auf Teil E kleben. Dabei an den grauen Markierungen orientieren.

Hinter den Kulissen

Die Runen am Rand des Kelches basieren auf dem älteren Futhark, einem von mehreren Runenalphabeten aus dem 2. Jahrhundert.

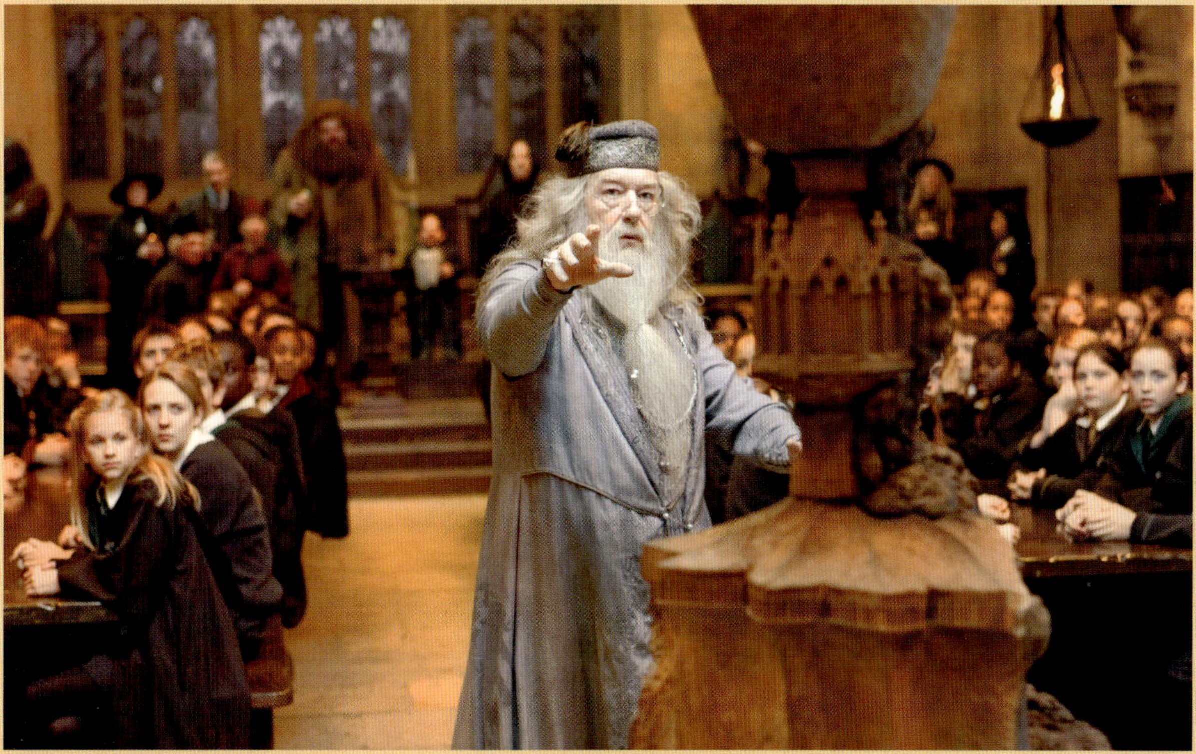

OBEN: In *Harry Potter und der Feuerkelch* enthüllt Hogwartsschulleiter Albus Dumbledore (Michael Gambon) in der Großen Halle vor den gespannten Schülern den Feuerkelch.

„Ich würde gerne einige Worte sagen. Nie endender Ruhm winkt dem Schüler, der das Trimagische Turnier gewinnt."

Albus Dumbledore in *Harry Potter und der Feuerkelch*

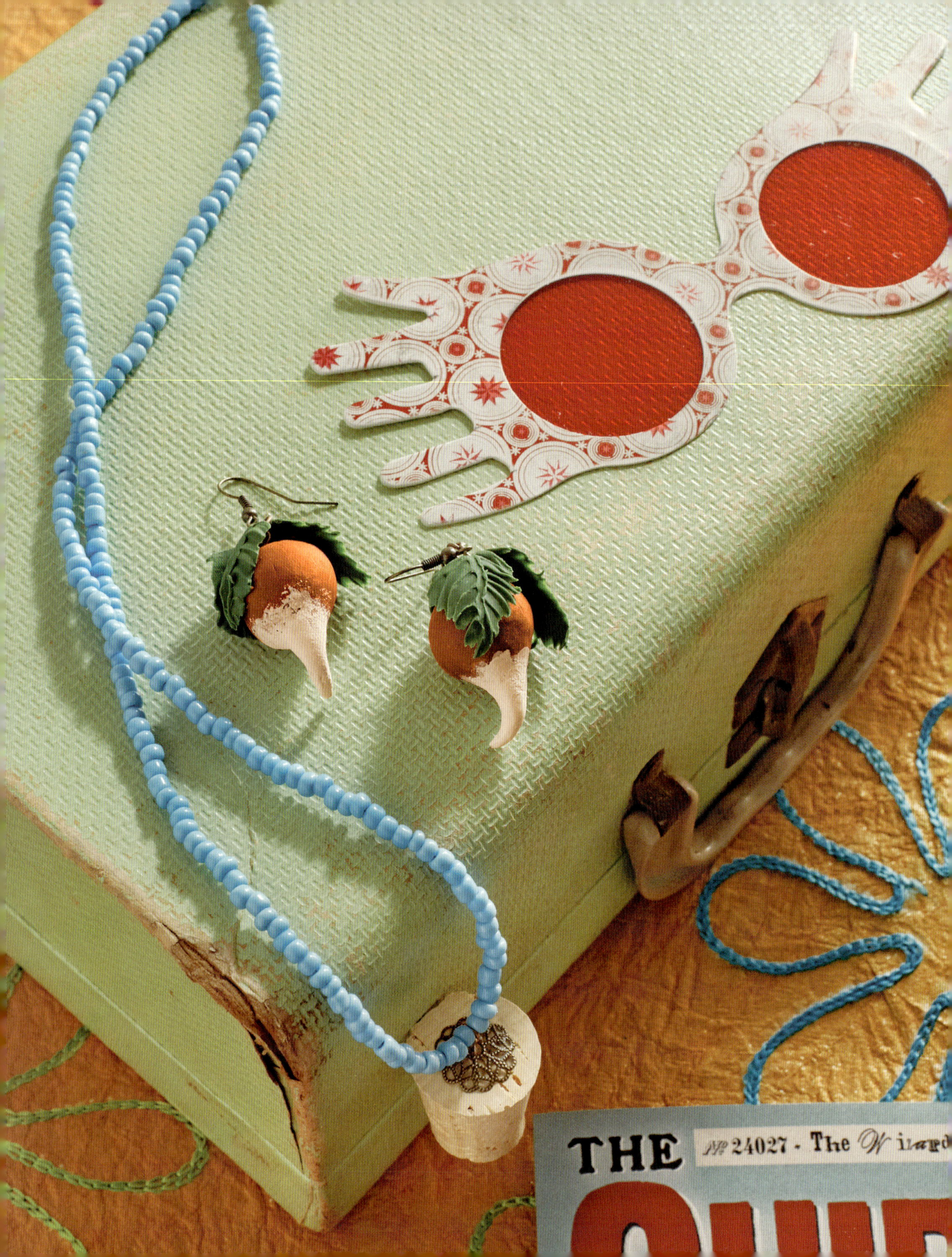
THE
№ 24027 - The

Lunas Kette mit Butterbierkorkenanhänger und Lenkpflaumen-Ohrringe

Design: **HEATHER VAN DOORN**

SCHWIERIGKEITSGRAD ϟϟϟϟ

In *Harry Potter und der Orden des Phönix* sieht Harry bei der Ankunft in Hogwarts zum ersten Mal, dass die Kutschen, die die Schüler zum Schloss bringen, von Thestralen gezogen werden: bis auf die Knochen abgemagerten, geflügelten Pferdewesen. Seine Freunde haben keine Ahnung, wovon er spricht. Nur Luna Lovegood kann sie ebenfalls sehen. Hermine fällt Lunas ungewöhnlicher Halsschmuck auf: eine Kette aus blauen Perlen mit einem Butterbierkorken als Anhänger. Luna, gespielt von der Schauspielerin Evanna Lynch, trägt die Halskette zum Schutz vor Nargeln. Dieses magische Ungeziefer macht nur Ärger – wenn man an sie glaubt. Luna tut es, und es ist ihr egal, was andere Leute darüber denken. Die Ravenclaw-Schülerin trägt auch ein Paar Ohrringe aus Lenkpflaumen, die optisch an Radieschen erinnern. Als ihr von der Kostümbildnerin ein Paar dieser Ohrringe in Radieschenrot überreicht wurde, wies Lynch darauf hin, dass sie orange sein sollten, und fertigte den Schmuck kurzerhand selbst in der richtigen Farbe an.

Luna schließt sich den Freunden von Dumbledores Armee an, um gegen den Dunklen Lord zu kämpfen. Während der letzten Schlacht in *Harry Potter und die Heiligtümer des Todes – Teil 2* sieht man sie wieder mit dieser blauen Perlenkette. Offenbar hat ihr der Talisman jahrelang die Nargel vom Hals gehalten.

DU BRAUCHST

FÜR DIE KETTE

- 2 längliche Quetschperlen
- 65 cm Schmuckdraht, 0,4 mm Durchmesser
- 1 Kettenverschluss
- Krimpzange
- Rundzange
- Glasperlen in Türkis, 6 mm Durchmesser
- Schmuckdraht, 0,5 mm Durchmesser
- Bohrmaschine und dünner Bohrer, ca. 0,6 mm
- Flaschenkorken
- Seitenschneider oder Nagelknipser
- 2 dekorative Perlkappen, 1 große und 1 kleine

FÜR DIE OHRRINGE

- 1 Päckchen (57 g) Fimo® in Orange
- 1 Päckchen (57 g) Fimo® in Grün
- Schmuckdraht, ca. 0,5 mm Durchmesser
- Seitenschneider oder Nagelknipser
- Rundzange
- Acrylfarbe in Weiß
- Fimo® Liquid
- Rohlinge für Ohrhänger
- 2 Sprengringe

DIE KETTE

1. Eine Quetschperle auf den Schmuckdraht fädeln. Das Drahtende (ca. 2,5 cm lang) zur Schlaufe legen, durch den Kettenverschluss und wieder zurück durch die Quetschperle führen.
2. Die Quetschperle mit der Krimpzange fest zusammendrücken. So kann der Draht nicht mehr herausrutschen.
3. Die türkisfarbenen Perlen auffädeln, bis noch etwa 2,5 cm Schmuckdraht frei sind.
4. Eine Quetschperle auffädeln, das Drahtende zur Schlinge legen, durch das Gegenstück des Kettenverschlusses und zurück durch die Quetschperle führen.
5. Das Drahtende so weit wie möglich durchziehen, dann die Quetschperle mit der Krimpzange zusammendrücken.
6. Ein Stück Schmuckdraht abschneiden, das deutlich länger als der Korken ist.
7. Den Korken in der Mitte der Länge nach durchbohren.
8. Den Draht durch den Korken fädeln. Das untere Drahtende (am kleineren Korkendurchmesser) mit der Rundzange u-förmig umbiegen.
9. Den Draht durch die kleinere Perlenkappe ziehen und diese mit dem Draht-U dicht an die Unterseite des Korkens herandrücken.
10. Das andere Ende des Drahts durch die größere Perlenkappe fädeln, dann mit der Rundzange umbiegen und das Ende wieder zurück durch die Kappe und in den Korken schieben. Dabei über dem Korken eine kleine Schlaufe zum Befestigen der Kette stehen lassen.
11. Mit der Rundzange aus Schmuckdraht einen kleinen s-förmigen Haken zurechtbiegen.
12. Eine Seite des Hakens in die Schlaufe auf der Oberseite des Korkens einhängen, das andere Ende in die Mitte der Halskette.

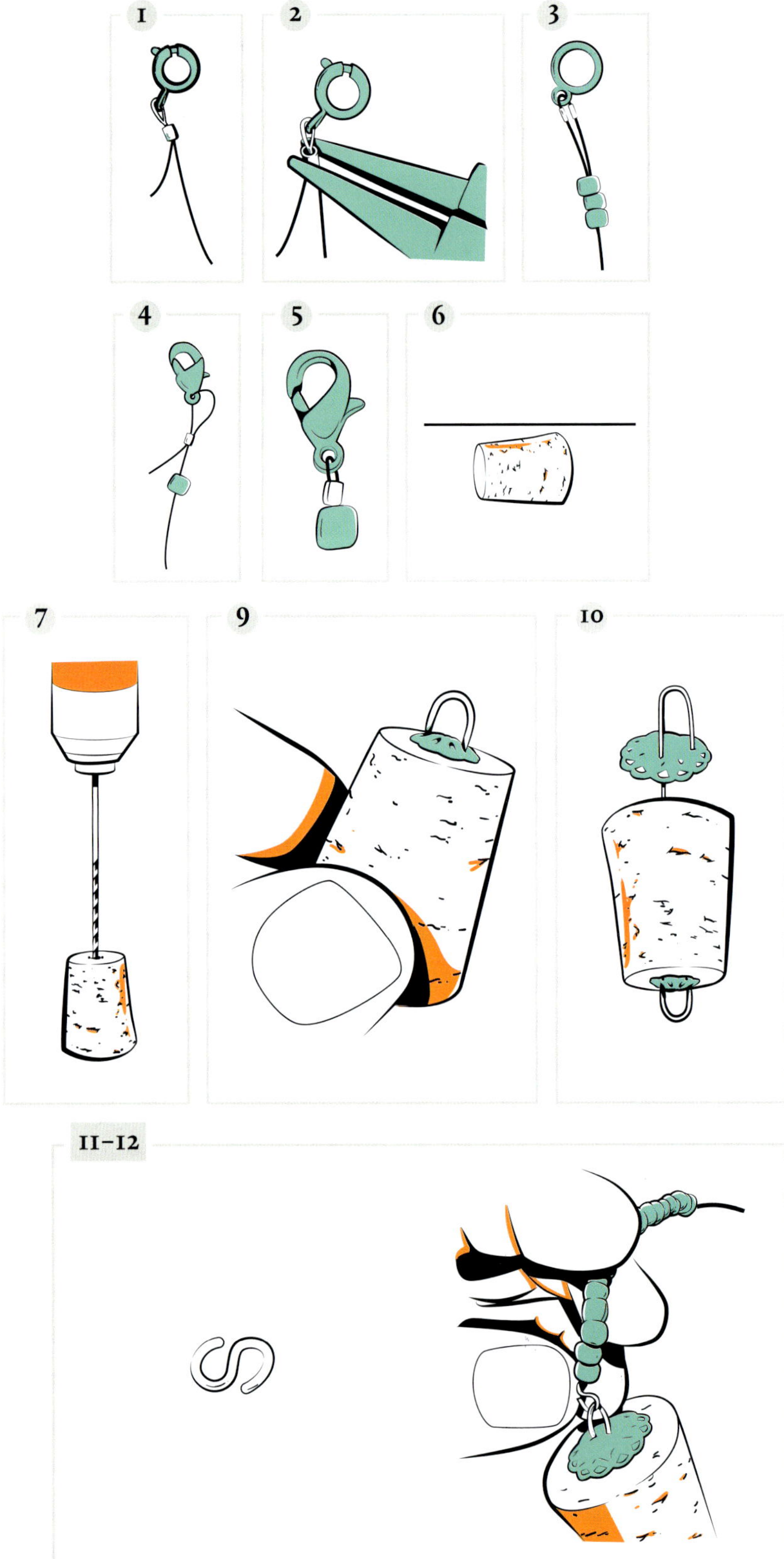

DIE OHRRINGE

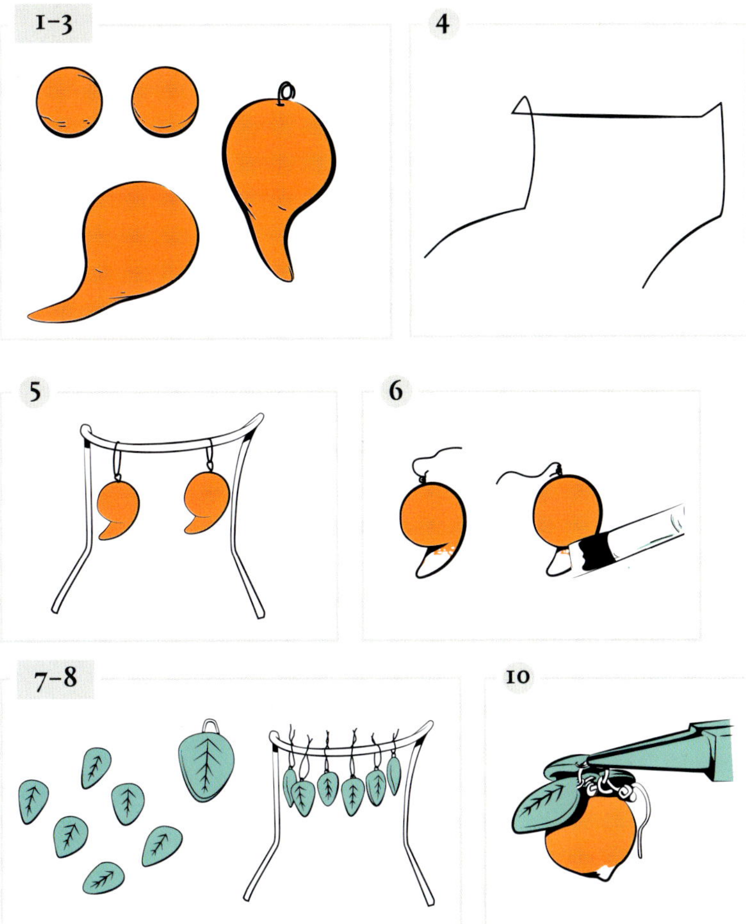

1. Aus orangefarbenem Fimo® zwei Kugeln mit ca. 2 cm Durchmesser rollen.
2. Jede Kugel an einem Ende verjüngen, sodass Tropfenformen entstehen. Die verjüngten Spitzen etwas krümmen.
3. Zwei kurze Stücke Schmuckdraht (ca. 1,2 cm) abschneiden und je ein Ende mit der Rundzange zu winzigen Schlaufen biegen. Etwas Fimo® Liquid auf die geraden Enden geben und diese ins dicke Ende der Pflaumen stecken.
4. Zum Härten im Backofen muss eine Aufhängevorrichtung gebaut werden, damit sich die Pflaumen nicht verformen. Dafür ein Stück Draht von ca. 20 cm Länge zu einem standfesten „Schaukelgestell" biegen (siehe Abbildung 4).
5. Die Pflaumen mit zusätzlichen Drahtschlaufen an den Querbügel der Vorrichtung hängen und gemäß Packungsanweisung im Backofen härten. Abkühlen lassen, dann von der Vorrichtung nehmen.
6. Etwas weiße Acrylfarbe auf die Spitzen der Pflaumen tupfen.
7. Nun aus grünem Fimo® sechs Blätter formen. Am Stielende müssen sie mindestens 3 mm dick sein.
8. Mit einer Rundzange aus 5 mm langen Drahtstücken kleine u-förmige Bögen formen.
9. Die Enden jedes Bogens ins dicke Stielende eines Blatts stecken, sodass eine kleine Schlaufe herausschaut. Die Blätter so auf die Aufhängevorrichtung hängen, dass sie sich nicht berühren, und im Backofen härten.
10. Mit der Rundzange einen Sprengring öffnen. Drei Blätter, eine Pflaume und einen Ohrhängerrohling einhängen, dann den Sprengring wieder schließen.
11. Den anderen Ohrring ebenso zusammensetzen.

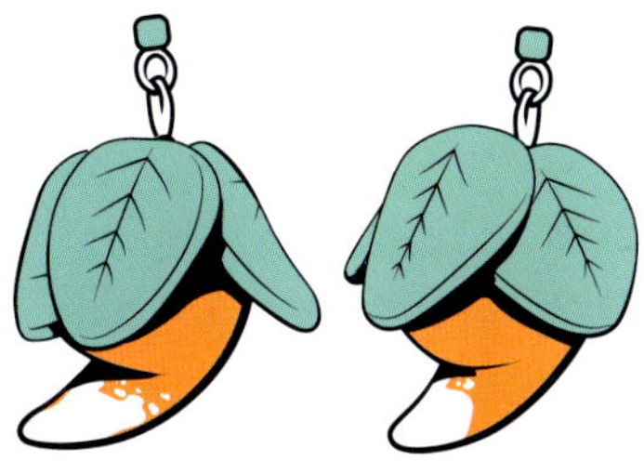

HERMINE: „WAS FÜR 'N NETTER ANHÄNGER."
LUNA: „JA, ES IST EIN AMULETT. ES BESCHÜTZT DICH VOR NARGELN."

Hermine Granger und Luna Lovegood in *Harry Potter und der Orden des Phönix*

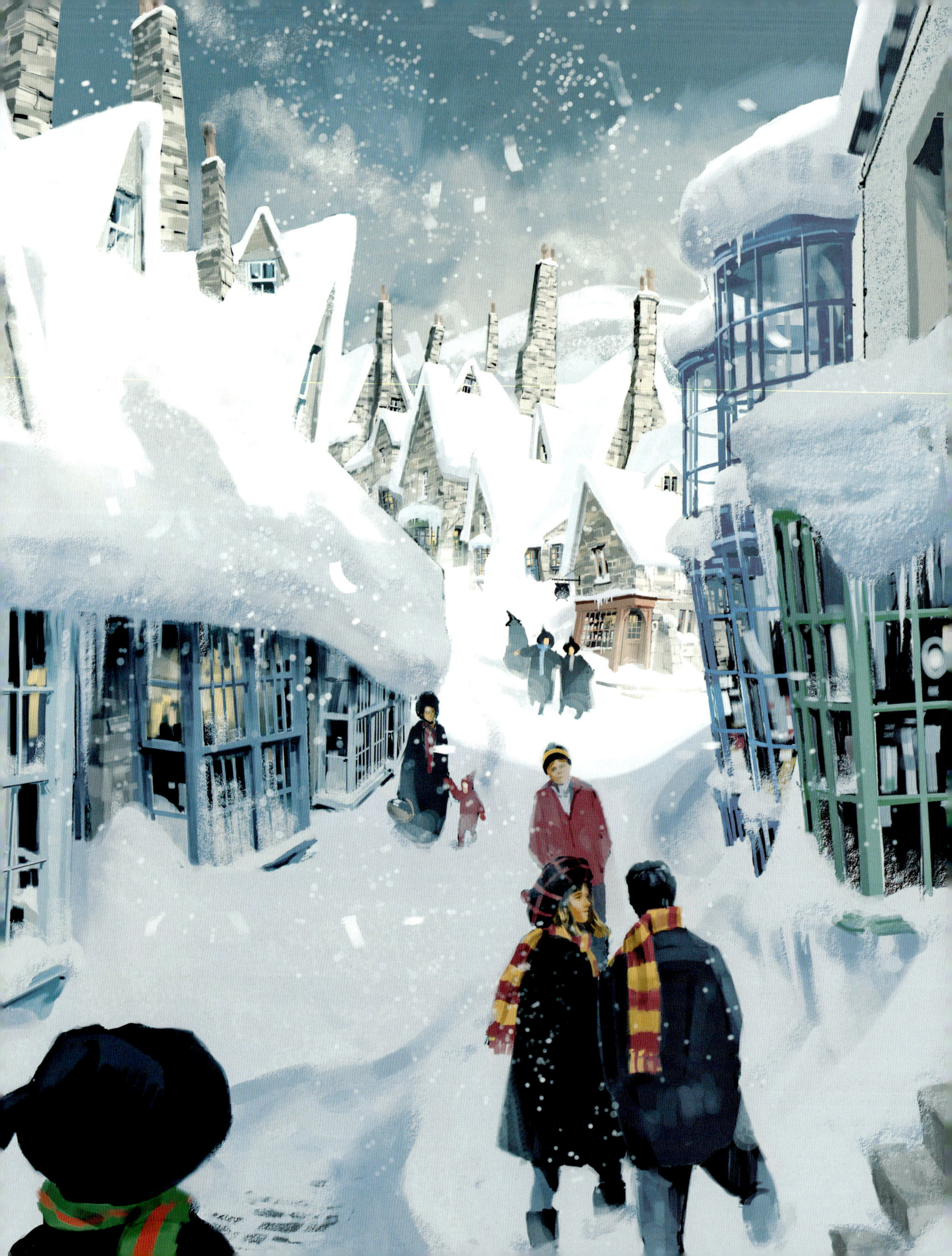

Kapitel 4:
Feiertage auf Hogwarts

„Ich bekomme Geschenke?!“

Harry Potter in *Harry Potter und der Stein der Weisen*

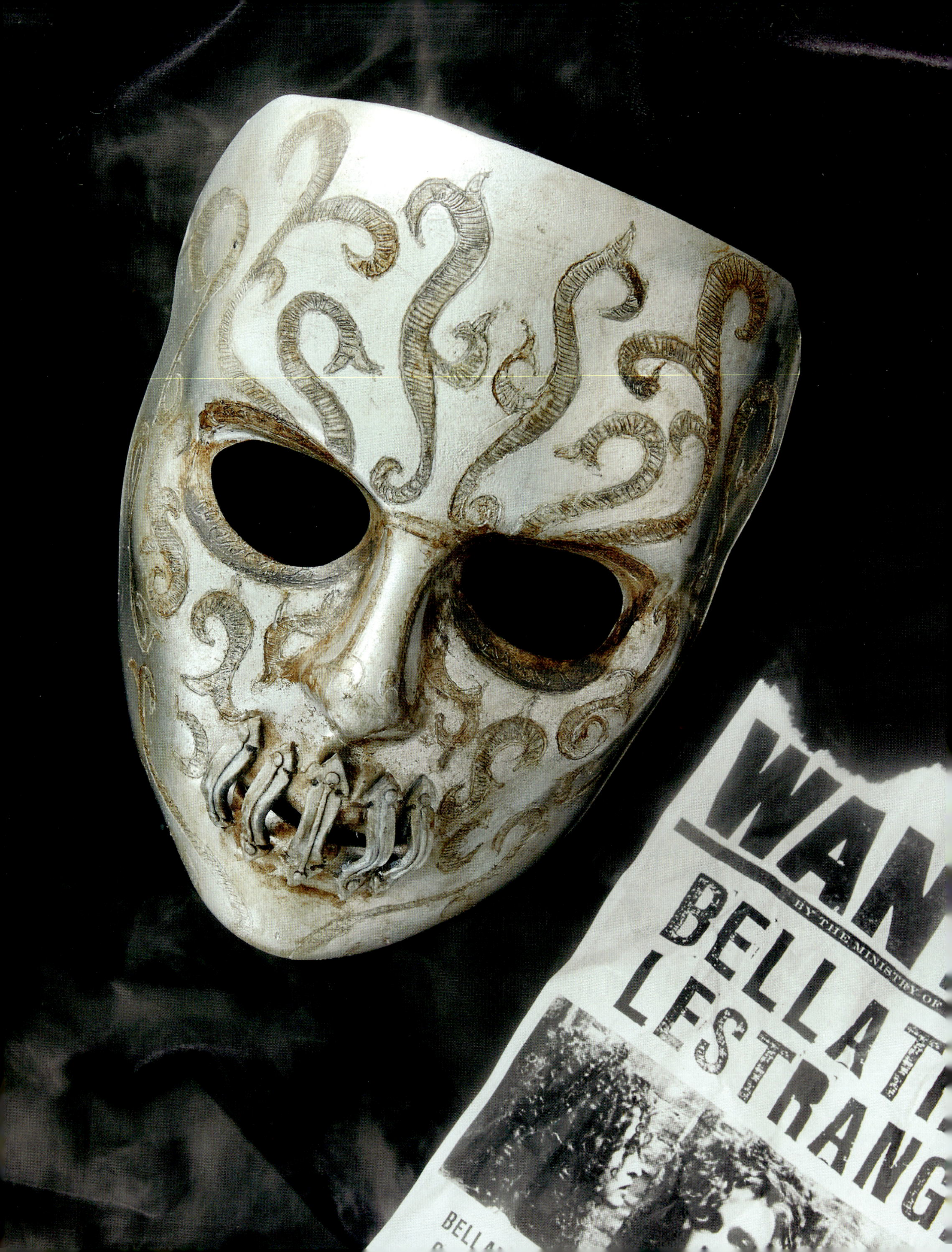
WAN
BY THE MINISTRY OF
BELLAT
LESTRANG

Bellatrix Lestranges Todessermaske

Design: **HEATHER VAN DOORN**

SCHWIERIGKEITSGRAD ϟϟϟϟϟ

Halloween ist in der Muggelwelt ein Feiertag, an dem man sich verkleidet, um Geister und Gespenster zu verscheuchen. Mit der Maske eines Todessers kann man wahrhaftig Angst und Schrecken verbreiten. Diese bedrohlichen Gefolgsleute von Voldemort erscheinen in *Harry Potter und der Feuerkelch* wieder, nachdem sie jahrelang untergetaucht waren. Ihre schädelförmigen Halbmasken waren digital gestaltet. Für *Harry Potter und der Orden des Phönix* wollten die Macher des Films den Gruselfaktor noch erhöhen und entwickelten Vollgesichtsmasken. Die Form war einheitlich, aber jede Maske erhielt ein individuelles Motiv, sodass die dahinterstehende Figur zu identifizieren war. Die Ornamente kombinieren komplexe Arabesken aus dem 16. und 17. Jahrhundert und Gesichtstätowierungen der Maori. Augenschlitze und vergitterte Münder erinnern an mittelalterliche Folterinstrumente. Jede Maske wurde speziell für das Gesicht des jeweiligen Schauspielers modelliert und dann in der Requisitenwerkstatt mit filigranen Kupfermustern versehen. „Wir haben Verfahren eingesetzt, die auch im 14. bis 17. Jahrhundert bei der Herstellung von Plattenpanzern zum Einsatz kamen“, erklärt Modellbauer Pierre Bohanna. Im letzten Schritt wurden die Masken silbern galvanisiert. „Silber hat einen Charakter, den man mit Farbe [auf der Leinwand] einfach nicht erzeugen kann“, erklärt Bohanna. Die zehn höchsten Leutnants von Voldemort trugen im Film die aufwendigsten Masken.

DU BRAUCHST

- Neutrale Maske aus Kunststoff
- Sprühgrundierung
- Transparentpapier
- Vorlagen für Maskenmuster und Mundklammer (Seite 139)
- Bleistift
- Brandmalkolben (möglichst mit verschiedenen Spitzen, eine meißelförmige genügt notfalls)
- Sprühfarbe in Silber
- Fimo® in Silber
- Kochlöffel
- Werkzeug zum Schneiden von Ton
- Kugelschreiber
- Alufolie
- Backblech und Ofenhandschuhe
- Klebstoff (z.B. E6000)
- Acrylfarbe in Dunkelbraun, Gold, Hellgrau und Schwarz
- Pinsel, dünn und mittel
- Kleiner Schwamm oder Schminkschwämmchen
- Glanzmedium (zum Sprühen oder Pinseln)

OPTIONAL

- Transferpapier

1. Die Maske mit Grundierung einsprühen und vollständig trocknen lassen.

2. Transparentpapier auf die Vorlage (Seite 139) legen und das Motiv durchpausen.

3. Das Transparentpapier umdrehen und die Linien auf der Rückseite mit Bleistift nachziehen. (Tipp: Alternativ kann Transferpapier verwendet werden.) Das Papier auf die Maske legen. Eventuell muss es in Stücke geschnitten werden, damit es überall glatt anliegt. Alle Linien mit etwas Druck nachzeichnen, um sie auf die Maske zu übertragen.

4. In einem gut belüfteten Raum das Muster mit einem Brandmalkolben nachmalen. Den Kolben nicht zu lange auf einer Stelle halten, sonst brennt er ein Loch in den Kunststoff.

5. Die eingebrannten Rillen sorgfältig mit Schmirgelpapier entgraten. Die Maske mit Silberfarbe einsprühen und trocknen lassen.

6. Etwas Fimo® in Silber 1,5 mm dick ausrollen.

7. Mithilfe der Vorlage fünf Klammern auf dem Fimo® vorzeichnen und ausschneiden.

8. Aus silbernem Fimo® zehn kleine Kugeln rollen und auf die Spitzen an den Enden der Klammern setzen. Die Kugeln leicht andrücken, sodass sie etwas flacher werden und wie Nietenköpfe aussehen.

9. Fünf sehr dünne Stränge rollen und in die Mitte der Klammern legen. Vorsichtig andrücken.

10. Die Klammern über einen runden Gegenstand (Kochlöffelstiel) legen, um sie zu krümmen. Die Seitenkanten leicht eindrücken, sodass sie wie eingerollt aussehen.

11. Ein kleines Stück Alufolie über den Mund der Maske legen. Die Klammern auf die Folie legen und in Form bringen, als wäre die Folie nicht da. Dann die Folie vorsichtig mitsamt den Klammern abnehmen, auf ein Backblech legen und gemäß Packungsanweisung im Backofen härten. Die Folie hält die Klammern während des Backens in Form.

12. Die Klammern abkühlen lassen, dann (ohne Folie) mit Kleberstoff auf der Maske befestigen. Trocknen lassen.

3

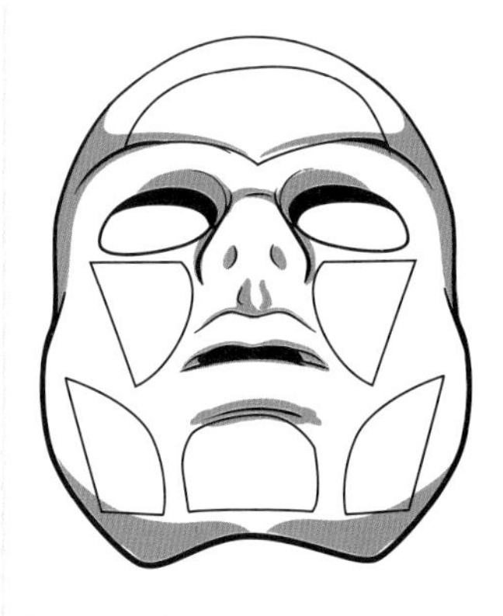

4

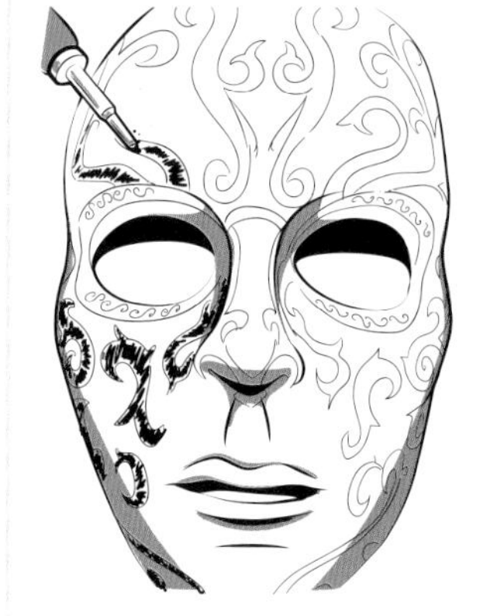

7

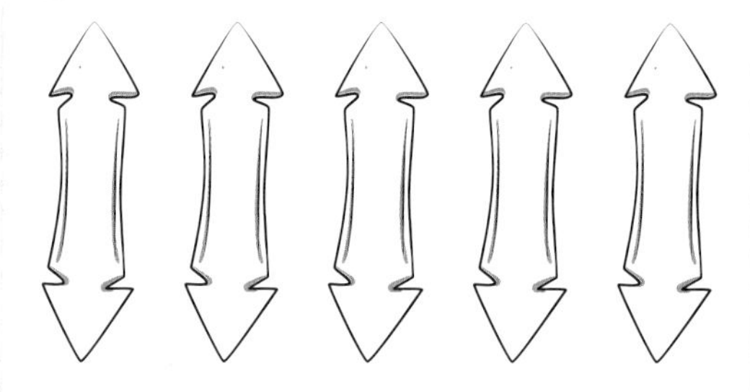

8–9

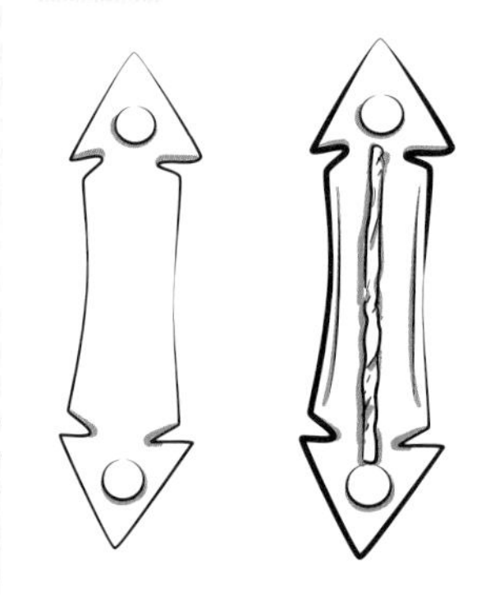

11

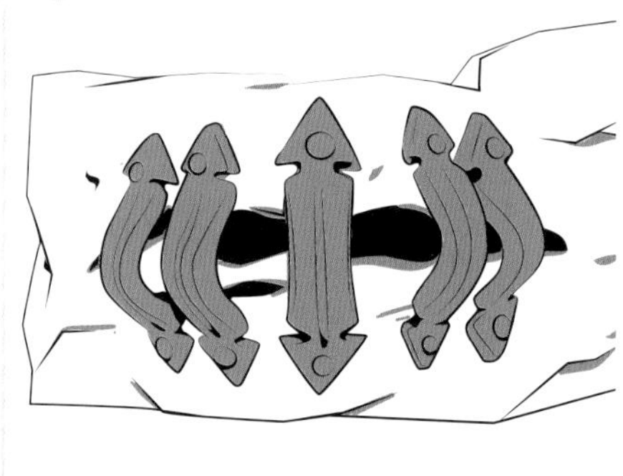

13

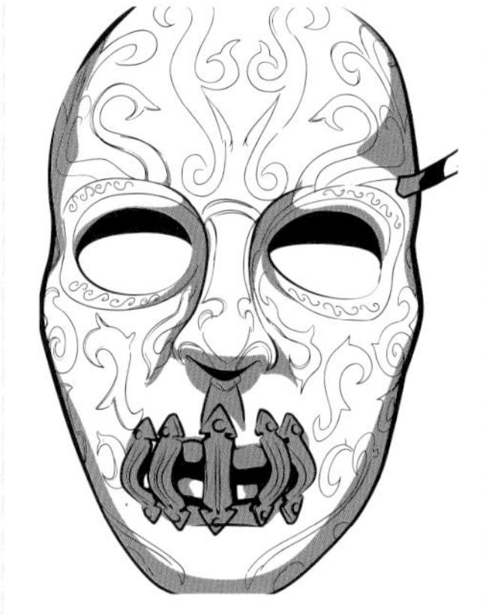

13. Dunkelbraune Farbe mit etwas Gold mischen und mit Wasser verdünnen. Diese Lasur auf die Maske auftragen, vor allem in den Rillen. Sie kann auch mit einem Schwämmchen tiefer in die Rillen gedrückt werden.

Vorlage für Maskenmuster

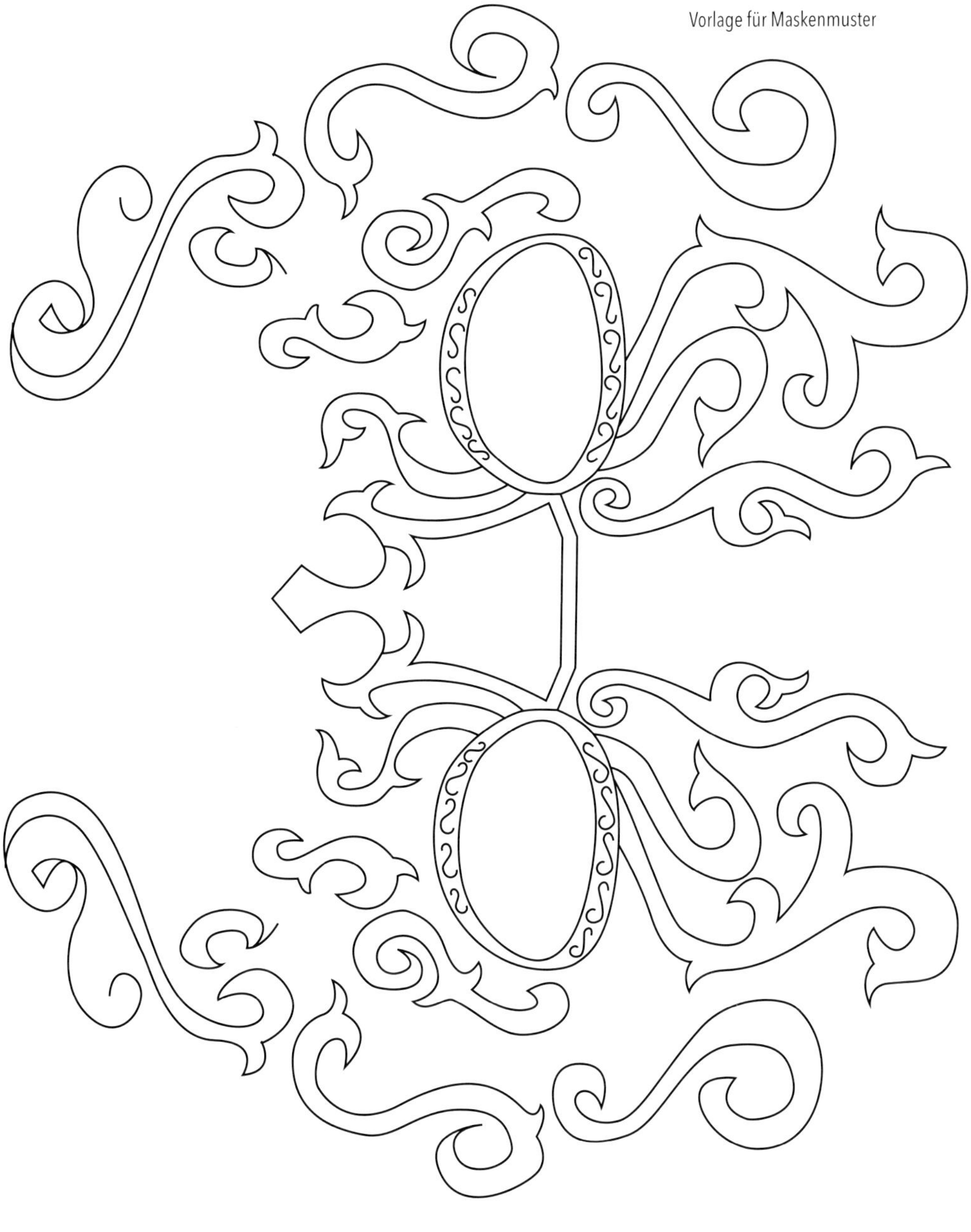

14. Die Lasur etwas dunkler abtönen und die Maske weiter ausarbeiten.

15. Schwarze und graue Farbe mischen und mit Wasser verdünnen. Diese Lasur unter den Augen auftragen und die eingravierten Muster damit abdunkeln. Die Lasur anfangs nur sparsam auftragen und bei Bedarf ein- oder mehrmals übermalen, um die Farbwirkung zu intensivieren.

16. Das fertig gemalte Muster gut trocknen lassen, dann die Maske mit einer Schicht Glanzmedium überziehen.

Vorlage für Mundklammern

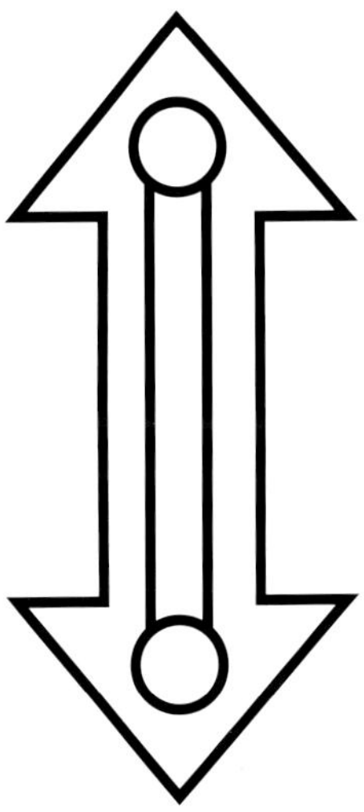

„ICH VERSICHERE EUCH, HERR, ICH HABE DEN ALTEN BRÄUCHEN NIE ABGESCHWOREN. DAS FALSCHE GESICHT, DAS ICH DER WELT ZEIGEN MUSSTE, TAG FÜR TAG SEIT EURER ABWESENHEIT … DAS IST MEINE WAHRE MASKE."

Lucius Malfoy in *Harry Potter und der Feuerkelch*

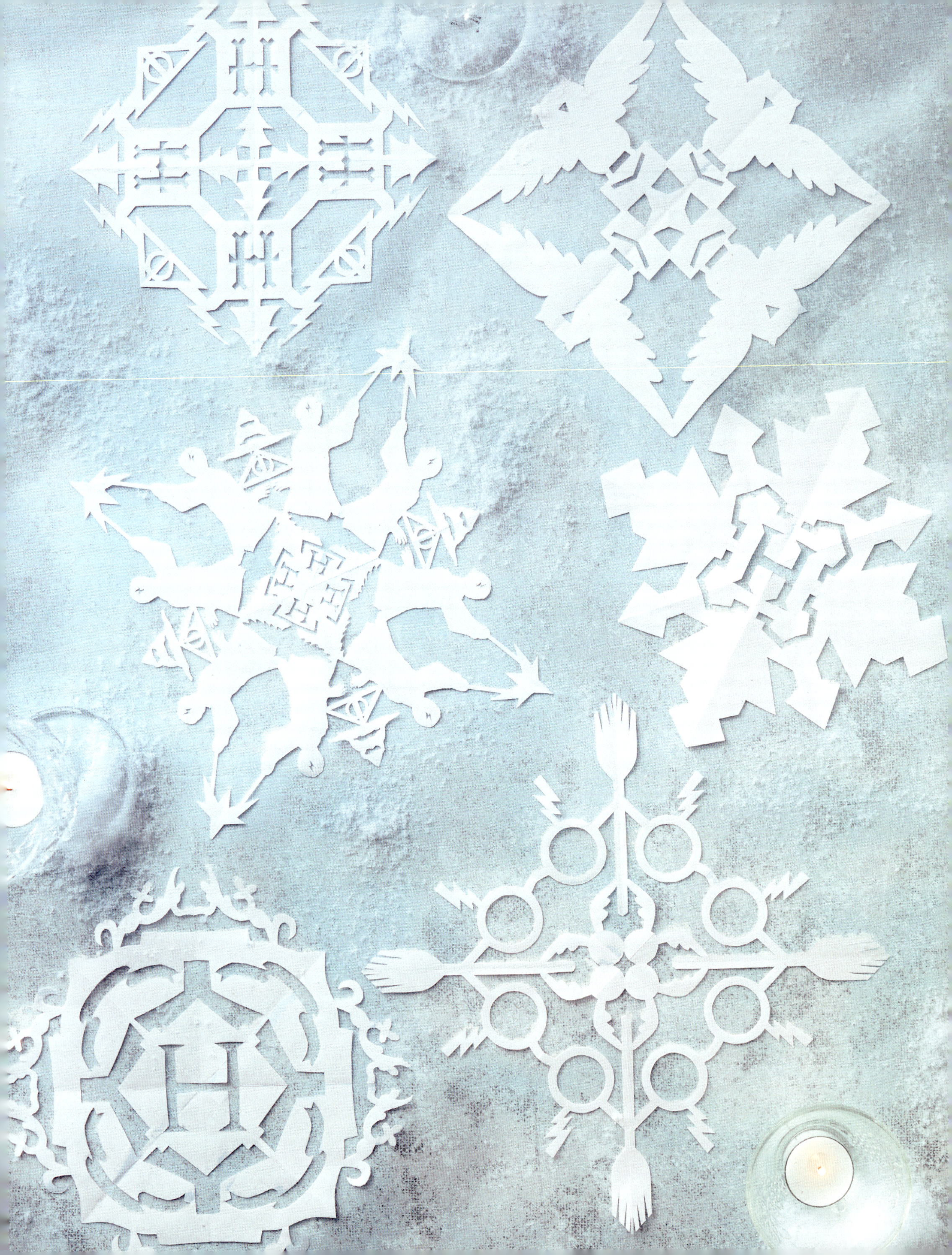

Schneeflocken in der Zaubererwelt

Design: **JILL TURNEY**

SCHWIERIGKEITSGRAD ϟ

Zu den Feiertagen liegt nicht nur rings um Hogwarts Schnee. In *Harry Potter und der Stein der Weisen* sowie *Harry Potter und die Kammer des Schreckens* schneit es auch von der Decke der Großen Halle. Die magische Decke imitiert häufig, welches Wetter draußen über ihr herrscht. Die Digital Artists haben jedoch eine virtuelle Horizontlinie im Raum eingezogen, sodass die Schneeflocken ein gutes Stück oberhalb der Studenten und Professoren verblassen. Schneeflocken schmücken die Einladung zum Weihnachtsball in *Harry Potter und der Feuerkelch* und fallen erneut, als die Meister des Trimagischen Turniers zur Feier in die Große Halle eintreten. In *Harry Potter und der Halbblutprinz* ist es allerdings Ron Weasley, der es schneien lässt: Er fuchtelt wild mit seinem Zauberstab herum, während Hermine und Harry ihm von den Umständen berichten, unter denen Lavender Brown sich von Ron getrennt hat.

Diese Schneeflocken mit Motiven und Symbolen aus den Harry-Potter-Geschichten verbreiten hundertprozentig auch in deiner Großen Halle Festtagsstimmung.

DU BRAUCHST

- Druckerpapier in Weiß (80-g-Papier oder dünner)
- Vorlagen (Seite 145–146)
- Falzbein (ersatzweise ein Esslöffel)
- Schneidematte
- Metalllineal oder Metallschiene
- Cutter mit feiner Spitze
- Kreppband
- Transparentpapier
- Weicher Bleistift (2B)
- Kugelschreiber
- Kleine Schere

Schneeflocke 1
Diese Schneeflocke zeigt Harry Potters Blitznarbe, das Symbol für die Heiligtümer des Todes (drei Gegenstände, die ihren Besitzer zum Gebieter des Todes machen) und das H der Hogwarts-Schule für Hexerei und Zauberei. Hinzu kommen acht Weihnachtsbäume – so viele, wie während der Feiertage die Große Halle säumen.

Schneeflocke 2
Dies ist eine eher grafische Version mit Tannenbäumen und dem H für Hogwarts.

Schneeflocke 3
Vorbild ist hier das Hogwartswappen, das von den Grafikern der Filme entworfen wurde. In der Mitte befindet sich das Hogwarts-H, eingerahmt von Girlanden und einer dekorativen Bordüre.

Schneeflocke 4
Vier Eulen, von denen jede einen Umschlag hält – vielleicht deine Einladung nach Hogwarts? –, bilden den Rand dieser Schneeflocke. In der Welt der Zauberer sind Eulen für die Zustellung der Briefe und Pakete zuständig. Die Unterkanten der Flügel bilden Tannenbaumkonturen.

Schneeflocke 5
Quidditch ist der Lieblingssport der Zauberer. Besen bilden den Rand der Schneeflocke, in der Mitte befinden sich Goldene Schnatze. Wer einen fängt, bekommt 150 Punkte und hat das Spiel gewonnen. Die Brille und die Narbe von Harry Potter, Sucher des Gryffindor-Teams, halten die Besen zusammen.

Schneeflocke 6
Jede Menge Harry-Potter-Motive! Der Sprechende Hut weist die neuen Erstklässler ihren Häusern zu. Außerdem tauchen die Heiligtümer des Todes auf und Eulen, die Umschläge mit Harrys Initialen tragen, und sogar Harry Potter selbst, komplett mit Blitznarbe und Zauberstab.

GRUNDFORM FÜR ACHT SEGMENTE

1. Ein Blatt Druckerpapier auf die Arbeitsfläche legen.
2. Die linke obere Ecke nach unten falten, sodass die Oberkante des Papiers nun exakt auf der rechten Papierkante liegt.
3. Den Falz mit dem Falzbein (oder einem Löffelrücken) kräftig nachstreichen.
4. Das gefaltete Papier auf eine Schneidematte legen. Den überstehenden einlagigen Streifen mithilfe von Metalllineal und Cutter abschneiden. Er wird nicht mehr benötigt.
5. Die rechte obere Ecke des Dreiecks auf die linke untere Ecke legen.
6. Den Falz wieder nachstreichen.
7. Den letzten Schritt noch einmal wiederholen, sodass das Papier achtlagig ist.

Dieses Dreieck mit acht Segmenten kannst du für alle Schneeflocken verwenden.

1–2

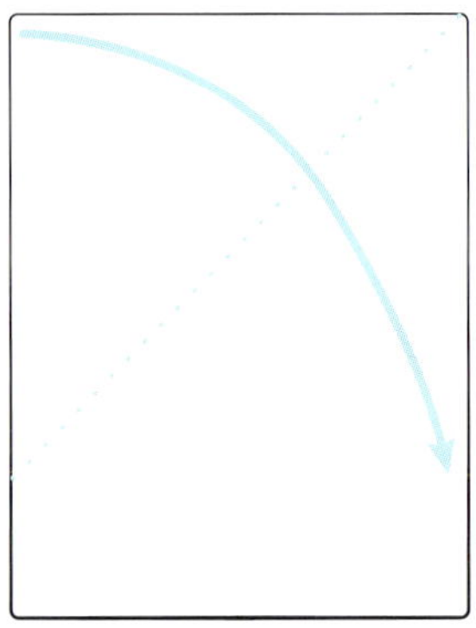

3

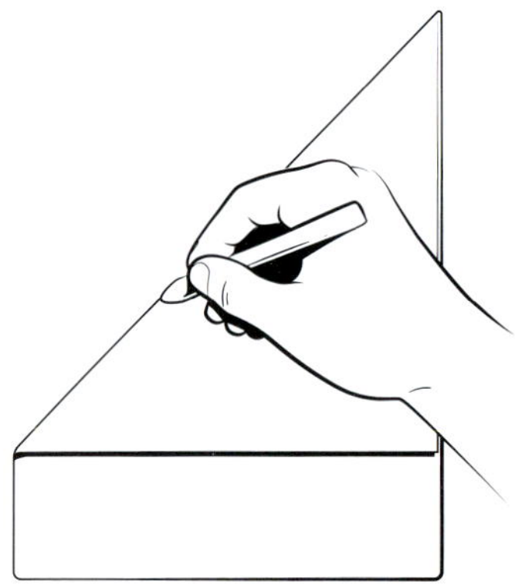

4

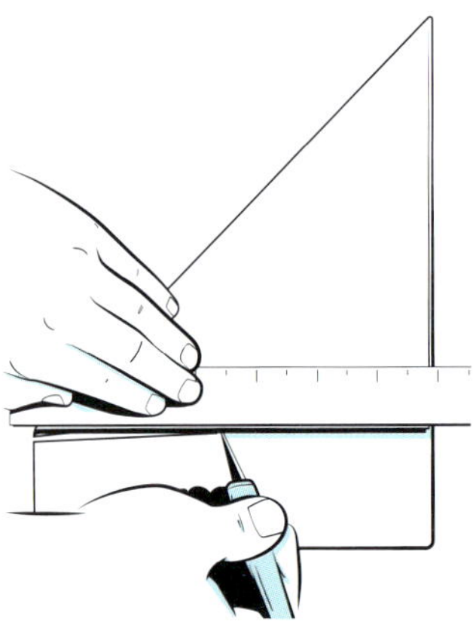

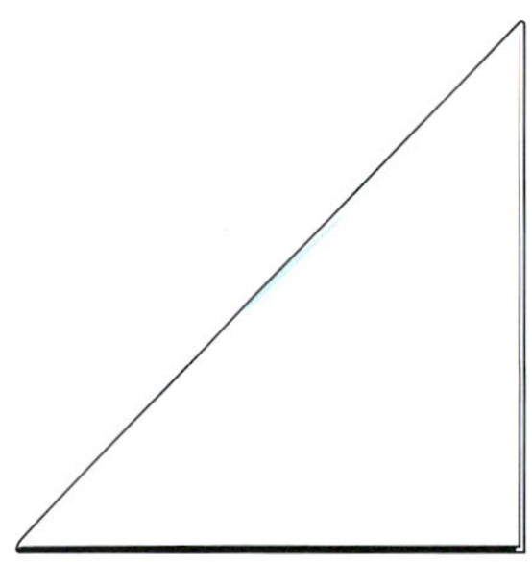

So soll es dann aussehen.

5

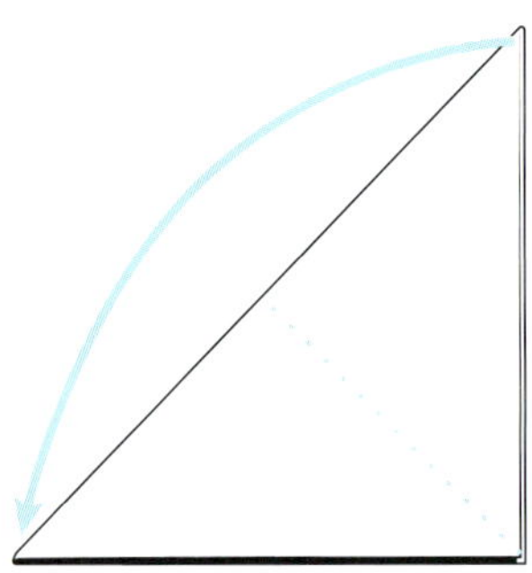

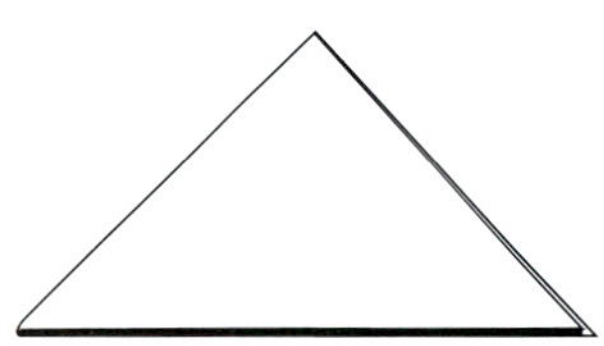

So soll es dann aussehen.

7

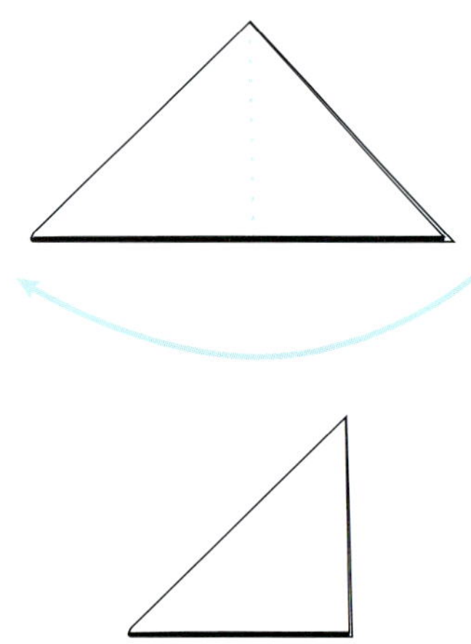

So soll es dann aussehen.

SCHNEEFLOCKENMOTIVE ÜBERTRAGEN

2

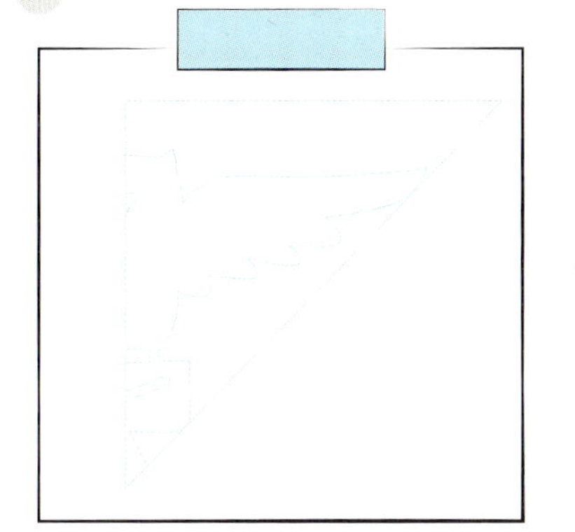

3

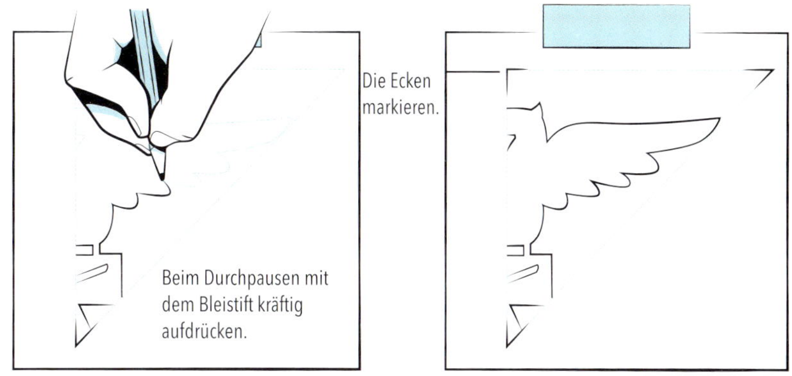

1. Ein Schneeflockenmotiv auswählen (Vorlagen auf Seite 145–146).

2. Ein Stück Transparentpapier auf die Vorlage legen und mit Kreppband fixieren.

3. Die Umrisslinien mit dem weichen Bleistift nachzeichnen. Kräftig aufdrücken, um einen dicken Strich zu erhalten. Die Ecken des Dreiecks auf dem Transparentpapier markieren.

TIPP: Für die Schneeflocken 2 und 3 das schwarze Viertel-H auf das Transparentpapier zeichnen.

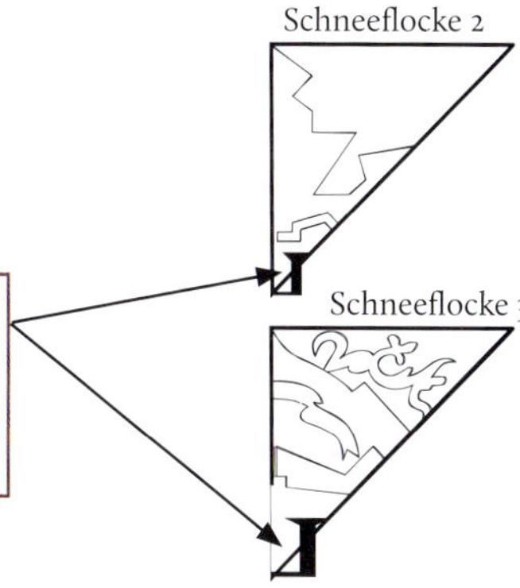

4–5

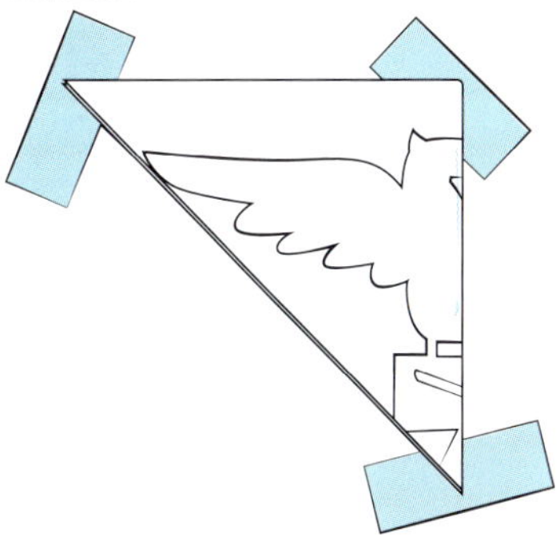

6

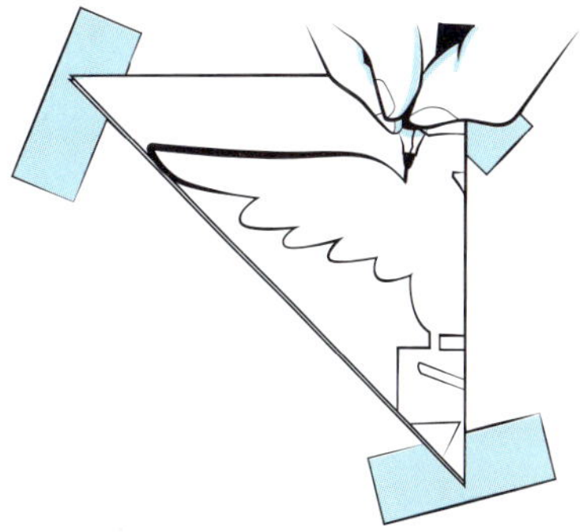

7

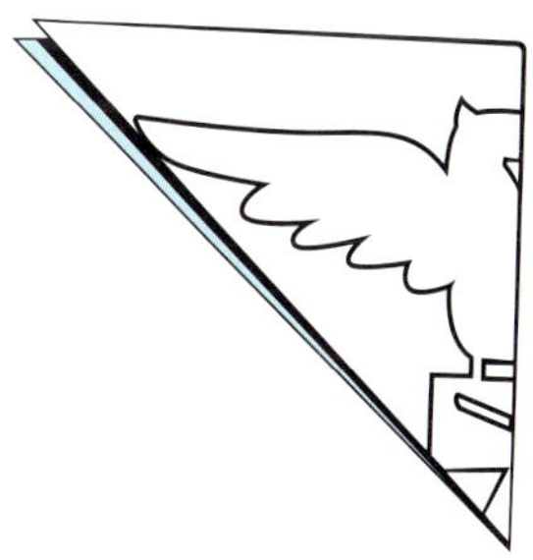

4. Das Transparentpapier mit der Bleistiftseite nach oben auf die Arbeitsfläche legen. Das gefaltete Dreieck bündig darauflegen und an den drei markierten Ecken ausrichten. Die untere Ecke der Vorlage liegt an der Ecke des Dreiecks, an der alle Papierkanten eingefaltet sind. Das Transparentpapier wieder festkleben.

5. Transparentpapier mit Dreieck umdrehen, das Transparentpapier liegt jetzt oben.

6. Die Bleistiftlinien mit Kugelschreiber nachzeichnen, um das Motiv auf das gefaltete Dreieck zu übertragen. Bei den Schneeflocken 2 und 3 das Viertel-H jedoch zu diesem Zeitpunkt noch nicht nachzeichnen.

7. Wenn das Motiv vollständig übertragen ist, Klebeband und Transparentpapier vom gefalteten Dreieck entfernen. Jetzt kann das Motiv ausgeschnitten werden.

DIE SCHNEEFLOCKE AUSSCHNEIDEN

Entlang der Linien durch alle acht Lagen des gefalteten Dreiecks schneiden. Schneeflocken 2, 3 und 4 können mit einer kleinen Schere geschnitten werden. Die Schneeflocken 1, 5 und 6 sind etwas komplizierter und sollten mit einem Cutter oder Skalpell geschnitten werden.

TIPPS ZUM SCHNEIDEN MIT DEM CUTTER:

- **Der Cutter muss eine scharfe Spitze haben.**
- **Die kleinsten Teile zuerst ausschneiden.**
- **Immer nur einige Papierlagen auf einmal schneiden.**
- **In Ecken und Rundungen den Cutter mit Sägeschnitten führen, bis alle acht Lagen durchtrennt sind.**

H IN DER MITTE VON SCHNEEFLOCKE 2 UND 3

1

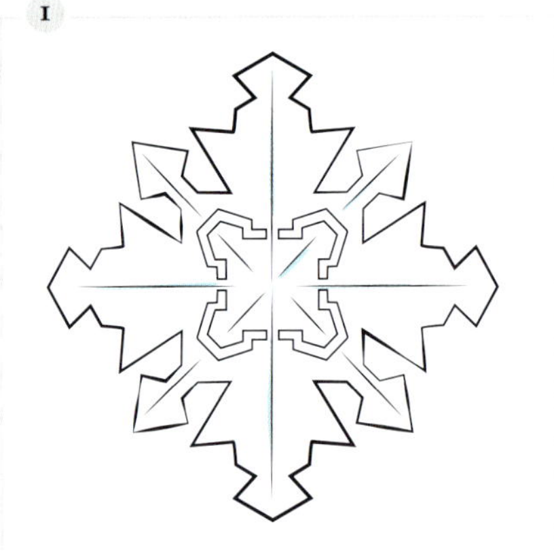

1. Nach dem Ausschneiden des Motivs das Papier entfalten und vorsichtig glätten.

2

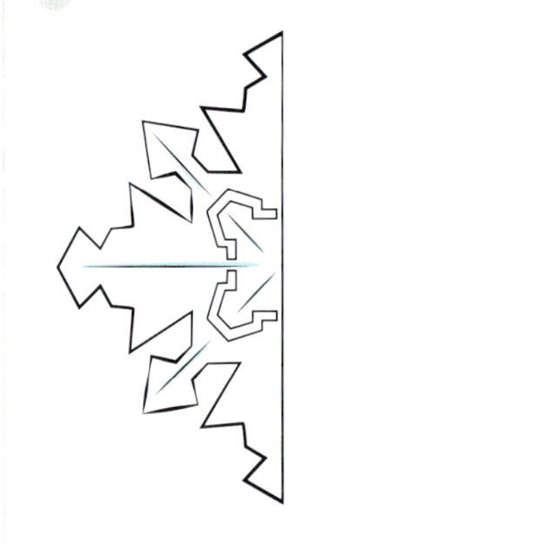

2. Die Schneeflocke nun in der senkrechten Mitte falten.

3

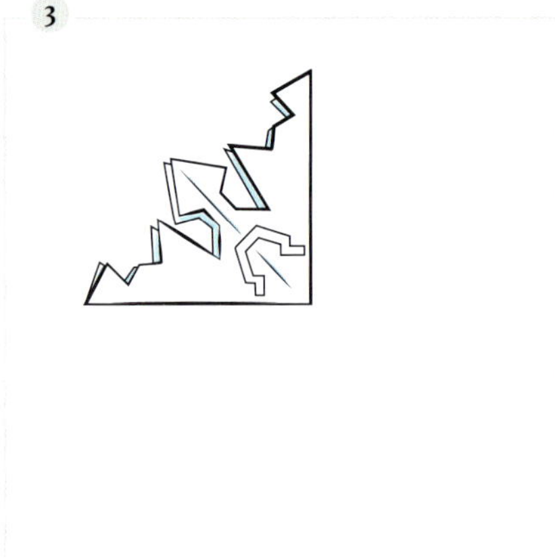

3. Ebenso in der waagerechten Mitte falten.

4

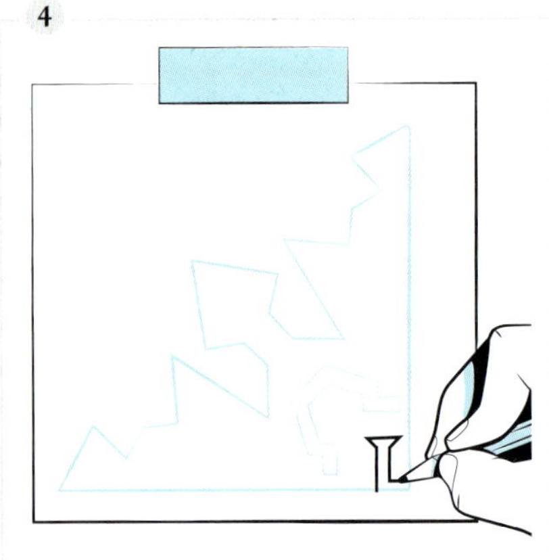

4. Das Transparentpapier mit dem Viertel-H auflegen und das Motivelement wie zuvor mit dem Kugelschreiber durchdrücken.

5

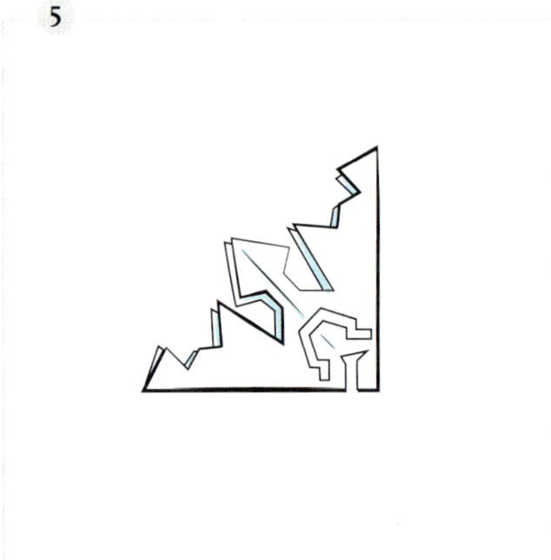

5. Das Transparentpapier abnehmen. Die Form aus allen vier Papierlagen ausschneiden.

6

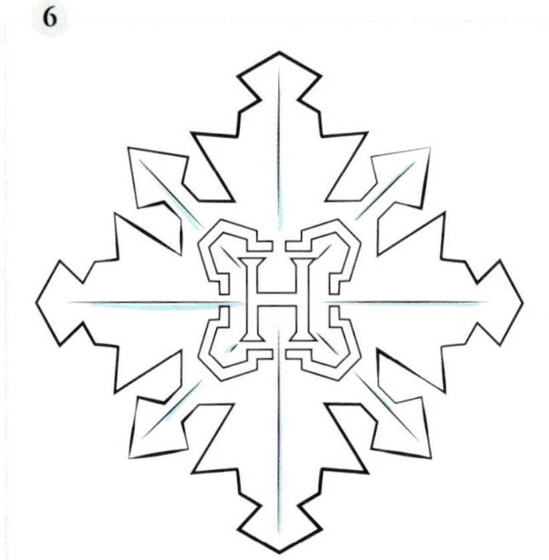

6. Die Schneeflocke entfalten: Das H erscheint.

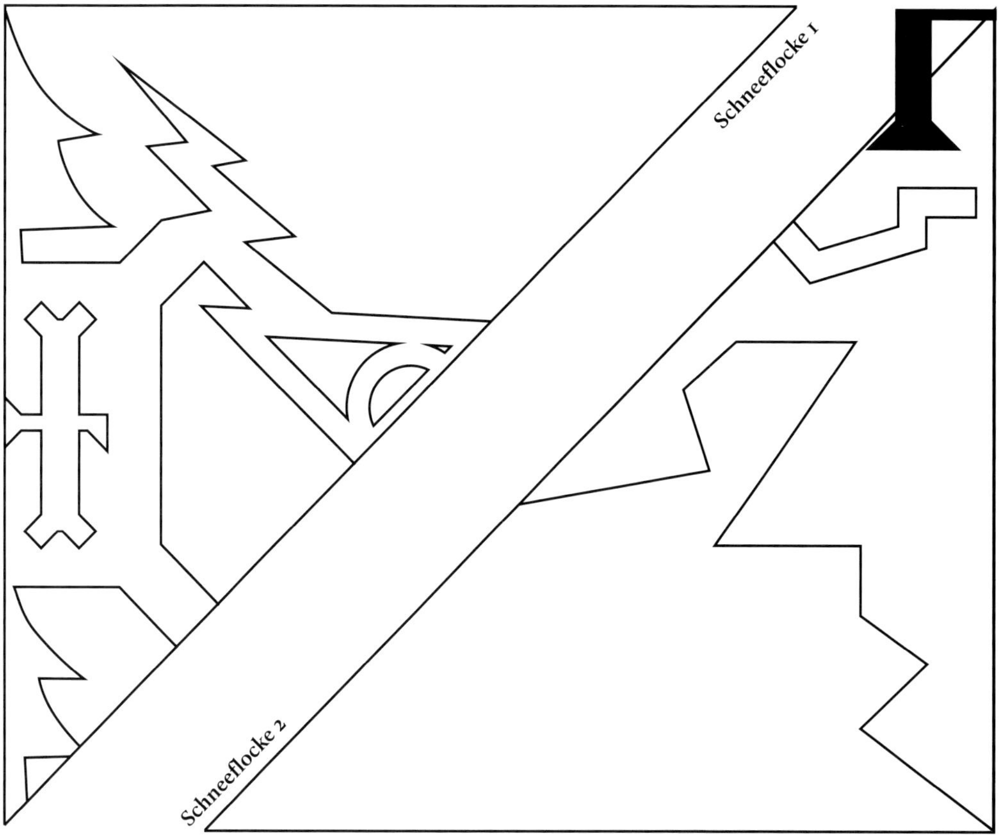
Schneeflocke 1
Schneeflocke 2

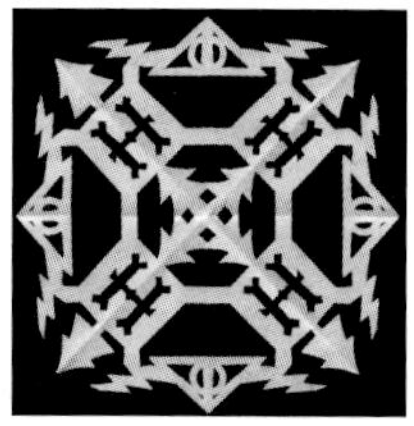

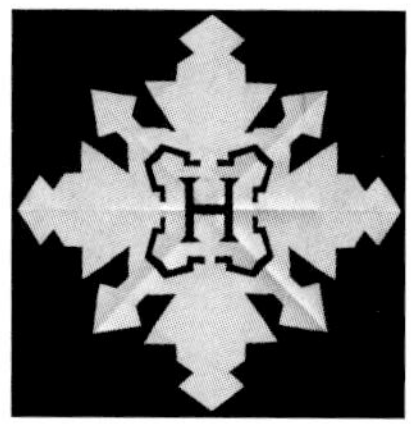

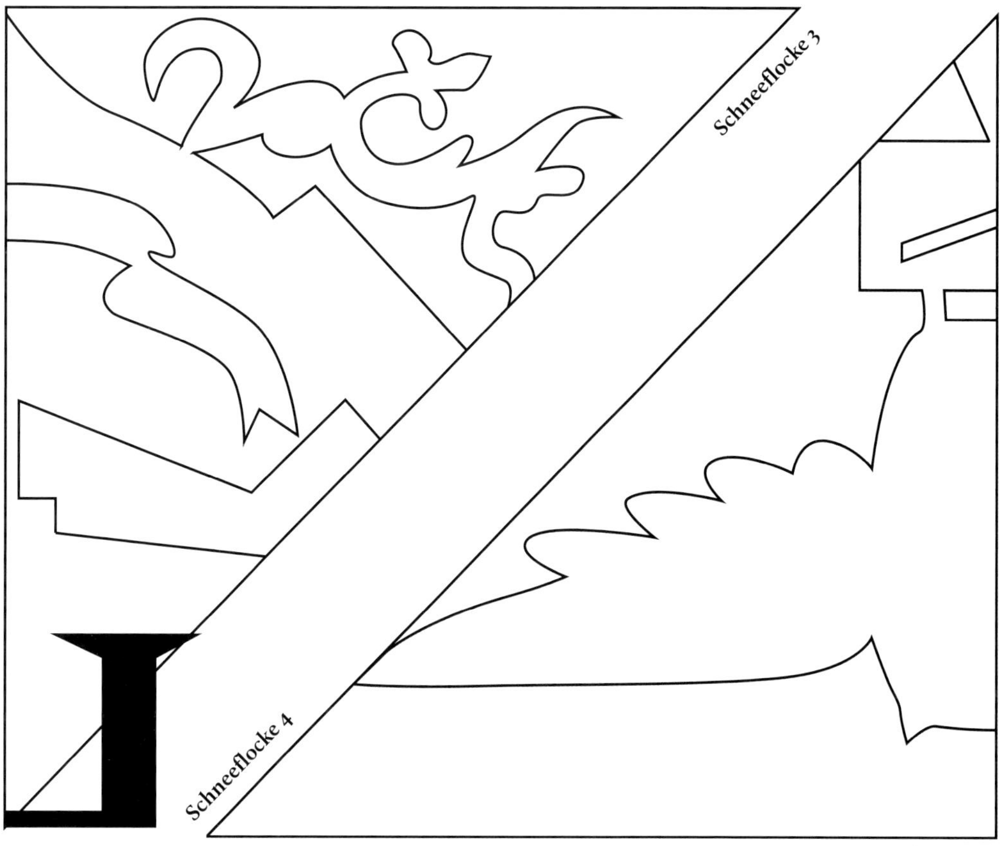
Schneeflocke 3
Schneeflocke 4

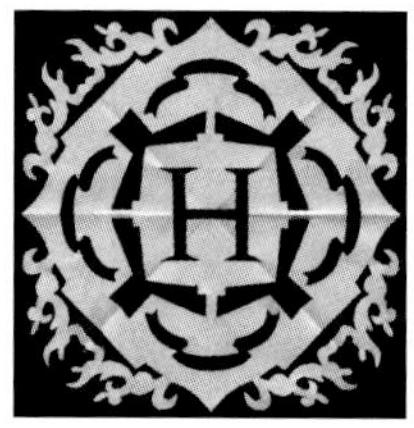

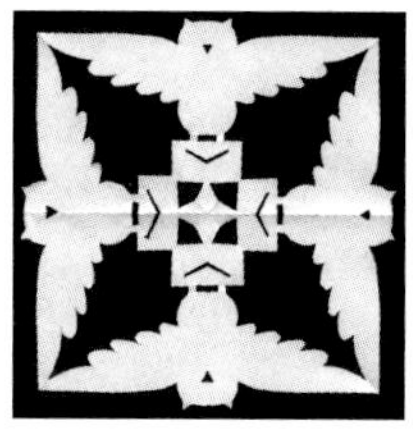

Schneeflocke 5

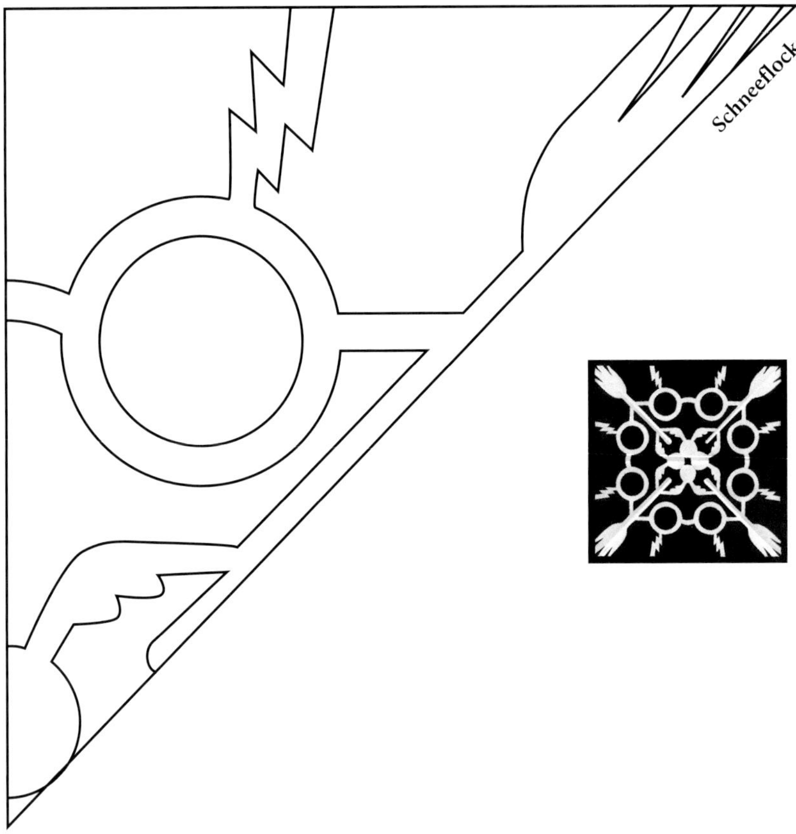

Schneeflocke 6

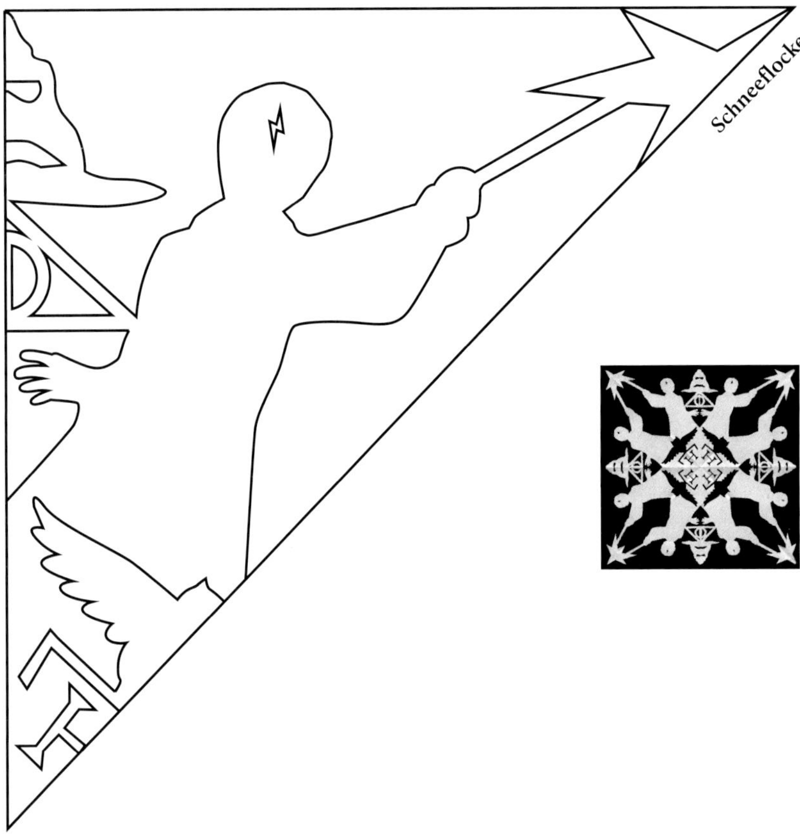

„WÜRDEST DU DAMIT AUFHÖREN? DEINETWEGEN SCHNEIT ES, RON."

Hermine Granger in *Harry Potter und der Halbblutprinz*

HINTER DEN KULISSEN

Für den Schnee außerhalb von Hogwarts und Hogsmeade wurde Dendritsalz verwendet, das wie echter Schnee klumpt. Er quietscht sogar wie frisch gefallener Schnee, wenn man auf ihm geht.

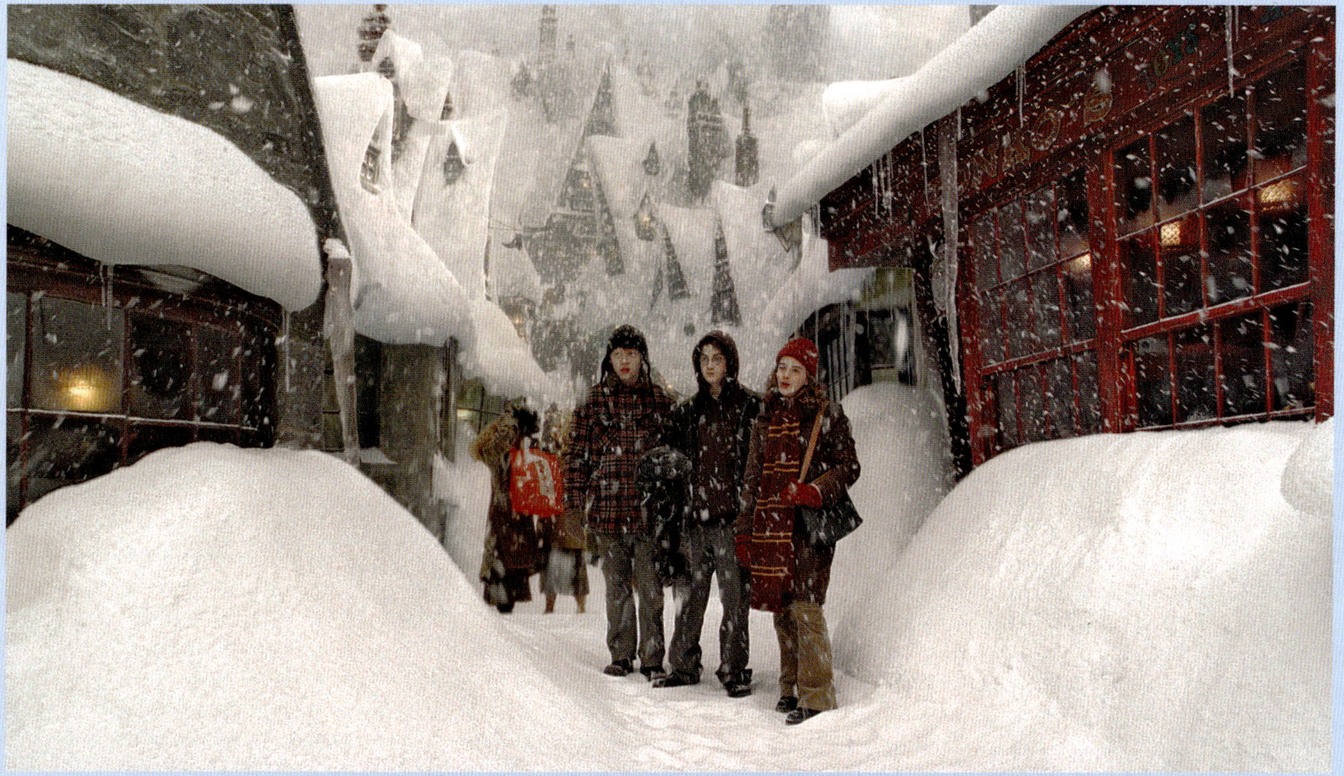

OBEN: Ron (Rupert Grint), Harry (Daniel Radcliffe) und Hermine (Emma Watson) besuchen Hogsmeade zum ersten Mal in *Harry Potter und der Gefangene von Askaban*. Das bezaubernde Dorf liegt oberhalb der Schneegrenze, sodass es immer wie auf einer Weihnachtskarte aussieht.

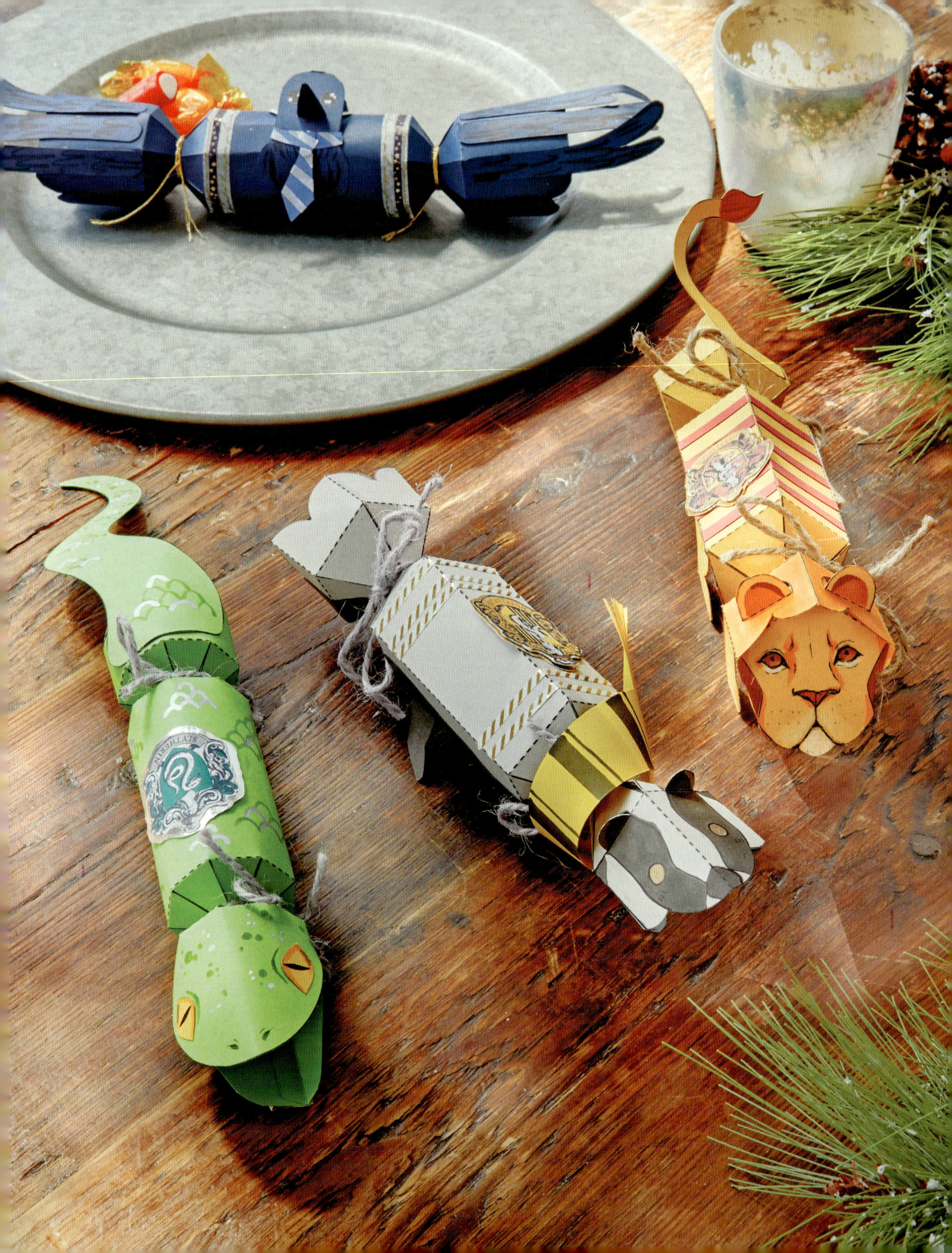

Knallbonbons der vier Häuser

Design: **MATTHEW REINHART**

SCHWIERIGKEITSGRAD ⚡⚡

Knallbonbons gehören zur englischen Weihnachtstradition – auch unter Zauberern. Sie wurden um die Mitte des 18. Jahrhunderts zunächst als Verpackung für Süßigkeiten erfunden. Später füllte man sie mit anderen Kleinigkeiten, etwa Papierkronen, Zetteln mit lustigen Sprüchen oder Spielzeug. Zwei Personen halten den Knallbonbon an seinen Enden und ziehen ruckartig, sodass er aufreißt und seinen Inhalt freigibt. In den Harry-Potter-Filmen tauchen Knallbonbons zu allen Weihnachtsfesten auf. In *Harry Potter und der Stein der Weisen* sowie *Harry Potter und der Halbblutprinz* dienen sie als Baumschmuck, in *Harry Potter und die Kammer des Schreckens* als Tischdekoration. In *Harry Potter und der Orden des Phönix* feiert Harry Weihnachten im Haus am Grimmauldplatz Nr. 12, wo es Knallbonbons in dunklem Violett gibt. Als Harry in *Harry Potter und der Halbblutprinz* das Fest im Fuchsbau verbringt, reißen Fred und George Weasley einen Knallbonbon auf, der eine Feder enthält.

Als Knallbonbons sich durchsetzten, kamen bald Varianten mit verschiedenen Motiven und Themen in den Handel. Diese Knallbonbons sind den Wappentieren der Hogwartshäuser nachempfunden: eine Schlange für Slytherin, ein Dachs für Hufflepuff, ein Löwe für Gryffindor und ein Adler für Ravenclaw. Vor dem Schließen des Mittelteils können zusätzlich zur Krone in den Hausfarben Zettel mit Zitaten aus den Harry-Potter-Filmen hineingelegt werden.

DU BRAUCHST

- Vorlagen für die Knallbonbons (Seite 183–189)
- Lineal
- Seidenpapier
- Falzbein oder Stricknadel
- Filzstifte oder Wachsmalkreiden
- Klebstoff
- Cutter oder Schere
- Schnur, ersatzweise Garn oder Band

OPTIONAL

- Washi Tape sowie Tonkarton in Grün, Braun, Hellgrau und Gelb für Verzierungen

VORBEREITUNG

1. Alle Knallbonbonvorlagen von Seite 183–189 ausstanzen.
2. Die Vorlagenteile auf den vorgefalzten Linien scharf knicken.
3. Mit allen Vorlagenteilen ebenso verfahren.

1–3

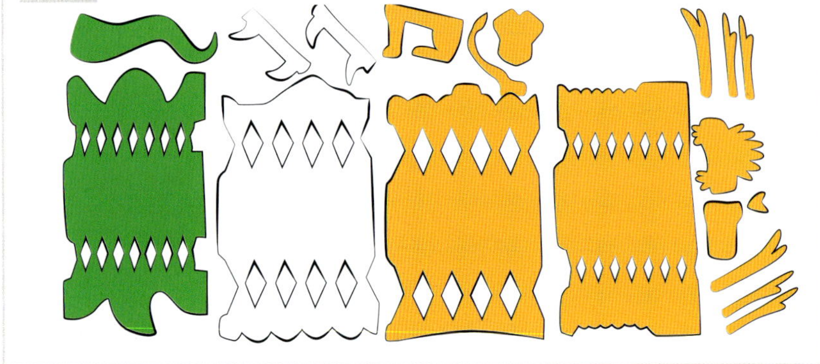

VERZIEREN

Die Teile jetzt bemalen und verzieren, solange sie noch flach liegen. Feine Details und handgezeichnete Elemente unbedingt vor dem Zusammenbauen anbringen. Zusätzliche Dekorationen sind später noch möglich.

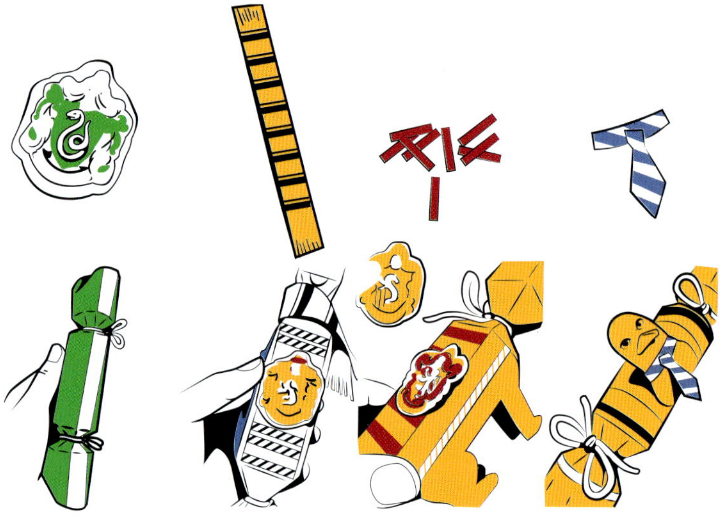

VERZIERUNGEN UND DETAILS

Beim Verzieren sind der Kreativität keine Grenzen gesetzt. Einige Anregungen gefällig? Glanzpapier und -folie, Zierband oder Filzstiftzeichnungen, Requisiten (vielleicht ein Schal in den Hausfarben?) oder Muster (z.B. Linien, Punkte) oder geometrische Formen, die auf die Knallbonbons gezeichnet oder aus Tonkarton ausgeschnitten und aufgeklebt werden.

PAPIERKRONE

1. Einen Streifen Seidenpapier, 10–15 cm hoch, dessen Länge bequem um den Kopf passt.
2. Den Streifen an den Enden zusammenkleben.
3. Das Papier mehrmals zur Hälfte falten, bis der Streifen noch 6–8 cm breit ist.
4. Eine offene Kante des gefalteten Seidenpapiers schräg abschneiden.
5. Entfalten, und die Zacken der Krone werden sichtbar.

4

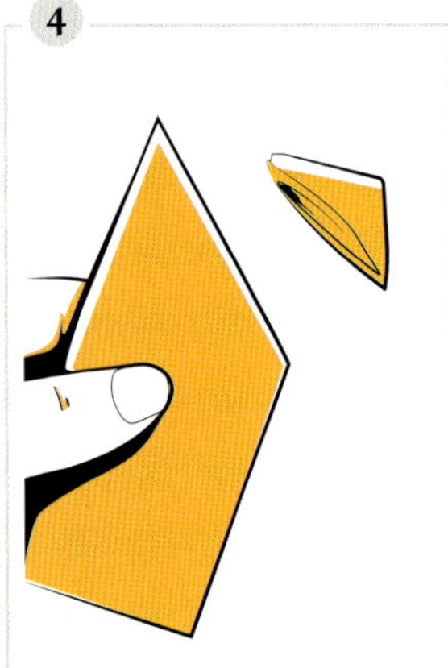

5

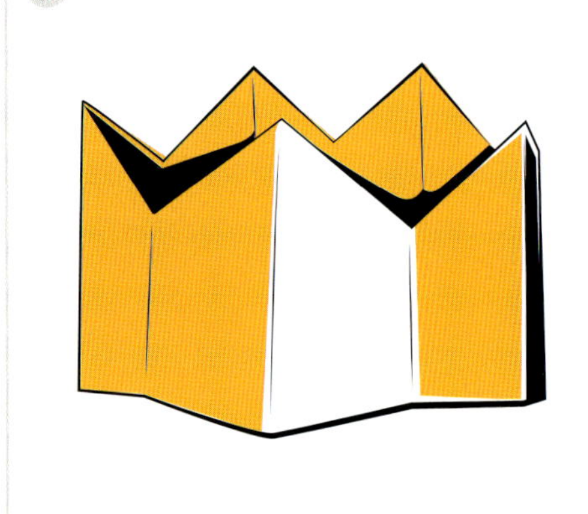

TIPP: Als Füllung eignen sich auch Süßigkeiten, kleine Spielzeuge oder Zettel mit Sprüchen.

DEN HUFFLEPUFF-KNALLBONBON ZUSAMMENBAUEN

1–2

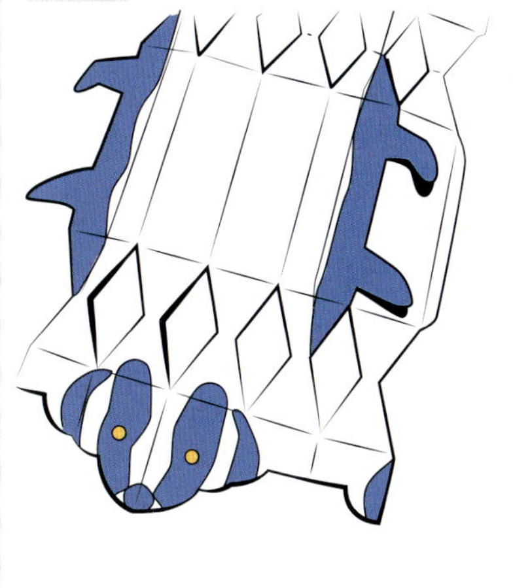

3

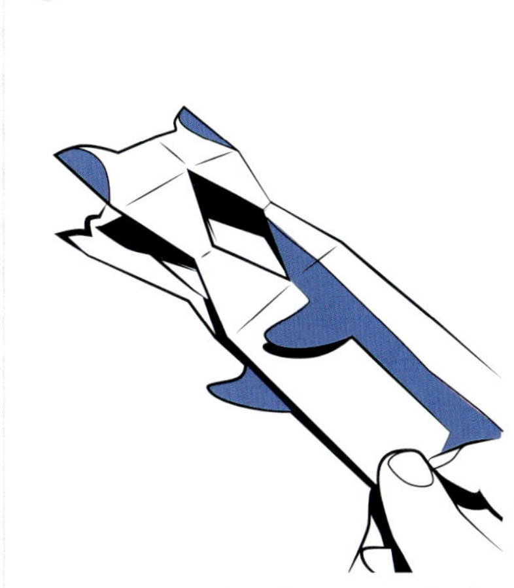

1. Das Dachsgesicht auf Teil C zeichnen und die Beine schwarz anmalen.
2. Die Beine D und E auf die grau schattierten Bereiche von Teil C kleben.
3. Entlang aller vorgefalzten Linien knicken.

4

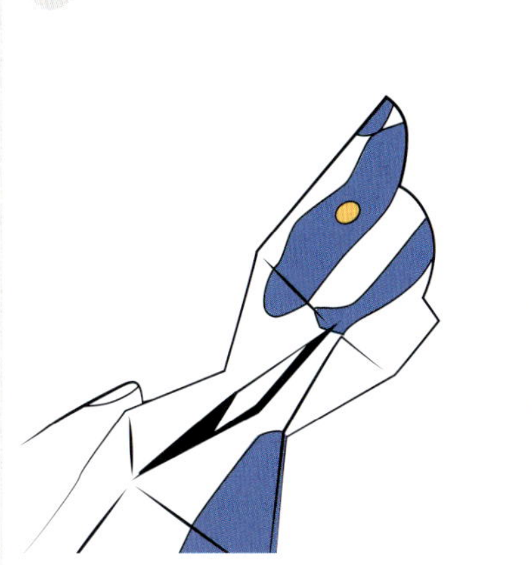

5

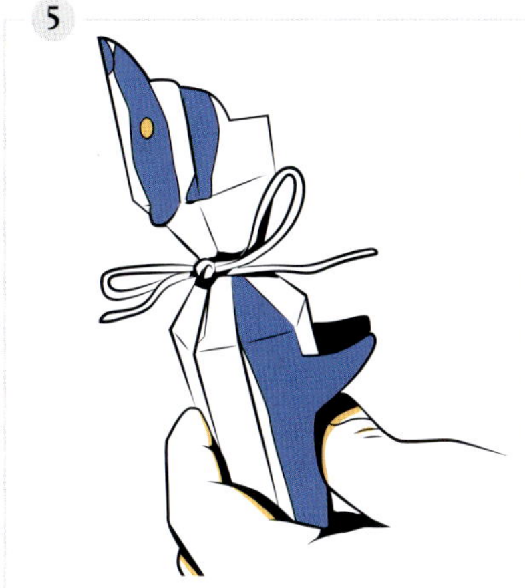

6

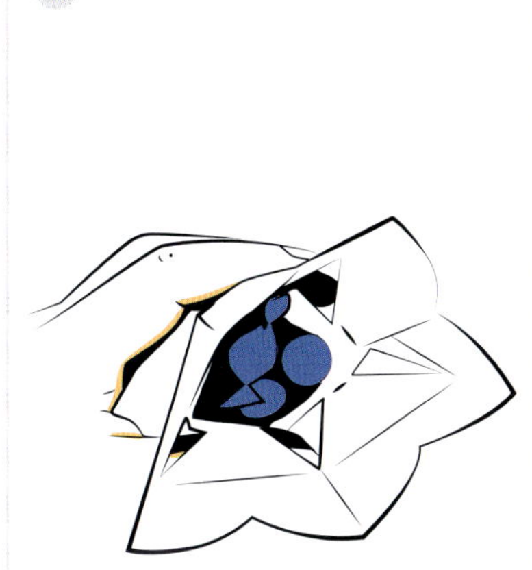

4. Die schattierten Bereiche an der rechten Oberkante von Teil C an die linke Oberkante desselben Teils kleben, um den Knallbonbon zu formen. Die kleinen Laschen an die Innenseite des Körpers kleben.
5. Den Knallbonbon mit einem ca. 25 cm langen Stück Schnur an der Verengung (rautenförmige Ausschnitte) unter dem Kopf zusammenbinden. Nicht zu kräftig ziehen, das Papier kann reißen.
6. Den Knallbonbon vom offenen Ende her füllen – aber nicht überfüllen.

7

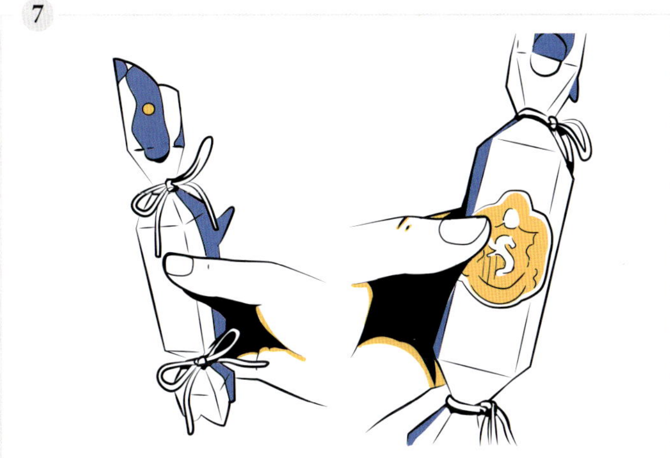

7. Die Verengung am anderen Ende ebenfalls mit einem 25 cm langen Stück Schnur zusammenbinden. Die Schnur so fest ziehen, dass der Inhalt nicht herausfallen kann, aber nicht zu fest, sonst kann das Papier reißen.

TIPP: Am Ende mit dem Kopf von Teil C befinden sich Teile, die einander überlappen. Darum sind an diesem Ende nur vier statt fünf Facetten vorhanden sind. Nach dem Zusammenbinden ist die Überlappung nicht zu sehen.

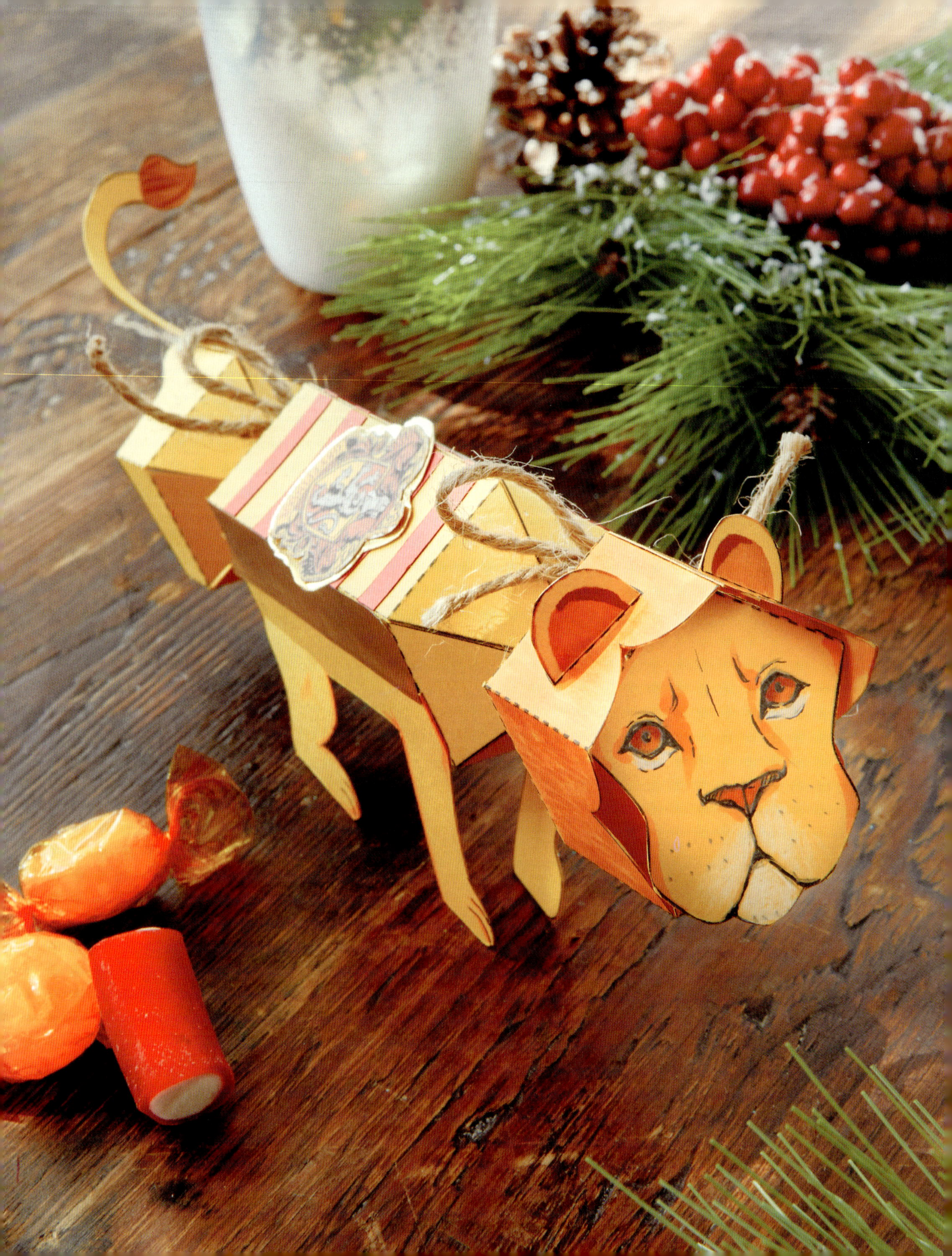

DEN GRYFFINDOR-KNALLBONBON ZUSAMMENBAUEN

1

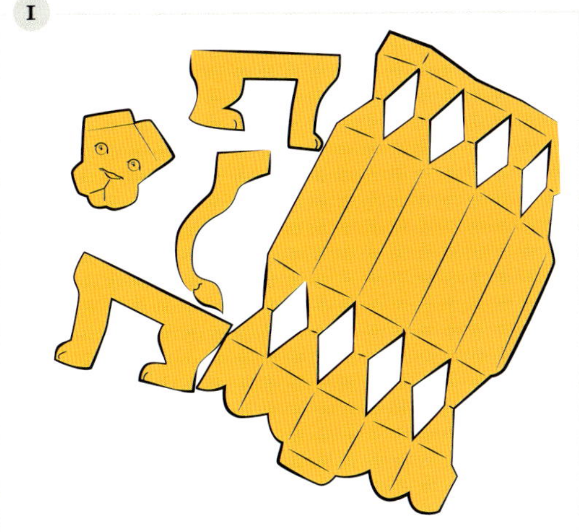

2–3

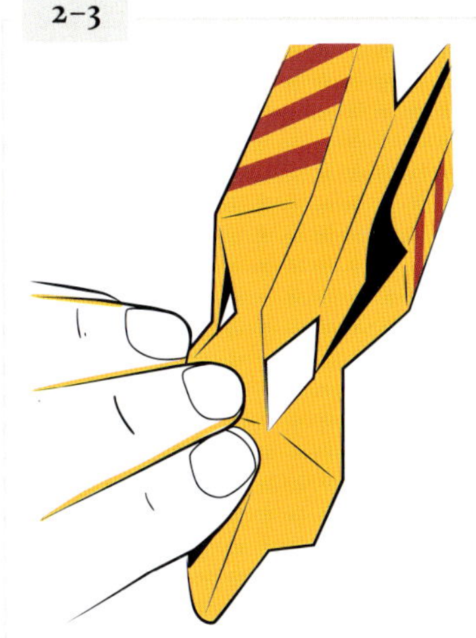

1. Das Gesicht auf Teil G zeichnen oder malen.
2. Entlang aller vorgefalzten Linien knicken, um den Knallbonbon in Form zu bringen.
3. Die drei schmalen schattierten Laschen an Teil F unter die andere Seite des Knallbonbons kleben. Dadurch hält der Knallbonbon seine Form besser.
4. Die Enden von Teil F *nicht* zusammendrücken.

5

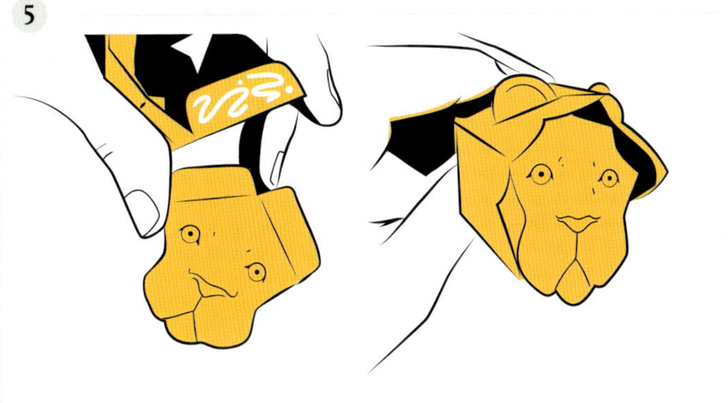

5. Klebstoff auf die Lasche am oberen Körper (F) geben und das untere Gesicht (G) dort festkleben.

TIPP: Beim Aufkleben der Kopflasche darauf achten, dass die Ohren nicht angeklebt werden. Die Laschen am oberen Ende des Löwenkopfes werden nicht geklebt, sondern nur in die Öffnungen gesteckt, um den Bereich zu stabilisieren. Der Kopf wird nur an der unteren Lasche unter dem Kinn befestigt.

6

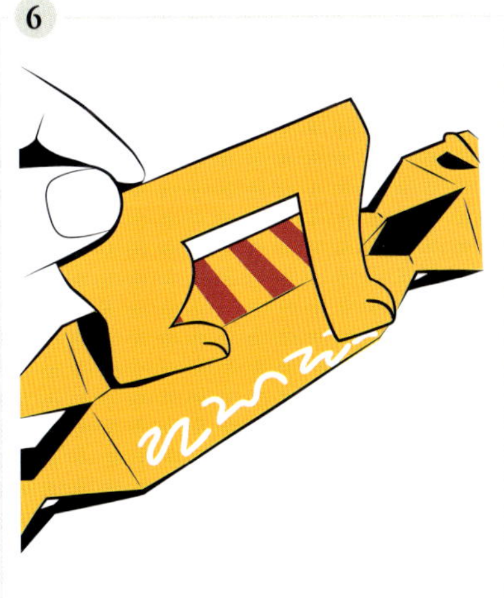

7

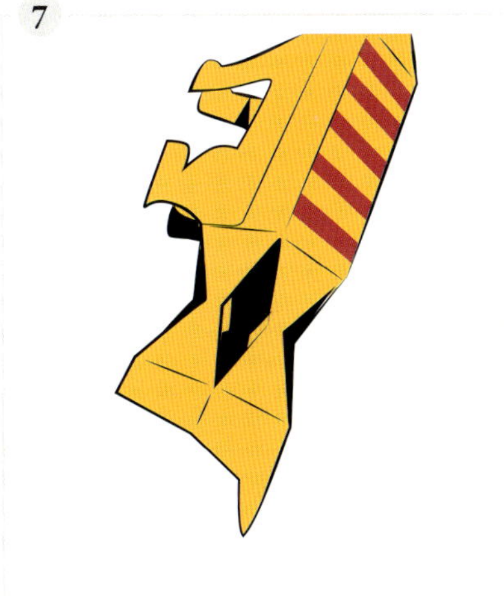

8

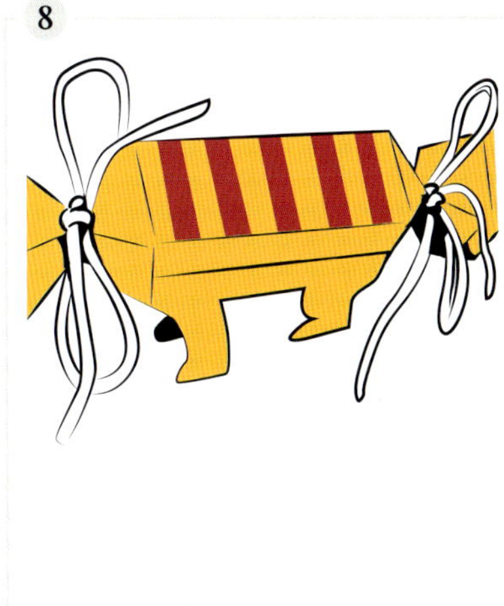

6. Die Beinteile J und H an die entsprechenden schattierten Bereiche an den Seiten des Körpers (Teil F) kleben.

7. Das Schwanzteil (Q) an den entsprechenden schattierten Bereich unten an Teil F kleben.

8. Jetzt das obere Ende von Teil F mit einem ca. 25 cm langen Stück Schnur zubinden. Den Knallbonbon füllen, dann auch das andere Ende mit einem 25 cm langen Stück Schnur zubinden.

DIE SLYTHERIN- UND RAVENCLAW-KNALLBONBONS ZUSAMMENBAUEN

1

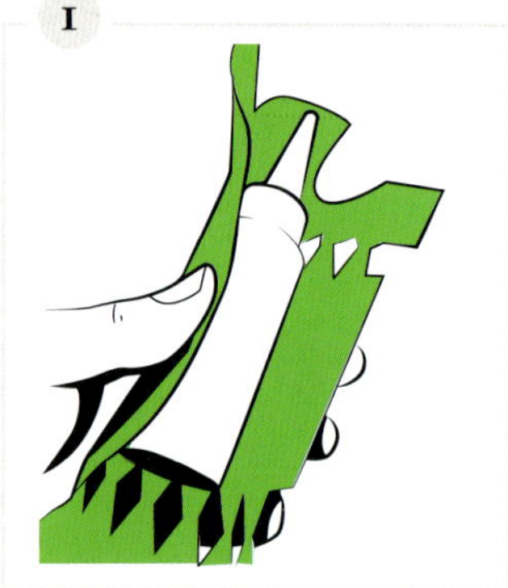

2

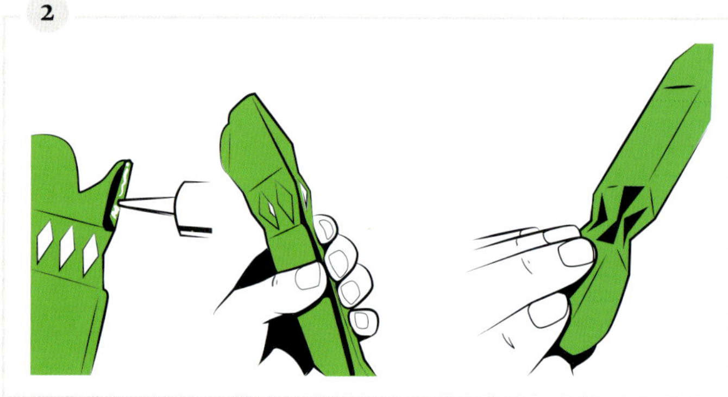

1. Das Knallbonbonpapier vorsichtig um eine Klebstoffflasche wickeln, um es in Form zu bringen.

2. Die Laschen an Teil A und C festkleben. Am Hauptteil jedes Knallbonbons befinden sich drei Laschen, die an der gegenüberliegenden Kante festgeklebt werden müssen.

3

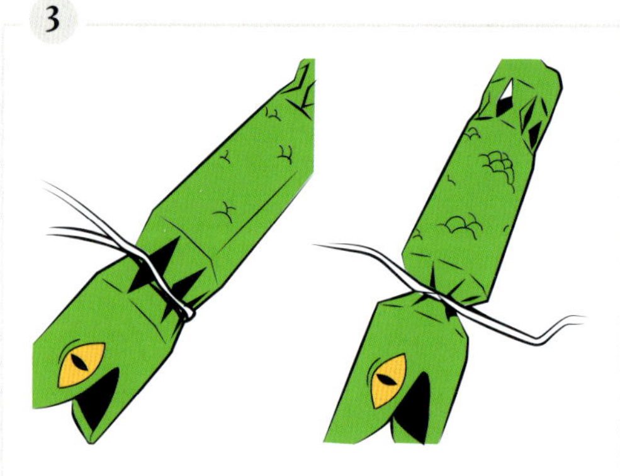

5

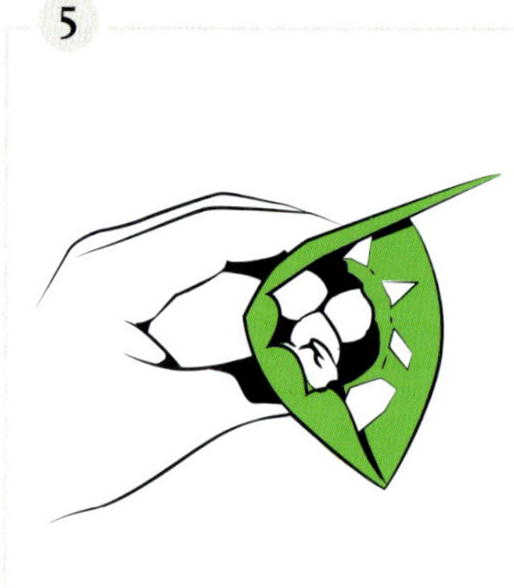

3. Ein Ende des Knallbonbons mit einem ca. 25 cm langen Stück Schnur an der Verengung (rautenförmige Ausschnitte) vorsichtig zusammenbinden.

4. Den Knallbonbon füllen, aber nicht überfüllen.

5. Die Verengung am anderen Ende ebenfalls mit einem 25 cm langen Stück Schnur zusammenbinden. Die Schnur so fest ziehen, dass der Inhalt nicht herausfallen kann, aber nicht zu fest, sonst kann das Papier reißen.

FORTSETZUNG: SLYTHERIN-KNALLBONBON

1

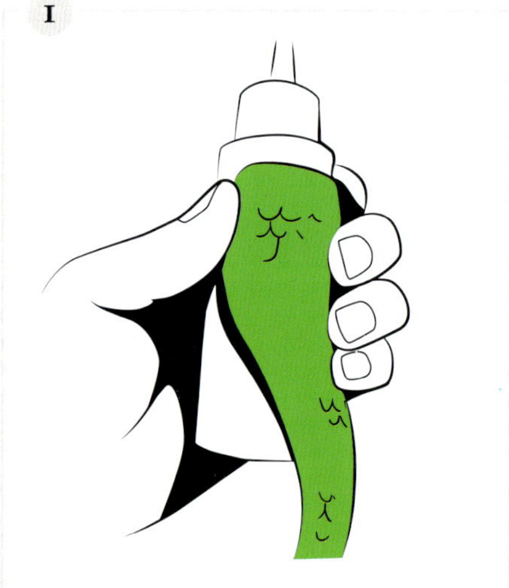

2

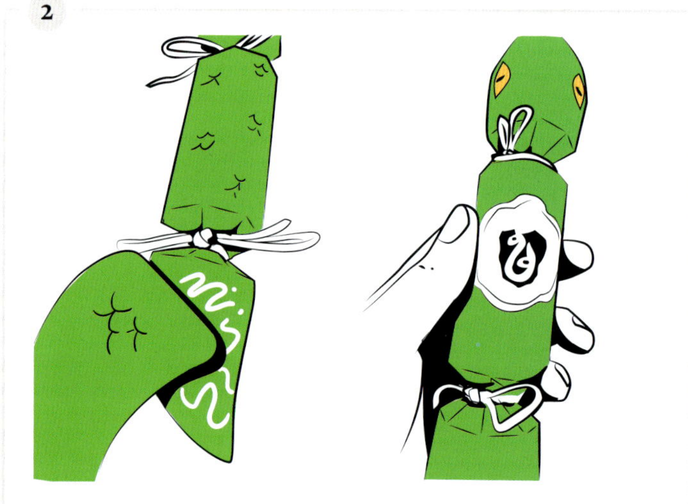

1. Den Schwanz (Teil B) um eine Klebstoffflasche rollen, um das Papier zu biegen.

2. Den Schwanz (Teil B) auf den grauen Bereich von Teil A kleben.

FORTSETZUNG: RAVENCLAW-KNALLBONBON

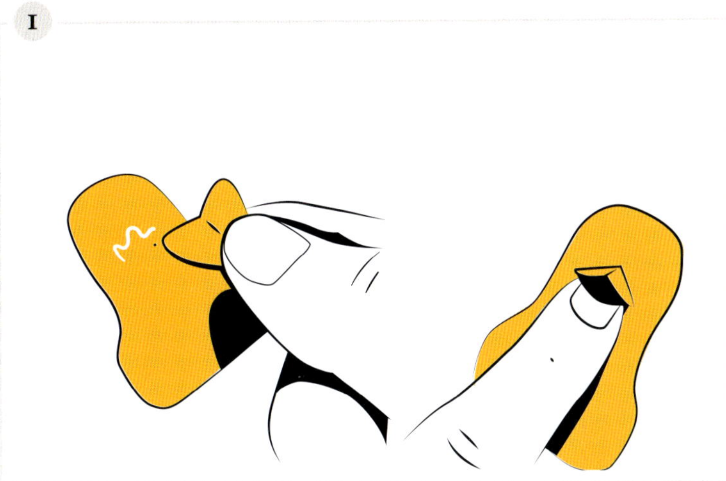

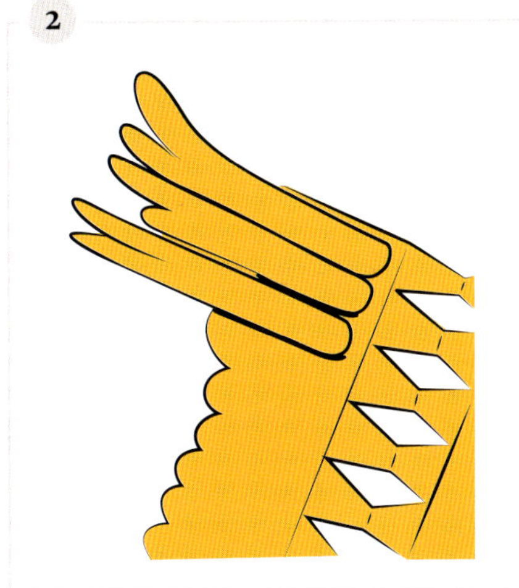

1. Den Schnabel (L) an das Kopfteil P kleben, dabei die entsprechenden schattierten Bereiche beachten.
2. Die drei Federn von Teil N auf die grauen Markierungen auf der linken oberen Seite von Teil K kleben. Ebenso die Federn von Teil O auf die Markierungen auf der rechten oberen Seite von Teil K kleben.
3. Schritte 1 bis 5 (Zusammenbau der Knallbonbons) von Seite 154 wiederholen.
4. Den Schwanz (M) vorsichtig um eine Klebstoffflasche rollen, um das Papier zu biegen. Teil M auf die größere rechteckige Markierung in der Mitte von Teil K kleben.
5. Das Kopfteil (P) vorsichtig um eine Klebstoffflasche biegen, um ihm seine runde Form zu geben. Das Teil (P) an das entsprechende kleinere schattierte Rechteck in der Mitte von Teil K kleben.

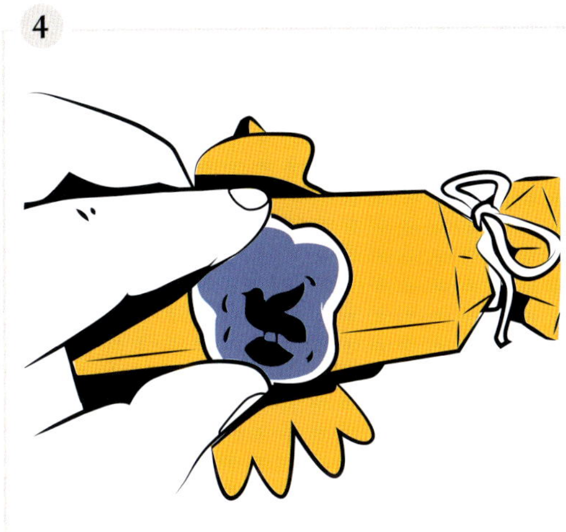

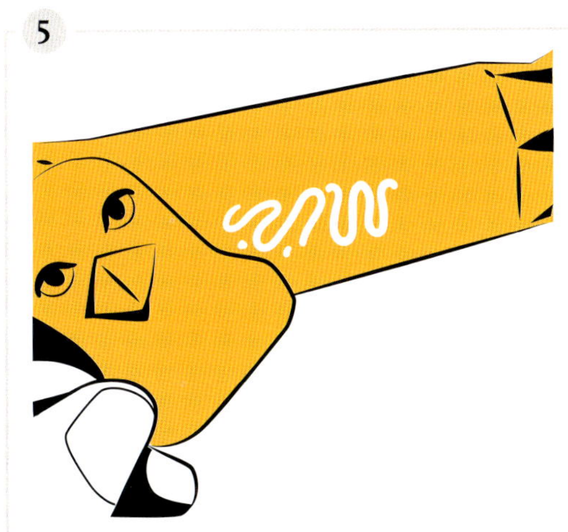

Hinter den Kulissen

Als der Große Saal für den Weihnachtsball in *Harry Potter und der Feuerkelch* ganz in Silber dekoriert wurde, lag auf den runden Tischen auf jedem glitzernden Gedeck ein silberner Knallbonbon.

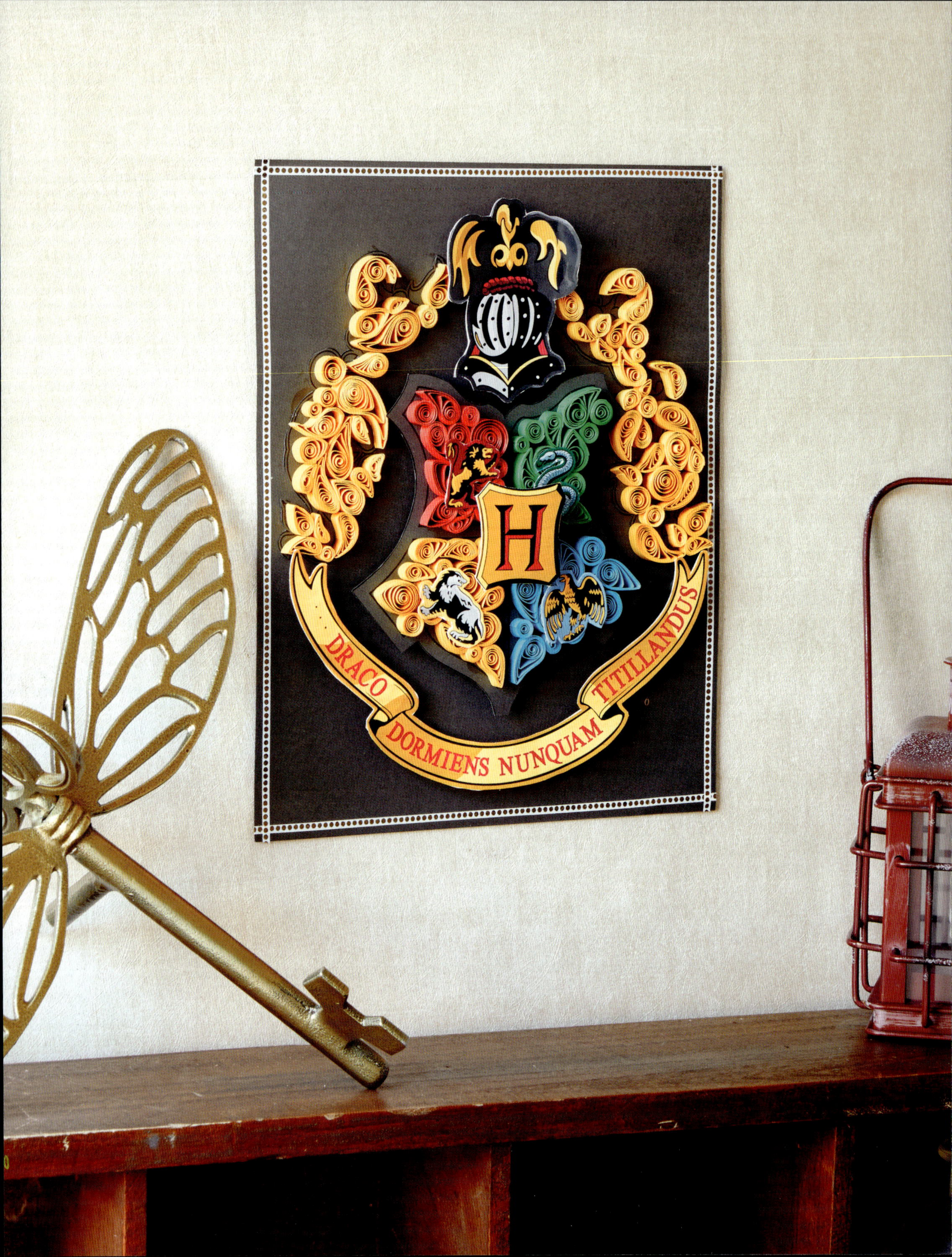
H
DRACO DORMIENS NUNQUAM TITILLANDUS

Weihnachtskarte mit Hogwartswappen

Design: **MATTHEW REINHART**

SCHWIERIGKEITSGRAD ⚡⚡⚡⚡

Zu Weihnachten kommen in der Hogwarts-Schule für Hexerei und Zauberei viele Weihnachtskarten an. In *Harry Potter und der Stein der Weisen* hängen sie im Schlafsaal der Jungen, in *Harry Potter und der Orden des Phönix* stehen sie auf der Küchenanrichte im Haus am Grimmauldplatz Nr. 12, wo Harry das Fest mit den Weasleys, Hermine und seinem Paten Sirius Black feiert. Diese große Karte mit dem Hogwartswappen aus gerollten Papierstreifen ist ein ganz besonderer Festtagsgruß für Freunde und Verwandte.

Quilling ist eine Technik, die um 200 v.Chr. in China erfunden wurde – etwa zur gleichen Zeit wie das Papier. In der Renaissance verzierte man Bücher mit Streifen, die aus illuminierten Manuskripten geschnitten waren, und im 18. Jahrhundert war Quilling in den amerikanischen Kolonien ein beliebtes Hobby. Heute wird es neu entdeckt und gilt sogar als Kunst.

Wappen bestehen aus einem Schild mit den Farben und Symbolen seines Inhabers, das oft seitlich von Tieren gestützt wird und oben einen Helm oder eine Krone trägt. Auf dem Hogwartswappen sind die Wappentiere der vier Häuser zu sehen: ein Löwe für Gryffindor, ein Dachs für Hufflepuff, ein Adler für Ravenclaw und eine Schlange für Slytherin. Auf dem Schriftband steht das Schulmotto *Draco dormiens nunquam titillandus*, was übersetzt so viel heißt wie „Kitzle niemals einen schlafenden Drachen!"

DU BRAUCHST

- Vorlagen für Schild und Ornamente (Seite 160 und 191)
- Werkzeug zum Schneiden
- Tonpapier, z.B. in Grün, Blau, Rot, Gelb und Schwarz
- Quillingwerkzeug (siehe unten)
- Klebstoff
- Pinzette
- Lineal
- Transparentpapier

Quillingwerkzeug

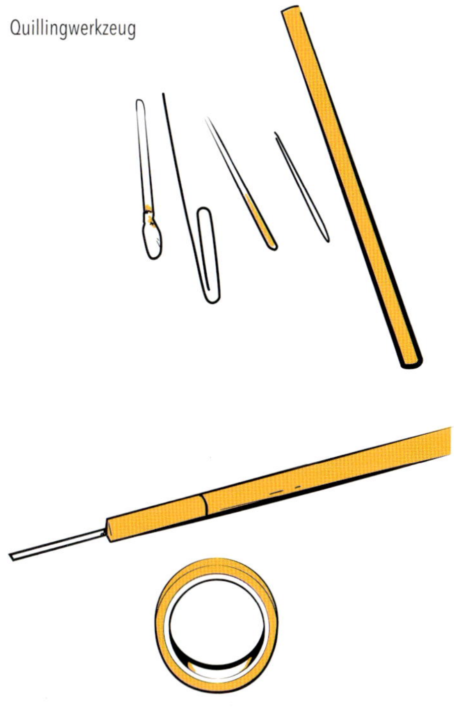

Man kann die Papierstreifen von Hand rollen, aber mit einem Werkzeug ist es einfacher und gelingt akkurater. Quillingwerkzeuge kann man in Bastelgeschäften oder online kaufen, man kann sie aber auch selbst herstellen. Dafür brauchst du nur einen Gegenstand mit dünner Spitze (z.B. eine Büroklammer, einen Zahnstocher, eine dicke Nähnadel oder ein Wattestäbchen) an einem Stock oder Rundholz zu befestigen.

TIPP: Je dünner die Werkzeugspitze, desto enger werden die Papierrollen.

2

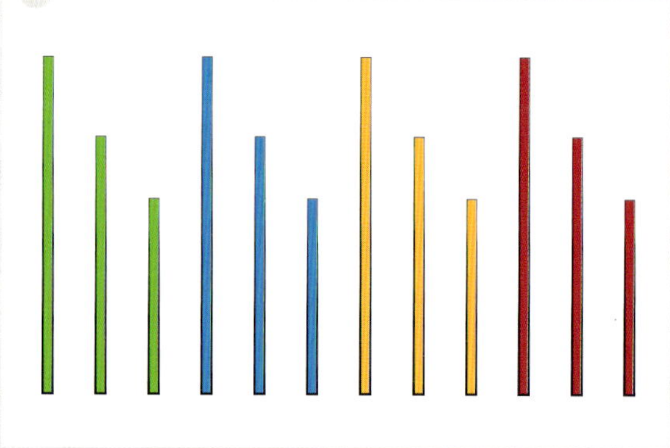

1. Das Schild und alle Ornamente (Seite 191) herausdrücken.

2. 6 mm breite Streifen in den vier Hausfarben zuschneiden, 12,5 cm, 17,5 cm und 23 cm lang. Für die Hausquadranten werden sechs bis sieben Streifen je Länge und Farbe benötigt.

3. Zusätzlich 14 Streifen (6 mm breit) und einen Streifen (12 mm breit) aus schwarzem Papier zuschneiden und fest aufrollen. Sie werden erst später beim Zusammensetzen benötigt.

QUILLING

1

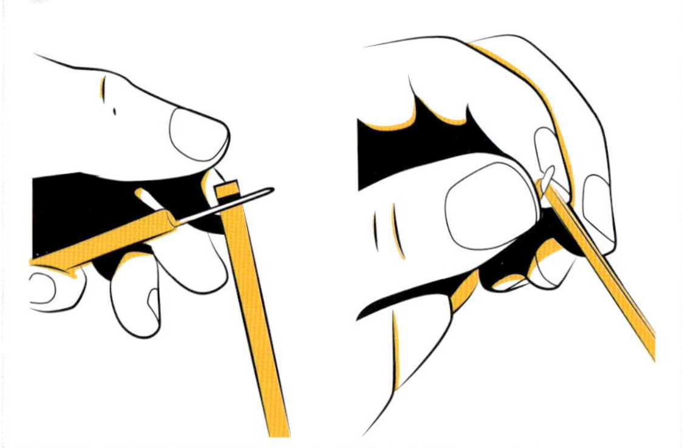

2

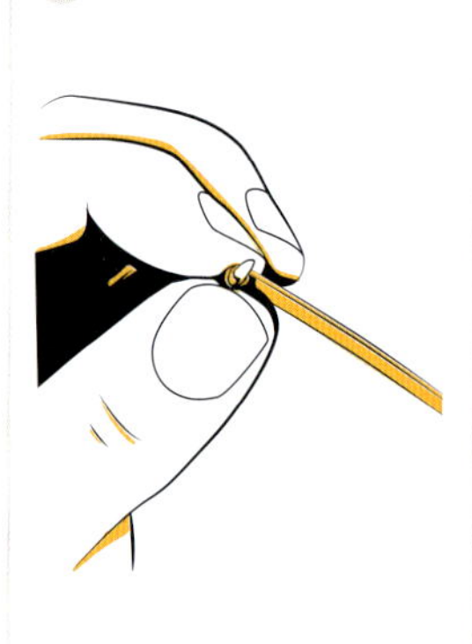

3

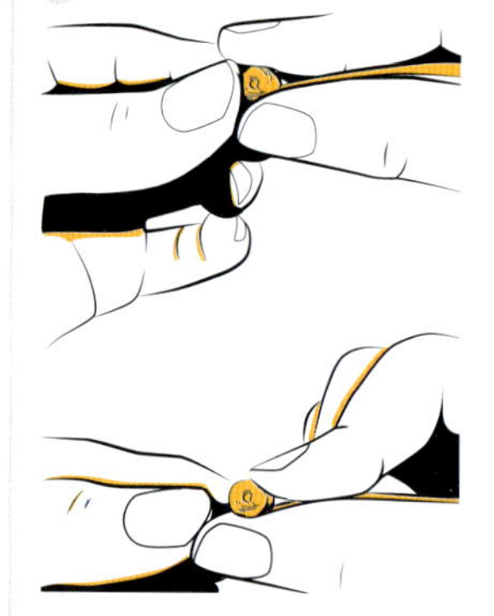

4–6

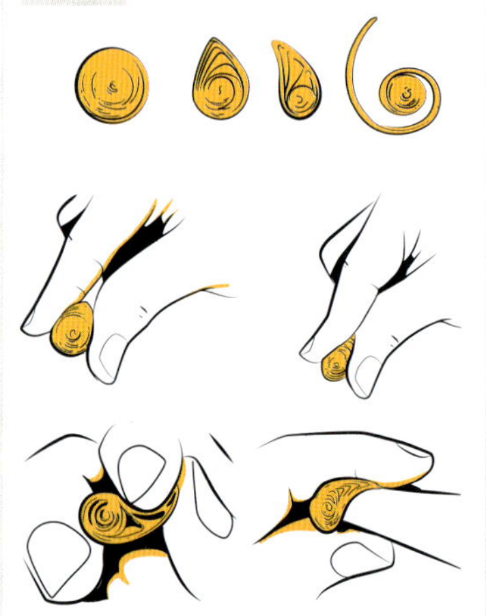

7–8

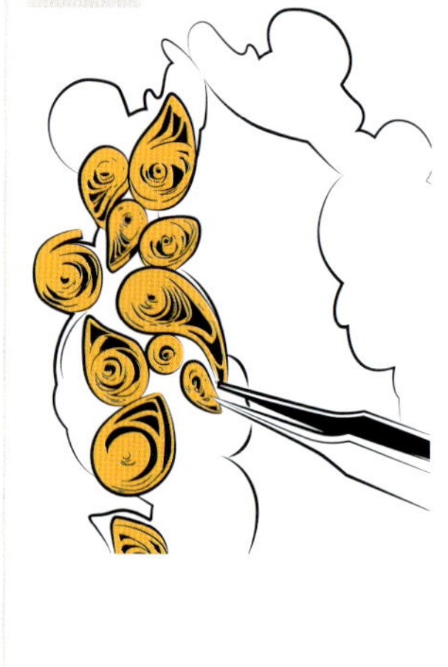

1. Das Werkzeug in einer Hand halten. Mit der anderen Hand ein Ende des Papierstreifens eng um das Werkzeug legen.

2. Das Papier mit zwei Fingern fest zusammendrücken und um die Werkzeugspitze wickeln. Falls nötig, das Papier etwas anfeuchten, damit es besser hält.

3. Den ganzen Papierstreifen fest um das Werkzeug wickeln. Falls das Werkzeug unbequem zu halten ist, kann der Rest des Streifens auch zwischen zwei Fingern gerollt werden.

4. Wenn das Ende des Papierstreifens erreicht ist, die Schnecke loslassen, damit sich die Lagen wieder lockern. Das Ende des Streifens mit sehr wenig Klebstoff fixieren.

5. Um eine Tropfenform zu erhalten, einfach ein Ende der „Schnecke" zusammenkneifen.

6. Für einen gebogenen Tropfen die Spitze eines einfachen Tropfens um einen Finger oder Stift legen und so biegen.

7. Kleine Teile am besten mit einer Pinzette festhalten.

8. Für kleinere Schnecken können Papierstreifen gekürzt werden. Für größere Schnecken zwei Streifen zusammenkleben.

DAS WAPPEN ZUSAMMENSTELLEN

2

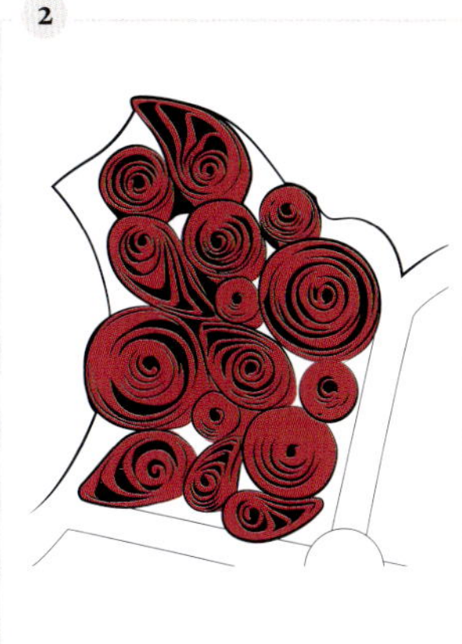

4

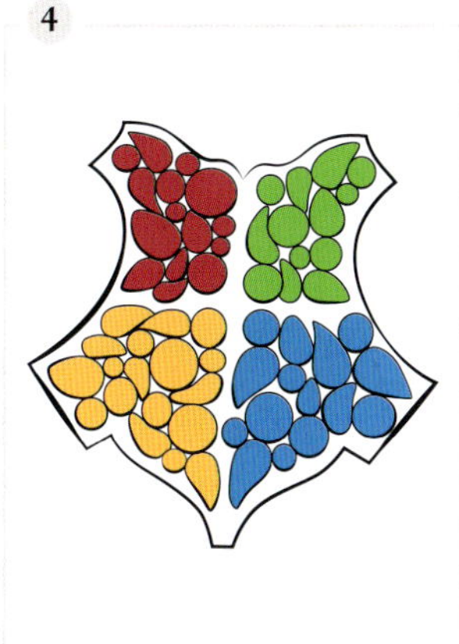

7

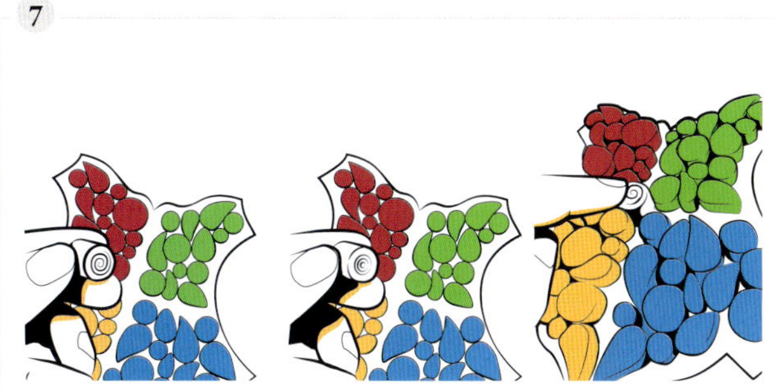

10

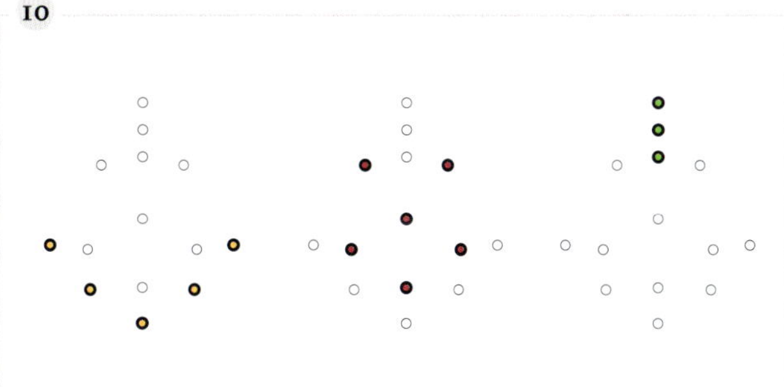

12

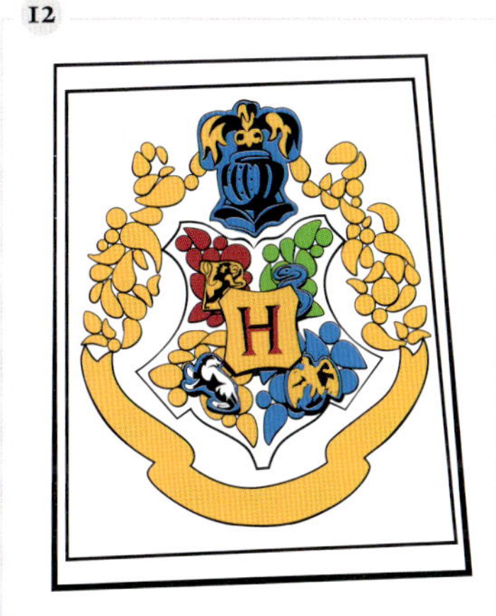

13

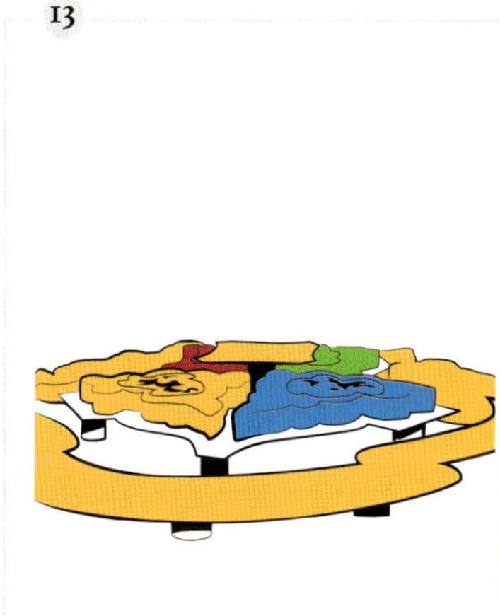

1. Zuerst verschiedene Schnecken und Tropfen vorbereiten.
2. Die Teile zuerst lose in einem Bereich des Schilds anordnen, bis es gut und ausgewogen aussieht.
3. Dann die Teile festkleben, dabei gut andrücken.
4. Die übrigen Bereiche des Schilds ebenso in der jeweiligen Hausfarbe ausfüllen.
5. Lücken können mit kleineren Schnecken oder Tropfen ausgefüllt werden. Entscheide selbst, ob du die Flächen eher locker oder sehr eng ausfüllen möchtest. Du kannst auch verschiedene Anordnungen ausprobieren.
6. Die Motive für das Wappen ausstanzen und alle anderen Teile bereitlegen.
7. Die einzelne schwarze, 12 mm hohe Schnecke in die Mitte des Schilds kleben. Jedes Tier auf die dazugehörige Farbe kleben (Gryffindorlöwe: rot; Hufflepuffdachs: gelb; Ravenclawadler: blau; Slytherinschlange: grün).
8. Für den Untergrund des Quillingmotivs die Vorlage von Seite 160 durchpausen und auf schwarzen Tonkarton übertragen. Die 14 schwarzen Träger an den markierten Stellen auf den Untergrund kleben.
9. Für die Fertigstellung wird Klebstoff auf die Oberseiten der Träger gegeben, um die einzelnen Elemente zu befestigen.
10. Schild, Ritterhelm und Schriftband (Banner) aufkleben. Das Banner sitzt auf den fünf v-förmig angeordneten Trägern unten. Die sechs Träger in der Mitte halten das Schild, die drei senkrechten Träger oben den Helm. Die gelben Ornamente werden oben – links und rechts vom Schild – ohne Träger direkt auf den Untergrund geklebt.
11. Das große H auf den 12 mm hohen Träger in der Mitte kleben.
12. Zuletzt bekommt der Untergrund einen Rahmen aus Washi Tape. Alternativ kann auch eine Schnur oder Kordel aufgeklebt werden.
13. Die fertige Karte hat drei verschiedene Ebenen. Die gelben Ornamente werden direkt auf den Untergrund geklebt. Schild, Schriftband und Helm sind 6 mm angehoben, das große H ist 12 mm angehoben.

HINTER DEN KULISSEN

Die Wappen von Hogwarts, der Beauxbatons-Akademie für Magie und des Durmstrang-Instituts wurden von den Grafikern Miraphora Mina und Eduardo Lima gestaltet.

Weihnachtskarte mit Hogwartswappen – Untergrund

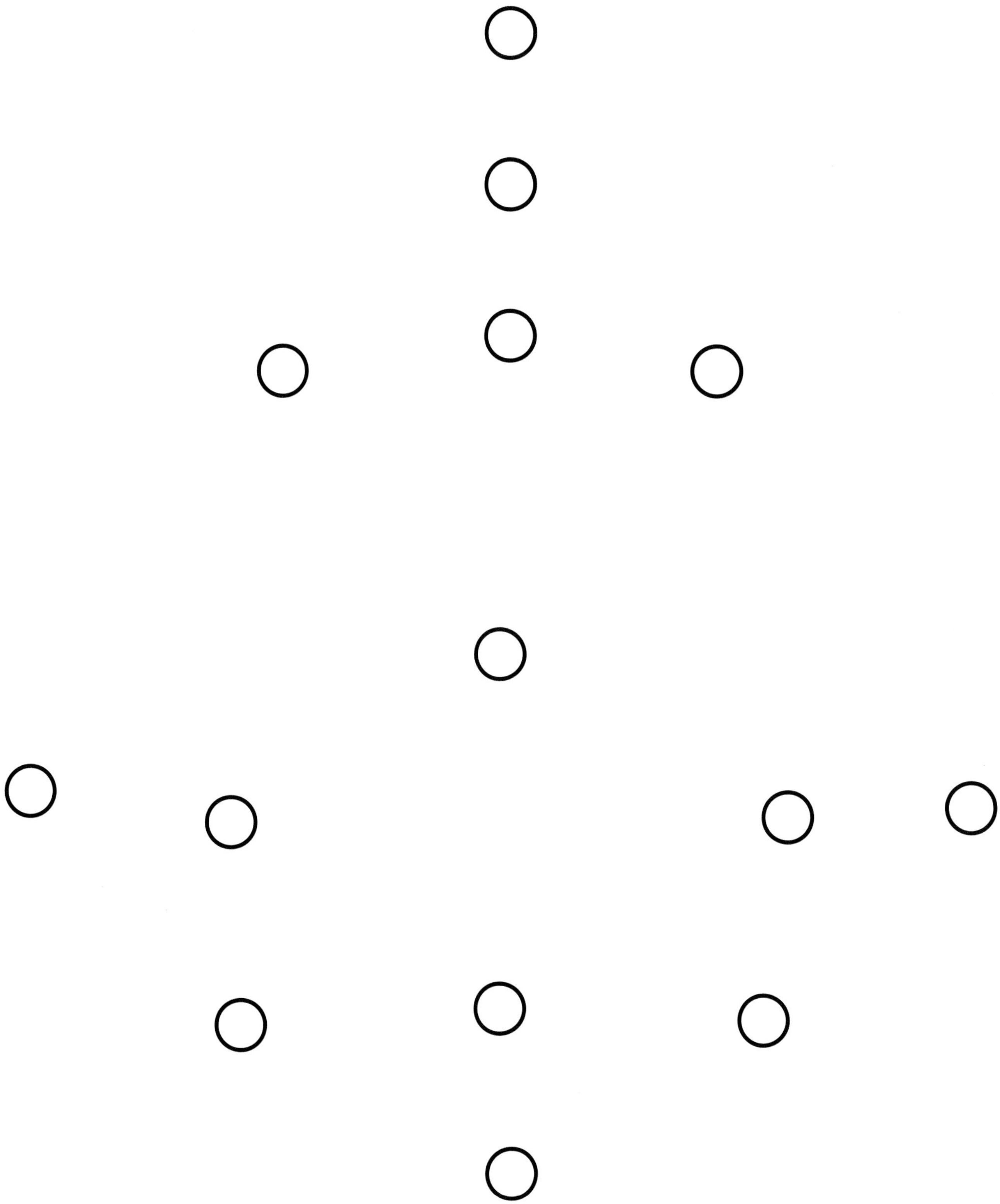

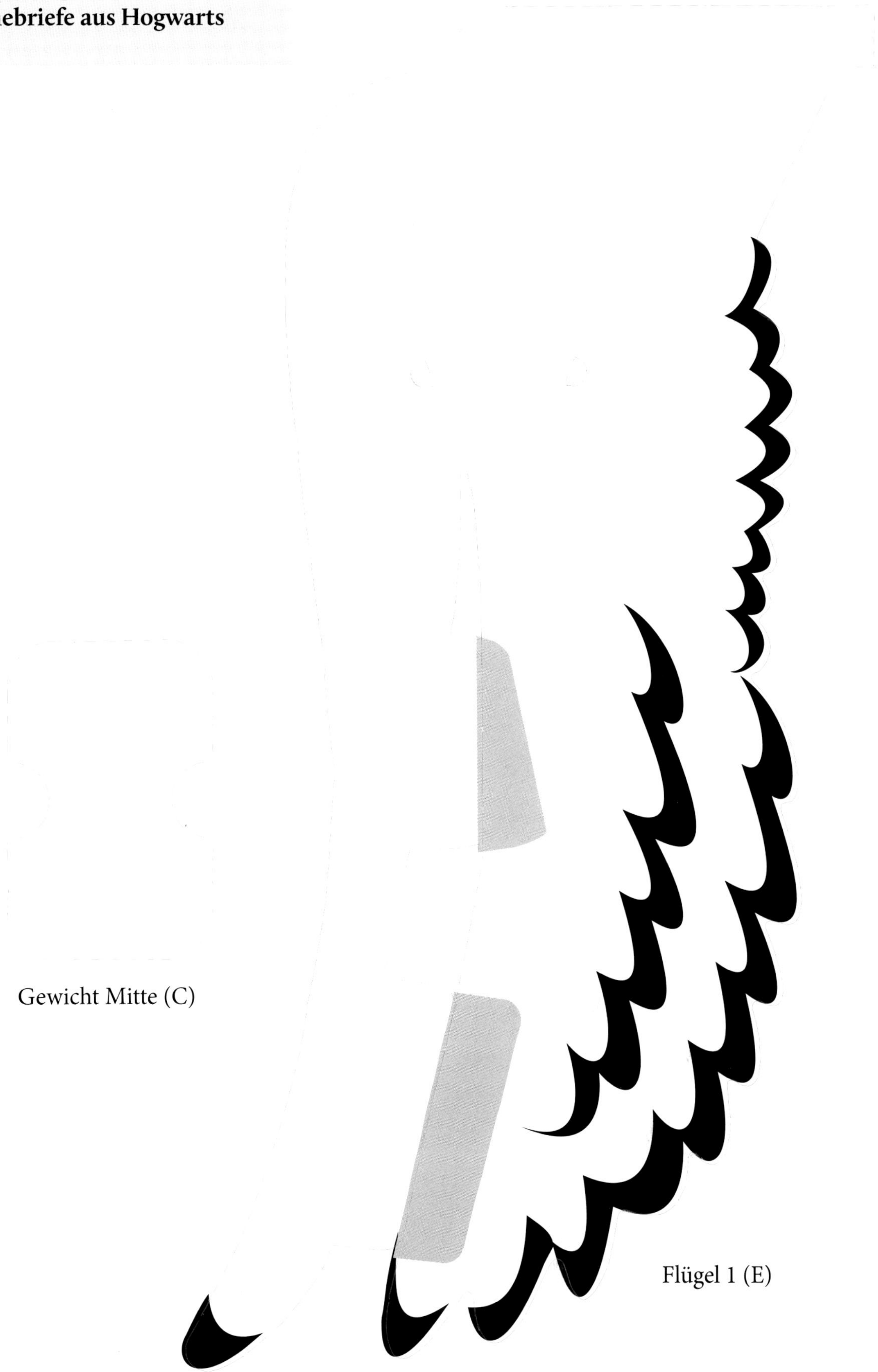
Gewicht Mitte (C)
Flügel 1 (E)

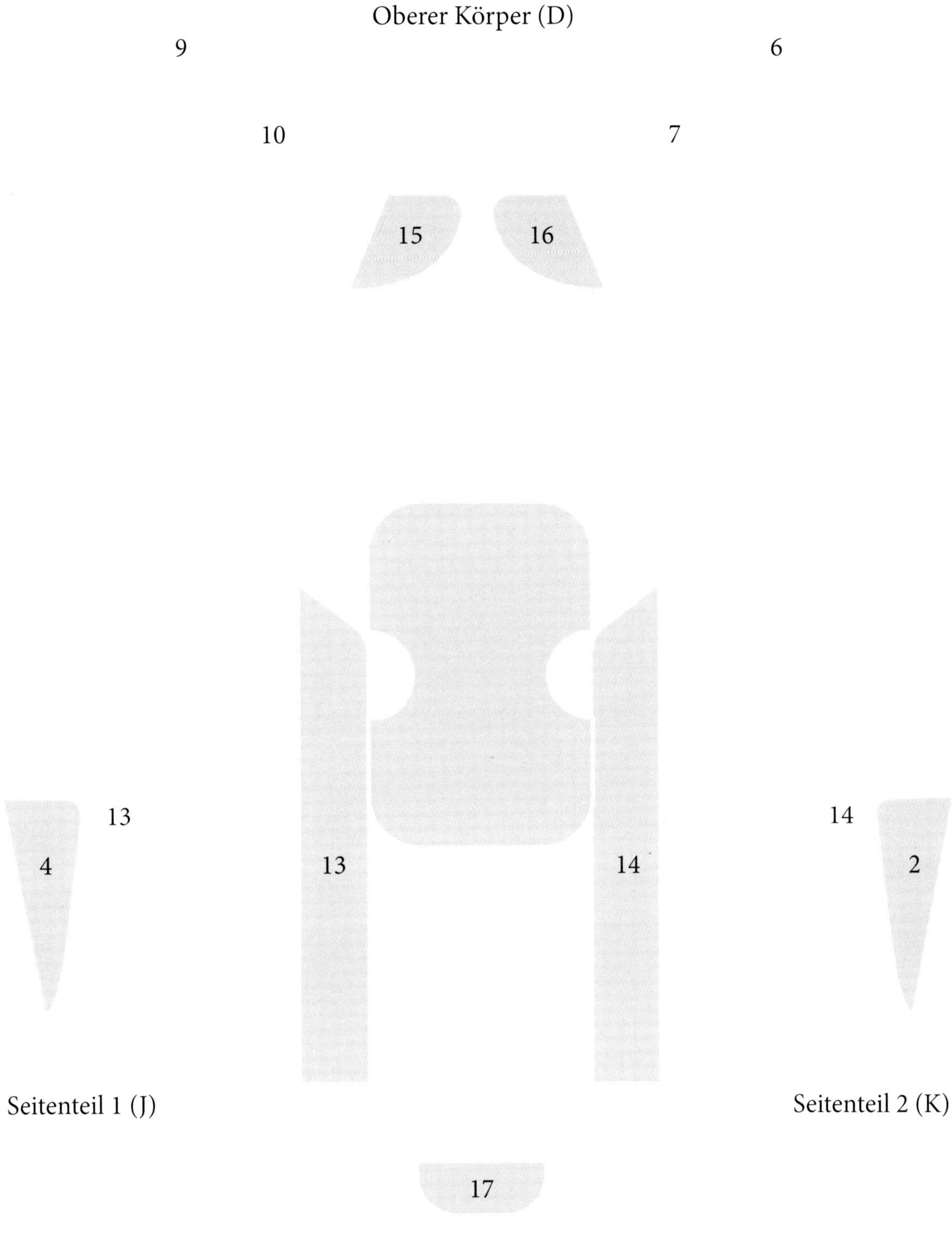
Oberer Körper (D)
9
6
10
7
15
16
13
4
13
14
14
2
Seitenteil 1 (J)
Seitenteil 2 (K)
17

Hedwig

12
15
16
1
3

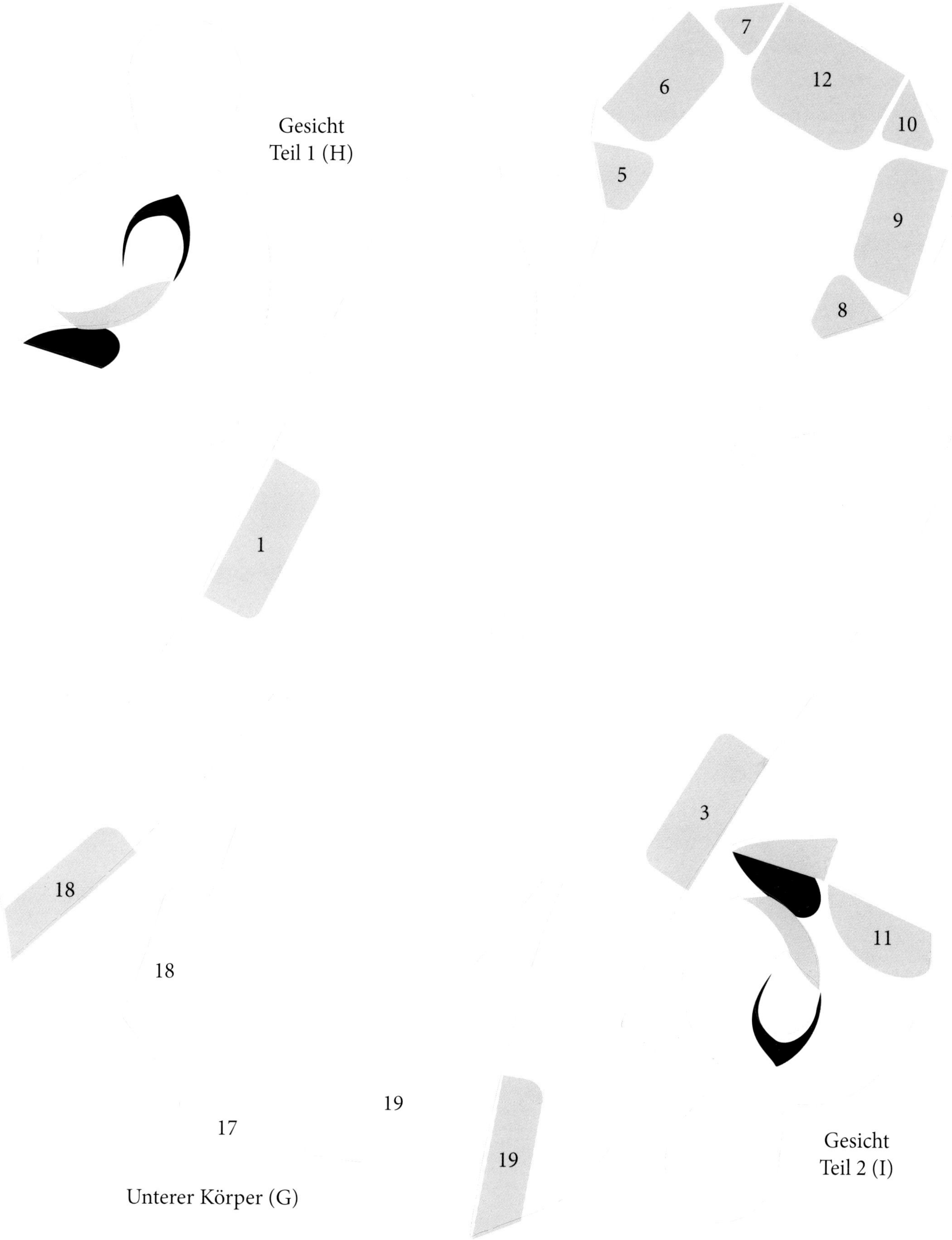
Gesicht
Teil 1 (H)
7
6
12
10
5
9
8
1
3
11
18
18
19
17
19
Unterer Körper (G)
Gesicht
Teil 2 (I)

5

11

8

2

4

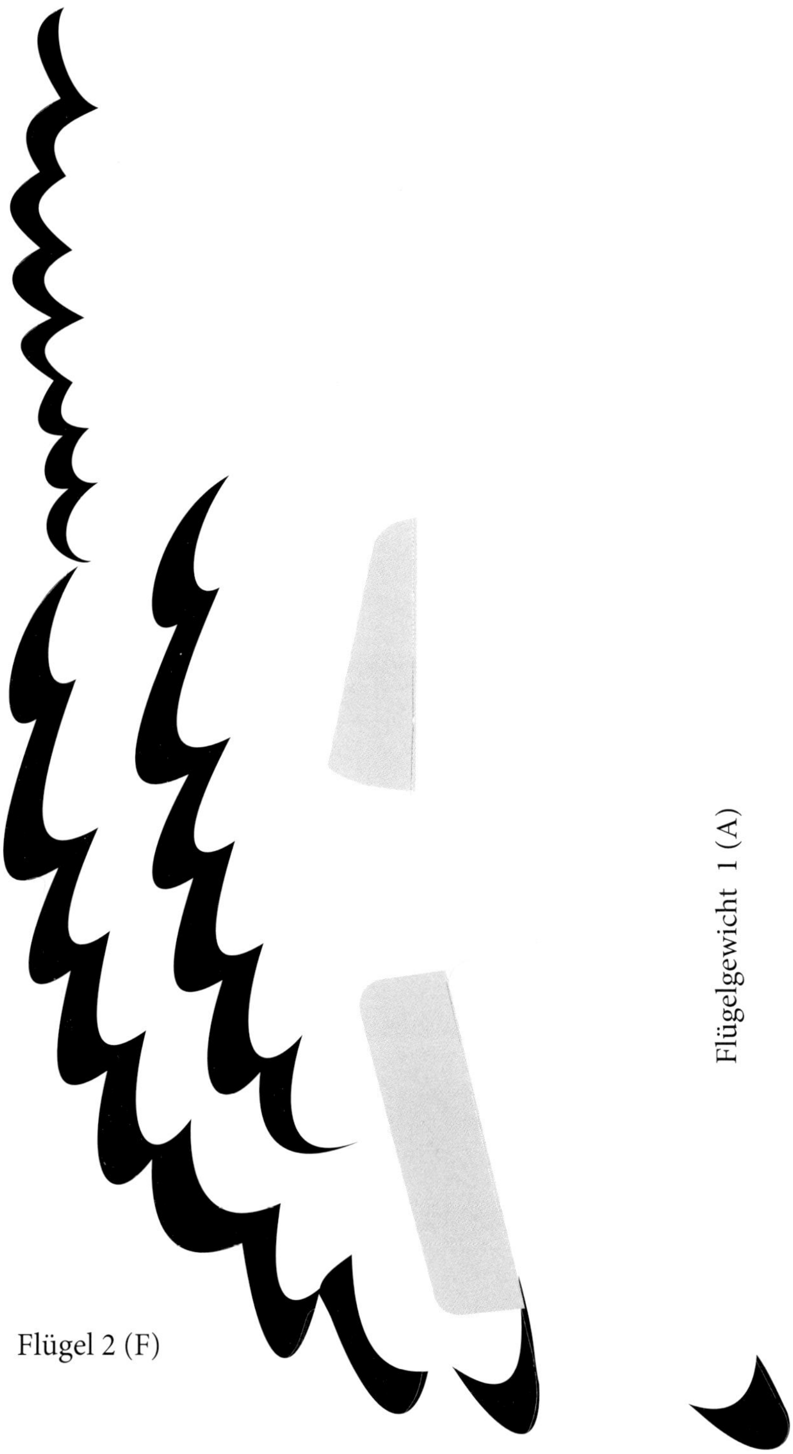

Flügelgewicht 2 (B)

Flügelgewicht 1 (A)

Flügel 2 (F)

Schokofrosch

Frosch/Körper (B)

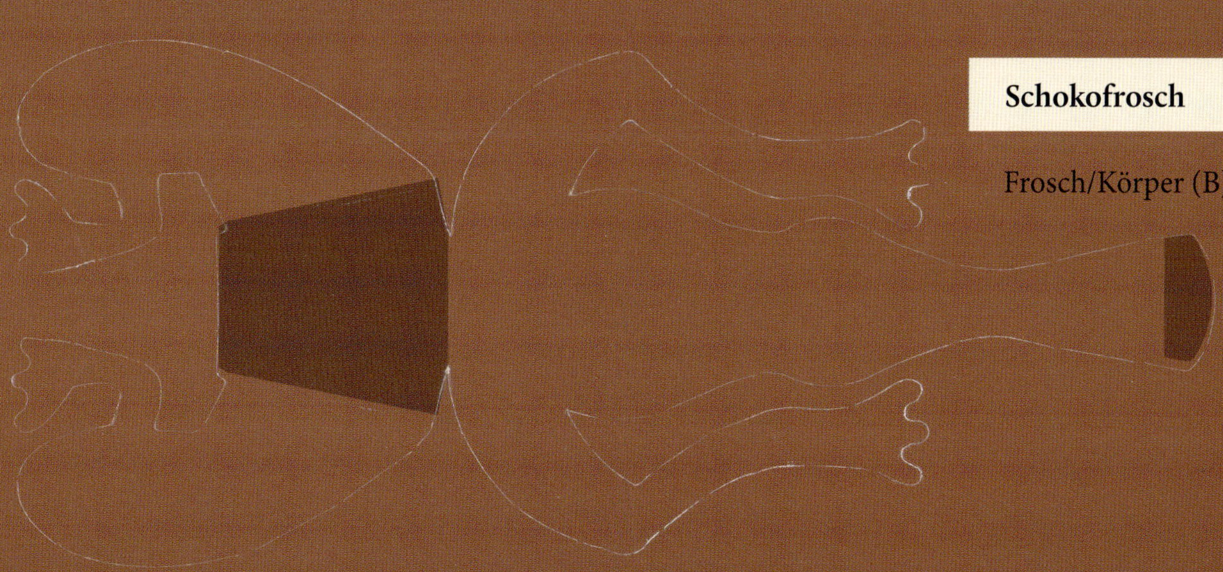

Schachtel/Oberteil (A)

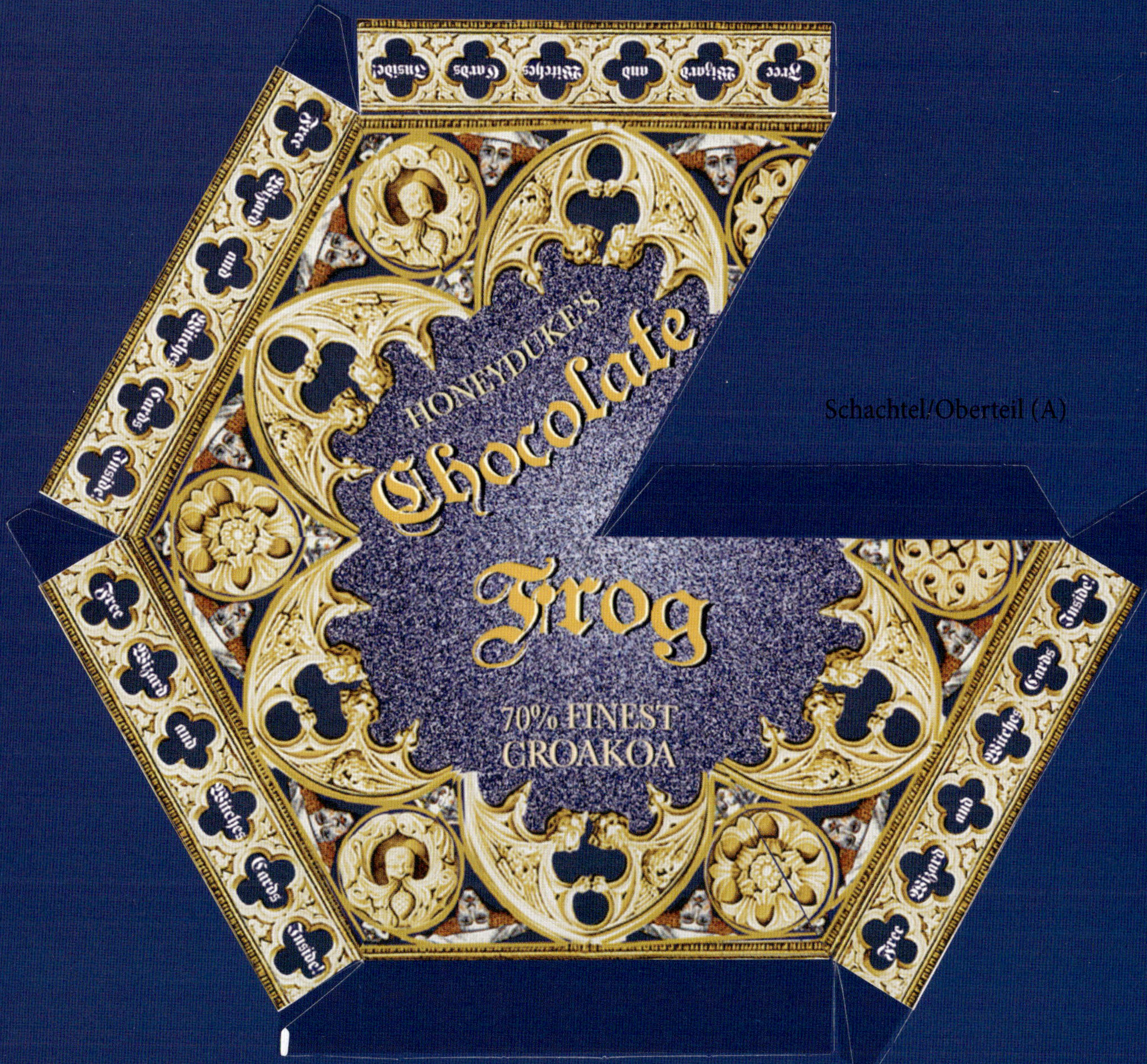

Schokofrosch

Frosch/Unterteil (C)

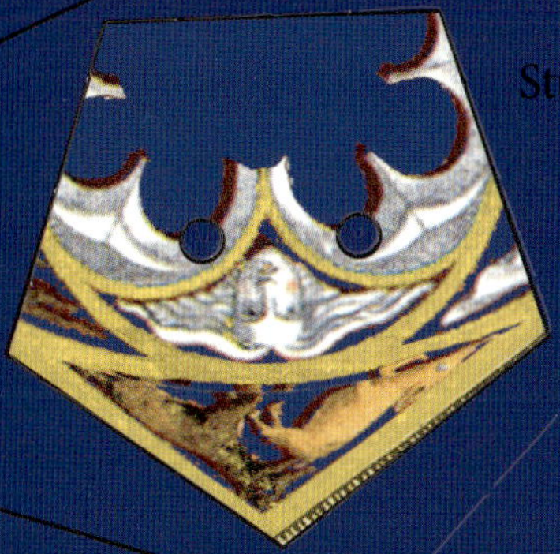

Stützteil (E)

Pop-Up-Basis (F)

Stützteil (D)

Schokofrosch

Deckelinnenseite
Stütze (G)

Teil (H)

Deckel/Laschen
Teil (I)

Teil (J)

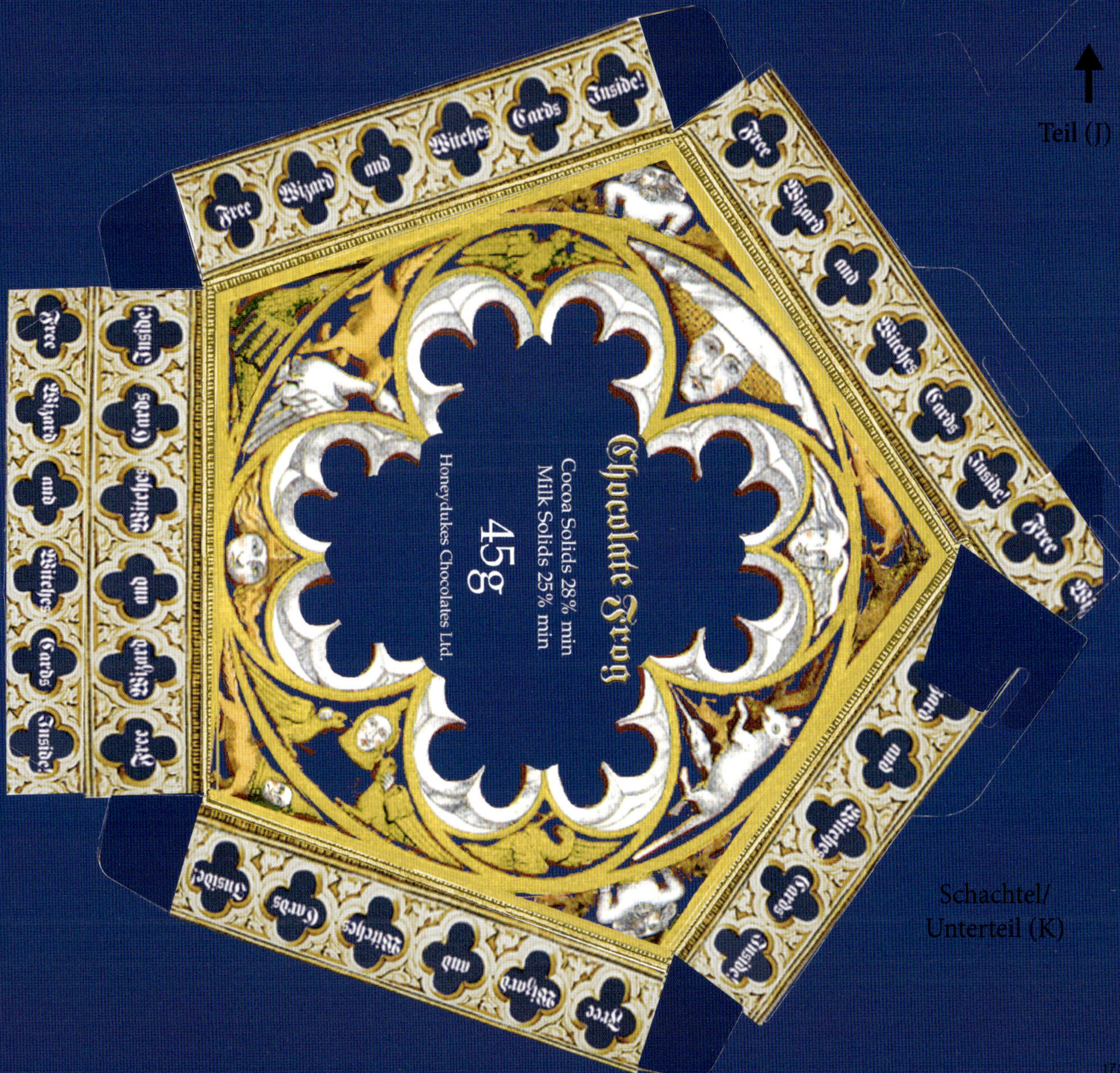

Schachtel/
Unterteil (K)

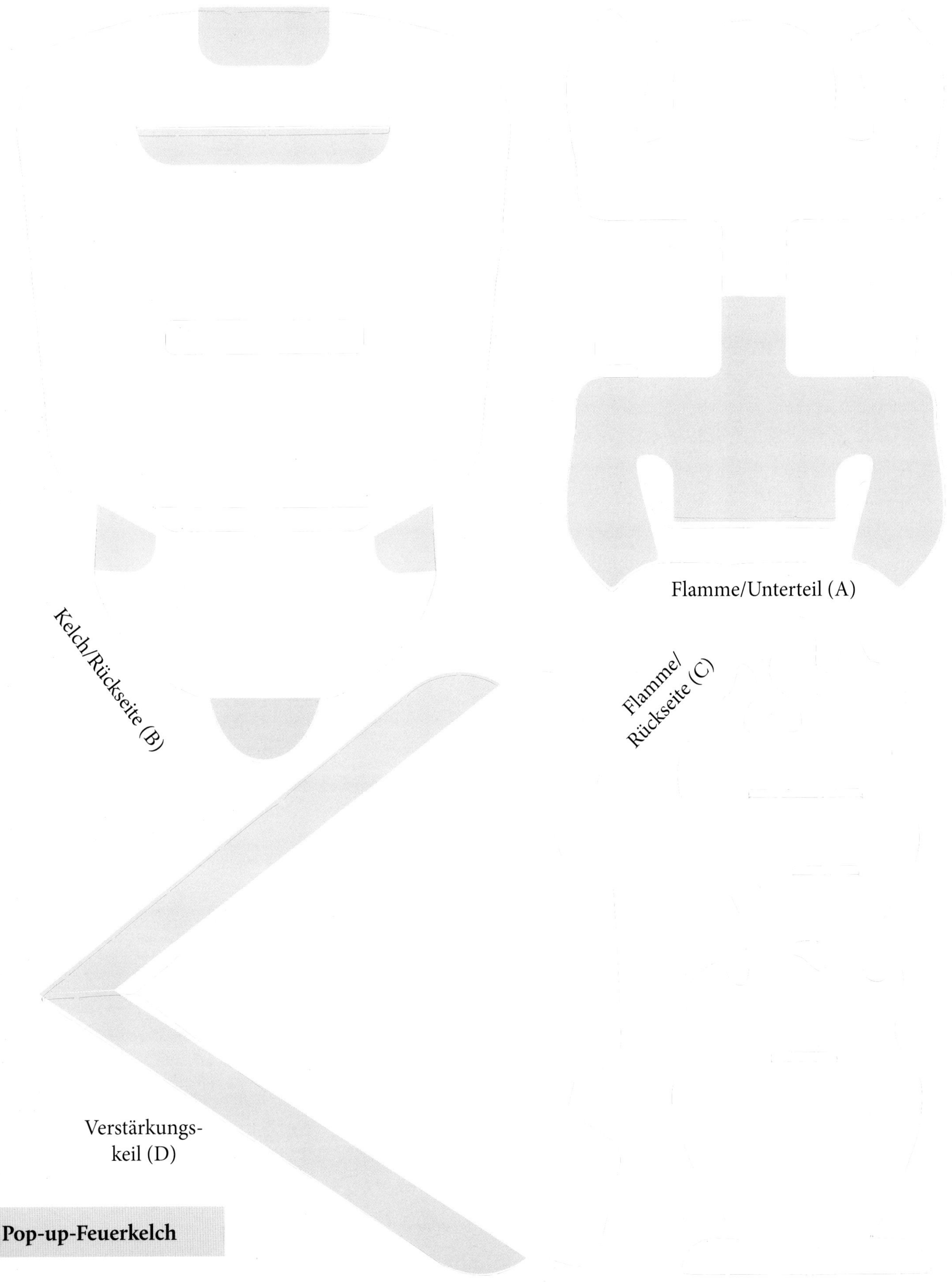

Pop-up-Feuerkelch

Pop-up-Feuerkelch

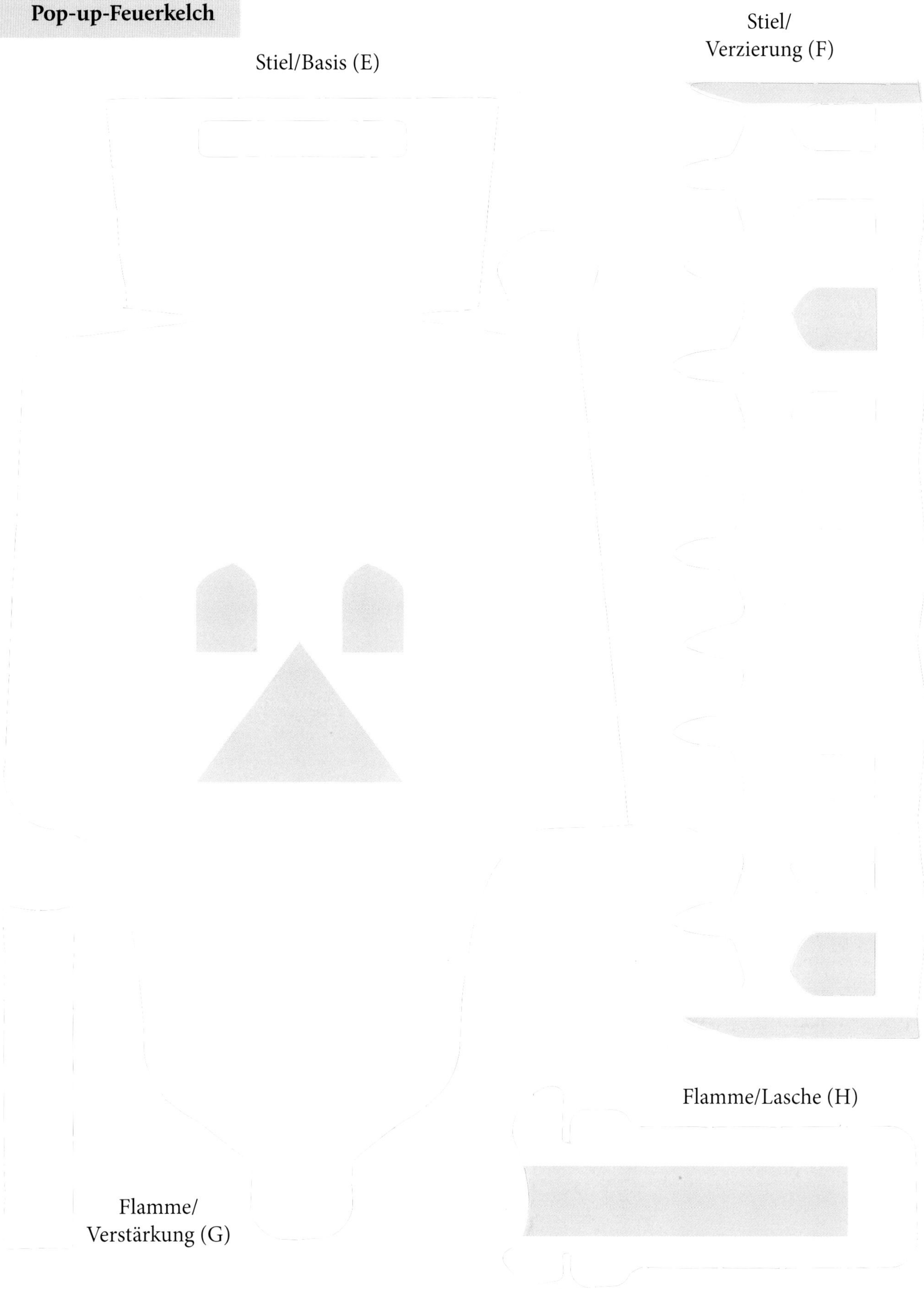

Kelch/Basis (I)

Pop-up-Feuerkelch

Schwanz (B)

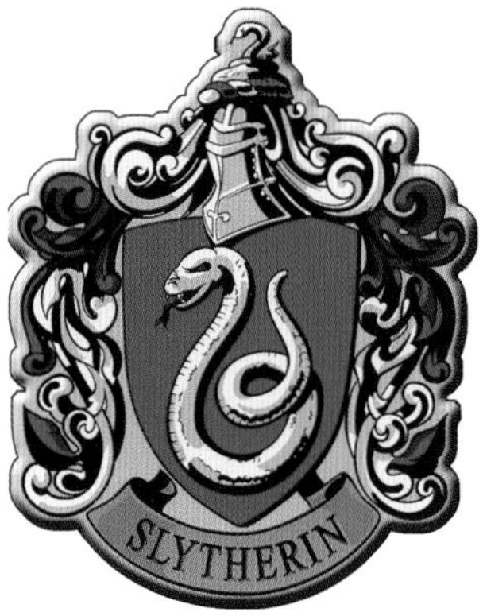

Körper (A)

Knallbonbon Hufflepuff

Bein 1 (D)

Bein 2 (E)

Körper (C)

Körper (F)

Gesicht (G)

Bein 1 (H)

Bein 2 (J)

Schwanz (Q)

Knallbonbon Gryffindor

Füße/Schwanz (M)

Körper (K)

Schnabel (L)

Flügel 1 (N)

Flügel 2 (O)

Kopf (P)

Knallbonbon Ravenclaw

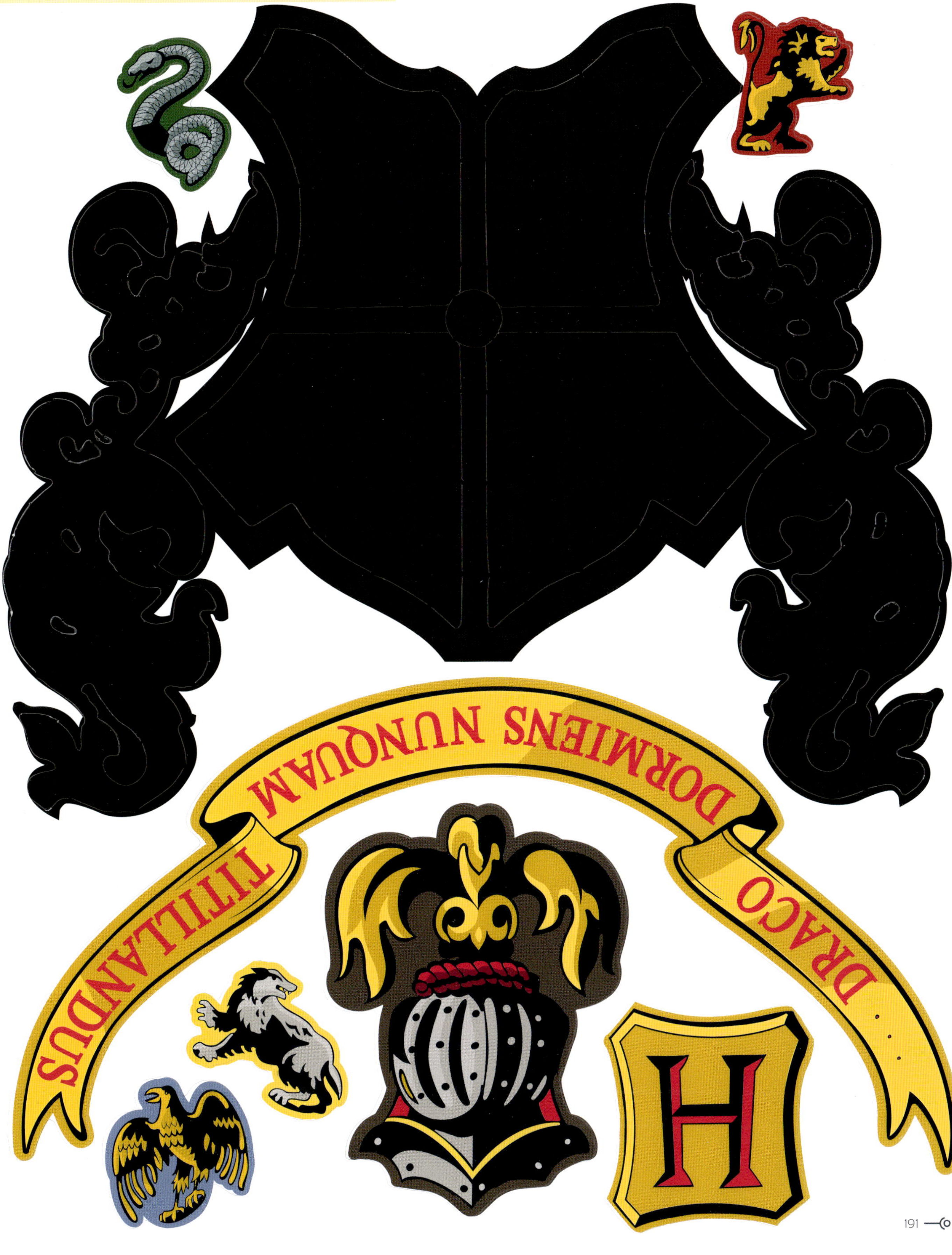
DRACO
DORMIENS NUNQUAM
TITILLANDUS
H

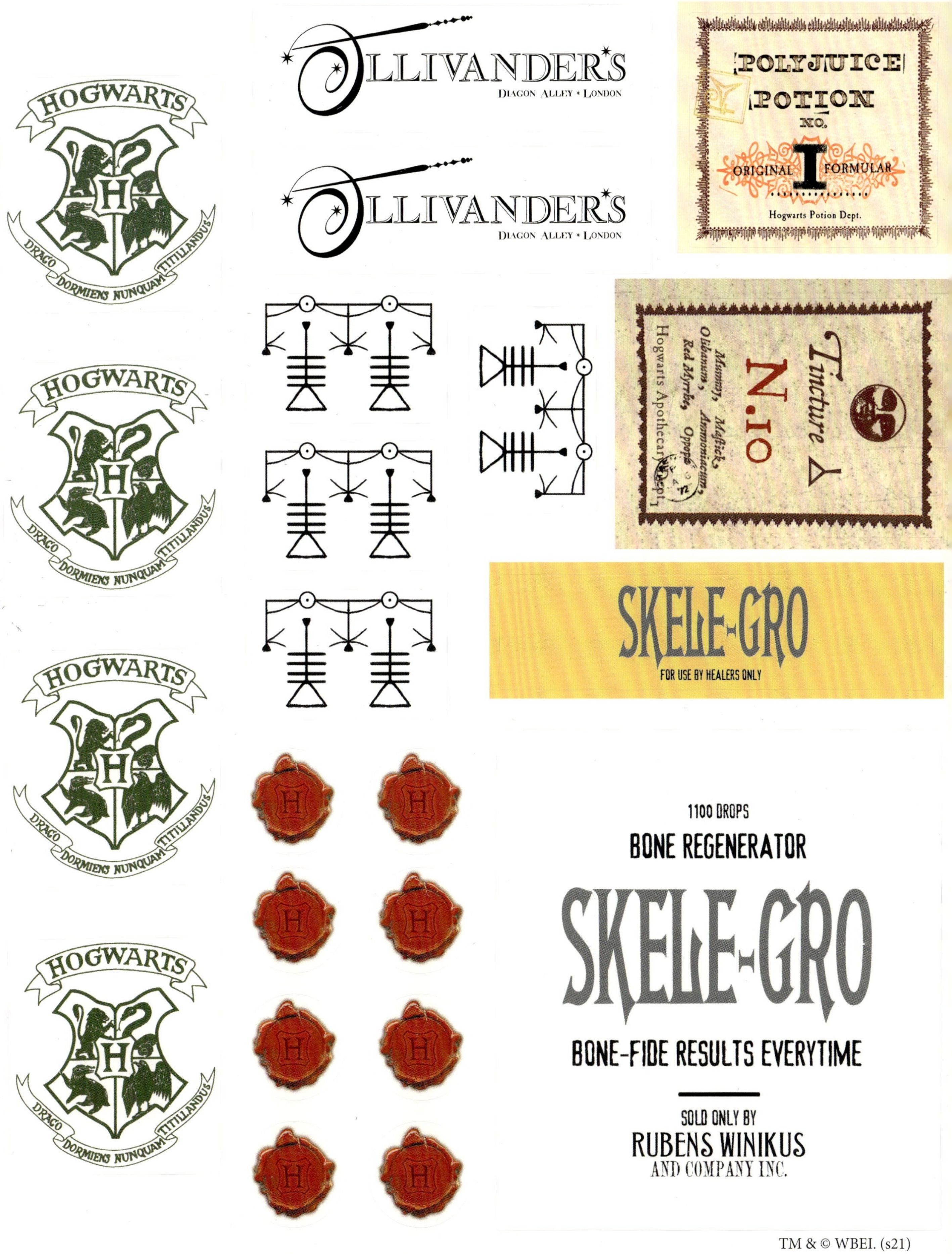
HOGWARTS
DRACO DORMIENS NUNQUAM TITILLANDUS
OLLIVANDER'S
DIAGON ALLEY • LONDON
POLYJUICE POTION
NO.
I
ORIGINAL FORMULAR
Hogwarts Potion Dept.
Tincture
N.10
Hogwarts Apothecary Dept.
SKELE-GRO
FOR USE BY HEALERS ONLY
1100 DROPS
BONE REGENERATOR
SKELE-GRO
BONE-FIDE RESULTS EVERYTIME
SOLD ONLY BY
RUBENS WINIKUS
AND COMPANY INC.

INSIGHT EDITIONS

PO Box 3088
San Rafael, CA 94912
www.insighteditions.com

Finde uns auf Facebook: www.facebook.com/InsightEditions

Folge uns auf Twitter: @insighteditions

Die englische Originalausgabe erschien erstmalig 2021 unter dem Titel *Harry Potter: Crafting Wizardry: The Official Harry Potter Craft Book* bei Insight Editions.

Angaben zur deutschen Ausgabe

Übersetzung: Wiebke Krabbe, Damlos
Redaktion und Satz: Lesezeichen Verlagsdienste, Köln
Umschlagsgestaltung: Jessica Siebert
Produktmanagement: Cora Friedrich und Nele Schlötzer
Mitarbeit: Cristina Czysch Lopez
Druck und Bindung: RR Donnelley, Hongkong

Veröffentlicht durch eine Übereinkunft mit Insight Editions, LP, 800 A Street, San Rafael, CA 94901, USA
www.insighteditions.com.

2. Auflage 2022

ISBN der deutschen Ausgabe: 978-3-7724-4472-2 • Best.-Nr. 4472

Angaben zur Originalausgabe

ISBN: 978-1-64722-259-8

Publisher: Raoul Goff
VP of Licensing and Partnerships: Vanessa Lopez
VP of Creative: Chrissy Kwasnik
VP of Manufacturing: Alix Nicholaeff
Senior Editor: Greg Solano
Designer: Monique Narboneta
Managing Editor: Lauren LePera
Editorial Assistant: Anna Wostenberg
Senior Production Editor: Elaine Ou
Production Associate: Eden Orlesky
Senior Production Manager, Subsidiary Rights: Lina s Palma

Photography: Ted Thomas
Prop Stylist: Elena P Craig
Text: Jody Revenson
Additional craft design: Kirsten Winkelbauer

Die Vorlagen für die elektronische Schneidemaschine gibt es in der Digitalen Bibliothek unter www.topp-kreativ.de/digibib. Einfach registrieren und ausdrucken. Der Code zum Freischalten lautet: 10178

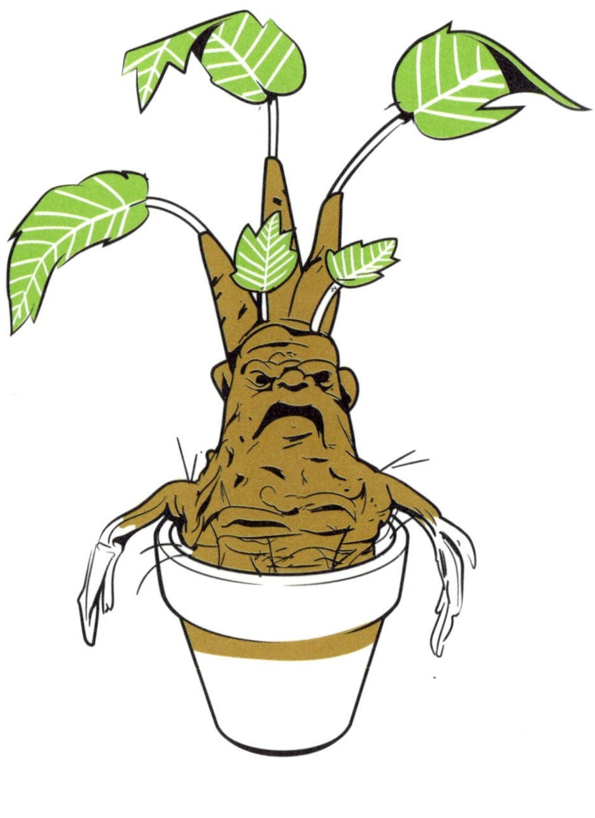